本书获二〇二二年贵州省出版传媒事业发展专项资金资助
本书获贵州省孔学堂发展基金会资助
本书获南京大学泰州学派研究中心资助

【阳明文库】学术专著系列

罗汝芳学谱

【陈寒鸣 著】

孔學堂書局

本书获2022年贵州省出版传媒事业发展专项资金资助
本书获贵州省孔学堂发展基金会资助
本书获南京大学泰州学派研究中心资助

图书在版编目（CIP）数据

罗汝芳学谱 / 陈寒鸣著. — 贵阳 : 孔学堂书局,
2022.10
（阳明文库. 学术专著系列）
ISBN 978-7-80770-368-6

Ⅰ. ①罗… Ⅱ. ①陈… Ⅲ. ①罗汝芳（1515-1588）
—年谱 Ⅳ. ①B248.99

中国版本图书馆CIP数据核字（2022）第147684号

阳明文库（学术专著系列）
罗汝芳学谱 陈寒鸣 著
LUORUFANG XUEPU

项目执行：苏 桦
责任编辑：曾 珍 王紫玥
责任校对：孟 红 禹晓妍
书籍设计：曹琼德
责任印制：张 莹

出 品：贵州日报当代融媒体集团
出版发行：孔学堂书局
地 址：贵阳市乌当区大坡路26号
印 刷：雅昌文化（集团）有限公司
开 本：889mm × 1194mm 1/24
字 数：363千字
印 张：15.5
版 次：2022年10月第1版
印 次：2022年10月第1次
书 号：ISBN 978-7-80770-368-6
定 价：113.00元

阳明文库·学术专著系列

图一 题字（尚天潇）

图二 罗近溪先生像赞

目录

“求仁”实践工夫的社会化开显与落实——陈寒鸣教授《罗汝芳学谱》序

引言

友人陈寒鸣教授长期从事中国儒学史之研究，尤其关注王阳明后学泰州一系之发展变化，以为其乃崛起于民间社会的一个重要心学流派，最能代表有明一代儒家“觉民行道”的发展路向。泰州系虽多为地方基层社会的知识精英，仍明显具有庶民化的精神品性和特征，不妨将其准确定位为“平民儒学学派”。而儒学的未来发展如果真要承担起现代性转型和重建的历史使命，知识精英“一以贯之”的学术研究事业与理论建构工作固然重要，普通民众出于生活与精神需要所展开的社会伦理实践及习俗培养似也不能忽视，否则便难免丧失民族群体自我意识。必须立足或扎根的深广基层文化土壤，才能获得广大社会民众心理自觉意识的认同、支持和配合。而黄宗羲编纂《明儒学案》一书，探讨总结有明一代学术思想发展变化的前后源流，泰州学派即占王门后学叙事篇幅极大的分量，仅辑录甄采案主撰述原文文本，可供学者一一分析研究者，数量即达18人之多。其中如王艮、颜钧、罗汝芳、耿定向、李贽、焦竑等，均为考察阳明后学思想运动分合变化微妙过程，了解其升降起伏脉络特征，不可不特别关注的人物。其中颜钧未能载入黄氏《学案》，或由于受到资料无从觅得的限制；不收最为偏执激进的李贽，则由于其已突破了泰州王学的樊篱。然而焦竑与李贽乃是讲学好友，二人相交最深，意气亦最相投合。李贽自谓其学问得于焦竑者甚多，焦竑亦极力多方推尊李氏，甚至不顾其师耿定向的不满，不仅为李氏编辑出版著作文集，而且更称其“坐圣门第二席”①，表面居中调停耿、李二人的矛盾，实则完全同情或偏袒后者。焦竑除从学于耿定向之外，又曾师从过王畿与罗汝芳。耿定向与罗汝芳过从颇密，今观《耿定向集》中有《与罗近溪》，云凡“针灸吾辈处，亦当袒受，仁蔽于愚，弟与兄俱当常省”②，即可见相互间

---

① 黄宗羲：《文端焦澹园先生竑》，《明儒学案》卷三十五，沈芝盈点校，中华书局2008年版，第829页。

② 耿定向：《与罗近溪》，《耿定向集》卷三，傅秋涛点校，华东师范大学出版社2015年版，第95页。

多有切磋，时常彼此批评，尽管看法或有分歧，然仍能透过学者应有的自我反省，达致改过责善，不断顺遂调适，最终实现人生价值的目的。李贽虽与罗汝芳仅有一面之缘，尽管认为“近溪语录须领悟者乃能观于言语之外，不然未免反加绳束，非如王先生（王畿）字字皆解脱门，得者读之足以印心，未得者读之足以证入也”[①]，但仍称自己无一日不读其书，故较诸他人更“实知先生深”，“能言先生者实莫如余”[②]，视之宛如亲教之师，为难得之同时知音。今观李氏《罗近溪先生告文》，寄情之深，动人肝肺，亦不难知之。

回头看罗汝芳，他中进士后，曾“与姜凤阿宝、胡庐山直、邹颖泉善、耿楚侗定向、刘养旦应峰诸先生，联同志会，辰夕切劘，各有所得”[③]。耿定向既与胡直（庐山）、汝芳均有交往，遂比较二人之学云：“奕奕庐山，峙吉之阳；汤汤近溪，派衍盱江。庐山之学，毫不放过，孔矩孟彀，率由罔堕。近溪之学，一切放下，忘垢忘净，致广以大。……两公所造，异辙同趋，如彼两轮，共翊大车。繄胡肃括，士论多归；惟公（汝芳）博大，知者或稀。”[④]胡直姑不置论，汝芳门下则有杨起元及周汝登，均为研究泰州学派必须提及的人物。具见他们已形成了一个极为重要的学术文化交流圈，构成了颇有声势影响的学派核心中坚。而罗汝芳尤在其中显得突出，致使耿定向不能不发出“知者或稀”的慨叹。故寒鸣教授既将李贽、焦竑合为一书，以思想编年的方式撰为学谱，贡献于学界；今又以罗汝芳独立一编，以学谱系年的方式再现其思想变迁历程，甚有益于读者。至此泰州学派三巨将——李贽、焦竑、罗汝芳——经作者多年搜集整理资料，精心结撰，遂成系列性思想编年有用之书，必将推动泰州学派及整个阳明后学研究工作的健康发展。认真拜读之余，不可不先表示祝贺。

---

① 李贽：《复焦弱侯》，《焚书》增补二，中华书局 2009 年版，第 271 页。

② 李贽：《罗近溪先生告文》，《焚书》卷三，第 124 页。

③ 谭希思：《皇明理学名臣传·罗汝芳》，罗汝芳：《罗汝芳集》，方祖猷等编校整理，凤凰出版社 2007 年版，第 853 页。

④ 耿定向：《祭罗近溪》，《耿定向集》卷二十，傅秋涛点校，第 747 页。

一、王艮与颜钧：两位泰州学派的先驱

泰州学派发端于王艮（字汝中，号心斋），王氏“本一灶丁也，目不识一丁，闻人读书，便自悟性”①。后乃入王阳明之门，初见面论辩后，阳明即有赞语称：“此真学圣人者，疑即疑，信即信，一毫不苟，诸君莫及也。”②可见其性格之耿介率直。泰州学派学者多出狂狷之士，或亦与王艮的性格影响有关。而总结其一生学问，或可以“始于笃行，终于心悟”③来加以概括。故“居尝以经证悟，以悟释经，多发儒先所未发”④。而从具体的身心一元的社会化工夫实践活动看，除了以自己证悟的现量与经典的圣言量相互印证外，王艮更重视的则是下学上达的本体存在论觉悟工夫，原因是心学作为一独立的理论系统，历来都重视实存主体的自觉自悟，重视自觉自悟则必关心具体的成德的实的人生发展方向，无严格意义上的实践工夫即谈不上真正的自觉自悟，无真正的自觉自悟亦必无严格意义上的实践工夫。故言工夫必有觉悟义，言觉悟亦必有工夫义，工夫与觉悟又兼含本体义，二事在儒家心性学系统都与形上本体的证入和开显直接有关，亦与成德的精神人文发展方向密不可分。泰州学派既重觉悟又重工夫，王艮实有首开风气之功。

王艮之学，不仅重视“心”的当下直观现量，多方突出“心”在超越界的理知领悟作用，而且也关注“身”在现实世界的客观感性意义，努力寻找人在世俗界安身立命的方法。他特别强调“格物，即物有本末之物，身与天下国家一物也，格知身之为本，而家国天下之为末，行有不得者，皆反求诸己。反己，是格物底工夫，故欲齐治平，在于安身”⑤。“身”在他那里决非只是一团无知觉的死物，不仅能

---

① 李贽：《大孝一首》，《焚书》卷二，第80页。
② 王艮：《年谱》，《明儒王心斋先生遗集》卷三，《王心斋全集》，陈祝生等校点，江苏教育出版社2001年版，第70页。
③ 王士纬：《传纂》，《心斋先生学谱》，王艮：《王心斋全集》，陈祝生等校点，第86页。
④ 耿定向：《王心斋先生传樵朱陶韩二子附》，《耿定向集》卷十四，傅秋涛点校，第544页。
⑤ 黄宗羲：《处士王心斋先生艮》，《明儒学案》卷三十二，沈芝盈点校，第710页。

视听言动，反倒是仁义充塞，实即天地活泼生机的“开显”处。因而他又以身为“絜矩”，认为《大学》“格物”必以知本为前提，只有立本才能安身，安身本质上也联系着家国天下，安身以安天下才能最终实现天下平的价值理想。他所谓的“身”显然是涵盖一切人的，因而也是普遍的和值得关爱保护的，能够絜度天下万物的，即使远离王权体制的普通百姓也决无例外。所以，他又特别指出“身与道原是一件，至尊者此道，至尊者此身。尊身不尊道不谓之尊身，尊道不尊身不谓之尊道。须道尊身尊，才是‘至善’。故曰‘天下有道，以道殉身；天下无道，以身殉道’”①。身既是存在论的，为天地万物之所依；又是价值论的，具有不可剥夺的意义尊严，不仅国身可以通一，甚至道身亦本来不二。因而尊道必尊身，尊身亦必尊道，尊身与尊道本来一体，身亦为成德成道之意义存在物。

发挥《大学》之说而别创新意，王艮的看法可谓颇能发明圣门宗旨。他同时又以儒家道统自任，“以悟性为宗，以格物为要，以孝弟为实，以太虚为宅，以古今为旦暮，以明学启后为重任，以九二见龙为正位，以孔氏为家法”②，针对不同的对象群体，广泛开展各种讲学活动，不仅深刻地影响了社会大众的文化心理，也移易转化了地方人伦秩序风气。由阳明而王艮而颜钧，后者中间虽一度从学徐樾，但仍可说三传之下有颜氏。而“艮传吉安颜钧，钧传南城罗汝芳”③，颜之后又有罗汝芳的崛起一时，则颜氏亦为泰州王门承上启下的重要人物。

颜钧，字子和，号山农，又号耕樵，为王艮门下以布衣身份最知名者，也是泰州王学的一大奇人。其为人“轻财尚义，视人犹己，鬻衣装以给生徒之费，忍饥寒以周骨肉之贫”④，与师门王艮一样，亦

---

① 王艮：《答问补遗》，《明儒王心斋先生遗集》卷一，《王心斋全集》，陈祝生等校点，第 37 页。
② 焦竑：《王先生》，《焦氏笔乘》卷三，李剑雄点校，中华书局 2008 年版，第 103 页。
③ 佚名：《沈国模》，《清史列传》卷六十六，王钟翰点校，中华书局 1987 年版，第 5244 页。
④ 罗汝芳：《〈揭词〉及助资姓氏》，颜钧：《颜钧集》卷五，黄宣民点校，中国社会科学出版社 1996 年版，第 44 页。

出身下层社会，长期“以布衣讲学，雄视一世而遭诬陷”①。他治学强调“自立宇宙，不袭古今”②，颇为重视人格独立精神，大有儒侠豪放英迈风范，自我之主体性显得最为突出。其一生学问“专致力于仁体，而不暇及乎其他”③。故乃上承儒家工夫论一贯传统，针对“人心有所系则不得放，有所系而强解之又不得放”④的现实，极力强调“体仁之妙，即在放心”⑤。“放”之一字，或者说“无放”之“放”，乃是实地用功的关键，必在“为”与“不为”，亦即吊诡的“放”与“不放”之间，才是工夫的最好下手处。而无人不具的天赋人性，则“性如明珠，原无尘染，有何睹闻？着何戒惧？平时只是率性所行，纯任自然，便谓之道。及时有放逸，然后戒慎恐惧以修之。凡儒先见闻，道理格式，皆足以障道”⑥。具见其证量工夫之深，已直入不可言说的“性地”。

证道或入道的根本方法，在颜钧看来，当在“体仁”而非“制欲”。以身为载体涵养出无限的生机，其本身就是仁体充塞流行的表现。身的创造活力的唤醒、培养、展开和实现，自然也是生命的意义充分展开和具体落实的生动表现。正是以此为工夫实践手法，他才成功接引了罗汝芳，表现出一种时机化的直觉证量助人智慧，成就了一段颇为后人津津乐道的儒门心学有趣公案。

从王门后学传衍分化的整体情况看，由罗氏经王艮上溯至阳明，则可说“新建之道，传之者为心斋、龙溪。心斋之徒最显盛；而龙溪晚出寿考，益阐其说，学者称为二王先生。心斋数传至近溪，近溪与龙溪一时并主讲席于江左右，学者又称二溪”⑦。足证王艮与王畿

---

① 李贽：《大孝一首》，《焚书》卷二，第 80 页。
② 颜钧：《道坛志规》，《颜钧集》卷四，黄宣民点校，第 31 页。
③《东林书院志》整理委员会整理：《东林或问》，《东林书院志》卷十七，中华书局 2004 年版，第 693 页。
④ 贺贻孙：《颜山农先生传》，颜钧：《颜钧集》卷九，黄宣民点校，第 82 页。
⑤ 贺贻孙：《颜山农先生传》，颜钧：《颜钧集》卷九，黄宣民点校，第 83 页。
⑥ 黄宗羲：《泰州学案一》，《明儒学案》卷三十二，沈芝盈点校，第 703 页。
⑦ 陶望龄：《盱江要语序》，《歇庵集》卷三，《续修四库全书》（第 1365 册），上海古籍出版社 2002 版，第 223—224 页。

（字汝中，号龙溪）齐名，均为张大阳明良知说的重要人物。黄宗羲曾比较斯二人，认为“王门有心斋、龙溪，学皆尊悟，世称二王。心斋言悟虽超旷，不离师门宗旨。至龙溪，直把良知作佛性看，悬空期个悟，终成玩弄光景，虽谓之操戈入室可也”①。其批评王畿，几视为王门破坏者，所言是否允当，可暂不置论。惟王艮在王门后学中之地位，依其说则绝不可忽视。罗氏虽出颜钧门下，实也发扬了王艮的学说，乃是泰州学派殿军式的人物，影响之大足可与浙中王门主将王畿并埒。阳明向上一着之本体实践学大义，他们都有程度不同的继承和发挥。故时人既以王艮与王畿并称“二王”，又以罗氏与王畿共称“二溪”。可见罗氏的历史性登场，显然也与“二王”的出现一样，都是王学发展的重要思想性事件。其中“王艮昭毅”，“罗汝芳康纯，王畿昭介”②，各有其精神品性特征。他们前呼后应，各在一方，在晚明思想界中错综交织，构成了学术谱系复杂互动的多元图景，同时也共同推动了阳明学的进一步发展，丰富了心学的学术文化资源，

与王艮、颜钧两位泰州学派的先驱类似，罗汝芳也特别重视觉悟与践履的交互并进，认为“觉悟透则所行自纯，践履熟则所知自妙”。所谓“觉悟”即是工夫久久熟透而调适上遂证入本体的“践履”，而“践履”亦为本体豁然开显而能神感神应的“觉悟”。无论“觉悟”或“践履”，二者都不离本体发用流行之活机，不断互动，彼此增上。因此，也可说“觉悟”是“践履”化了的“觉悟”，“践履”是“觉悟”化了的“践履”，“觉悟”即“践履”，“践履”即“觉悟”，体用不二，知行合一。“觉悟”与“践履”构成了生命的、学问的两大维度，既催生了泰州学派特有的个性或风格，也表现为师门学问接力式地再继承和再发扬，不仅在工夫或实践方法上丰富了个人心性体证的经验内容，而且也在民众接受或传播的范围上扩大了心学思潮发展的社会空间。泰州王学作为一种特有的心性本体实践之学，其妙义精髓尚有大量的解读空间可供发覆。

---

① 黄宗羲：《王龙溪畿》，《师说》，《明儒学案》，沈芝盈点校，第9页。
② 钱海岳：《志第二・礼》，《南明史》卷七，中华书局2016年版，第389页。

二、制欲与求仁：艰难的心路跋涉历程

王艮三传下的罗汝芳，其字惟德，号近溪，学者称为明德先生。他与颜钧见面前，早就怀抱希贤希圣之志，在心地工夫上颇多收获。然而利至弊亦随生，修行过程中也产生了不少问题。因而他在彷徨、犹豫和焦虑的过程中，又曾接触过释道两家的学说，尽管在方法论上多有受益，却始终未功摇其迈向儒门圣域的终极抱负。今天能看到其早期所采用的工夫实践方法，乃是因为读薛瑄（字德温，谥文清）之书，中有句云“万起万灭之私，乱吾心久矣，今当悉皆扫去，以全吾湛然之性”①，遂“决志行之”。可见他最初不仅在书册子上寻找现成理论答案，更重要的是还当下就采用了儒家进德成人的实践工夫。他的具体方法是“闭关临田寺，几上置镜与盂水对之。令心与水镜无二”②。但或许是用功太过猛急，反而引发了“心火”的病疾。而一味贪静厌动，虽一时窥见了光景，甚至做到了如如不动，但未必就能做到任心自在，大机大用现前，尚有向上一着需要翻转。因而其“父忧之，授以《传习录》一编。读之病顿愈”③。可见他早年的心性体证工夫虽未臻究竟，但毕竟已有了大量正反两面的经验积累。而《传习录》一书的阅读尽管使他深受启发，但纸上得来者毕竟不能代替身心真切体证者，即使静坐中的归寂也只是使病根暂时潜伏，如何与前贤的证悟相应而真得正解，仍有长程的工夫实践之路要走。

值得庆幸的是，他后来辗转寻访，无意中竟找到了已有证量工夫的颜钧，遂“自述其不动心于生死得失之故”，将自己长久埋藏在心中的积虑和盘说出，以求教于颜氏。颜氏告诉他，其所采用的方法“是制欲，非体仁也”，同时又以孟子的四端说启发他，强调如能“扩而充之，如火之始燃。泉之始达。如此体仁。何等直截。”凭借寂然不动固然可以窥见超越境界，透过发用流行亦未尝不能证知形上

① 薛瑄：《读书录》卷二，山东友谊书社 1991 年版，第 86—87 页。
② 李贽：《参政罗公》，《续藏书》卷二十二，中华书局 1959 年版，第 1485—1486 页。
③ 孙奇逢：《罗近溪汝芳》，《理学宗传》卷二十六，万红点校，凤凰出版社 2015 年版，第 520 页。

本体，体用本来一源，岂能打成两橛！因此，人生所患乃在“当下日用而不知，勿妄疑天性之息也”①。无人不具的原初本真人性，本来就与天道、天理相通相贯，在天即为一刻不容已的生生活机，在人则为始终精进不息的创造活力，化消极负面的“制欲”为积极正面的“体仁”，勇于开展社会道德实践与人间秩序建构的世俗事业，不仅其本身就有着生命内部深层人性秩序自我实现的扎根基础，而且更有天地化育万物运作不止律则（天则）的立足根据。

消极负面的“制欲”与积极正面的“体仁”，作为两种不同的工夫进路，如果稍加比较，则可说“制欲”主要是在后天意念层上对治或克服各种私欲杂念，然后再逐渐恢复先天固有的心性本体光明；“体仁”则当下直接地在先天本固有的心性本体光明上立根，并同时将后天意念层上的私欲杂念净尽扫光。因此，“制欲”固然有助于人们从外部形迹世界的黏滞中超拔出来，能够摆脱物欲的控制而回归本真心体，但人为性的强压也会斩断心灵神感神应的无穷妙用，丧失了良知灵动通物的神明能力，毁掉了仁体活泼起用的创造生机，排斥了人与世界交往必有的道德实践生活，不仅本体呈露变成光景玩弄，即一派活机亦退转为僵硬死结。而“体仁”则直接从经验意识层翻转提升跃入超越层，并彻底调适转化内在自我生命，从超越层向下直贯进入经验层，从容应对改造外部人间各种纷杂事务。具见超越层的立根挺立乃是第一义的，经验层的廓然大公则为第二义的。二者尽管彻上彻下，不离不二，毕竟在工夫论上又有先有后，轻重有别。一旦尽扫枝叶，专意本源，真在本体论上以先立其大的方法有所挺立，心灵本来即有的神感神应的妙用必能当下开显，良知之光亦必遍照一切而使无一物不具价值与意义。透过仁体涵养沛然涌出的天机活力与生气，顺其涌动弥天盖地展开生命本有的刚健劲挺之力，亦必能最大化地实现人的创造潜能和创造价值，丰富人类道德实践多姿多彩的生活内容。所以，“求仁”本身即内涵透过良知灵光的返照，自觉仁体生生创进

① 李贽：《参政罗公》，《续藏书》卷二十二，第1486页。

不已的大义：一方面人必须尽心知性以知天（天道、天理、天命），回归寂然不动之原初天性本体；另一方面更要由天（天道、天理、天命）而性并作用于心，激活纯真本心流行发用之活机，不仅在良知的明性光照中与万物相通相感，而且透过仁心的活泼起用领悟生命或生活应有的价值与意义。

罗汝芳既得颜钧的当机指点，在工夫论上另辟新路而身心受益，遂心悦诚服地向其纳拜称弟子，不仅自己的大病不治自愈，工夫日趋圆熟，生命气象有了大跨度飞跃式的变化，而且尽得师门心法密旨，从此以儒家道统自任，坚定了以“体仁”方法激活生命创造活力的决心，踏上了开出圣贤学问和圣贤工夫新天地的人生之路。

终罗汝芳一生，他在自己心路跋涉的人生旅途上，除在颜钧门下大受启迪，终生服膺外，还转益多师，多方问道，即所谓“二十有六而证学于山农，三十有四而悟《易》于胡生，四十有六而授道于泰山丈人，七十而问心于武夷先生，其他顺风下拜者不计其数”①。广泛参学不仅扩大了知识闻见，更重要的是层层破除执障光景，使天然本体敞亮开显而流行无碍，能够实践性地开出各种即本体即工夫的悟道方法。时人称他的学问“独以广大为法门”②，显然也与其师资传承的广泛密切相关。其中最值得注意者，即他三十四岁时曾闭户三月，从楚中友人胡宗正学《易》。宗正告诉他：“易之为《易》，原自伏羲泄天地造化精蕴于图画中，可以神会，而不可以言语尽者。宜屏书册，潜居静虑，乃可通耳。”他遵照师说：“经旬不辍”，在方法论上步步为营，一毫不敢懈怠。一天胡宗正忽然问他：“若知伏羲当日平空白地着一画耶？”他回答：“不知也。”宗正说：“不知则当思矣。”次日宗正又问他：“若知伏羲当日平空白地着一画未了，又着二画耶？”他依然回答：“不知也。”宗正告诉他：“障缘愈添，则本真益昧。”罗氏才破除文字执障相，再次以静坐默证的方法，凭借实存主体体证的工夫进路，持续用功三月，一步一步契入宇宙森罗万

---

① 罗怀智：《罗明德公本传》，罗汝芳：《罗汝芳集》，方祖猷等编校整理，第832页。
② 王士性：《江南诸省》，《广志绎》卷四，吕景琳点校，中华书局1981年版，第79页。

象的有序化存在真实，恍然大悟《大易》先天未画前深隐秘藏的淋漓健劲气象，从此原有一切学问都有了宇宙生成论的哲理奠基，而向内体证的心性证悟思想也有了超越性的形上根据。无论内观外察，都可相互印证，不仅人天不相疏远或隔离，反而原本就泱然通贯，实为一体。天道人道彻上彻下，一气互融互洽，其所昭昭明示予吾人者，正乃同一性的秩序建构原则。而宇宙生生不已之生命创造气象，实已“通之于《学》《庸》《论》《孟》诸书，沛如也”[①]。

透过罗汝芳道德实践的工夫发展进路，即不难看出，传统儒家心性学作为一种有体有用的整体系统，向内既可在自我本真生命心灵秩序的深处扎根，对外亦能与天道、天理之发用流行密契一体。心性觉悟的工夫不仅唤醒了人的主体精神及主观能动性，而且更在生命内部增加了一层天命下贯下的神圣价值感和使命感。无论孔门的求仁或罗氏一贯提倡的“孝弟慈”思想，在真正有心性体悟工夫的儒家学者看来，都不仅具有先验的道德精神形上学意义，更重要的是其本来就是天地化生创进力量的具体展开和实现，尽管仍是日用伦常中的普通行为，却最能显发人天一体的良知天理，是仁体活泼‘生机的当下呈露。无论显隐巨细，“只统之以‘生生’一言”[②]。而依罗氏之说，如果“反而求之，又不外前时孝弟之良，究极本源而已。从此，一切经书皆必归会孔孟，孔孟之言皆必归会孝弟，以之而学，学果不厌；以之而教，教果不倦；以之而仁，仁果万物一体、而万世一心也已”[③]。也可说良知本质上即仁，仁之生生与造化之流行本来不二，即使以“知”或“灵明”之义说良知，亦无外乎本真仁体的如实觉悟，自觉仁体本自生生不已。人作为人则既“仁”又“知”，必与万物交相感应，汇成一生命鸣唱之大流，当然也就与天地造化之机无间无隔。罗氏论《易》语录之所以要以“一贯”名篇，也是因为“天地

① 曹胤儒：《罗近溪师行实（节录）》，罗汝芳：《罗汝芳集》，方祖猷等编校整理，第 835 页。
② 罗汝芳：《近溪子续集》，《罗汝芳集》，方祖猷等编校整理，第 277 页。
③ 罗汝芳：《近溪子集》，《罗汝芳集》，方祖猷等编校整理，第 53 页。

为物不二，万物一体。夫道一而已矣”[①]。良知感应创进之生机，上与宇宙大化流行不二，下与人间社会秩序建构活动一体，均可见“不离百姓日用常行内，直造先天未画前”，正是他下学上达所要达致的工夫境界。虽与天地合德，与日月合明，不为世情所累，不为私虑所蔽，又始终充满人间关怀，不离日用平常，可在生活中随时指点，触处皆是本体世界的开显，未必需要言诠，只是示之身教而已。心性本体调适上遂证知的宇宙论形上哲学，反而能更好地发用流行于百姓日用之中。儒家彻上彻下究竟之学，从王艮经颜钧到罗汝芳，他们前前后后推阐发挥，越到后期就越显得圆融清逸。

然而广泛寻师访友参学固然重要，毕竟仍只是外部“增上缘”必要条件的配合，真正的吃紧要害处仍在自己的工夫实践，一旦认定了人生发展的终极方向，便当以最大的勇气来积极谋求自我生命局限的超越性突破。王阳明龙场悟道后曾告诫来学者：“志不立，天下无可成之事……故立志而圣，则圣矣；立志而贤，则贤矣。志不立，如无舵之舟，无衔之马，漂荡奔逸，终亦何所底乎？”[②]罗汝芳亦自谓其“从千辛万苦，走遍天下，参求师友，得此具足现成、生生不息大家当。往往说与诸人，奈诸人未经辛苦，不即承当”[③]。具见师友的接引及其他各种社会条件的配合，固然是他悟道和不断升华生命境界的增上缘，但更根本的原因则是他自己从生命内部不断涌动出来的形上冲动和关怀，以及毫不松懈的证道行道实践工夫。缺乏了非常人所能忍受的千锤百炼的磨难式努力，便难有生命真谛脱胎换骨般的自我证悟。诚如罗氏自己所说：

> 不肖之为人也，嗜好不他着，精神不他费，惟是此学以系命根，悉涤尘埃，晶光天日。三十年来，穿衣吃饭，终日虽住人

---

① 熊傧：《近溪罗先生一贯编序》，罗汝芳：《罗汝芳集》，方祖猷等编校整理，第 952 页。
② 王守仁：《教条示龙场诸生》，《王文成公全书》卷二十六，王晓昕、赵平略点校，中华书局 2015 年版，第 1120 页。
③ 罗汝芳：《盱坛直诠》，《罗汝芳集》，方祖猷等编校整理，第 391 页。

> 衷，注意安身，顷刻不离圣域。是以披沥天心，号呼世梦中。或触怒生憎，万死终不悔避。①

由此可见，他一方面在思想资源上广泛吸收了各家学说，折中阳明学与白沙学而自成一体；另一方面也在工夫见地上步步踏实深入，生命境界越至晚年便越臻圆融通透。但毕竟颜氏是他早年最重要的开悟师，故一生执弟子不敢有任何松懈或怠慢。他后来在回答别人"于心性，如何用工"之问时，亦曾有总结式的大段回忆，文字虽长，颇值得引录：

> 予初年也将自己本心，勉力探讨；于生来气性，亦强力调摄。及弱冠乃觉心地颇得光明，性质渐次和顺，日用欣欣，也想圣贤或可有分。久之，乃遇高人相见，痛加呵斥，谓贤辈为学，尽在辛勒（勤），但此所认者不是心体，所用者不是真功，乃妄意欲希圣贤。此何异吹嘘萤火以燃灯烛，满蓄汞银以供灌溉？徒竭心神而后悔莫免也。予时闻言，亦为称谢，然以其来自外道，甚不甘心。因思圣贤去我虽远，而所作经书则于今见在。于是搜索简编，继日以夜，见我孔子之言心，则曰"心之精神之谓圣"，孟子之言性，则曰"知其性则知天"。夫吾人寻常说圣，是何等神妙？说天，是甚么高远。乃兹谓心则即便是圣，谓性则即便是天，其神妙高远，原是何物？而辄敢以粗浮之气、浅露之衷，妄自比拟，其痴愚罪谴，永世何从消灭？惊惕惭惶，汗流浃背，从是迷闷，鬼神瞑漠，若无可出活然者。专切久久，始幸天不我弃，忽尔一时透脱，遂觉六合之中，上也不见有天，下也不见有地，中也不见有人有物，而荡然成一大海，其海亦不见有滴水纤波，而茫然只是一团大气，其气虽广阔无涯，而活泼洋溢。觉未尝一处或纤毫而不生化，其生化虽混涌无停，而几微精密，

① 周汝登：《罗汝芳》，《圣学宗传》卷十八，《周汝登集》，张梦新、张卫中点校，浙江古籍出版社 2015 年版，第 920—921 页。

又未尝一处或有纤毫而不灵妙。然此生化、灵妙，默而会之，似若影响可言，乃即而求之，实是端倪莫得，则此一团神气，充运海中，且尤未尝一处或有纤毫而不玄洞虚通也。其时身家境界，果然换过一番，稍稍轻安自在，不负平生此心。既而憬然，又觉圣人立教，原有自来，乃是即此一个神化，实体诸心，而名做一个学术。如至灵至虚，天地原有此心，则心其心以为吾心，又使人人物物，皆心吾心，以同全天地之心也；如生生化化，天地原有此性，则性其性以为吾性，又使人人物物，皆性吾性，以同全天地之性也；如刚大充塞，天地原有此气，则气其气以为吾气，又使人人物物，皆气吾气，以同全天地之气也。则是合天地人物，而完成一体，通始终本末，而贯彻一机。凭诸君看作致知，而力行未尝不在其中；看作涵养，而发用未尝不在其内。说是心知，而心知该意气；说是意气，而意气兼统性情。惟在诸君竖立个作圣之志，则天地神明，终不汝负矣。[①]

以上所云，实为难得的儒家学者心性逆向体证，层层破除各种执相迷障，又层层提升生命境界，一路艰难跋涉而终有所突破，以为作圣终极目标必可实现，从而谆谆告诫立志圣学必有可成，出自切身实证体认经验的一段重要自述文献。据此不难看出，他的生命悟觉境域的每一次提升，都决不以暂时的所得为满足，是不断透过工夫证入本体，又不断地凭借本体开出工夫，本体与工夫不断良性循环相动，生命的各种困局也就不断突破或超越。其中固然一度得力于“高人”的指点，即所谓“外道”（老释）方法论的启示，然而更受益者仍为儒家圣言量的感染，虽主要的途径仍为典籍文本的解读，也有颜均等一类过来人的当下现量直指，却浃髓沦肤般地完全内化为生命的经验真实，是自身踏实工夫一步一步证取的必然结果。而最要者依然为自己始终未曾放弃成圣的终极志向，以及由此源源滚滚不断沛然涌出的上

① 罗汝芳：《近溪罗先生一贯编》，《罗汝芳集》，方祖猷等编校整理，第354—355页。

进动力，特别是能够随时调整修正并做出补弊纠偏行动的内在直观智慧。这正是一切悟道者必须具备的内在精神品性，能够不断地转化为可见诸行事的实践性活机或灵动性力量。

三、归宗性地：人天一体境界的开出

罗汝芳的修道和证道之路，借用阳明的说法，的确做到了“敦笃其行，不息其功”[①]，乃是透过工夫实践的具体方法，不断调适上遂而步步迈向觉悟。换一个观察角度，也可说是直面生命执障或局限，不断谋求突围式升华，通过自我生命存在状态的不断主动否定，一切情识妄念都逐渐刊落净尽，最终获得层层提升和超越，并以实存主体的无我姿态契入了难以言诠的道境。这是工夫实践久久成熟的结果，其中容不得任何一点与“诚”“敬”两字相悖的自我欺瞒，同时也明白昭示直觉内观智慧，时时省察克治的重要，代表了儒家学者心性工夫的一种特殊有效进路。例如，罗汝芳早期的反观本心，所达致的“颇得光明，性质渐次和顺”的身心受用效果，显然已逐渐引发了生命气质上的巨大变化，精神境界也较过去有了明显的提升。但如果执着安住在其中而不思继续进取，不知其只是心理情绪的一种暂时稳定状态，根本就谈不上发明本心真性，当然就必须加以否定性的自我痛斥。而发明本心固然已是更高一层的境界，但以“性”与“道”一体不二的视域进行观照[②]，仍必须再次加以否定，尚需更上层楼绝顶，透

---

① 王守仁：《传习录中》，《王文成公全书》卷二，王晓昕、赵平略点校，第 56 页。

② “性与道”说出自《论语·公冶长》：“夫子之文章，可得而闻也；夫子之言性与天道，不可得而闻也。”叶采：“既言‘夫子之言’，则是居常语之矣。圣门学者以仁为己任，不以苟知为得，必以了悟为闻，因有是说。性者，人心禀赋之理。天道者，造化流行之妙。以仁为己任，盖期于实体而自得也。”（叶采：《近思录集解》卷三，程水龙校注，中华书局 2017 年版，第 105 页）施闰章亦云：“夫子无行不与，而罕言性与天道，岂不乐语人以最上哉？天下上智少而中人多，其教以文、行、忠、信，言惟诗书执礼，使之循循，下学由焉；而各得其性之所近，上之可至于圣，次之不失为贤。”［施闰章：《朱陆异同略》，《文集》卷二十五，《施愚山集》（第 1 册），何庆善、杨应芹校点，黄山书社 2018 年版，第 485 页］当一并参阅。

过“尽心知性”的踏实工夫，了解“知其性则知天”的存在奥秘[①]，不仅证入形上超越之本体境域，更要实现人与天合一——存在即超越——的目的性诉求。

由此可见，在迈向终极目标的路途上，如果只是玩弄概念游戏，贪恋光影，妄自比拟，即使不是自欺，亦必为自愚，乃至满身习气病相，永世无从消除。幸亏罗氏痛加反省，勇于彻底否定，以致“惊惕惭惶，汗流浃背”，表明虽为心性形上本体之学，即在身体行为上也会有所反映。而用功既久，机缘必熟，终于契入人天一体，无我无物，一派空明透脱之境。所谓“六合之中，上也不见有天，下也不见有地，中也不见有人有物，而荡然成一大海”；所谓“一团神气，充运海中，且尤未尝一处或有纤毫而不玄洞虚通”；凡此种种，均不过是用隐喻或象征的方法，传递或暗示了孔子所罕言的性与天道一体不二的形上信息，显示生命已契入了必须以无分别智来表征的万物一体新境。

当然，无论人人皆具的“性”，或与其相贯相通的“天道”，本质上也是一切价值和创造活力的来源。罗汝芳早年对镜默坐，尽管已能做到是非面前无动于心，如阳明所说“一时窥见光景，颇收近效”，但长期执着此景，亦难免“渐有喜静厌动，流入枯槁之病”[②]。而颜钧当下应机契时要他以“体仁”的方法来激活四端之心，涵养生命的无限创造活力，正是对治可能出现枯木死灰病相的良药。所谓“生化、灵妙”云云，显然也意味着“天机原自活泼，受用不胜广大”[③]，均足以显示生命灵机已被彻底激活，心灵“玄洞虚通”而又神感妙应，面对人间世俗变动不居的复杂万象，均能一一做出自己主动的价值判断和行为抉择。就此“至灵至虚”之本体直觉现量而言，当然也可说

---

①《孟子·尽心上》：“尽其心者知其性也，知其性则知天矣。存其心养其性，所以事天也。殀寿不贰，修身以俟之。”孙奇逢《理学宗传》卷二发挥说：“尽心知性，知之至也。知之至，则心即性，性即天。天即性，性即心。所以生天生地，化育万物，其次则欲存心养性以事天。”当一并参阅。

② 王守仁：《传习录下》，《王文成公全书》卷三，王晓昕、赵平略点校，第 130 页。

③ 罗汝芳：《近溪子四书答问集》，《罗汝芳集》，方祖猷等编校整理，第 309 页。

是周流贯彻，浑然无间无隔，无一人一物不“同全天地之心”，无一人一物“不同全天地之性”，无一人一物不“同全天地之气”，自然必有万物一体境界的开出，当下就一派现成天机，涌出无限的生命创进活力。

作为一种生命的学问，针对门下弟子根器的不同，颜钧“与罗汝芳言从性，与陈一泉言从心，余子所言，只从情耳”①，并非只有一种固定的施教言说方法。而由“情”而“心”而“性”，由浅而深，若非工夫纯熟透，亦决难达至此境，可谓孤峰顶上，绝少人迹。如同阳明龙场悟道后，彻底洞悉“圣人之道，吾性自足”②一样，罗氏也透过自己深邃的内在体验工夫，直入形上本体，亦即先在仁体上超然挺立，然后由本体开出工夫，而实践上又触处契理契机，以为人性天然固有之理，乃是“合天地人物，而完成一体，通始终本末，而贯彻一机”。无论致知力行，抑或涵养发用，均无一不在其内，亦无一不与之合辙。与人一体的“天地神明”，何尝有一刻负人，问题只在人是否痛下了复明作圣的工夫，真正觉悟了生命存在本来的真实。

罗汝芳的生命体验历程和悟觉工夫，如果穷根溯源，当也有来自家庭的影响。例如，他的父亲“确然谓圣贤必可企及，盱人士知讲学明道实自先君始之”。母亲长期习佛：“久已玩心太虚，性地融彻，日惟瞑目静坐。汝芳侍之，移时不接一语。间叩焉，则曰：‘此际此心，空空洞洞已尔。’”③罗氏自幼耳濡目染，身心均深受影响。因而他的生命实践进路，也“惟从性地入手，故从虚上用功，坦然荡然，忘垢忘净，更无戚戚之怀，也无憧憧之扰。安排无事，贤愚兼收，直欲心体与天地为徒，意况共鸢鱼活泼”④。阳明讲“心之本体即是性，性即是理”⑤，罗氏也说“仁也，孝弟也，赤子之心也，而归之

---

① 黄宗羲：《泰州学案一》，《明儒学案》卷三十二，沈芝盈点校，第703页。
② 钱德洪：《年谱一》，王守仁：《王文成公全书》卷三十二，王晓昕、赵平略点校，第1396页。
③ 罗汝芳：《先母宁太安人墓志铭》，《罗明德公文集》卷四，《罗汝芳集》，方祖猷等编校整理，第638页。
④ 谭希思：《皇明理学名臣传·罗汝芳》，罗汝芳：《罗汝芳集》，方祖猷等编校整理，第855页。
⑤ 王守仁：《传习录上》，《王文成公全书》卷一，王晓昕、赵平略点校，第30页。

性善，归之中庸”[1]。可见顺阳明之义而发挥之，则“性”既是天之所命，也是心之本体，不能不有理，一派雍雍中和，最能由赤子之心来表现，也可透过孝悌等德目来开显，不妨用“仁”或“良知”来加以概括。而前后两人，中隔二代，其说正可相互补充，彼此诠释，足证阳明立说虽极圆融通透，未必就毫无再丰富和再完善的空间。

十分明显，罗氏的学问及工夫实践是以“归宗性地”为终极目标，故最为重视与天道性命之理相关相联，必然涉及人的本真根源性存在的本体论意义的“性学”。而无论由工夫证入本体，抑或从本体开出工夫，顿（悟）渐（修）各有区别，均不可能脱离最能表征人的本真存在状态的“性地”，其中则以最能显示人的主体性的工夫实践为吃紧。由“性地”而开显出“仁体”，即是生生之心的回归。但严格说“此（性）体虽同然，惟至圣乃能先得，今日莫说纯全极处，众不能知，即近易粗浅，如一个孝弟慈，若非《大学》恳切提撕，谁人晓得从此起手？起手之差，其初不过毫厘，而究竟结果，其终将谬千里”[2]。因此，工夫问题在他的思想系统中始终占有突出的位置。而无论对己对人，自可随时在日用常行中用功，亦可随机在日用常行中指点，一切应机契时感应，不断破除虚假光影，虽在境界论上代表了心性学者极高明的一路，但在工夫论上又属于极笃实的一派。

四、觉悟与实践：真谛与俗谛的彻底打通

深入生命内部，以默识体认的方法，循序有效地调适上遂，最终如实证知性体与天道原本就融贯旁通，均一一本于其固有之生生大德而发用流行，当然历来均只有少数高明特达之士才能做到。故不少儒门学者都借道大乘佛教或禅宗，多有方法论上的吸收及受益，然后才折转返归孔孟正学。即在学养最为醇厚的罗汝芳，自谓早年“因读《法华》诸经，而所为文词遂大畅达若启之者。余亦莫知其所以然也。

① 陈省：《重刻近溪子续集序》，罗汝芳：《罗汝芳集》，方祖猷等编校整理，第 943 页。
② 罗汝芳：《近溪子四书答问集》，《罗汝芳集》，方祖猷等编校整理，第 309 页。

从是，故于释氏家说未敢轻訾”[1]。时人与其多有交往者，亦以为其“蚤岁于释典玄宗无不探讨，缁流羽客延纳弗拒”[2]。诚可谓“尤精于阐提。直指人心。见性成佛”[3]，实则不过“犹程伯子之藏身于禅宗，而发窍于圣学”[4]。足证他在生命的体证工夫上，得力于禅宗者不可谓不多。诚如焦竑所说：

> 性命之理，孔子罕言之，老子累言之，释氏则极言之。孔子罕言，待其人也，故曰：“不愤不启，不悱不发。中人以下，不可以语上也。”然其微言不为少矣，第学者童习白纷，翻成玩狎；唐疏宋注，锢我聪明，以故鲜通其说者。内典之多，至于充栋，大抵皆了义之谈也。古人谓暗室之一灯，苦海之三老，截疑网之宝剑，抉盲眼之金篦。故释氏之典一通，孔子之言立悟，无二理也。张商英曰：“吾学佛然后知儒。”诚为笃论。[5]

或许宇宙天地及人性秩序的本体或真谛只有一个，但由于入世取向及思想言说的不同，儒教得之则为儒，道教得之则为道，佛教得之则为佛，三家在形上本体上固然不可分，但在世俗功用上则差异甚大，只知其异不知其同固然难免“蔽体”之病，只知其同不知其异亦会造成“失用”之害。而借助佛典以通儒理，实际就是凭借佛教极为丰富的超越智慧，以壮大儒家以“性”与“天道”为基石的形上世界，然后再别树一帜以彰显自身之优势。罗汝芳建构自己的形上心学本体论体系，固然离不开佛教思想资源的正面吸收，但在社会实践方面又始终坚守儒家的价值立场，认为无论本体论意义上的仁体或良知，都必

---

① 罗汝芳：《云南唐中丞墓志铭》，《罗明德公文集》卷四，《罗汝芳集》，方祖猷等编校整理，第634页。

② 王时槐：《近溪罗先生传》，《友庆堂存稿》卷七，《王时槐集》，钱明、程海霞编校，上海古籍出版社2015年版，第194页。

③ 谈迁：《国榷》卷七十八，张宗祥校点，中华书局1958年版，第4824页。

④ 管东溟：《续答杨少宗伯理会大事书》，《管子惕若斋集》卷二，明万历二十四年刻本；转引自吴震：《明代知识界讲学活动系年：1522—1602》，学林出版社2003年版，第378页。

⑤ 焦竑：《支谈上》，《焦氏笔乘·续集》卷二，李剑雄点校，第283—284页。

须落实于实践界或经验界中，才能十字打开彰显其全体大用。因此，对现实世界他始终抱持积极肯定的态度，对人的道德生活实践及人伦秩序的建构活动也满腔子的热情，不能不说是儒家圣学的重要发明者和现实文化秩序建构的积极参与者。与佛教毕竟要舍离或逃逸此现实世界明显不同，儒家则要将此现实世界点化为人文化成的世界。所以，罗氏后来也对佛教多有批评，认为“禅家之说最令人躲闪，一入其中，如落陷阱，更能转头出来，复归圣学者，百无一二”。而其所撰“《会语》出晚年者，一本诸《大学》孝弟慈之旨，绝口不及二氏”①。就其精神的整体发展方向而言，虽未必就严格区分儒道释三家界线，但仍长期立足于儒家价值立场，始终强调“以孝弟慈吃紧提掇性体”②，“以身所践之孝弟慈为与人之公珍，而以心所注之净土为自用之家珍”，便“隐然有庸孔奇释之意”③，已完全将真谛与俗谛打成一片。而他之所以重视心性论意义上的觉悟，也是因为“觉，灵知也，言人心之灵动于感应，其是非得失纤微罔不自知；循其知而致焉，是圣贤之关钥也”④。以此来教化民众，当然便容易唤醒其主体性，能够自觉人的存在尊严，有裨于社会秩序的合理建构。

罗汝芳重视回归心性本体逆向体认的自我觉悟，但也强调心体发用流行落实于经验世界的具体践履，其“求仁”思想尽管明显上承明道《识仁篇》之说⑤，但在其亲炙弟子看来，未必就没有自身的发明和特点。因此，他们总结师门之学，便特别突出罗氏为孔孟嫡传的思想史意义，强调其“直接孔氏，以求仁为宗，以天地万物为体，以

---

① 王时槐：《近溪罗先生传》，《友庆堂存稿》卷七，《王时槐集》，钱明、程海霞编校，第194页。
② 罗汝芳：《近溪子四书答问集》，《罗汝芳集》，方祖猷等编校整理，第309页。
③ 管东溟：《续答杨少宗伯理会大事书》，《管子惕若斋集》卷二，明万历二十四年刻本；转引自吴震：《明代知识界讲学活动系年：1522—1602》，第378页。
④ 谭希思：《皇明理学名臣传·罗汝芳》，罗汝芳：《罗汝芳集》，方祖猷等编校整理，第853页。
⑤ 程氏曾明确提出：“学者须先识仁，仁者浑然与物同体，义、礼、知、信皆仁也。识得此理，以诚敬存之而已，不须防检，不须穷索。”（程颢、程颐：《元丰己未吕与叔东见二先生语》，《二程遗书》卷二上，《二程集》，王孝鱼点校，中华书局2004年版，第16页）罗氏也强调：“孔门之教，主于求仁；程伯子以识仁为学者所先，最为的确。”（罗汝芳：《近溪罗先生一贯编》，《罗汝芳集》，方祖猷等编校整理，第356页）可证后者受前者影响极深，谓其直承明道亦不为过。

孝、弟、慈为实功，以古先圣神为格则。故其躬行实践，无论居家居官如是而学，如是而教，勤勤恳恳，惟欲联属斯世以归仁。每至，必起讲会，每讲，必有语录，一字一句，吃紧指点，良知显现目前。通人己塞天地、贯古今，无间无息，开示学者。从入之路，未有若是简易精实者”[①]。而工夫实践之学，更要者实即身教，其时时“以精神感人，有出于言诠之外者矣”。他的精神风貌及日常起居，王时槐曾描述说：“天真粹朗，彼己尽忘，八荒洞然，了无畛域。语笑动静，食息寝处，神机自运，不涉人力”[②]。谭希思也称他是直接从性地入手，在一派空中用功，遂使“心体与天地为徒，意况共鸢鱼活泼”[③]乎？均可从中一窥其生命境界之高低深浅，了解悟道者变化气质必然显现出来的精神气象。

从传统儒家学者的整体视域出发，或者立足于泰州王学的思想文化立场，心性之学作为一种有体有用形上超越的义理之学，其最根本之处就在于必须关注人的现实生命存在，必需深入民间基层社会开展化民成俗的工作，不能不以“教化”的方式来提升人的精神品性。因而纯粹抽象或形上超越的义理之学，也就有了社会文化的具体性经验形态。例如，早在西汉时期，孝元帝便已布告天下，称“宣明教化，以亲万姓，则六合之内和亲，庶几乎无忧矣”[④]。可证以“教化”的方式来建构社会秩序，已成为当时一项重大国家政治策略。而大量的地方循吏于朝廷政令之外，更主动推行以儒家价值为中心的教化工作，也扩大了儒家思想文化辐射或传播的地理空间，强化了华夏文明共同体的认同感和凝聚力。故历代儒家学者无不重视教化，尤以心学学者最为关注人的精神挺立问题，不能不视人的自身存在及社会人伦礼序的调整维系为大事。而宋明诸大儒上承两汉传统，倡导“修道为教，

---

① 万煜：《罗近溪师事状》，罗汝芳：《罗汝芳集》，方祖猷等编校整理，第852页。
② 王时槐：《近溪罗先生传》，《友庆堂存稿》卷七，《王时槐集》，钱明、程海霞编校，第193页。
③ 谭希思：《皇明理学名臣传·罗汝芳》，罗汝芳：《罗汝芳集》，方祖猷等编校整理，第855页。
④ 班固：《元帝纪第九》，《汉书》卷九，颜师古注，中华书局1962年版，第279页。

教必兼乎人事，凡古圣贤所为垂世立教者，皆修道以复性之事”①。教化似已成为儒家必做的文化事业，属于社会经验形态的秩序建构始终占有重要的位置。故王阳明倡导致良知说，即“随人立教，因病设方，此为中下人说法；而所接引上根人，则本‘天津（泉）证道，一语尽之”②。但面对乡民基层社会，他也强调“与愚夫愚妇同的，是谓同德；与愚夫愚妇异的，是谓异端”③，认为不可拿个圣人模样去与人讲学，否则人一见都走了，“须做得个愚夫愚妇，方可与人讲学”④，从而做了大量“过化觉民”的工作⑤，拓展了民间社会秩序建构的空间，打破了形上界与形下界的分隔。

与王阳明类似，罗汝芳一生也“惟以化育人才为功课”⑥，而“上焉者得先生眉睫间，下焉者亦欣欣化育中。以养以造，先生非吾党之元气耶？……忆滥竽掖垣，曾疏先生云：‘惟道是慕，功名富贵不入其心；逢人必诲，贵贱贤愚不知其类。’识者以为知言”⑦。他强调“天地之性，民为贵”⑧，认为“善政所以不如善教之得民，而政刑所以不如德礼之有耻且格”⑨。因而不仅以教化的方式培养了一批心学精英人才，同时也获得了建构社会秩序必需的民心。时人耿定向以“孔氏学脉，惟是求仁；孔氏路径，惟是同人。亲亲长长，天下斯平”⑩之语来概括他的一生。今人马一浮也认为“象山后有阳明，阳明后有近溪，而直指之道益显，实原于明道识仁之说。《大学》之

---

① 施闰章：《朱陆异同略》，《文集》卷二十五，《施愚山集》（第1册），何庆善、杨应芹校点，第485页。

② 邹元标：《书阳明先生语略后》，《愿学集》卷八，《文渊阁四库全书》本。

③ 王守仁：《传习录下》，《王文成公全书》卷三，王晓昕、赵平略点校，第132页。

④ 王守仁：《传习录下》，《王文成公全书》卷三，王晓昕、赵平略点校，第144页。

⑤ “过化”之说出自《孟子·尽心上》：“君子所过者化，所存者神，上下与天地同流，岂曰小补之哉！”历代儒家学者以此自任者颇多，也做了大量化民成俗的工作。（赵氏注，孙奭疏：《尽心章句上》，阮元校刻：《十三经注疏》卷十三上，中华书局2009年版，第6017页）

⑥ 孙奇逢：《补遗·罗近溪汝芳》，《理学宗传》卷二十六，万红点校，第521页。

⑦ 邹元标：《明大中大夫云南参政近溪罗先生墓碑》，《愿学集》卷六上，《文渊阁四库全书》本。

⑧ 罗汝芳：《近溪子续集》，《罗汝芳集》，方祖猷等编校整理，第234页。

⑨ 罗汝芳：《里仁乡约训语》，《近溪罗先生乡约全书》，《罗汝芳集》，方祖猷等编校整理，第764页。

⑩ 耿定向：《祭罗近溪》，《耿定向集》卷二十，傅秋涛点校，第747页。

明明德于天下，《中庸》之率性谓道，至是阐发无遗蕴矣”。罗氏虽晚出，仍“善启发人，使闻者直下认取自心，豁然无滞，实具活人手段。而于天地万物一体之理，昭昭然揭日月而行，可以祛沉霾阴翳之习，尤今日所亟宜提持者也”[①]。可见他的为政总是将教化置于优先的地位，同阳明一样，不仅做了大量“过化觉民”的工作，也培养了一批地方精英人才，形上与形下两重世界，一样浃然贯通为一。

五、以学为政：乡村社会秩序的建构

泰州学派之重视“过化觉民”工作，当然并非自罗汝芳才开始。举其学派开创者王艮为例，他便极力强调“百姓日用即道，虽僮仆往来动作处，指其不假安排者以示之，闻者爽然”[②]。他不仅要将高高在上的天道、天理直接转化为日用伦常道德实践中的普通行为，同时更以工夫指点的方式来多方接引他人当下自觉自悟自己的本真人性。他的教化对象不分阶层或出身，凡“亲炙速肖，钦风兴起者，非独缨绶诗书士，虽荛竖工役，一闻謦咳，咸若澡雪其胸臆，而牖发其天机矣”。反映其施教立言已颇有大众化的特征，无怪乎时人要发出“天亦将以先生为木铎”[③]的慨叹。他门下较有代表性的下层社会人物，有樵者朱恕和陶者韩贞，更“毅然以倡道化俗为任，无问工贾佣隶，咸从之游，随机因质诱诲之，顾化而善良者以千数”[④]。不仅反映其施教的对象已广泛涉及士农工商等各个阶层，而且自学派产生伊始便有了平民化、大众化的突出特征。颜钧早年在家乡办“萃和会”，“会及一月，士农工商皆日出而作业，晚皆聚宿会堂，联榻究竟。会及两月，老者八九十岁，牧童十二三岁，各透心性灵窍，信口各自吟哦，

① 马一浮：《重刊〈盱坛直诠〉序》，《马一浮集》（第2册），丁敬涵校点，浙江古籍出版社1996年版，第38页。
② 黄宗羲：《处士王心斋先生艮》，《明儒学案》卷三十二，沈芝盈点校，第710页。
③ 刘元卿：《心斋王先生要语》，《诸儒学案》卷五，《刘元卿集》，彭树欣编校，上海古籍出版社2014年版，第963页。
④ 耿定向：《王心斋先生传樵朱陶韩二子附》，《耿定向集》卷十四，傅秋涛点校，第547页。

为诗为歌，为颂为赞。学所得，虽皆刍荛俚句，实发精神活机，鼓跃聚呈农览，逐一点裁，迎几开发，众皆通悟，浩歌散睡，真犹唐虞瑟僩，喧赫震村谷，闾里为仁风也”①。可见颜氏很早就主动开展了化俗乡里的道德实践活动。以后随着心性体认工夫的加深，儒家道统意识的加强，尤其是王艮平民儒学教化风格的影响，不仅布道施教的范围空间逐渐扩大，同时也吸引了大批乡村基层社会民众，甚至罗汝芳一类的知识精英学者也参与进来。

王阳明“弟子遍天下，率都爵位有气势”。然而王艮“以布衣抗其间，声名反出诸弟子上”②。颜钧“读经书，不能句读，亦不多识字”③，名声在当时亦很显赫。与王艮、颜钧均无任何科举功名不同，罗汝芳则为进士出身，有长期仕途为官经验，熟谙儒家经典要籍，显然为一代士大夫知识精英。然其既“学师颜钧，志行相似”④，亦极为关注地方民众的道德教化实践，重视乡村社会的礼俗秩序建构。尤其致仕后，“还从姑，开诲来学，遍涉抚、吉、洪、饶、楚、粤、闽、浙、留都、徽、宁诸郡，大会同志，东南之学丕振”⑤。与颜钧创办“萃和会”并开展讲学和乡约活动类似，他也“以讲会乡约为治”⑥，曾多次参与过王艮弟子董燧创为的“乐安会”等多种讲学活动，与会者“老幼走百里者不可胜计”。其中尤以在家乡盱坛及父亲罗前峰创办的“里仁会”活动最为频繁，最突出者即“立义仓、创义馆、建宗祠、置祭田、修各祖先墓。暇则讲里仁会于临田寺，以淑其乡人”⑦。“自家居以及四方，妻孥童仆、族闾村市以及通都大邑、缙绅大夫，千百徒众之相接聚，无一人不勉以学。自令长历郎署，领

① 颜钧：《自传》，《颜钧集》卷三，黄宣民点校，第 24 页。
② 张廷玉等：《王艮传》，《明史》卷二百八十三，中华书局 1974 年版，第 7275 页。
③ 王世贞：《嘉隆江湖大侠》，《弇州史料·后集》卷三十五，明万历四十二年刻本；又见张怡：《謏闻》，《玉光剑气集》卷三十一，魏连科点校，中华书局 2006 年版，第 1109 页。
④ 谈迁：《国榷》卷七十八，张宗祥校点，第 4824 页。
⑤ 王时槐：《近溪罗先生传》，《友庆堂存稿》卷七，《王时槐集》，钱明、程海霞编校，第 191—192 页。
⑥ 黄宗羲：《参政罗近溪先生汝芳》，《明儒学案》卷三十四，沈芝盈点校，第 760 页。
⑦ 曹胤儒：《罗近溪师行实（节录）》，罗汝芳：《罗汝芳集》，方祖猷等编校整理，第 836 页。

郡符佐藩臬，所至无一地不以学为政也。”[1]他的乡约训语明确告诉乡民大众：

> 今日大家到此，听高皇帝圣谕，叫起孝父母、敬尊长等事，句句字字，触着各人本来的真心，则谁无父母，谁无兄弟，亦谁不曾经过孩提爱敬境界？今虽年纪或有老的，或有壮的，或尚幼的，固皆相去赤子已久，然一时感通，光景宛然，良知良能，如沉睡忽醒，则中心耿耿，便于血肉形躯顿尔作得主起。虽是旧时耳目，而视听却分外聪明；虽是旧时声口，而言辞却分外和顺；虽是旧时手足，而动止却分外敬谨。故自然不待拘检，而静定胜如官府在上，岂止一身受用！且其天机活泼，生生不已。坐间看着乡里，便大众思要和睦；看着子孙，大众思要教训；看着清平世界，大众思要安生乐业，以共享太和。只一心既收，便万善咸集。此善政所以不如善教之得民，而政刑所以不如德礼之有耻且格也。何况此心良知，人人皆同，处处皆同，闻得有场好事，无不喜做；闻得有场不好事，无不羞做。
>
> 今我老幼一堂，如此受用，日久一日，自一家而传至他家，自一乡而传至他乡，自一邑而传至他邑，莫不翕然向风，截然归一，即孟氏所谓：“人人亲其亲长其长”，而天下太平将复见矣。此等风俗，皆由吾乡忠厚世积酝酿而成。[2]

与正德年间王阳明制订《南赣乡约》，整顿乡村秩序，强调“凡尔同约之民，皆宜孝尔父母，敬尔兄长，教训尔子孙，和顺尔乡里”[3]，绝口不提太祖《圣谕》略有不同，罗汝芳则多次反复言及《圣谕》六条。显然从罗氏的政治意识和伦理立场出发，他主要是借重王朝帝国

---

① 王时槐：《近溪罗先生传》，《友庆堂存稿》卷七，《王时槐集》，钱明、程海霞编校，第192页。
② 罗汝芳：《里仁乡约训语》，《近溪罗先生乡约全书》，《罗汝芳集》，方祖猷等编校整理，第764页。
③ 王守仁：《南赣乡约》，《王文成公全书》卷十七，王晓昕、赵平略点校，第727页。

《圣谕》的权威，以加重自己说话的语气分量，从而将乡村移风易俗的教化工作，更加有效地纳入国家治理体系的整体结构中，能够毫无阻碍地维系或推动地方自治秩序的稳定和发展。

但是，尽管罗氏随时注意借重王朝帝国明太祖皇权的权威，仍自谓“吾此心每日在百姓身上周回，不暂释也”①。天下苍生休戚忧乐既已系于一身，以此为前提当然也会关心朝政大事，目的在于“以舜之所以事君者事君，以尧之所以治民者治民”②。然其所谓“治民”不过是强化地方人伦礼俗秩序，使其成为一高度道德化的自治社会，采取的乃是人文取向的教化启发式的长久方法，而非政治策略强迫统治式的短期性权宜手段，亦即是为生民立命并承担天下责任的，不是为权势效力或谋其私利的。故立足于儒家仁学本体实践学的立场，他也特别强调“学大则道大，道大则身大，身大则通天下万世之命脉以为肝肠，体天下万世之休戚以为爪发，疾痛痾痒，更无人相、我相而浑然为一，斯之谓大人而已矣”③。所以，遂多采用与乡民生活接近的通俗语言，直入他们重情知理的内心世界，以合乎风规礼俗的大众化方式，开展其与道德劝善及人伦秩序建构有关的教化实践活动，目的在于彬彬然醇化地方乡族风气，最终实现“人人君子，比屋可封”④的文化理想，展现天下人心无人不向往的太平和谐美景。

六、儒学下乡：基层教化实践活动的开展

从罗汝芳的思想脉络出发，根据其所开展的乡村教化实践活动，据此观察或把握整个泰州学派的价值关怀，则可说他们一方面极为重视关涉本真至善人性的“体仁”工夫，强化了个体性修身及具有体证

① 王时槐：《近溪罗先生传》，《友庆堂存稿》卷七，《王时槐集》，钱明、程海霞编校，第192页。

② 罗汝芳：《送许敬庵督学陕西序》，《罗明德公文集》卷二，《罗汝芳集》，方祖猷等编校整理，第495页。

③ 罗汝芳：《报焦漪园太史》，《罗明德公文集》卷五，《罗汝芳集》，方祖猷等编校整理，第669—670页。

④ 王艮：《勉仁方》，《明儒王心斋先生遗集》卷二，《王心斋全集》，第30页。

实践意义的“明明德”方法进路，希望借此激活每一个体本有的生命价值自觉及活泼创进生机；另一方面又由个人推及范围更大的社会群体，汲汲于实现“天下归仁”[①]的秩序化和谐社会生活，极为重视人类群体共同修身及生活实践意义上的“明明德于天下”[②]，希望借此激活家国天下多元秩序应有的文化理想及奋发创造生机。因此，罗氏早在宁国府任上，便“以崇学术、育人才为功课”[③]，并以乡约的形式明确告诉乡民：

> 守令之设，职在亲民，保障之功，机存易俗。惟上之礼教未崇，斯下之向方无定，今府属各县讼狱日烦，寇盗时警，家殊其俗，肆争竞以相高，人各其心，逞刁奸以胥虐，是宜各院勤拳多方督切。但法立则弊生，每画一之为难；势悬则情隔，必大同之是贵。爰循古人乡约之规，用敷今日保甲之意。事先体要，敦德礼以洁治源，而章程则在所略；行务融通，萃人心以端趋向，而讥察则居其次。待斯人以长者之风，弼明时以隆古之化。[④]

儒家的乡治政治理想是“忠厚积累，囹圄空虚，治道所由昌也”[⑤]。因而在奉行朝廷政命建构政治秩序的同时，罗汝芳也极为关心施行教化或推广文化秩序建构的工作，而在政治秩序“吏”的身份之外，也

---

① “天下归仁”之说，屡见于罗氏书中。如其释《易经》复卦之复，即云：“观‘一日天下归仁’，则可见礼自复而充周也；观‘为仁由已’而不由人，则可见复必自己而健行也。是即孟子所谓‘万物皆备于我，反身而诚，乐莫大焉‘者也。”（罗汝芳：《近溪子集》，《罗汝芳集》，方祖猷等编校整理，第26页）不遑多举，即可例证。

② 王时槐与罗汝芳交谊甚厚，曾以总结之语评价其学术思想云：“平生学以孔孟为宗，以赤子良心不学不虑为的，以天地万物同体、撤形骸忘物我、明明德于天下为大。”（王时槐：《近溪罗先生传》，《友庆堂存稿》卷七，《王时槐集》，钱明、程海霞编校，第192页）“明明德于天下”六个大字，即赫然列在其中。

③ 罗怀智：《罗明德公本传》，罗汝芳：《罗汝芳集》，方祖猷等编校整理，第830页。

④ 罗汝芳：《宁国府乡约训语》，《近溪罗先生乡约全书》，《罗汝芳集》，方祖猷等编校整理，第750页。

⑤ 宋理宗：《诫谕监司守令诏》，《全宋文》卷七千九百六十六，曾枣庄、刘琳主编：《全宋文》（第345册），上海辞书出版社2006年版，第93页。

多了一重他所认同的文化秩序的“师”的身份。推广文化秩序自然不能不化民成俗，化民成俗则不能不“一本于兴教化、明礼乐”[①]；“所至不事刑朴。惟以化育人才为功课。一时彬彬。有弦歌风”[②]。他的讲学活动不仅针对上层精英人物，更广涉社会下层普通民众，可说是“儒学下乡”的积极推动者和践履者。李贽称道他的话说得十分清楚：

> 牧童樵竖，钓老渔翁，市井少年，公门将健，行商坐贾，织妇耕夫，窃屦名儒，衣冠大盗，此但心至则受，不问所由也。况夫布衣韦带，水宿岩栖，白面书生，青衿子弟，黄冠白羽，缁衣大士，缙绅先生，象笏朱履者哉！是以车辙所至，奔走逢迎，先生抵掌其间，坐而谈笑。人望丰采，士乐简易，解带披襟，八风时至。有柳士师之宽和，而不见其不恭；有大雄氏之慈悲，而不闻其无当。同流合污，狂简斐然；良贾深藏，难识易见。居柔处下，非乡愿也。泛爱容众，真平等也。力而至，巧而中，是以难及；大而化，圣而神，夫谁则知。盖先生以是自度，亦以是度人。[③]

可见他的教化工作，已遍及社会各个阶层，无论先秦早期原始儒家一贯提倡的“有教无类”思想，抑或王门后学“与百姓同作同止，不作一毫奇特伎俩”[④]的普遍性共识，他都以身体力行的方式真正做到了。因此，一方面他针对士大夫或地方知识精英群体，立足于儒家道统及心学体认的严正立场，多方调动各种大传统学术文化的可用资

---

① 罗怀智：《罗明德公本传》，罗汝芳：《罗汝芳集》，方祖猷等编校整理，第 830 页。

② 李贽：《参政罗公》，《续藏书》卷二十二，第 1488 页。

③ 李贽：《罗近溪先生告文》，《焚书》卷三，第 124—125 页。

④ 王畿：《与罗近溪》，《王畿集》卷十一，吴震编校整理，凤凰出版社 2007 年版，第 295 页。又杨起元：《当下吟二首示诸儿》，《复所先生家藏文集》卷八：其第二首云：“轻可御风超倏忽，清如临水濯沧浪；也无奇特无增长，只是孩提爱恋常。”按杨氏乃罗‘女芳门下直传弟子，一生发扬师说最力，其说不仅有师门思想一脉相承之线索可供寻绎，亦足以反映不作“奇特伎俩”乃是王门后学多数人的共识。

源，始终强调实地觉悟及践履工夫的重要，认为只有激活生命的无限活泼创造生机，才算初步入证入了儒家“体仁”之学的大门，并曾谆谆告诫及门弟子：“徒言也不是道，满前洋溢，具是发育峻极”。如果继续向上翻转超越，则应做到理与事完全无执无碍，故临终前曾手书绝笔语云：“此道炳然宇宙，原不隔乎分尘。故人己相通，形神相入，不待言说，古今自直达也。后来见之不到，往往执诸言诠。善求者一切放下，胸目中更有何物可有耶？”[①] 另一方面，他又时时关心数量庞大的乡村普通民众，立足于他们日常社会生活的实际，尽可能地利用各种小传统习俗文化资源，强调地方民间社会“和睦乡里，教训子孙”的重要，极力推动儒家一贯重视的“孝弟慈”一类价值的具体落实，并将其提升至天机运作一刻不容已的高度，从而创造性地与他所提倡的“赤子之心”[②] 打通，不是束缚而是还原无人不具的本真人性，更重要的是还以普通百姓都能接受的浅近语言，将其具化为人人共识共认必须遵守的乡规民约，活化为人间社会普遍性的伦理原则，大讲“人生世间，谁不由于父母，亦谁不晓得孝顺父母”[③]。尤其在云南屯田副使任上时：“释圣谕六条，日与吏民及土官子弟讲解，词旨恳恻，音吐洪畅。蛮人素不知教，亦感悟泣下，多改行者，一时风教大行。”[④] 均明显是以普通百姓能够接受的宣教方式，从他们最能认同的固有血缘亲情秩序的强化出发，一步一步地将其转化延展为更高一层的地方社会文化秩序建构，不仅积极推动“儒学下乡”，同时也主动促使“儒学入边”，广泛深入地开展了化民成俗的儒家人文发展事业。

---

① 黄宗羲：《参政罗近溪先生汝芳》，《明儒学案》卷三十四，沈芝盈点校，第 778 页。

② “赤子之心”无思虑，知敬知爱，能孝能悌，天然本有，罗氏讨论颇多，可谓阳明良知说的再丰富和再发挥。惜限于篇幅，故暂不赘论。

③ 罗汝芳：《宁国府乡约训语·计开》，《进溪罗先生乡约全书》，《罗汝芳集》，方祖猷等编校整理，第 752 页。

④ 万斯同：《罗汝芳传》，罗汝芳：《罗汝芳集》，方祖猷等编校整理，第 874 页。

七、明明德于天下：民间社会秩序建构的代言人

与乡村讲学教化活动相互配合，罗汝芳还以大、小传统都能接受的方式，撰写了不少传播儒家价值的重要著述。其中如《孝经宗旨》，便认为人之所以为人，社会之所以为社会，天下之所以为天下，即在于“彻骨彻髓，皆喜欢孝弟之意，即自然喜欢孝弟之人，凡言行之合于孝弟者，乐然取之，惟恐不得彼与我一、我与彼一。若合众水之派而趋下流，合众派之流而归沧海，所以天下之士多就之者，成邑、成都，天下定、天下化、天下大同也”①。至于《大学》（特别是内蕴于其中的“格物”说宗旨）他更认为完全可以用孟子所云“大人者，不失其赤子之心”来加以概括，如此才能更加切身性地体会仁体之自然、真切和寻常普通，并不离百姓日常人伦，当下就可自觉其活泼生机。具体分析，则可说“孩提之爱亲是孝，孩提之敬兄是弟，未有学养子而嫁是慈。保赤子，又孩提爱敬之所自生者也。此个孝、弟、慈，原人人不虑而自知，人人不学而自能，亦天下万世人人不约而自同者也。今只以所自知者而为知，以所自能者而为能，则其为父子兄弟足法。而人自法之，便叫作‘明明德于天下’，又叫作‘人人亲其亲，长其长，而天下平也’。此三件事，从造化中流出，从母胎中带来，遍天遍地，亘古亘今”②。凡此种种，均可见他是以最天然和最本真的血缘亲情为基础，以取诸身而譬之远的思想言说方式，一层一层向外延伸推扩，以便更好地建构地方社会秩序乃至天下文化秩序，最终实现“明明德于天下”的价值理想的。作为一个同时重视“觉悟”与“践履”双重工夫的心学学者，立足于对人性人心及仁德良知的自信，其内心怀抱的终极政治想象，依然是“内圣”与“外王”完整、全面、合理的统一。

由此可见，罗汝芳长期出入于大、小两种传统之中，一方面他“身所止处，辄弟子满座，而未尝以师席自居。及门者数千人，直下承当

---

① 罗汝芳：《孝经宗旨》，《罗汝芳集》，方祖猷等编校整理，第 433 页。
② 罗汝芳：《近溪子集》，《罗汝芳集》，方祖猷等编校整理，第 108—109 页。

者亦众”[①]，培养了大批引领或改变地方习俗风气的精英人物。今人以为其生命气象及工夫实践已臻“清新俊逸、通透圆熟”之境[②]，不仅发扬了泰州学派直指高明一路的学统风格，而且颇得王阳明正宗精神统系的血脉，堪称儒家大传统绵延亘久价值的倡导者和实践者。另方面他也能一本阳明所倡导的“亲民”思想，认为“明德亲民，必止于止善。至善也者，圣之纯伦之尽而古之极也，其惟放勋乎？‘克明峻德，以亲睦九族，平章百姓，协和万邦’焉，是明明德于天下矣。故知此者之谓‘知止’，而学此者之谓‘大学’”[③]。因而长期主动以乡村民众喜闻乐见的形式或方法，开展各种“教化觉民”的讲学活动，以致“父老子弟依恋环听者万计。公即境即言，发其浑沦活泼之机，启以并生同生之天”[④]，表现出泰州学派特有的平易浅近、合理入情的学风，启发每一个体如实悟觉自己先天本有的道德心性，开展各种源自本心的秩序建构自觉活动，不妨视其为立足于民心向背维系小传统长久和睦秩序的代言人。

从长时段的历史看，罗汝芳充分整合和调动大、小两种传统资源的做法，也是儒家一贯重视的历史化传统。孔子倡导“有教无类”（《论语·卫灵公》），孟子引《诗·大雅·蒸民》“天生蒸民，有物有则，民之秉夷，好是懿德”（《孟子·告子上》），以畅发其人性至善之说，均足以显示其对人性尊严及受教育权利的普遍维护和尊重。晚出的朱子也极力强调“圣贤立教通为众人言，不为一人言”[⑤]，表现出儒家前后一贯的立人达人乃至博施济众的人文宏愿。王阳明承前启后，更认为“学”与“道”本来就应为天下人人所共有与共享：“夫道，天下之公道也；学，天下之公学也，非朱子可得而私也，非

① 杨起元：《明云南布政使司左参政明德夫子罗近溪先生墓志铭》，罗汝芳：《罗汝芳集》，方祖猷等编校整理，第 924 页。

② 参见牟宗三：《从陆象山到刘蕺山》，台湾学生书局 1979 版，第 237—241 页。

③ 罗汝芳：《大学四说》，《罗明德公文集》卷三，《罗汝芳集》，方祖猷等编校整理，第 586 页。

④ 谭希思：《皇明理学名臣传·罗汝芳》，罗汝芳：《罗汝芳集》，方祖猷等编校整理，第 853 页。

⑤ 黎靖德编：《告子上》，《朱子语类》卷五十九，王星贤点校，中华书局 1986 年版，第 1403 页。

孔子可得而私也。”[1]如果说良知的发用流行不可能不开显于日用平常之间[2]，表现出自然、平常、普遍及易见、易知、易晓的特点，那么“良知”和“致良知”说作为遍及一切人的生命、生活本体并与人的本真存在相应的实践工夫，必然就为任何人部不能专私垄断的普遍性“公道”“公学”奠定了哲理基础。承续阳明“致良知”本体实践之学，扫荡光景而使良知真能发用流行，时时处处关心百姓人伦日用，乃是泰州学派创立来一贯的家风。罗氏承此家风而又发扬光大，总结或归纳其一生之学，“大都指点人心，以日用现前为真机，以孝、弟、慈为实用，以敬畏天命为实功，一念不厌不倦为朝夕。家常茶饭，人人可食；何智何愚，破觚为员。言言中的，彻天彻地……尼父笺笺一脉，千百年来淤而不通者，直至先生而衍其派矣”[3]。适可见他无论当场对机施教，抑或多方开展乡村秩序建构活动，都是要人以默而识之的方法，随时观照或体验自身生命及宇宙生生不已的节律，做到热爱现实却不陷溺于现实，勇于超越又不违背日常情理，实际是以直接启发每个个体如实自觉自己先天本有的道德本心为根本前提，彻上彻下将一切凝滞僵硬的“死理”转化成生动流畅的“活理”。

由于罗氏调动或整合了大、小传统各种积极有效的资源，开展以普遍深层人性为基础的民间大众教化及社会秩序建构活动，同时兼顾社会分层结构复杂多元的广大受众，较颜钧的施教对象仅偏重小传统而疏于大传统，可说是两头并进，各擅胜场。因此，我们当然可以将他的儒学称为具有大众特点的精英化儒学。[4]同时由于罗氏承续和发

---

① 王守仁：《传习录中》，《王文成公全书》卷二，王晓昕、赵平略点校，第 97 页。

② 王阳明《别诸生》诗有句云：“绵绵圣学已千年，两字良知是口传。欲识浑沦无斧凿，须从规矩出方圆。不离日用常行内，直造先天未画前。”（王守仁：《居越诗三十四首》，《王文成公全书》卷二十，赵平略点校，第 939 页）邹守益引其末二句，为“了此便是下学上达之旨”（黄宗羲：《文庄邹东廓先生守益》，《明儒学案》卷十六，沈芝盈点校，第 341 页）。然下学固可上达，上达后亦当下贯，良知彻上彻下，贯通形上形下两界，虽超越而终不离现实，使人立足于现实而又不黏滞于现实。

③ 赵志皋：《近溪罗先生墓表》，罗汝芳：《罗汝芳集》，方祖猷等编校整理，第 928—929 页。

④ 李贽曾有称赞罗汝芳之语云：“雪夜花朝无虚日，贤愚老幼贫病贵富无虚人，矧伊及门若此其专且久，有不能得先生之传者乎？吾不信也。”即可见他施教对象涉及阶层之广泛，明显具有大众化儒学的具体特征。

展了泰州学派家风，始终重视百姓日用之学，并未丢失平民化儒学特有的风格或特征，不妨视为泰州学派日趋成熟发展巅峰式的人物，我们当然也可以将他的儒学称为具有精英特点的平民化儒学。譬如同为王门后学的邹元标就称他："有目与人同，不见人过则与人异；口与人同，乐道人善则与人异。心与人同，以众人心为心；身与人同，以众人身为身。有官也，而以百姓之肥瘠为荣，勿恤于家矣；有学也，而以众人之立达为学，勿执于见矣。其尚友也，时释时玄，不废参究，一轨于大道；其论著也，圣训帝典，极其阐扬，一根于真性。谓先生有见乎？则与愚夫愚妇同体，未尝有见也。上焉者得先生眉睫间，下焉者亦欣欣化育中。以养以造，先生非吾党之元气耶？"①足证他的确能上能下，早已化身为大、小传统沟通的桥梁，不仅上承陆王一系的心学传统，具有传统士大夫承担天下苍生拯救责任的宗教式精神，将泰州学派数代传承和发展的学统推到了绝妙的高峰，而且更与愚夫愚妇一体同仁，表现出置身于芸芸劳苦大众之中忧乐与共的人道情怀，将儒家秩序化价值播撒在天地可以作证的普通百姓心中。其一切作为，都源自真性，发自本心，一派生机活泼，元气淋漓。既"脱略蹊径，浑无朕迹"②，又清逸俊健，融畅圆通，不失风骨，一归于正。可谓无处不是妙道，无往不是真体，而道必生化以流行，体必敞亮以成工夫。一切本来如此，无欠无余，平常自然至极；同时又当下现成圆融，无过无不及，应机妙用无尽。其终极理想仍为儒家的"明明德于天下"，天下本来就应该是人人君子的天下。

透过以上分析，已不难看出，与泰州学派其他学者一样，罗汝芳从儒家一贯重视的"亲亲"原则的自然性和情感性出发，通过他一系列的教化和秩序建构活动，力图建构一个高度道德化的乡村自治理想社会，并使其充满足以滋润普通个体生命与人伦日常生活的有情有理的感性化活力，明显区别于皇权体制内部"尊尊"原则严格化等级秩序笼罩下随时可见的暮气与僵化。尤其是将讲学劝善活动与乡规民约

---

① 邹元标：《明大中大夫云南参政近溪罗先生墓碑》，《愿学集》卷六上，《文渊阁四库全书》本。
② 王时槐：《近溪罗先生传》，《友庆堂存稿》卷七，《王时槐集》，钱明、程海霞编校，第194页。

的制订打成一片，认为“天下”理想秩序建构的基石，其实就植根于乡村人伦社会的稳定，而在自证本心实现个体人格的“独善”的同时，更要“明明德于天下”实现社会群体的“共善”，其庶民情怀及乡村热情为历来儒家学者所罕见，不能不说是极大地拓展了王学发展的民间化新空间。《明史》描述他当时的社会影响说：“搢绅之士，遗佚之老，联讲会，立书院，相望于远近。”①而自王艮以迄罗汝芳的泰州学派学者，无论其在思想理论或讲学实践上，都既不离“百姓日用”，又极为自由活泼，表现出“为生民立命’的强烈淑世精神，无不具有敢为天下先的儒侠气概，发挥了推波助澜壮大王门阵营的重要作用，其历史地位自不应低估。罗汝芳身为儒门精英却始终保持庶民作风，虽高明而终归平实，虽平实而蕴含高明，高明与平实浑然融为一体，在泰州王门中实为弊端最少者，乃是最能沟通上层士大夫群体与下层普通社会民众的桥梁式人物。

八、理想与关怀：《罗汝芳学谱》的现实意义

寒鸣教授一生学问主要得力于自学，但由于与黄宣民先生交往甚早，受其影响颇深，情义深笃甚至超过一般师生，当视为黄门非体制化的入门弟子。黄氏乃著名学者侯外庐先生晚年的学术助手，长期从事中国思想史的研究，协助侯先生撰写了多种学术思想史的专著。其中尤值得注意者即规模宏大的《中国思想通史》和《宋明理学史》，侯先生安排了专章分析讨论泰州学派，涉及的人物有王艮、何心隐、李贽等，均给予了极高的评价。他主要从王艮等人接近下层社会的历史事实出发，认为泰州学派虽历来被人视为“异端”，与国家正统思想权力话语格格不入，但其学仍可说是“百姓日用之学”，具有前后首尾一贯的人民性精神特征，甚至可称为早期启蒙思想的先驱。②黄宣民先生既在侯外庐门下，因而对王艮及泰州学派亦有深入的研究，

① 张廷玉等：《叶茂才传》，《明史》卷二百三十一，第6053页。
② 参见侯外庐主编：《中国思想通史》（第四卷下），人民出版社1960年版，第974—1002页。

论著见诸刊物者数量颇多，而《宋明理学史》中关于王艮一章即为他所撰。最值得注意者，即《颜山农先生遗集》的发现、整理、汇编和出版，使这位在当时影响颇大，而为后世所遗忘的平民儒者，尤其是他长期为人所罕知的著述及思想的全貌，得以凭借新的文本形式，重新走向当今现实社会，为学界所广泛知晓，从而弥补了泰州学派人物研究极为重要的一环，丰富了其传衍变化脉络及思想史叙事应有的完整线索和内容。①

侯外庐先生及其学术传人的相关研究成果，尤其是其对所谓“异端”思想的研究，引起了学术界多方面的关注；由于其成果前后相续不断涌现，又多有相同或相似的研究范式，遂赢得了侯外庐学派的美称。毫无疑问，黄宣民先生与陈寒鸣教授，无论以其合撰的《中国儒学发展史》为评判依据，抑或以已问世的多种泰州学派研究成果为衡量标准，都可说他们是这一学派发展过程中崛起的人物。而寒鸣教授虽晚出，但早在弱冠即由黄宣民氏引荐，当面拜谒请益过侯外庐先生，其学问取向始终不离人本情怀，实亦因黄宣民先生之教而矢志恪守。又其相关研究成果数量已不少，治学风格明显表现出侯外庐学派的特点，因而将其置于其中加以观察，当是适宜或客观准确的。

寒鸣教授继承侯外庐、黄宣民两先生的学术传统，长期从事泰州学派的研究工作，以为儒学深入民间，进入平民阶层，不仅是士大夫安身立命获取精神力量的专门学问，同时也是普通庶民移风易俗吸取思想资源的重要凭借。就传统中国的思想世界与历史实际而言，儒家的义理价值与百姓的生活日用，二者本来就存在高度黏合的可能，泰州学派无疑就是其中最典型的一个历史例证。以“平民儒学派”的概念来加以定义或概括，显然是十分允当和妥适的。今天如果要重建符合时代需要的平民儒学，泰州学派的理论主张及社会实践活动，作为一种有用的思想遗产或文化资源，当然也是值得认真总结分析和批判

① 《颜山农先生遗集》的点校整理出版本题名《颜钧集》，除旧本内容得以完整保存外，尚补入不少相关诗文传记资料，并附有依据万历年间刻本《韩乐吾先生遗集》及雍正年间刻本《韩乐吾先生集》整理新编而成的《韩贞集》，甚有便于学者。

继承的。

正因为如此，着眼于传统中国儒字发展的整体性传统，尤其是泰州学派身家国天下一体的理论主张及具体实践，寒鸣教授主张不仅要“接着讲”，同时更要“接着做”，所谓“接着讲”即必须在理论解释层面上消除权力运作与百姓日用之间的隔阂，而“接着做”则是在生活实践层面上真正确立现代人民大众的政治主体地位。[①]我们从中正可看到寒鸣教授治学的路径取向，他是以古今融的视野来展开其思想史的客观研究的。

将泰州学派的儒学思想及其具体社会实践行为定义为“平民儒学”，显然是侯外庐先生以“人民性”来解读泰州学派理论主张及其特征的进一步发展。与庙堂儒学、士大夫儒学、经典儒学不同，平民儒学明显具有大众化、通俗化的特点。按照寒鸣教授的概括，其具体特征主要有五：（一）传道对象大众化；（二）儒学理论的简易化与儒学经典的通俗化；（三）心性工夫的自然化；（四）传道活动的神秘化；（五）社会理想的道德化。这些归纳是否全都正确合理，当然尚可进一步商榷讨论。例如，心学作为一个特殊儒学传承系统，必然涉及内在心灵存在状态的调整与外在社会化的工夫实践等诸多问题，故在内即为密法，在外则为显法。然而显密无间，体用一源，二者本来一体，工夫到处，即可自知，未必能够完全付诸言诠，实为传统心学的普遍特征，其实并无什么神秘，更少见有人有意将其神秘化。只是从宏观整体或“理想型”的归纳上看，上述概括或总结仍是允当和合理的。而从孔子的“吾少也贱，故多能鄙事”（《论语·子罕》）到王阳明提出良知说而使“愚夫愚妇，咸可循之以入道”[②]，再从王阳明提出良知说而使“愚夫愚妇，咸可循之入道”到王艮的“百姓日用之道”，最后从王艮的“百姓日用之道”到罗汝芳的“捧茶童子却

① 参见刘伟、陈寒鸣：《现代平民儒学的“接着讲”与“接着做”》，《衡水学院学报》2021年第3期。

② 李颙：《明体类》，《二曲集》卷七，陈俊民点校，中华书局1996年版，第49页。

是道”[①]，除了儒学逐步由民间走进庙堂，为官僚集团或知识精英所垄断，乃至上升为国家意识形态的权力话语系统，形成了一条升降起伏、曲折多变的官学化历史发展主线外，尚另有一条从庙堂逐步走向民间，由经院通过中间媒介缓慢转入大众，最终催生出另一条因应百姓需要而日愈通俗化、大众化的民间化历史发展辅线。侯外庐先生的研究显然已注意到了这条辅线，他的思想史著述从表彰孔子的平民教育开始，便极力想梳理出一条与“人民性”或“异端”思想有关的历史发展线索，便说明他已有了明确的方法论自觉意识。只是在我看来主线与辅线未必就冲突矛盾，它们往往在更多的时候能够相辅相成。譬如泰州学派学者在化民成俗即政治与文化结合推广与国家行为有关的乡村治理的同时，大传统与小传统的民间化交流互动与融突整合也在经由各种渠道不断延伸和展开。主线与辅线交叉比观互考，才能反映整个明代思想运动的全貌。寒鸣教授的大量研究成果，也清楚地提示我们：只有思想与社会结合，顾及全面的研究，才能更好地反映儒学发展的完整性历史图景。

阳明后学的变动分化至繁至杂，泰州学派由于侯外庐学派的重视，研究成果层累式的积淀增多。然而即使侯先生的《中国思想通史》给予泰州学派很大的介绍篇幅，像罗汝芳这样重要的心学思想人物，却基本没有文字涉及。其他如谢无量撰《中国哲学史》，论及“王门诸子”时，亦仅简单言及王畿、王艮、邹守益、杨东明等少数几人，其余则出以统括隐约之笔，称“王学后流于禅，如罗念庵、颜山农、梁心隐、罗汝芳之徒，尤其甚者也，陈陈相因，殆无足述，兹并从略焉”[②]。不仅所言依稀恍惚，即定位亦极不准确。而劳思光《中国哲学史》论及泰州学派学人，亦仅关注王艮而同样忽略了罗汝芳。或许正是有鉴于此，寒鸣教授乃广采博搜罗氏各种思想文献资料，按照以事系年的方法逐年排比类次，不仅谱主一生学思历程尽在卷中，而且亦颇得传统谱牒学知人论世叙事学之长，诚可谓罗氏学术思想之功臣，

---

① 黄宗羲：《参政罗近溪先生汝芳》，《明儒学案》卷三十四，沈芝盈点校，第773页。
② 谢无量：《中国哲学史》，《谢无量文集》（第2卷），中国人民大学出版社2011年版，第462页。

甚有裨于泰州学派之深入研究。

我读寒鸣教授之书既竟，殊感受益颇多，以为是书之梓行问世，必能嘉惠士林。青年朋友如能取此书与程玉瑛之《晚明被遗忘的思想家：罗汝芳诗文事迹编年》、吴震之《罗汝芳评传》、罗伽禄之《一代思想大师罗汝芳》，同置案头，时时比较对读，收效必更深更巨。而泰州学派学术思想及工夫实践之创造性重新诠释，亦必因此书之出版发行而多得一重现实助缘。至于如何了解、把握和继承传统平民儒学的丰厚遗产，从而推动其朝着现代性的合理方向转换或发展，乃至能够具化为活生生的人文事实，并为制度的良性安排提供必要的借鉴资源，则是蓄积在寒鸣教授心中而有待共同解决的时代问题。我屡受其请而勉力撰成此序，亦望世之君子读其书而知其意焉。

张新民

二〇二一年初秋谨撰于筑垣花溪依庸山晴山书屋

自序

前两年，我在《泰州王门集·整理编校说明》中写道：“罗汝芳（近溪）在泰州学派中占有重要地位，但其著作已经整理出版。我们以后或将另行编撰《罗汝芳学谱》。”① 而奉献给读者诸君的这本书，就是该计划践行的结果。

泰州学派是明代中叶崛起于民间的一个儒学派别。有人称之为王学左派，也有人称之为民间儒学派，我们称之为平民儒学派。该学派的创始人王艮（1483—1541），字汝止，号心斋，是一个灶丁出身的儒者。王艮先祖来自姑苏（今苏州），世占灶籍，家境贫寒。7岁上学，11岁便辍学了，后跟随父兄在煎盐的亭子里干活，成为一名盐丁（也叫作亭子）。19岁时，父亲命他经商，贩盐到山东。由于他资质聪颖，善于理财，不几年工夫便发了家。此时王艮还年轻，便想读书。25岁时，路过曲阜，参观孔子庙，看见孔夫子神像，非常钦仰，慨叹说：孔子是人，我也是人！于是他决心学孔夫子，读儒家经书。王艮一边经商，一边读《孝经》《论语》《大学》等书。当时在安丰一带找不到老师，他只好逢人质义，以知者为师。经过十几年刻苦自学，王艮终于成为一名儒者。自然，他的自学经历，也使他自觉或不自觉地养成一种不重师教而重自得，不守章句、不泥传注而好信口说解的平民学风。38岁时，王艮听说江西巡抚王守仁（阳明）与他的思想相同，便买船到南昌求见。他和阳明见面后，经过两次辩难，终于称弟子，拜阳明为师。王艮执贽阳明之门下八年，接受了阳明良知之教，但也保留了自己的格物学说（即后人所谓“淮南格物”）和平民学风。阳明殁后，王艮“自立门户”，讲学于东海海滨。他以其尊身立本思想、百姓日用之学，吸引了大批弟子，名闻天下。王艮由一个识字不多的灶丁，终于成为著名的泰州学派的开山祖，这不但在当时儒林中独树一帜，而且在中国历史上也是罕见的。

泰州学派是明代平民儒学的主要代表。众所周知，平民儒学并不始于明代。孔子以来，儒学就具有平民性。至战国时期，儒学虽已成

---

①《泰州王门集》是我应友人钱明先生诚约，为他主持的国家社会科学基金重大项目“阳明后学文献整理与研究”（课题编号为15ZDB009）所做的一项文献整理工作成果。

为显学，但它也还是诸子百家中的一家。自汉武帝以后，儒学才真正成为享有“独尊”地位的官学，孔子逐渐成为最高的思想权威，儒学经典进入学术文化的最高殿堂。与此同时，儒学亦因此逐渐失去其自身的平民性。但自唐宋以后，由于社会经济、政治以及科举制度的发展，中国文化表现出不断下移的趋势。宋明理学的产生和发展，一方面提高儒家哲学的思想理论水平；另一方面，也促进了儒学向社会普及的进程。尤其是提倡易简工夫与指点现成良知的陆、王心学派，提供了容易为广大民众所接受的理论教条，对于儒学的平民化有更加明显的促进作用。清初学者李颙曾经指出：“象山虽云‘单传直指’，然于本体犹引而不发。至（阳明）先生始拈‘致良知’三字，以泄千载不传之秘。一言之下，令人洞彻本面，愚夫愚妇，咸可循之以入道，此万世之功也。”①

泰州学派继王学而起，成为明代平民儒学的主要代表。所谓平民儒学，有多种说法。大体上说，平民儒学是与官方儒学、缙绅儒学以及经生文士的章句儒学（亦可称为应试儒学）对应而言的，无论其思想与学风都有鲜明的平民色彩。就泰州学派而言，其特点是：第一，传道对象大众化。泰州学派继承了孔子和先秦儒家“有教无类”的平民传统，致力于发展平民教育。王艮的传道宗旨是：不分老幼、贵贱、贤愚，有志愿学者，传之。王栋更强调儒学的平民传统，他说，孔子开创的儒学本是士农工商共同共明之学，但自秦汉以后，此学为少数经生文士所垄断，孔子儒学的平民传统反而被泯灭了，所幸心斋夫子将其恢复过来。事实上，在泰州门下，士农工商都有，而占多数的，还是来自社会底层的灶丁、农夫、佣工、陶匠、商贩等等。大学士李春芳（扬州兴化人）曾在安丰场向王艮请益（求学）月余，他亲见“乡中人若农若贾，暮必群来论学。时闻逊坐者，先生（王艮）曰：‘坐，坐，勿过逊废时。’”这是一个活生生的普通平民百姓的儒学课堂。在这里，没有师道尊严，教学又不重记诵章句，而是

① 李颙：《明体类》，《二曲集》卷七，陈俊民点校，第 49 页。

着力于“澡雪其胸臆”“牖发其大机”，沟通思想、启发自觉。王艮死后，泰州后学中有一部分人走向民间，他们或是周流天下，传道讲学，以启市井愚蒙；或是深入田间，与农民班荆趺坐，以倡道化俗为己任。当然，我们也应看到，泰州学者一方面力图将经生文士的章句儒学转化为普通百姓的日用之学，激发人们对“王道”社会的追求，这是历史的进步；另一方面，又由于他们任意谈解经书，而必然曲解经书，导致儒学理论水平的降低，甚至潜伏着动摇、瓦解传统儒学的危险。这也是泰州学派往往受到时人或后儒责难的原因之一。第二，儒学理论简易化与儒学经典通俗化。陆王心学派从来都重视儒学理论的简易化。如陆九渊称赞“易简工夫终久大”；王守仁也说：“工夫只是简易真切，愈真切，愈简易；愈简易，愈真切。”① 王艮继承了陆、王的学术传统，进而将儒学简易化与儒学平民化联结起来，宣称孔门圣学，即以“简易”为宗旨，认为“此至简至易之道，视天下如家常事，随时随处无歇手地，故孔子为独盛也”②。他宣称：“天下之学，惟有圣人之学好学，不费些子气力，有无边快乐。”③ 在他看来，宣讲圣学，就要提纲挈领，通俗明白，务使人人易晓易学。王艮及其后学因求简易，而不满于经典儒学繁琐支离、玄远高深，力求将儒学经典通俗化，圣人之道平民化。王艮由此出发，创造了平民化、简易化的“百姓日用是道”和“淮南格物”学说，不仅引起一些士大夫的兴趣，更在平民百姓中产生巨大的吸引力。王艮及其后学颜钧、罗汝芳、何心隐等人讲学时，深入社会下层，所到之处，听讲者动辄以千数计，常常引起轰动，以至为朝廷和地方官吏所恐惧、忌恨。泰州之名，于是益显。第三，心性自然化。泰州学派信奉阳明心学，也是心性合一论者。然而，王艮的心性论，并不完全同于阳明门下其他学派，而是以“自然为宗”④。在他看来，天理良知皆为天然自有之

---

① 钱德洪：《年谱三》，王守仁：《王文成公全书》卷三十四，王晓昕、赵平略点校，第1492页。
② 王艮：《语录》，《明儒王心斋先生遗集》卷一，《王心斋全集》，陈祝生等校点，第17页。
③ 王艮：《语录》，《明儒王心斋先生遗集》卷一，《王心斋全集》，陈祝生等校点，第5页。
④ 参见黄宗羲：《教谕胡今山先生瀚》，《明儒学案》卷十五，沈芝盈点校，第330页。

理，心即理，良知即性，心与性也是自然而然的，如同鸢飞鱼跃，毋须人力安排，凡涉人为皆是作伪。王艮心性自然论的显著特点是，肯定人们对物质生活的正当需求（人欲）是合乎天性的，是人的自然本性，因而也是合乎“圣人之道”的。这就给宋明理学中“存天理，灭人欲”的正统理论打开了缺口。在泰州后学中，从王栋、颜钧到何心隐、李贽等，都强烈批评正宗理学家们的存理灭欲论，指出它从根本上违背了孔、孟的教义。但是，泰州学派的心性自然论，被正宗理学家视为“异端邪说”，乃至“左道惑众”。从历史发展的角度来看，泰州学派的心性自然论，无疑具有越出中世纪的启蒙精神，也是其思想遗产中最有价值的理论部分。第四，传道活动神秘化。泰州学派的讲学传道活动，主要是开门授徒、立会讲学，或周流四方，随处讲学等等方式。由此而言，它与其他儒学派别并没有多么大的不同。其所不同者，乃在于它往往采取平民百姓比较容易接受的教学方式，譬如吟诗唱歌、讲演故事、气功治病，以至民间宗教式的神秘活动等等，翕引来学。王艮早年就曾默坐体道，编造出梦天坠压，万民呼号，自己伸手救活万民的神话；后来他又借穿戴古代衣冠、乘坐蒲轮小车，招摇过市，引起市民围观，产生轰动效应。颜钧则设坛立教，制造所谓“大中垂象”一类神话。王艮、颜钧等人不喜著述，传道则重“口传心授”。所谓“矩范《大学》《中庸》作心印”，便是公开将禅家心印引入孔门，从而增添了儒学的神秘色彩。但这对于儒学向民间普及确是十分必要的。在缺少文化的下层群众中，愈是带有神秘色彩，便愈加具有吸引力。王艮的大成学之所以能够在广大地区各阶层人士，尤其是处于社会底层的普通民众中迅速传播开来，除其内容为平民所喜好外，与其浓郁的神秘色彩也是分不开的。第五，社会理想道德化。泰州学派的理想社会，即是儒家所谓“人人君子，比屋可封”的“王道”社会。首先，这个社会以伦理为中心，父子有亲、君臣有义、夫妇有别、长幼有序、朋友有信，伦常秩序，井然无犯。其次，这个社会没有剥削和压迫，统治者施行仁政，对人民养之有道、教之有方，衣食足而礼义兴，以至“刑措不用”。最后，这个社会讲道德仁义，特别重视道德教育，既以道德仁义为美，又以道德仁义为教。自朝廷以至闾间，上下举贤，普及道德教育，使天下之人皆知所以为善，愚夫愚妇皆知所以为学，士则以德行为重、六艺为轻，皆能自趋于道德仁义之域。[①] 由此可见，泰州学派的社会理想，包含了道德救世主义和社会改良主义的改革主张。泰州后学颜钧、何心隐等继承了这一传统，深入民间，宣讲伦理大义；何心隐还参与了人民反抗官府的活动。于是乎他们的道德救世主义，也就变成了为平民百姓打抱不平的侠义之风，最终成为不受名教羁络的反叛者。罗汝芳则把儒家伦理大义带到边陲云南，企望各民族间以此来化干戈为玉帛，实现普天之下老安少怀的社会理想。

泰州学派上述特点，反映出明代平民儒学的发展状况及其历史风貌。而泰州学派的上述特点，在作为其重要传人的罗汝芳身上得到了生动且又深刻的体现。罗汝芳（1515—1588），字惟德，号近溪，江西南城人，著作有《近溪子文集》，今人方祖猷等整理编校《罗汝芳集》行世。他于嘉靖三十二年（1553）中进士，知太湖县，擢刑部主事。出守宁国府，以讲会《乡约》为治，后又补守东昌。迁云南副使，悉修境内水利，转参政。万历五年（1577）进表，讲学于广慧寺，朝士多从之者。张居正恶其讲学，以潜留京师的罪名勒令致仕。归与弟子在江西、浙江、江苏、福建、广东等地讲学，所至弟子满座，而他自己却未尝以师席自居。罗汝芳是颜钧的学生。颜钧（1504—1596）字子和，号山农，又号耕樵，后因避万历帝讳更名铎，江西吉安府永新县人。颜钧因自幼多病而受父母宠爱，智力发育较迟。《自传》说："生质淳庞，十二岁始有知识。十三至十七岁，随父任常熟教，习时艺，穷年不通一窍。"[②] 十七岁，父病故，次年与兄长奉母扶榇归永新。父未及葬，长兄钦即被都人陷三年粮役，家中遭洗劫，家道中落。颜钧贫而失学，心情惶

① 参见王艮：《尺牍论议补遗》，《明儒王心斋先生遗集》卷二，《王心斋全集》，陈祝生等校点，第 64—66 页。

② 颜钧：《自传》，《颜钧集》卷三，黄宣民点校，第 23 页。

惑，苦闷异常。二十五岁，得到仲兄钥自白鹿洞抄回来的《传习录》，读至“精神心思，凝聚融结，如猫捕鼠，如鸡覆卵”四句话时，感奋不已，决意行之，“静坐七日夜，凝翕隐功，专致竭思，一旦豁然，心性仁智皎如也。随翻《学》《庸》经史，昭昭视掌，直有莫致而至之……嗣是日新又新”[①]。由于阳明心学的启迪，闭关顿悟，使他灵聪焕发，豁达洞开。然后他又潜住山谷九月，于道日转精进。他回到永新三都中陂家中，在乡里创立“三都萃和会”，宣讲儒家伦理道义，如“讲耕读正好作人，讲作人先要孝弟，讲起俗急修诱善，急回良心”[②]，开展平民儒学教育活动。不久，由于颜钧母亲病逝，这项活动也停止了。母亲死后，颜钧感到自己“力学年浅，未有师传”，于是辞家外出，访学寻师。他先是遍访吉安府境的阳明弟子，无所得。时仲兄钥官山东，颜钧便有机会北上游访。在北京遇到徐樾，从学三载，复由徐樾引荐，赴泰州王艮门下求学，“如此从两师，往回竟四年”[③]，最终卒业于泰州王艮门下。颜钧自诩受传于阳明良知学说和王艮大成学，并对二者“会而通之”，他说自己“日以阳为明造，时以心为斋明，上益神明，启师徒交震互发，驯造大成，错综理学之绪余，直合夫邹鲁一贯之道脉”，终于得到了“千古正印”。[④]而他本人又要传衣钵于四方：“千古正印，昨日东海传将来；四方公凭，今朝西江发出去。”[⑤]将儒学的传授看作禅家衣钵的传授，这是泰州学派的特色之一。平民儒者为使儒学普及于“愚夫愚妇”，不仅要把儒学经典通俗化，而且要在传授形式方面接近于民间宗教，带有某些神秘色彩，才能吸引广大下层民众。王艮曾以古冠服、蒲轮车招摇，产生了轰动效应；颜钧也以其闭关悟道的神秘方式翕徕千百信徒。颜钧具有“自立宇宙，不袭古今”的独立精神和创造精神，他将王艮的大成学

---

① 颜钧：《明羑八卦引》，《颜钧集》卷二，黄宣民点校，第 12 页。
② 颜钧：《自传》，《颜钧集》卷三，黄宣民点校，第 24 页。
③ 颜钧：《自传》，《颜钧集》卷三，黄宣民点校，第 25 页。
④ 颜钧：《急救心火榜文》，《颜钧集》卷一，黄宣民点校，第 2 页。
⑤ 颜钧：《履历》，《颜钧集》卷四，黄宣民点校，第 35 页。

衍化为他自己的大中学，确是一种富有特色的理论创造。罗汝芳通过乃师颜钧而承继泰州学脉，其思想的主要内容之一便是心性自然论。他曾为了“制欲”而习静，每日与明镜止水相对无二，如此使心如明镜止水，虽穿插于生死得失荣辱之间，不为所动，心念不起，则欲亦不起，然而，山农仍指出此种生死得失之为动心乃“制欲”而非“体仁”；倘若为了“制欲”而“制心”，便成了“害心”，因为“欲之病在肢体”，而“制欲之病乃在心”①，故山农自信地指出体仁之妙在放心而不在制欲。罗汝芳接受了颜山农这一“体仁”之说，不但大加发挥，而且还作有系统之论述，其门人詹事讲谓：“师之心，仁心也；师之体，仁体也。仁者以天地万物为一体，师其有之矣。”罗汝芳受阳明及心斋的“万物一体之仁”思想沾溉在前，印证山农论直截体仁之法在后，默默勘考、细细抽绎，大畅其“仁者人也”学旨，随机指点，使学者当下即可受用。他尝言：“仁者，人也，天地万物为一体者也。人以天地万物为一体，则大矣。《大学》一书，联属家国天下，以成其身，所以学乎其大者也。”②在他看来，“仁”乃天地之大德，此仁道精神充塞弥漫于天地之间，在其展现落实时，必须普万物而不遗，因“仁”本身乃自然流行之体，故真乐自见。孔、颜因得此不息之体，不仅“真乐自不能改”，而且“以贫自安而不改”。世人竭力追寻“孔、颜乐处”，这种“乐趣”与生俱来，正如赤子初生“弄之则欣笑不休，乳而育之则欢爱无尽”，此便是“仁”、便是“乐”，无需刻意向外搜寻。罗汝芳以“仁”释“乐”的微言妙谛，不但直捣“孔、颜乐处”深处所在，更尽得淮南三王“率性以全其乐”及其师“制欲而非体仁”的学说奥蕴。

同王艮、颜钧等先辈一样，罗汝芳十分热衷讲学，致力于民间文化学术活动，积极地在各阶层，尤其是底层民众中进行儒学普及教育。嘉靖二十九年（1550）以后，罗汝芳开始参加乃至组织大的会讲，如二十九年，他“约同志大会留都，秋，会江省，月余；溯流至螺川，

① 贺贻孙：《颜山农先生传》，颜钧：《颜钧集》卷九，黄宣民点校，第82页。
② 罗汝芳：《盱坛直诠》，《罗汝芳集》，方祖猷等编校整理，第387页。

集会九邑同志”[1]。三十三年在京中参加同志讲会：“嘉靖癸丑第进士，寓京师，与姜凤阿宝、胡庐山直、邹颖泉善、耿楚侗定向、刘养旦应峰诸先生，联同志会，辰夕切劘，各有所得。”[2] 四十一年出守宁国府，以“联合乡村，各兴讲会”[3] 为其主政特色。四十四年入觐，再次“合同志大会灵济宫”[4]。隆庆五年辛未（1571），“大会南丰，大会广昌，大会韶州，由彬、桂下衡阳，大会刘仁山书舍”[5]。万历二年任云南副使、参政，先后在武定、临安、弥勒、石屏、通海、大理、永昌、洱海、楚雄等处会讲。万历五年丁丑（1577）赍捧入京，礼成，与同志会讲广慧寺，未几，被令致仕。有弟子劝道：“师以讲学罢官，盍少辍以从时好？”汝芳答道：“我父师止以此件家当付我，我此生亦惟此件事干。舍此不讲，将无事矣。况今去官正好讲学！”

此后，罗汝芳一心讲学，足迹遍及江南，“得请致仕，还从姑，开诲来学。遍涉抚、吉、洪、饶、楚、粤、闽、浙、留都、徽、宁诸郡，大会同志。东南之学丕振”[6]。“致仕……复与诸门人，联辙各郡，走安成、下剑江，趋两浙、金陵，往来闽、广，益张皇此学。”[7] 罗汝芳以讲学“自度”，亦以讲学“度人”，“七十余年之间，东西南北无虚地，雪夜花朝无虚日，贤愚老幼、贫病贵富无虚人”[8]。罗汝芳认为，做学问主要有两种方法，一是“觉悟”，二是“践履”，而两者又彼此关联：“觉悟透则行自纯，践履熟则所知自妙。”主张

① 杨起元：《明云南布政使司左参政明德夫子罗近溪先生墓志铭》，罗汝芳：《罗汝芳集》，方祖猷等编校整理，第 920 页。
② 谭希思：《皇明理学名臣传·罗汝芳》，罗汝芳：《罗汝芳集》，方祖猷等编校整理，第 853 页。
③ 杨起元：《明云南布政使司左参政明德夫子罗近溪先生墓志铭》，罗汝芳：《罗汝芳集》，方祖猷等编校整理，第 921 页。
④ 杨起元：《明云南布政使司左参政明德夫子罗近溪先生墓志铭》，罗汝芳：《罗汝芳集》，方祖猷等编校整理，第 921—922 页。
⑤ 杨起元：《明云南布政使司左参政明德夫子罗近溪先生墓志铭》，罗汝芳：《罗汝芳集》，方祖猷等编校整理，第 922 页。
⑥ 王时槐：《近溪罗先生传》，罗汝芳：《罗汝芳集》，方祖猷等编校整理，第 856 页。
⑦ 刘元卿：《近溪罗先生传》，罗汝芳：《罗汝芳集》，方祖猷等编校整理，第 865 页。
⑧ 李贽：《罗近溪先生告文》，《焚书》卷三，第 125 页。

“觉悟”与“践履”不可偏废。关于讲学，汝芳提出：

“盖此与天下原是一物，物之大本只在一个讲学招牌，此等去所，须是全副精神，透切理会，直下承当，方知孔、孟学术如寒之衣、如饥之食，性命所关，不容自已。否则将以自爱，适以自贼。故《大学》之道，必先致知，致知在格物矣。”（《近溪子先生明道录》卷三）

在他看来，所谓“格物”之学离不开讲学，讲学乃是“物之大本”，是与自己性命息息相关的一大要事。若拒斥讲学，与世隔绝，名为“自爱”而实则“自贼”。他倡“今受用的即是现在良知”，又屡言“捧茶童子却是道也”“圣人即是常人”“圣人本是圣人”，认为圣人与常人在本质上并无差异。他还强调指出：“人人现成，尽是格物”之说乃“古今一大关键。细观古人，惟是孟子一人识得，其他贤大儒总皆忽略过了”。总之，在罗汝芳看来，天下万物原是一体之存在，所以，“讲学”是自家“性命所关，不容自已”的人生大事，而“格物”工夫不过是“讲学招牌”而已。

这些年，阳明学研究几成学界热潮，而有关泰州学派和罗汝芳的研究成果自然也出了一些。这是很令人欣喜的现象。为了使人们对罗汝芳其人其学有更多更真切的了解，我不揣浅陋，撰述成这本书。本书《小引》后，即依时序，将汝芳学行置于中晚明社会思潮背景下予以叙述；后有一些《附录》，为罗汝芳传记史料选录，所录者乃明清学人所撰汝芳传记。书中谬误，在所难免，谨祈学界前贤时修和读者诸君赐教。

陈寒鸣

2021 年 11 月 12 日

小引

罗汝芳（1515—1588），字惟德，号近溪，殁后门人私谥明德，江西建昌府南城县（今属抚州）人。他曾受学于颜钧（山农），是心斋王艮的再传弟子，是阳明心学的第四代传人。“嘉靖三十二年进士，知太湖县，擢刑部主事。出守宁国府，以讲会乡约为治。丁忧起复，江陵问山中功课，先生曰：‘读《论语》《大学》，视昔差有味耳。’江陵默然。补守东昌。迁云南副使，悉修境内水利。莽人掠迤西，迤西告急。先生下教六宣慰使灭莽，分其地。莽人恐，乞降。转参政。万历五年，进表，讲学于广慧寺，朝士多从之者，江陵恶焉。给事中周良寅劾其事毕不行，潜住京师。遂勒令致仕。归与门下走安成，下剑江，趋两浙、金陵，往来闽、广，益张皇此学。所至弟子满座，而未常以师席自居。十六年，从姑山崩，大风拔木，刻期以九月朔观化。诸生请留一日，明日午刻乃卒，年七十四。”①

关于罗汝芳的学思历程以及他生平讲学盛况，其孙怀智在所撰《罗明德公本传》中概述道：“盖公十有五而定志于洵水，二十有六而证学于山农，三十有四而悟《易》于胡生，四十有六而授道于泰山丈人，七十而问心于武夷先生，其他顺风下拜者不计其数，接引友朋，随机开发者亦不知其数。身所止处，弟子满座，未尝以师席自

① 黄宗羲：《参政罗近溪先生汝芳》，《明儒学案》卷三十四，沈芝盈点校，第760页。

居。及门者数千人，直下承当者亦众，吁，亦盛矣哉！”[1] 王畿[2] 尝谓其“雅好学，大建旗帜，为四方来学倡，户履常满，束装就业者无间远迩”[3]。确实，汝芳一生，“于饮食未尝有所嗜也，衣服未尝有所择也，庐舍未尝有所羡也，故田园皆先世所遗，不事营建，子孙满前，或食不饱，亦不改其乐也”[4]；唯“见人有片善寸能，不难以身下之，常曰：‘圣人无常师，况吾辈耶！’”[5]“见德行、文学、政事优卓者，虽未识面，皆荐扬焉。或有一善一长可录者，亦皆随所能而荐之”[6]。他不断拜师交友、讲学传道，是位始终不懈追求心学真谛并将之内化为自家生命、复以自己的生命自然展露这种心学真谛的思想宗师。

关于罗汝芳的学说思想及其实践，他的学生万煜[7] 概述道：

> 我师之学，直接孔氏，以求仁为宗，以天地万物为体，以孝、弟、慈为实功，以古先圣神为格则。故其躬行实践，无论居家居官如是而学，如是而教，勤勤恳恳，惟欲联属斯世以归仁。每至，必起讲会；每讲，必有语录，一字一句，吃紧指点，良知显现目前。通人己，塞天地，贯古今，无间无息，开示学者。从

① 罗怀智：《罗明德公本传》，罗汝芳：《罗汝芳集》，方祖猷等编校整理，第 832 页。

② 王畿（1498—1583），字汝中，别号龙溪，浙江山阴（绍兴）人。正德十四年（1519）举于乡。正德十六年（1521），由魏良器荐引而师事阳明。赵锦《龙溪王先生墓志铭》说：“阳明之学以良知为宗，而一洗世儒支离之见，学者乍闻其说，疑不能信。而其时，元老宿儒又多视为异物，而攻之惟恐不力。当是时，求士之可与语者，盖千百不能一二，不啻空谷之足音也。先生英迈天启，颖悟绝伦，阳明以为法器。故其欲得先生也，甚于先生之欲事阳明。道合志同，日夕依侍，独先生与钱绪山德洪辈数君子而已。”嘉靖二年（1523）下第，归而卒业于文成。嘉靖七年（1528），赴京殿试，途中闻阳明卒，奔广信料理丧事，并服新丧三年。嘉靖十三年（1534）殿试，授南京兵部主事，进郎中。给事中戚贤等荐王畿，首辅夏言斥畿伪学，乃谢病归，“林下四十余年，无日不讲学，自两都及吴、楚、闽、越、江、浙，皆有讲舍，莫不以先生为宗盟。年八十，犹周流不倦”（黄宗羲：《郎中王龙溪先生畿》，《明儒学案》卷十二，沈芝盈点校，第 237 页），对传扬阳明心学作出了卓越贡献，黄宗羲谓“象山之后不能无慈湖，文成之后不能无龙溪。以为学术之盛衰因之，慈湖决象山之澜，而先生疏河导源，于文成之学，固多所发明也”（黄宗羲：《郎中王龙溪先生畿》，《明儒学案》卷十二，沈芝盈点校，第 239 页）。其生平著述，后人合辑为《王龙溪先生全集》，今人编校整理有《王畿集》。

③ 赵志皋：《近溪罗先生墓表》，罗汝芳：《罗汝芳集》，方祖猷等编校整理，第 928 页。

④ 罗汝芳：《近溪罗先生庭训记言行遗录》，《罗汝芳集》，方祖猷等编校整理，第 421 页。

⑤ 罗汝芳：《近溪罗先生庭训记言行遗录》，《罗汝芳集》，方祖猷等编校整理，第 420 页。

⑥ 罗汝芳：《近溪罗先生庭训记言行遗录》，《罗汝芳集》，方祖猷等编校整理，第 421 页。

⑦ 汝芳弟子甚众，多难查考，这位万煜就是其中之一。如有潜心于治罗氏之学者专门撰著一部《罗汝芳弟子和友人考》，一定是很有意义的。

入之路，未有若是简易精实者。[①]

他的朋友王时槐[②]说："先生平生学以孔孟为宗，以赤子良心、不学不虑为的，以天地万物同体、撤形骸忘物我、明明德于天下为大。自少至壮而老，无一息不在学。自家居以及四方，妻孥童仆、族闾村市以及通都大邑、缙绅大夫，千百徒众之相接聚，无一人不勉以学。自令长历郎署，领郡符佐藩臬，所至无一地不以学为政也。"[③]他又慨曰：

> 先生既没，海内咸望风追仰，然予窃谓，后学真知先生者盖寡。彼徒见先生之标末，而未窥先生之底里，故或妄意以为慕先生之学而未免失其矩步以蹈于纵荡之归也。先生脱略蹊径，浑无朕迹，人所共知，而不知其中贞白无瑕，一切外物嗜好都绝，芥视千金，嚼然不浼，举以与人，若拂轻尘，寔出性成，非由强作。当太湖离任，邑吏以公费余七金，请受为路资，竟斥置官库而行，其介如此。至鬻产贷金以急师友之难，倾囊倒囷以应饥乏之求，即人以礼馈，随手散施，澹然其忘情也。先生之薄利殆罕其俦，而昧者以有欲之心借口于先生之脱略蹊径，遂荡然溃防败节以僭附于狂简者，不亦远哉！先生蚤岁于释典玄宗无不探讨，缁流羽客延纳弗拒，人所共知，而不知其取长弃短，迄有定裁。今《会语》出晚年者，一本诸《大学》孝弟慈之旨，绝口不及二氏。……先生之立教，一出于正，而昧者以浮诡之心借口于先生之探讨延纳，遂冥然蔑伦叛圣以沉溺于诐淫者，不亦远哉！……嗟夫！先生之学可得大而有本、中凝一而外融畅者矣。彼徒见标末而未窥其底里，辄号于人曰"吾为近溪先生之学"，而竟以恣情为率性，堕于无忌惮以反中庸者。予故谓后学真知先生者寡也。[④]

---

① 万煜：《罗近溪师事状》，《罗汝芳集》，方祖猷等编校整理，第 852 页。

② 王时槐（1522—1605），字子植，号塘南，江西吉安安福人，弱冠师事刘文敏，又受教于刘邦采、邹守益，问学于钱德洪、罗洪先等人，故为阳明再传弟子，在江右王门中上有重要地位，一生讲学不辍，对晚明时期阳明心学在江西的传播作出过重要贡献，其学说思想对东林学派有较大影响。

③ 王时槐：《近溪罗先生传》，《友庆堂存稿》卷七，《王时槐集》，钱明、程海霞编校，第 192 页。

④ 王时槐：《近溪罗先生传》，《友庆堂存稿》卷七，《王时槐集》，钱明、程海霞编校，第 193—195 页。

赵志皋[1]《近溪罗先生墓表》谓其学“大都指点人心，以日用现前为真机，以孝、弟、慈为实用，以敬畏天命为实功，一念不厌不倦为朝夕。家常茶饭，人人可食；何智何愚，破觚为员。言言中的，彻天彻地。高之不得，率履不越庸常；卑之不得，易简通乎天载。浑玄浑释，忘俗忘儒。心涵天地之虚，量沛江河之决，学之得其大者也。尼父笺笺一脉，千百年来阏而不通者，直至先生而衍其派矣”[2]。黄宗羲[3]亦云：“先生之学，以赤子良心、不学不虑为的，以天地万物同体、彻形骸、忘物我为大。此理生生不息，不须把持，不须接续，当下浑沦顺适。工夫难得凑泊，即以不屑凑泊为工夫，胸次茫无畔岸，便以不依畔岸为胸次，解缆放船，顺风张棹，无之非是。学人不省，妄以澄然湛然为心之本体，沉滞胸膈，留恋景光，是为鬼窟活计，非天明也。”[4]

尽管从学术师承角度说，罗汝芳比王龙溪晚两辈，然而，“由于龙溪高寿，在嘉靖初至万历初的将近半个世纪中，得以长期活跃于阳明王门的讲学活动，尤其在江浙一带名望甚高；另一方面，近溪虽略晚于龙溪，但从嘉靖末年起直至万历初年，近溪亦活跃于南京、江西等地的讲学活动，在明代中期主要由阳明王门及泰州王门所推动的讲学运动中，近溪与龙溪的活跃时期部分重叠，在当时的思想界产生了深刻的影响，故有‘二溪’之称”[5]。黄宗羲说：“论者谓龙溪笔胜舌，近溪舌胜笔。顾盼呿欠，微谈剧论，所触若春行雷动，虽素不识学之人，俄顷之间，能令其心地开明，道在现前。一洗理学肤浅套括之气，当下便有受用，顾未有如先生者也。”[6]

---

① 赵志皋（1524—1601），字迈汝，号瀫阳，浙江金华府兰溪县（今浙江金华兰溪市）人。隆庆二年（1568）进士及第，授职编修，万历初升为侍读，后出任广东副使。张居正去世后还朝，由申时行举荐任礼部尚书兼东阁大学士，寻代王锡爵为首辅。万历二十五年（1597）因病带职家居，四年后病卒，赠太傅，谥文懿。生平所著有《内阁奏题稿》《四游稿》《灵洞山房集》《瀫阳诗集》等。

② 赵志皋：《近溪罗先生墓表》，罗汝芳：《罗汝芳集》，方祖猷等编校整理，第928—929页。

③ 黄宗羲（1610—1695），字太冲，号南雷，又号“梨洲老人”，浙江余姚人。明末清初著名的思想家、史学家、学问家，是刘宗周的弟子、蕺山学派的重要传人，也是阳明心学的总结者和革新者。

④ 黄宗羲：《参政罗近溪先生汝芳》，《明儒学案》卷三十四，沈芝盈点校，第762页。

⑤ 吴震：《罗汝芳评传》，南京大学出版社2005年版，第83页。

⑥ 黄宗羲：《参政罗近溪先生汝芳》，《明儒学案》卷三十四，沈芝盈点校，第762页。

汝芳其人其学，是很受时人称道的。邹元标[①]“盖尝论先生有目与人同，不见人过则与人异；口与人同，乐道人善，则与人异。心与人同，以众人心为心；身与人同，以众人身为身。有官也，而以百姓之肥瘠为荣，勿恤于家矣；有学也，而以众人之立达为学，勿执于见矣。其尚友也，时释时玄，不废参究，一轨于大道；其论著也，圣训帝典，极其阐扬，一根于真性。谓先生有见乎？则与愚夫愚妇同体，未尝有见也。上焉者，得先生眉睫间；下焉者，亦欣欣化育中。以养以造，先生非吾党之元气耶？夫元气周流，佈护天壤间，不可得而见，惟观造物，生者生，化者化，飞者飞，潜者潜，动植者动植，始知元气之功大；吾党自成者成，自道者道，得言者忘言，得意者忘意，得象者忘象，不事雕凿，浑然天成，始知先生之功大，予不得而窥先生之学矣”[②]。赵志皋说，对于近溪之学“世儒以玄疑之者，是得先生清净玄明，而不得先生冲夷恬澹；以释疑之者，是得先生畛域不设，而不得先生广博无垠。此皆游其藩而不登其奥窔，摸其貌而不探其神情者也。且名之不得，窥之无似，又安容置喙其间哉？第今之讲学名家，分门各户，竞相标榜，稍相牴牾，而气不相下，一窥影响而执之为有得者，举在先生下尘矣。予何敢私一先生哉？海内自有具只眼者在”[③]。

在泰州学派中，罗汝芳是位最具哲理思辨力的思想大师。他不仅全面继承了王艮开创的泰州学派的优良传统，而且在思想理论上集泰州学派之大成。并且，他的思想又远承孔孟，博采程朱陆王之长，兼和诸多王学同辈之学，又融通儒释道，博而不杂，独成一家。他的思想，受众非常广泛，上自达官贵人、名公鸿儒，下及山野樵夫、贩夫走卒，社会各阶层人士普遍受到影响。

衷心希望这本学谱能使读者诸君对汝芳其人其学有个颇为全面的了解和认识，从而对深化近溪、泰州学派以至晚明阳明心学思潮的研究多少起点推动作用。

---

① 邹元标（1551—1624），字尔瞻，号南皋，江西吉水县人。幼有神童之称，九岁通《五经》。万历三年（1575）在都匀卫所（后改名南皋书院）讲学。万历五年（1577）中进士，观政刑部，寻因反对张居正“夺情”，被当场廷杖八十，发配贵州，他在谪所潜心治学。后回朝任吏部给事中，敢于直言，多次上疏建言改革吏治，触帝怒而贬降南京吏部员外郎。以疾归，居家讲学近三十年。天启元年（1621）任吏部左侍郎，复因魏忠贤乱政而求去。崇祯元年（1628），追赠其为太子太保、吏部尚书，特谥忠介。

② 邹元标：《近溪罗先生墓碑》，罗汝芳：《罗汝芳集》，方祖猷等编校整理，第931—932页。

③ 赵志皋：《近溪罗先生墓表》，罗汝芳：《罗汝芳集》，方祖猷等编校整理，第929页。

武宗正德十年乙亥（1515），一岁

五月二日，罗汝芳出生于江西省建昌府南城县泗石溪。杨起元《明云南布政使司左参政明德夫子罗近溪先生墓志铭》说：“正德乙亥五月之二日，而夫子生。夫子名汝芳，字惟德，别号近溪。”[1]

南城县是建昌府的治所，正德《建昌府志》卷一《形胜》称南城“控五岭封疆之要，捍七州寇徼之虞，地气殊异，山川炳灵，林奇谷秀，水绕山环，抗御七闽，牵制百粤”。这里经济发达，岁常丰饶，市肆繁华，人口稠密，文风鼎盛，名家辈出，民皆礼让。嘉靖三十七年（1558），“淮南三王”之一、泰州学派重要代表人物王栋[2]应岁贡而出任南城县训导，稍后又在与南城接壤的南丰县任教谕；他在南城、南丰集众讲学，畅发诚意之旨，传扬百姓日用之道。

罗氏是南城县的望族。“南城罗氏最早出自江西南昌的柏林。五代时，二十四世祖罗袍，号德称（谥号文庄），迁居南城县的磁龟，即今磁圭。……自此，罗氏子孙在这里世代繁衍，人丁兴旺。罗汝芳在《豫章罗氏谱序》中说：‘余族在盱江，支派茂衍，自德称公而下析居各邑者十余处，子姓以千计，雍睦往来，恒绎绎如也。’他在《泗石溪罗氏祠记》中又写道：‘罗之祖来自西汉，载于谱牒昭昭矣，逮晋而唐，始蕃盛于南昌之柏林。及五代侍御德称公家南城磁龟，娶九

---

① 杨起元：《明云南布政使司左参政明德夫子罗近溪先生墓志铭》，罗汝芳：《罗汝芳集》，方祖猷等编校整理，第919页。

② 王栋（1509—1581），字隆吉，号一庵，泰州姜堰人。他以族弟的身份师事王心斋（艮），是泰州学派的第一代嫡传弟子，后来学者将之与王心斋、王东崖（襞）父子并称为“淮南王氏三贤”或称为“淮南三王”。亦有将之与王阳明、王心斋并称为“越中淮南三王夫子”者，有《一庵王先生遗集》传世。

妻生子十四，皆一时英杰，各择胜地以居。于是忠六公者，遂止泗石溪……’磁圭的《罗氏耕隐公宗谱》记载说：‘公既居磁龟，携妻九子十四，各授以居地。其近者为绕池，为泗石溪，为罗源，为南丰嘉津，为南丰官常、适源、菰河，为宜黄交源，为宜黄棠阴、崇乡；其远者为临川滕桥，为崇仁乔亭、穆源，为南昌南坪、坛石，为进贤罗坊。幼君河南敛宪，汉通公嫡配萧氏夫人所自出，年最稚，难他徙，故仍家磁龟焉。’《泗石溪罗氏谱例》也说：‘嘉靖甲子（1564 年）修江右大宗谱，以珠公为第一世，而泗石溪之罗实始于近通公。今怀智以珠公为始祖，以袍公为鼻祖，以近通公（忠公）为基祖，称第一世。’”[①] 由此可见，罗袍为江西南城罗氏始祖，“袍：字德称，号慕素，谥文庄。循吏珦公元孙、让公曾孙。唐光启二年（八八六）由南平王钟付荐授南城尉，转余干令、江州司马，并有政声。天复元年（九〇一）召为侍御史，累官御史中丞，参辅大政。是时，藩镇强盛，盗贼蜂起。力陈治乱成败之由，小人嫉之，屡遭诽谤，担心有旦夕祸患，遂隐居临川安宁里，旋迁居南城磁圭，披荆斩棘，建设家园。享年七十一。娶肖氏、李氏、吴氏、杜氏、朱氏、吕氏、邱氏、黄氏、刘氏等九妻，生有十四子：爱、宜、复、哲、源、珏、理、顺、实、照、正、忠、德、达。其子徙洪都（今南昌）者三，徙临川者一，徙宜黄者二，徙南丰者三，徙南城之别里者四，与磁圭共为十四支。自此袍之子孙在各地繁衍，薪火相传，生生不息”[②]；罗珏为南城泗石溪罗氏基祖，“珏：字近通，行忠六，唐御史袍公第六子，‘性和守介，心小行方，恪遵家学，耕读自娱。冠婚后，乐泗石溪山水之胜，徙居焉’。他就成了泗石溪罗氏分支的基祖，即称第一世。子孙称他近通公，或忠六公。妻：熊氏。子：芬、苾、艾”[③]。

由近通公十一世传而有廷璛（1450—1527），字大鉴，号两冈，是罗汝芳的祖父。廷璛“魁岸好义”，“游燕赵齐楚间十余年，挟万

---

① 罗伽禄：《一代思想大师罗汝芳》，江西高校出版社 2009 年版，第 17—18 页。

② 罗伽禄：《罗汝芳家世述略 · 江西南城罗氏始祖》，罗汝芳：《罗汝芳集》，方祖猷等编校整理，第 881 页。

③ 罗伽禄：《罗汝芳家世述略 · 江西南城罗氏始祖》，罗汝芳：《罗汝芳集》，方祖猷等编校整理，第 881 页。

金与归，叔间分之，毫无私橐”。[①] 娶江氏为妻，生子崇范、崇素、崇綗。崇綗，名锦，号前峰，行锦四，生于弘治庚戌（1490），殁于嘉靖乙丑（1565），是罗汝芳的父亲。崇綗弱冠时从饶瑄[②] 学，汝芳在《先府君前峰公行状》中回顾道：

（罗廷璛）课先君（指罗崇綗），首以择师为重。时闻临川饶行斋先生得良知心传于东越，乃命先君负笈走百里相从。[③]

雍正《江西通志》载：

饶瑄，字文璧，以字行，临川人，正德癸酉乡试。……初善横渠以礼为先之教，中慕邵子静生百原之学，最后独深信象山而遵体之。盖文璧之学，凡屡变而卒归于简易云。自号行斋，学者称为行斋先生。[④]

陈九川[⑤]《明水陈先生文集》卷四《造士行斋饶先生墓志铭》记：

（行斋）弱冠，始以一经为弟子员……从游甚众，诸生竞时文杂说，以资剽窃，先生悉火之，使自抽新意。时皆仿李西涯俗书，先生刻《兰亭帖》以易之，一时文体字学为之一变。正德己巳，先生年二十八，开讲于南郊西塔寺，相传为临汝书院遗址。……明年，川始受业于兹，五岁未尝去门。……正德癸酉实兴，川也实从其后，因侍以北。先生下第，入南雍，川始离师

① 罗伽禄：《罗汝芳家世述略·江南南城罗氏始祖》，罗汝芳：《罗汝芳集》，方祖猷等编校整理，第 881 页。

② 饶瑄（1482—1529），字文璧，改字德温，号行斋，以号行，学者称行斋先生，江西临川（今抚州）人。正德九年（1514）行斋南宫下第，游南雍，受学阳明于金陵，得良知心传，后“以所学训其乡之后进”（王畿：《赠前峰罗公寿言》，《王畿集》卷十四，吴震编校整理，第 400 页）。

③ 罗汝芳：《先府君前峰公行状》，《罗明德公文集》卷四，《罗汝芳集》，方祖猷等编校整理，第 657 页。

④《人物》，雍正《江西通志》卷八十二。

⑤ 陈九川（1494—1562），字惟濬，初号竹亭，改明水，江西临川（今抚州）人，是江右王学中“最着于师门者”。“幼善记诵属文，十余岁，里人辞不能师，乃游行斋饶某门，问难相长，饶喜得助。”（罗洪先：《明故礼部主客郎中致仕明水陈公墓志铭》，《罗洪先集》卷二十，徐儒宗编校整理，凤凰出版社 2007 年出版，第 804 页）正德八年（1513），九川乡试中举，明年或进士，观政礼部，三疏请告，十年（1515）师事阳明于南都龙江。

门。凡粗有所悟，实皆先生发之。

初，先生宗考亭格物之训，凡天文地理、律历算数、兵法丹经、阴阳医卜诸书，莫不广购而精究之。已乃觉其博而寡要，乃独体服《礼经》，善横渠之教，曰："如有用我，执此以往。"已复觉其器而不通，慕邵子之静坐百源，乃捐书习静，澄心立本以应变，若有得也。犹觉甚判而不一，在雍闻阳明先生讲圣学于鸿胪，遂执弟子礼，勇就正焉。即涣然契悟合一，知万化生于心，始有定见矣。自是归山，绝意仕进，不复会试。日尊象山之学，信从者益众，争相延致。先生随地教授，多先之以静坐；四方游其门者，因材而成之。

汝芳《先府君前峰公行状》说："行斋悦其笃实，因就敝乡龙池山中馆居年余，日以德谊训迪。"崇綗虽没什么功名，亦无意仕进，但为学勤苦，且笃信阳明心学，常常"中夜披衣起坐，商订经书疑义，必述阳明、行斋二先生之说以示归的"。[①] 据此，崇綗乃是阳明的再传弟子（陈九川则在他之前受学于行斋），故而从阳明心学学脉传承角度来看，确如王龙溪所说，崇綗、汝芳父子之于阳明学，"师友渊源有自来矣"[②]。在饶行斋的教诲和熏陶之下，罗崇綗变成了一名重德有才的儒生，遗憾的是，罗崇綗科场不利，仅仅补了一名郡庠生员的名额（相当于秀才），之后三试秋闱不中，自己索性放弃了通过科举谋取前途的想法。但是，罗崇綗对儒学的信奉是发自内心的，虽然科场不利，他依旧是一位笃实践履和积极弘扬圣人之道的民间儒者。罗崇綗侍奉父母，至为孝顺。罗汝芳回忆说：

芳儿时见祖两岗公身膺瘫疾，手足动艰，先君晨代栉沐，餐代馔饮，睡代衣被，历年七周，未始一委僮仆。至祖妣江（氏）以重阳日卒后，家人或随俗具酒馔，先君临案举箸，哽咽废饮，虽终其身犹然也。[③]

① 罗汝芳：《先府君前峰公行状》，《罗明德公文集》卷四，《罗汝芳集》，方祖猷等编校整理，第 657 页。

② 王畿：《赠前峰罗公寿言》，《王畿集》卷十四，吴震编校整理，第 400 页。

③ 罗汝芳：《先府君前峰公行状》，《罗明德公文集》卷四，《罗汝芳集》，方祖猷等编校整理，第 657 页。

据此可见，罗廷璩晚年身患瘫疾长达七年之久，全靠儿子崇綱精心照料。依罗家的家境，可以让仆人来做这些事情，但是崇綱七年如一日地侍奉瘫痪的父亲，完全是由自己亲手来照料父亲，其孝顺之情可谓诚笃之至。对父母克尽孝道外，崇綱“推而至于族众数百，自视又咸若原未分异。创祠堂以祀先，置义仓、义馆以恤乏。补修宋、元列祖墓田，醮祭费约千金，期垂永久”[①]，在安抚族人、兴办慈善、推广儒学等方面做了许多有益的事情。崇綱个人修养非常好，生平无疾言遽色。他终身好学，不因为自己科场不利就放弃了钻研学问的兴趣。在他的积极影响下，罗家成了一个儒化的学习型家庭。

崇綱之妻宁氏，即汝芳的母亲，生于弘治辛亥（1491），殁于隆庆己巳（1569），寿七十九。嘉靖三十九年（1560），封为“安人”。宁氏生子三女一，汝芳为长子。二子名汝顺（1518—1576），字惟道，号乐溪，行涣八，家谱称其“赋性孝友，遇事果决，好贤轻财，乡邦推服”；三子汝贞（1523—1584），字惟慎，号次溪，行涣十五，家谱称其“孝友纯朴，柔和安分，修路施药，恤族赈贫”。汝芳后来与两位弟弟讲研心学，如据《近溪罗先生庭训记言行遗录》记载，汝贞问：“白沙先生云：‘须从静中养出端倪’，又云：‘此心虚朗炯然。’在中炯然者，可即是端倪否？”汝芳曰：“是也。”汝贞曰：“汝贞用功许久，而炯然端倪尚未有见，请求指示。”汝芳谓：“此个功夫，亦是现在。且从粗浅处指与汝看。”遂遍呼在座者云：“汝等此时去家已远，试反观其门户、堂室、人物、器用，各炯然在心否？”众曰：“炯然在心。”良久，忽传报贵客将临，汝芳又遍问在座者道：“汝等此时，皆觉得贵宫来否？”众答：“皆觉得。”汝芳问：“亦待反观否？”众曰：“未尝反观，却自觉得。”汝芳乃回视汝贞说：“此两个炯然，各有不同。其不待反观者，乃本体所生，所谓知也；其待反观者，乃功夫所生，所谓觉也。今须以两个炯然合成一个，便是以先知觉后知，而知乃常知矣；是以先觉觉后觉，而觉乃常觉矣。常知常觉，是为圣人，而天下万世皆在其炯然中矣。”[②]这种讲学风采，很类似于心斋王艮。

---

① 罗汝芳：《先府君前峰公行状》，《罗明德公文集》卷四，《罗汝芳集》，方祖猷等编校整理，第657页。

② 罗汝芳：《近溪罗先生庭训记言行遗录》，《罗汝芳集》，方祖猷等编校整理，第409页。

本年，王阳明[①]四十四岁，任职于南京；三次上疏养病乞休，皆不允。其父王华七十寿辰，黄绾[②]作《实翁先生寿序》以庆。

阳明编纂成《朱子晚年定论》；并与湛甘泉[③]讨论《大学古本》及“格物”诸说。陈九川等问学于阳明。

心斋王艮[④]三十三岁，以贩盐经商致富，家益繁庶。

颜钧[⑤]开始求学读书，其《自传》云：“匹夫名铎，生质淳庞，

---

① 王阳明（1472—1529），名守仁，字伯安，自称阳明子、阳明山人，世称阳明先生，殁后追赠新建侯，谥文成，浙江余姚人，明代最著名的政治家、思想家、教育家和军事家，思想史上堪与朱熹媲美的儒学宗师。

② 黄绾（1480—1554），字宗贤，号石龙、久庵、久庵居士，学者称久庵或久翁先生。浙江台州府黄岩人［一作太平（温岭）人］，官至礼部尚书兼翰林院学士，积极参与嘉靖初年的“大礼议”活动，并与张璁、桂萼、席书、黄宗明、方献夫等极力主张嘉靖帝“继统不继嗣”；任礼部左侍郎时，作为钦差成功抚戢过“大同兵变”，从而受到嘉靖帝的赏识与信任。久庵学富五车，“志在天下”，一生以笃志于“圣人之学”即以“明道”为己任，青年时期师从浙南台州理学名家谢铎而“克苦”用功于程朱理学；中年时期与王阳明、湛若水等心学大家结盟共学，曾一度服膺于阳明先生的“致良知”之教。晚年因出使安南未果而“落职闲住”于黄岩老家，遂隐居翠屏山，以读书、著书终老。黄绾与阳明订交于正德五年（1510），他们“相与矢志于学”，并以圣人之学提携、劝勉后进，使不少青年才俊信奉阳明心学。嘉靖元年（1522）获闻阳明发明的“致良知”之教，大为叹服，以为阳明“所论‘格致’之说，明白的实，于道方有下手，真圣学秘传也”（黄绾：《与郑继之书》，《黄绾集》卷十九，张宏敏编校，上海古籍出版社 2014 年版，第 344 页），遂称门弟子。他与阳明书信往还密切，思想交流深刻，互吐胸臆，共肩道义。

③ 湛甘泉（1466—1560），名若水，字元明，广东增城人，因在家增城之甘泉郡，学者称之为甘泉先生。他从学陈献章（白沙），因悟出“随处体认天理”的修养方法而深得白沙嘉许。

④ 王艮（1483—1541），原名银，字汝止，号心斋，泰州安丰场（今江苏东台）人。据《年谱》，他在三十七岁以前，学无师承，但“奋然有任道之志”，故在“商游四方”过程中，将《孝经》《论语》《大学》置于袖中，“逢人质义”，怀着为“万世师”的愿望发奋学习儒家经典。他“讲说经书，多发明自得，不泥传注”，“信口谈解，如或启之，塾师无敢难者”；更“默坐体道”，“以经证悟，以悟释经”，渐至“觉万物一体”之境而“毅然以先觉为己任”。三十八岁时往南昌拜访阳明，遂拜为师，成为王门的重要弟子。阳明取《易·艮卦》之义为他更名艮，字以汝止。

⑤ 颜钧（1504—1596），字子和，号山农，又号耕樵，后因避万历帝讳而更名铎，江西吉安府永新县三都中陂村人。二十五岁时，得仲兄钥自白鹿洞书院抄回的王阳明《传习录》，读至“精神心思，凝聚融结，如猫捕鼠，如鸡覆卵”四句，感奋不已，决意实行，遂静坐七日夜，闭关悟道，自觉一时豁然，心性仁智光明洞开。读《大学》《中庸》，一目了然。在家乡组织“三都萃和会”，又在吉安府境内遍访阳明门下士，皆无所得。北上至京，遇贵溪徐樾，从学三载，复由樾荐而赴泰州王艮门下，受传“大成仁道”（即“大成学”），“快遂自心”。“大成仁道”成为他思想学说的主旨，也是当时平民儒学的哲学理论。黄宗羲《明儒学案·泰州学案一》谓其“得泰州之传。其学以人心妙万物而不测者也。性如明珠，原无尘染，有何睹闻？著何戒惧？平时只是率性所行，纯任自然，便谓之道。及时有放逸，然后戒慎恐惧以修之。凡儒先见闻，道理格式，皆足以障道”。山农上承王艮，下启罗汝芳、何心隐，为泰州学派重要传人，也是一位颇有思辨头脑的哲学家。罗汝芳“见其家居孝友之笃，与人为善之公，贯金石不渝，质鬼神无疑”（罗汝芳：《〈揭词〉及助资姓氏》，颜钧：《颜钧集》卷五，黄宣民点校，第 44 页），故把他敬奉为“圣人”。其著作有清咸丰六年族刻本《颜山先生遗集》存世，黄宣民将之点校并由中国社会科学出版社于 1996 年出版了《颜钧集》。

十二岁始有知识。”[1] 罗汝芳《揭词》亦云：“颜钧生永新山乡中，自幼形质癯瘠，心性冥昧，世事亦无所知，日惟恋恋寡母左右，就养无方，若童稚然，人皆目为痴儿。”[2]

① 颜钧：《自传》，《颜钧集》卷三，黄宣民点校，第 23 页。
② 罗汝芳：《〈揭词〉及助资姓氏》，颜钧：《颜钧集》卷五，黄宣民点校，第 44 页。

正德十二年丁丑（1517），三岁

罗汝芳孩提时即甚聪慧，异于常儿，罗怀智《罗明德公本传》记其三岁时事道："丁丑，念母而啼，父抱即止，随思曰：'心一耳，何苦乐倏变也？'"[①] 曹胤儒《罗近溪师行实》亦记云："丁丑，甫三岁，独坐火围边，俟母宁安人未至而哭。父前峰抱之，哭止，随思曰：'均此一身，心何苦乐倏异也？'展转追思，未明其故。"[②] 小小幼童，就已在深思成年人都难以悟解的问题。

本年，王阳明巡抚南赣，平漳寇，班师并立兵符，上疏请疏通盐法；改授提督南赣、漳汀等处军务，给军牌，得便宜行事；又，平横水、桶冈诸寇后班师还南昌。

阳明与湛甘泉书信往还，讨论儒释之道、格物之说等学术。

四方士子来赣从阳明学者甚多，江西本地士子更多受学于阳明。

王艮作《孝弟箴》。略云：事亲从兄，本有其则。孝弟为心，其理自识。爱之敬之，务致其极。爱之深者，和颜悦色；敬之笃者，怡怡侍侧。父兄所为，不可不识；父兄所命，不可不择。

颜钧在常熟学宫读书。

何心隐[③] 出生于江西吉安永丰县。

---

① 罗怀智：《罗明德公本传》，罗汝芳：《罗汝芳集》，方祖猷等编校整理，第 829 页。

② 曹胤儒：《罗近溪师行实（节录）》，罗汝芳：《罗汝芳集》，方祖猷等编校整理，第 833 页。

③ 何心隐（1517—1579），本姓梁，名汝元，字柱乾，号夫山，后改姓更名何心隐，江西吉安府永丰县人。幼时颖异拔群，潜心经史，嘉靖二十五年（1546），赴郡试，中第一名。"及闻王心斋先生良知之学，竟芥视子矜，乃慨然曰：'道在兹矣！'遂师颜山农"（邹元标：《梁夫山传》，何心隐：《何心隐集》附录，容肇祖整理，中华书局 1960 年版，第 120 页），与闻心斋立本之旨。

正德十四年己卯（1519），五岁

罗汝芳由母亲宁氏授以《孝经》，继以《小学》《论语》《孟子》。宁氏不仅言传，而且身教。她柔顺慈惠，侍公婆至孝，家谱《前峰公实纪》记："宁安人柔顺慈惠。江孺人殁，二伯商外，公复业儒，衣衿不能卒办。安人悉出嫁时衣殓之，无所吝惜。两冈公瘫痪七年，事之无少倦懈。"汝芳后来在《先母宁太安人墓志铭》中说："呜呼，盛哉！吾母之德纯且备也。汝芳童时侍母，以迄今日，一言一动，无或敢忘于心，而不思永世诵传之也。盖母故天聪夙启，幼未经师传，于《小学》《列女传》诸书，悉能通其大义。自归先君前峰公，确然谓古圣贤必可企及，盱人士知讲学明道，实自先君始之。至事先大父两岗公、妣江孺人、庶妣黄孺人，俱以孝闻，且为堂叔抚孤成立。而联族党、新宗祠、积社仓、开义塾，凿凿可方范文诸先哲者，皆母相助之力也。比先君游郡庠试，稍弗利，即劝引退，以课诸不肖，晨夕经史，多母口授。"[①] 慈母的品行对汝芳一生有极深刻的影响，所以，宁氏既是他的慈母，又堪称他人生的第一位老师。

本年，正德皇帝西巡方归，又欲南巡，周游天下，百官反对，而

---

① 罗汝芳：《先母宁太安人墓志铭》，《罗明德文公集》卷四，《罗汝芳集》，方祖猷等编校整理，第638页。

帝游意甚决，杖贬兵部郎中黄巩[①]等百四十余人，阳明弟子夏良胜[②]、陈九川均在其中。

王阳明在南赣，讲学军旅。他始发“良知”之说，妙语心学秘旨，又发布《告谕父老子弟》等，推行乡约。宁王朱宸濠反，阳明集兵勤王平叛。平定宁王叛乱后，阳明兼任江西巡抚。

黄绾《寄阳明先生书》告诫阳明“奸欺盈朝”，切记明哲保身。

据《心斋年谱》，王艮喟然叹曰：“孟轲有言：‘言尧之言，行尧之行，而不服尧之服，可乎？’”于是按《礼经》制五常冠、深衣、绦绖、笏板，行则规圆矩方，坐则焚香默识。书其门曰：此道贯伏羲、神农、黄帝、尧、舜、禹、汤、文、武、周公、孔子，不以老幼、贵贱、贤愚，有志愿学者，传之。

---

① 黄巩（1480—1522），字伯固，号后峰，福建莆田人，弘治朝进士，正德中由德安推官入为刑部主事，迁武选郎中。谏武宗南巡，请诛奸佞江彬以谢天下，被廷杖五十，削职为民。即归潜心著述。世宗立，召为南京大理寺丞，次年病卒。有《后峰集》，又名《黄忠裕公文集》。

② 夏良胜（1480—1538），字于中，江西南城人。正德二年（1507）举乡试第一，正德三年（1508）成进士，授刑部主事，调吏部，进考功员外郎。十四年（1519），良胜具疏，与礼部主事万潮、太常博士陈九川连署以进，谏止武宗南巡，疏入，帝与诸倖臣皆大怒，遂下良胜、九川等诏狱。良胜和九川寻被革职除名。既归，良胜遂来南昌从学于阳明。良胜后居家讲授生徒，至世宗立，召复原官，尚书乔宇贤之，奏为文选郎中，公廉多所振拔。“大礼议”起，数偕僚长力争，被诬与乔宁等群结朋党，任情挤排，谪为茶陵知州。“及《明伦大典》成，诏责前郎中良胜胁持庶官，酿祸特深，黜为民。”（张廷玉等：《夏良胜传》，《明史》卷一百八十九）逾五年，卒于戍所；穆宗立，赠太常卿。

正德十六年辛巳（1521），七岁

罗汝芳入乡学，开始接受正规的儒家思想教育。他以孔圣为学的，时时称说《孝经》，于家庭间无人不相爱敬。他后来说："芳至不才，然幸生儒家。方就口食，先妣即自授《孝经》《小学》《论》《孟》诸书。后同先君遇有端绪，便将目前孝友和平，反复开导，故寻常于父祖、伯叔之前，嬉游于兄弟姊妹之间，更无人不相爱厚。但其时气体孱弱，祖父最是怜念不离。"①

本年，五十岁的王阳明在江西，大论"致良知"之学，钱德洪《阳明先生年谱》录阳明遗书与邹守益谓："近来信得'致良知'三字，真圣门正法眼藏。往年尚疑未尽，今自多事以来，只此良知无不具足。譬之操舟得舵，平澜浅濑，无不如意，虽遇颠风逆浪，舵柄在手，可免没溺之患矣。"

正德皇帝崩于豹房，年三十一，庙号武宗，遗诏召迎兴献王长子朱厚熜嗣位。厚熜即位后，定以明年为嘉靖元年（1522）。

阳明继以平宁王叛乱功而受封新建伯后，又获升南京兵部尚书，归省绍兴。

林俊②起为工部尚书。

---

① 罗汝芳：《近溪子续集》，《罗汝芳集》，方祖猷等编校整理，第 231 页。

② 林俊（1452—1527），字待用，号见素、云庄，莆田人（今福建莆田市荔城区人）。成化十四年（1478）进士，历任云南按察副使，南京右佥都御史兼督操江，湖广、四川巡抚，工部尚书，刑部尚书等职，嘉靖元年（1522）加太子太保，卒于嘉靖六年（1527）。隆庆元年（1567），追赠林俊为少保，谥贞肃。林俊是王阳明的至交好友，有著作《林见素文集》行世。

王畿（龙溪）因魏良器[①]荐引，在绍兴受学于阳明。[②]

王艮于上一年在豫章拜阳明为师后，本年又至绍兴受学。

十八岁的颜钧遭父丧，寻，又因长兄颜钦陷粮役，家道中落；颜钧《自传》谓："同兄钦、铸，扶父榇归庐。未葬，都人陷钦三年粮役，洗其家。"[③]

---

① 魏良器，生卒年不详，字师颜，号药湖，江西南昌新建人。他在王门能尽规友之责，"绪山临事多滞，则戒之曰：'心何不洒脱？'龙溪工夫懒散，则戒之曰：'心何不严栗？'"（黄宗羲：《处士魏药湖先生良器》，《明儒学案》卷十九，沈芝盈点校，第 464 页）自越归里，教书于乡。曾主教白鹿洞书院，传播阳明心学。

② 《明儒学案》卷十九《处士魏药湖先生良器》说，良器"洪都从学之后，随阳明至越。时龙溪为诸生，落魄不羁，每见方巾中衣往来讲学者，窃骂之。居与阳明邻，不见也。先生多方诱之。一日，先生与同门友投壶雅歌，龙溪过而见之，曰：'腐儒亦为是耶？'先生答曰：'吾等为学，未尝担板，汝自不知耳。'龙溪于是稍相昵就，已而有味乎其言，遂北面阳明"。

③ 颜钧：《自传》，《颜钧集》卷五，黄宣民点校，第 23 页。

世宗嘉靖元年壬午（1522），八岁

父亲崇綗带着汝芳拜访饶行斋，他专心致志地听崇綗和行斋论道讲学，深得行斋赏重。罗怀智《罗明德公本传》记之曰："饶行斋与父谭阳明功业学脉，公敬听不倦。饶试云：'小子须勤经学。'公应声：'大人能格君心。'识者豫知为不凡儿矣。"[①] 行斋郑重叮嘱崇綗一定要悉心培养罗汝芳。汝芳后来在《寿吴人序》中称行斋饶先生"承象山、阳明求仁之宗，以近启临川之明水陈公，远启吾盱之先君前峰公"，"然先君厄而未达，明水达而未终，若夫显达而有终者，其惟金溪之疏山吴公"[②]。

本年，王华病卒，阳明丁忧家居，四方学者日聚其门，道院僧房至不能容。阳明揭帖于壁曰："守仁鄙劣，无所知识，且在忧病奄奄中，故凡四方同志之辱临者，皆不敢相见。或不得已而相见，亦不敢有所论说，各请归而求诸孔孟之训可矣。夫孔孟之训，昭如日月。凡支离决裂，似是而非者，皆异说也。有志于圣人之学者，外孔孟之训而他求，是舍日月之明而希光于萤爝之微也，不亦缪乎？"[③] 王艮在绍兴构筑书院以居同志，并鼓舞开导，委曲其间。

据《心斋年谱》，王艮在这年的年底因有感于"千载绝学，天启吾师，倡之，可使天下有不及闻此学者乎"，遂作《鳅鳝赋》别阳明，自制蒲轮，驾车北上，标题其上曰："天下一个，万物一体，入

---

① 罗怀智：《罗明德公本传》，罗汝芳：《罗汝芳集》，方祖猷等编校整理，第829页。

② 罗汝芳：《寿吴夫人序》，《罗明德公文集》卷二，《罗汝芳集》，方祖猷等编校整理，第507页。

③ 王守仁：《壁帖》，《王阳明全集》卷八，吴光等编校，上海古籍出版社2011年版，第306—307页。

山林求会隐逸，过市井启发愚蒙。遵圣道，天地弗违；致良知，鬼神莫测。欲同天下为善，无此招遥做不通，知我者其惟此行乎！罪我者其惟此行乎！”

黄省曾[①]赴越拜晤王阳明，称阳明讲学为汉以来“未有此盛”，并作《会稽问道录》以记阳明讲学语。刘文敏、刘邦采[②]赴越，入阳明门下，从学三载而归。

钱德洪[③]等参加乡试，中举。

“大礼议”[④]起，阳明虽未明确表示自己的立场，但大体赞同霍

---

① 黄省曾（1490—1540），字勉之，号五岳山人，苏州长洲县人，先世为河南汝宁人。嘉靖十年（1531）以《诗》乡试中举，后会试累举不第，遂无意功名，专诗词、绘画等。正德十六年（1521），黄省曾为王阳明《修道说》作注，开始接触阳明心学，并在思想上逐渐倾向于心学。嘉靖二年（1523），他屡有书信致阳明兼呈《格物说》《修道注》，阳明有答书并以新定《古本大学序》寄赠。1524 年，闻阳明在稽山书院讲学，故往绍兴问道，正式拜为弟子，阳明为作《自得斋说》赠之。

② 刘文敏（1490—1572），字宜充，号两峰，以号行，学者称两峰先生，江西吉安安福人。刘邦采（约1490—1578），字君亮，号师（狮）泉，两峰之族弟。他们和梅园刘晓（县令）同出于安福望族三舍刘氏，并称为“三杰”。两峰“自幼朴实，不知世有机械事”（黄宗羲：《处士刘两峰先生文敏》，《明儒学案》卷十九，沈芝盈点校，第 430 页），“既与狮泉共学，思所以自立于天地者，每至夜分，不能就寝，谓狮泉曰：‘学苟小成，犹不学也。’已得《传习录》而好之，反躬实践，唯觉动静未融，曰：‘此非师承不可。’遂率其弟文快，从弟文协、文恺、文悌，族弟子和、继权，族子曛、祐入越而禀学焉。时吾宗（三舍刘氏）北面姚江者，始于梅源，而狮泉、印山继之，两峰又同偕九人者往。一门九刘，雅为文成推许”（《三舍刘氏七续族谱》卷三十四《家传第八·刘文敏传》）。

③ 钱德洪（1496—1574），本名宽，字洪甫，号绪山，浙江余姚人。少习举子业，研程朱之学。正德八年（1513）左右读《传习录》，因与所学未契而疑之。正德十六年（1521）冬，王阳明归余姚省亲，日与宗族亲友宴游，随地指示良知。钱德洪在听闻阳明本人讲学后，对良知学深信不疑，率二侄大经、应扬及郑寅、俞大本师从之。嘉靖元年（1522），乡试中举。嘉靖二年（1523）春试下第归，至越地亲炙王阳明。五年（1526）春，与王畿、戚贤、闻人诠同登进士，然因阁臣不喜阳明之学，不就廷试，引疾告归，卒业于阳明。七年（1528）冬，德洪偕王畿赴廷试，传阳明归，迎至严滩，闻讣。八年（1529）正月，成丧于广信，讣告同门，执事葬礼，并筑室于场，服新丧三年。嗣后，德洪一生致力于传播阳明思想，整理阳明著述，数次编辑刊刻《阳明先生文录》，于隆庆六年（1572）编刊刻成《王文成公全书》。

④ 所谓“大礼议”，指的是嘉靖世宗帝应当如何确定“皇考”的祭祀问题，即是称生父兴献王为“皇考”，还是追尊先帝孝宗皇帝为“皇考”。这成为嘉靖初年的一场政治大争论。已入仕为官的阳明弟子多卷入其中，有的因触忤帝旨而遭迫害，如时任翰林编修的邹守益“议大礼云：‘望陛下屈己从善，不吝改过。’上怒，下镇抚司，谪广德州判官”（谈迁：《国榷》卷五十三，张宗祥校点，第 3300 页）。

韬[1]、席书[2]的观点。《王阳明全集》卷二十一《与霍兀崖宫端》说："往岁曾辱《大礼议》见示，时方在哀疚，心善其说，而不敢奉复。既而元山亦有示，使者必求复书，草草作答，意以所论良是。而典礼已成，当事者未必能改，言之徒益纷争，不若姑相与讲明于下，俟信从者众，然后图之。"

赵贞吉[3]年十五，读《传习录》，叹曰："予向知物理之远于人也，今获所归矣。"[4]

---

① 霍韬（1487—1540），字渭先，号兀崖，广东广州府南海县石头乡人。成进士后官至礼部尚书、太子少保。后人将他和梁储、方献夫并称为南海县的明代"三阁老"。

② 席书（1461—1527），字文同，号元山，四川遂宁蓬溪县人。弘治三年（1490）成进士，曾任郯城知县，工部、户部主事，河南佥事等，正德四年（1509）升任贵州提学副使，修文明书院，礼聘阳明主讲，并亲率诸生向阳明执弟子礼。嘉靖初，他"力荐杨一清、王守仁入阁，且曰：'今诸大臣皆中材，无足与计天下事。定乱济时，非守仁不可。'帝曰：'书为大臣，当抒猷略，共济时艰，何以中材自诿？'守仁迄不获柄用"（张廷玉等：《席书传》，《明史》卷一百九十七，第5205页）。文同去世，赠太傅，谥文襄。

③ 赵贞吉（1508—1576），字孟静，号大洲，谥文肃，内江（今四川省内江市市中区）人，年少即诵读《传习录》而深受阳明心学影响。赵贞吉曾撰《赵文肃公文集》卷十八《泰州王心斋墓志铭》，称"明兴八叶之世，越中王先生论学名世，从游若泰州王子称最著"，"王子论学如先生，故学者亦称王先生"，"越中良知，淮南格物，如车之两轮，实贯一毂。后有作者，来登此车。无以未觉，而空著书"。耿定向《王心斋先生传》说徐樾承心斋之学而"传文肃"，李贽《为黄安二上人三首》也说"波石之后为赵大洲"。

④ 赵贞吉：《广舆记》，《赵贞吉诗文集注》附录，管长驰注，巴蜀书社1999年版，第810页。

嘉靖三年甲申（1524），十岁

父亲崇綱开始为汝芳讲授经传，意趣多与经旨相契合。汝芳后来自谓初读《论语》，“苦其淡然无味，殊觉厌人。稍长，从事孝弟，乃喜其一二条，契合本心”①，这种学有所悟、知而能行的进步，显然与崇綱对他的开启指点有重大关系。

汝芳晚年曾对其弟子曹胤儒②忆述少年之事道：“某幼时与族兄访一亲长，此亲长颇饶富，凡事如意，时疾已亟，数向某兄弟叹气。归途谓族兄曰：‘此兄（翁）无不如意者，而数叹气，何也？兄试谓，我兄弟读书而及第，仕宦而作相，临终是有气叹否？’族兄曰：‘诚恐不免。’某曰：‘如此，我等须寻不叹气事为之。’某于时便已定志。吾子勉之。”③

本年，王阳明居越，因“大礼议”再起而有“无端礼乐纷纷议”④“人间瓦缶正雷鸣”⑤之叹。按：这次“大礼议”中，朝官被廷杖贬迁或罢免者百余人。

翰林院侍读湛若水以《易》之屯、否二卦进讲。

---

① 罗汝芳：《近溪子集》，《罗汝芳集》，方祖猷等编校整理，第 109 页。

② 曹胤儒，生卒不详，号鲁川，苏州人，师事罗汝芳，为汝芳编辑《盱坛直诠》，这是一部荟萃了罗氏思想要义并加以疏解诠次的著作。胤儒曾任福建龙岩知县。汝芳殁后，他撰写了《罗近溪师行实》。

③ 罗汝芳：《盱江罗近溪先生全集·语录》，《罗汝芳集》，方祖猷等编校整理，第 294 页。

④ 王守仁：《碧霞池夜坐》，《王阳明全集》卷二十，吴光等编校，第 865 页。

⑤ 王守仁：《秋声》，《王阳明全集》卷二十，吴光等编校，第 866 页。

绍兴郡守南大吉[①]执贽王门，并辟稽山书院，聘阳明主讲，八邑彦士纷纷来学，门人日进。据钱德洪《阳明年谱》，八月中秋夜，阳明与百余门人欢宴于天泉桥，“见诸生兴剧，退而作诗，有‘铿然舍瑟春风里，点也出狂得我情’之句”，次日与诸生再论狂者气象，勉励他们“精诣力造，以求至于道，无以一见自足而终止于狂也。”。

礼部员外郎陈九川奉命册封弋阳王，归经绍兴，再次拜见并问学于阳明。

据《心斋年谱》，是年春，四方学者聚会稽日众，王艮请阳明筑书院城中以居同志。艮且“多指百姓日用以发明良知之学，大意谓：‘百姓日用条理处，即是圣人条理处，圣人知便不失，百姓不知便会失。’同志惕然有省。未几，阳明公谢诸生不见，独先生侍左右，或有谕诸生，则令先生传授”。

湛甘泉由翰林院侍读升为南京国子监祭酒。席书应召入京，任礼部尚书。

耿定向[②]出生。

---

① 南大吉（1487—1541），字元善，号瑞泉，陕西渭南人。正德五年（1510）中举，次年成进士。嘉靖二年至四年（1523—1525）间在绍兴任知府，“时，王文成公倡道东南，讲‘致良知’之学，王公乃先生辛未座主也。先生既从王公学，得实践致力肯綮处，乃大悟曰：‘人心果自有圣贤也，奚必他求？’于是时时就王公请益焉”（冯从吾：《瑞泉南先生》，《关学编（附续编）》卷四，陈俊民、徐兴海点校，中华书局 1987 年版，第 51 页）。

② 耿定向（1524—1596）字在伦，号楚侗，世称天台先生，湖北黄安（今湖北红安）人。黄宗羲《明儒学案》将他归入“泰州学案”，今人吴震对之予以质疑，认为“耿天台并不适宜归入泰州学派”（参见吴震：《泰州学派研究》，中国人民大学出版社 2009 年版）。耿定向思想受到其弟定理的直接影响，他是入仕后通过定理而契入王学的。定向崇奉阳明，称“惟我昭代文成王先生，亶乎豪杰之才而圣贤学者，孟子以后鲜与匹矣”（耿定向：《新建候文成王先生世家》，《耿定向集》卷十三，傅秋涛点校，第 519 页）。他与泰州学派的关系很复杂。他推尊王艮，称其生平“无叶言，无越履，巨节细行咸可昭日月，通神明”，并谓心斋之学“故民生日用之食也，食可废乎哉”（耿定向：《王心斋先生传樵朱陶韩二子附》，《耿定向集》卷十四，傅秋涛点校，第 549 页）。他与罗汝芳交往密切，深受近溪思想影响，杨起元（复所）《耿子庸言序》认为其“学脉与先师（罗汝芳）同”。

嘉靖六年丁亥（1527），十三岁

罗汝芳因梦见王羲之授以笔墨纸砚，遂始练习书法，专志于字学。案：王羲之（303—361，一说321—379），字逸少，琅邪临沂（今山东临沂）人，南渡后居会稽山阴（今浙江绍兴），晚年隐居剡县金庭。历任秘书郎、宁远将军、江州刺史，后为会稽右史，领右军，故世人称之为“右军”。他是东晋时期著名的书法家，有“书圣”之称，代表作《兰亭序》被誉为“天下第一行书”。其书法兼善隶、草、楷、行各体，冶于一炉，精于体势，心慕手追，自成平和自然、委婉含蓄之格调。在中国书法史上，右军与其子合称为“二王”。汝芳自习书以来，坚持不辍，造诣日精，朱谋垔《续书史会要》评其“小楷精审，有钟元常笔法”，将他与三国时的著名书法家钟繇相提并论。今天在江西安乐县流坑村仍可见到汝芳应请而为董燧[①]所建怀德堂书写的匾额，“怀德堂”三字行笔顿挫有力，庄肃厚重，给人以堂堂正正的视觉效果。

本年，席书卒，王阳明为文哭奠。

阳明在越与门人讲论良知心学，修正诠释“王门四句教”。邹守

① 董燧（1503—1586），流坑董氏第二十二世，受学于王艮，又从欧阳德、邹守益、聂豹游，曾与泰州王门的同门聂静、吴标、王贞等重刻《心斋年谱·语录》。中举入仕后，历任湖广枝江县知县、福建建宁府同知、南京刑部郎中等职，从政清廉，不阿权势，有能吏的美誉。致仕回乡后，致力于宗族组织建设和流坑村的整治与完善。

益[①]来信请刻先生《文录》，阳明乃取近稿，命钱德洪编次，由守益刊刻于广德。

六月，朝廷将起阳明以南京兵部尚书兼都察院左都御史，总制两广、江西、湖广军务。寻，帝以“欲知王守仁为人如何”下谕，大学士杨一清[②]特上《论王守仁为人如何奏对》。

九月，阳明将往征思田，与王龙溪、钱德洪在绍兴天泉桥上辩论学术，史称“天泉证道”。龙溪、德洪等送阳明出征思田至严滩，师弟之间又有“严滩问答”。

阳明起复征思田，途次南昌，驻节月余，“旧学陈良才约同学三十人拜谒于清戎公署，与闻良知之教。复命集于学宫，申订教义，大都教人立有必为圣人之志，亲师取善，读书讲学以辅成之”[③]。是时，万虞恺[④]“尝屡侍先生视学讲授，终日跃跃然如大寐得醒，始深信其如水寒而火燥也。第亲见之晚，将欲从之，则先生寻物故矣”（《枫潭集钞》卷下《送督学高泉谢先生升云南大参序》）。

王廷相[⑤]被任为右副都御史，巡抚四川。

---

① 邹守益（1491—1562），字谦之，号东廓，学者称东廓先生，江西安福人。正德二年（1507）乡试中举，丁母忧，六年（1511）阳明任会试同考试官，守益此榜成进士，授翰林院编修，翌年称疾辞归，开门讲学，从学者众。据宋仪望所撰《明故中顺大夫南京国子监祭酒前太常少卿兼翰林院侍读学士追赠礼部侍郎谥文庄邹东廓先生行状》，正德十三年（1518），他往赣州拜谒阳明，“因论及格物之学，王公乃尽语以‘致良知’之说，反复辩论，先生翻然语曰：‘道在是矣！’遂执弟子礼”。守益自述：“往者尝疑《大学》《中庸》一派授受，而判知行、析动静，几若分门以立，及接温听厉，反复诘难，始信好恶之真，戒惧之严，不外慎独一脉。”（邹守益：《龙冈书院祭田记》，《邹守益集》卷七，董平编校整理，凤凰出版社 2007 年版，第 404 页）宁王宸濠反，守益“率昆季群从趋吉郡”，参与阳明军事，从义起兵，是阳明平叛的得力助手。世宗即位，守益奉诏入京仍任编修。嘉靖三年（1524）“大礼议”起，直谏忤旨下诏狱，寻被贬为广德州判官，南归来绍兴见阳明，受教一月，阳明有“如保赤子”之教，并书孟子“居天下之广居”以为座右铭赠之。稍迁南京礼部郎中，途经绍兴见阳明，阳明面谕《大学问》之者录成文与刊刻事。嘉靖十八年（1539）入京任司经局洗马，负责辅导太子。次年升任太常少卿兼翰林院侍读学士，并主管南京翰林院，寻任南京国子监祭酒。二十年（1541），“九庙灾，有旨大臣自陈，大臣皆惶恐引罪”，惟守益上疏直言“君臣交儆之义”（黄宗羲：《文庄邹东廓先生守益》，《明儒学案》卷十六，沈芝盈点校，第 331 页），因忤旨而落职归里。家居二十年，讲学著述。

② 杨一清（1454—1530），字应宁，号邃庵，云南安宁人，历任成化、弘治、正德、嘉靖四朝，官至内阁首辅。

③ 王畿：《南游会纪》，《龙溪会语》卷五，《王畿集》附录二，吴震编校整理，第 751 页。

④ 万虞恺（1505—1588），字懋卿，号枫潭，南昌人。少为县庠生从阳明弟子吴子金学，正德十五年（1520）师从阳明于南昌，迨阳明归越，与魏良政徒步往，从学三年。嘉靖十七年（1538）成进士，为政恤民，为人刚直，屡忤上意，然“无日不践亨境”，能本于“自然冲寂之中，襟怀超旷”。

⑤ 王廷相（1474—1544），字子衡，号浚川，开封府仪封县（今河南省兰考县仪封乡）人，官至兵部尚书，都察院左都御史，著名哲学家、政治家、文学家。

据《心斋年谱》，王艮在金陵会湛甘泉若水、吕泾野柟、邹东廓、欧南野，聚讲新泉书院。又作《天理良知说》，略云："天理者，天然自有之理也；良知者，不虑而知、不学而能者也，惟其不虑而知、不学而能，所以为天然自有之理；惟其天然自有之理，所以不虑而知、不学而能也。故孔子曰：'知之为知之，不知为不知'，是良知也；'入太庙，每事问'，是天理也。惟其'知之为知之，不知为不知'，所以'入太庙，每事问'；惟其'入太庙，每事问'，便是'知之为知之，不知为不知'。曰'致'，曰'体认'，知天理也，否则日用不知矣。曰：'以子之言，天理良知之学同而无疑矣，人又以为异者，何哉？'曰：'学本无异，以人之所见者，各自以为异耳。'"①

林浚卒。

赵贞吉始志于学，以孔孟为轨范、以立志为指南，以为身及道存，不离日用。虽习静般若寺并自号洞内道人，却不欲以离尘绝俗、抱空守寂为也。

颜钧失学居家。

李贽②出生于福建泉州府。

---

① 王艮：《天理良知说》，《明儒王心斋先生遗集》卷一，《王心斋全集》，陈祝生等校点，第31—32页。

② 李贽（1527—1602），原名载贽，后改名为贽，又有笃、卓等名，号卓吾，又号宏甫（宏父）、百泉居士、思斋居士、温陵居士等，晚号龙湖叟，福建省泉州府晋江县人。"自幼倔强难化，不信道，不信仙、释，故见道人则恶，见僧则恶，见道学先生则尤恶。"（李贽：《王阳明年谱后语》，王守仁：《王阳明全集》卷四十一，吴光等编校，第1779页）李贽同阳明心学，尤其是泰州学派的关系至深且密。他曾亲聆王襞所论"乐者心体"之说，后来形成发展起来的自然快乐的思想，与心斋、东崖、近溪等泰州学派学者所倡"学以乐"的传统一脉相承。他私淑罗汝芳，自谓"虽不曾亲受业于先生之门，而愿买田筑室，厝骸于先生之旁者，念无时而置也"，称罗氏"居柔处下，非乡愿也；泛爱容众，真平等也。力而至，巧而中，是以难及；大而化，圣而神，夫谁则知"（李贽：《罗近溪先生告文》，《焚书》卷三，第125页）。

嘉靖八年己丑（1529），十五岁

罗汝芳独立研读《论语》，并拜张玑[①]为师，习举子业。他后来忆道："年至十五，方读《论语》，出就举业，所遇之师却是新城张洵水，名玑，为人英爽高迈，且事母克孝，每谓人须力追古先。于是，一意思以道学自任。"[②]虽与闻道学，但无论是思想上、还是在举业上均无甚收获，他说：

> 遐想十五之年，从师与闻道学。其时目诸章缝，俱是污俗；目诸黎庶，俱是冥顽。而吾侪有志之士，必须另开一个蹊径，以去息念存心；别启一个户牖，以去穷经造理。饼样虽画完全，饥饱了无干涉。徒尔劳苦身心，几至丧亡莫救。于此，不觉惊惶战栗。[③]

今人吴震依据汝芳本人的回忆综述道："近溪 15 岁自从拜师以后，开始'与闻道学'，由此在他的眼里，世人都是冥顽不化、不求长进之辈，并立志要另辟蹊径、别开门户，作一番刻苦的'息念存心''穷经造理'的工夫，结果却是适得其反，几至亡生。根据近溪在其他场合的回忆，当时主要倾心于研习《近思录》和《性理大全》等道学书籍，并对书中所说的各种工夫，'信受奉行也，到忘食

① 张玑，生卒年不详，字洵水，嘉靖三十四年贡太学，任钱塘训导。
② 罗汝芳：《会语续录》卷上，罗汝芳撰，耿定向、杨启元辑评：《耿中丞杨太史批点近溪罗子全集》，《四库全书存目丛书·集部·别集类》一三〇，齐鲁书社 1997 年版，第 266 页。
③ 罗汝芳：《会语续录》卷上，罗汝芳撰，耿定向、杨启元辑评：《耿中丞杨太史批点近溪罗子全集》，《四库全书存目丛书·集部·别集类》一三〇，第 266—277 页。

寝、忘生死地位’。又说：‘予初学道时，每清昼长夜，挥泪自苦。此等境界，予固难与人言，人亦莫之能知也。’可见，当时近溪认真地相信，道学书籍中的各种工夫是切实可行的。但是若干年后，却由此而得了一场大病。据他自称：‘奈无人指点，遂成重病。’所谓‘重病’，是指‘心火’之疾病……这段经历大约在15岁至18岁之间。”[①]所谓“近溪在其他场合的回忆”，如汝芳说：“某原日亦未便晓得去宗那个圣人，亦未便晓得去理会圣人身上宗旨工夫。其初只是日夜想做个好人，而科名宦业，皆不足了平生。想得无奈，却把《近思录》《性理大全》所说工夫，信受奉行，也到忘食寝、忘死生地位。”[②]

尽管做工夫做得患上了“心火”之疾，但汝芳一直到晚年都不后悔少年时代不以宦业为追求目标，而把“做个好人”以至成为圣贤作为学习的宗旨，故其常常对弟子们说：“汝辈为学，须要立个必为圣人之志，时时刻刻用工，后日方有成就。若只茫茫荡荡度日，岂不惜哉？”又说：“学是学为孔子，则汝辈当以孔子为法。孔子十五志学，今日便当向半夜五更默默静静考问自己心肠，果如孔子一心一意去做圣贤耶？”[③]

王阳明于上一年十一月乙卯病殁于南安，本年己丑正月丧发南昌；二月庚午，迎丧至越。来吊者甚众。十一月，葬于洪溪。

黄绾至越中哭奠，并撰《祭阳明先生文》，归纳阳明心学宗旨有三：“良知”“亲民”“知行合一”。

阳明卒后，权臣桂萼[④]、杨一清竭力诋毁其事功和学问，至欲夺其世爵恤典，并严禁阳明心学。

方献夫[⑤]上疏论学事，谓如无显过，宜令仍任。上是之，命公议。

国子监复立进士题名记，著为例。

---

① 吴震：《罗汝芳评传》，第91—92页。

② 罗汝芳：《近溪子集》，《罗汝芳集》，方祖猷等编校整理，第52页。

③ 罗汝芳：《勖明德堂诸生四条》，《罗明德文公集》卷五，《罗汝芳集》，方祖猷等编校整理，第713页。

④ 桂萼（？—1531），字子实，号见山，饶州府安仁县（今江西余江县）人。正德六年（1511）成进士，历官至内阁首辅。

⑤ 方献夫（1485—1544），字叔贤，号西樵，广东广州府南海县人，原籍莆田（今福建莆田市）。“生而孤。弱冠举弘治十八年进士，改庶吉士。乞归养母，遂丁母忧。正德中，授礼部主事，调吏部，进员外郎，与主事王守仁论学，悦之，遂请为弟子。寻谢病归，读书西樵山中者十年。”（张廷玉等：《方献夫传》，《明史》卷一百九十六，第5185—5186页）

杨廷和[①]卒，以庶人礼葬，至穆宗继位方赐祭葬。

罗洪先[②]以殿试魁首进士及第。

据《心斋年谱》，阳明去世前后，王艮在会稽，集同门讲于书院。先生言“百姓日用是道”，初闻多不信。先生指僮仆之往来，视听持行、泛应动作处，不假安排，俱是顺帝之则，至无而有，至近而神，惟其不悟，所以愈求愈远，愈作愈难。谓之有志于学则可，谓之闻道则未也。贤智之过与仁智之见，俱是妄。一时学者有省。既闻阳明讣，王艮迎丧桐庐，约同志经理其家；今年复会葬阳明于绍兴，大会同志，聚讲于书院，订盟以归。嗣后，王艮开门授徒，传扬阳明心学外，更力倡有其自身思想特色的“百姓日用之学”，由此而创中国思想文化史上的真正平民儒家学派——泰州学派。

颜钧于去年始读《传习录》，思想大变。《明羑八卦引》曰：“年既廿五，仲兄钥以德著黡庠，举入白鹿洞，听传阳明致良知之学，手抄《传习录》，归示男子。男子诵味至‘精神心思，凝聚融结，如猫捕鼠，如鸡覆卵’四语，遂自醉心启……静坐七日夜，凝翕隐功，专致竭思，一旦豁然，心性仁智皎如也。”闭关七日后，复潜居山谷九月，归见母、兄，聚众讲耕读孝弟，立三都萃和会。

《自传》说：“及期余月，慈乐足，发引众儿媳、群孙、奴隶、家族、乡间老壮男妇，几近七百余人，聚庆慈帏，列坐两堂室，命铎讲耕读正好作人，讲作人先要孝弟，讲起俗急修诱善，急回良心，如童时系念父母，常得欢心……如此日新又新，如此五日十日，果见人人亲悦，家家协和，踊跃奋励。虽少小童牧，尽知惭悔省发，皆自叩谢父母长上。竟为一家一乡快乐风化，立为萃和之会。会及半月，一乡老壮男妇各生感激，骈集慈闱前叩首，扬言曰：‘我乡老壮男妇，自今以后，始知有生住世都在暗室中鼾睡，何幸际会慈母母子唤醒也！’会及一月，士农工商皆日出而作业，晚皆聚宿会堂，联榻究竟。会及两月，老者八九十岁、牧童十二三岁，各透心性灵窍，信口

① 杨廷和（1459—1529），字介夫，号石斋，四川新都人，年十二，举于乡，宪宗成化十四年（1478）进士及第，孝宗弘治二年（1489）进修撰，历官左春坊大学士，典诰敕，以指斥佞幸忤刘瑾被谪官，瑾诛后，拜华盖殿大学士，总朝政。嘉靖初，因争登基大典忤帝意，谪官，致仕，后削职为民。其子杨慎（用修），号升庵，武宗正德六年辛未科（1511）状元，亦以争大典，杖谪云南，废弃终身。

② 罗洪先（1504—1564），字达夫，号念庵，江西吉水人，是阳明后学中归寂派的重要代表人物。

各自吟哦，为诗为歌，为颂为赞。学所得，虽皆刍荛俚句，实发精神活机。鼓跃聚呈农览，逐一点裁，迎几开发，众皆通悟，浩歌散睡，直犹唐虞瑟僴，喧赫震村谷，闾里为仁风也！”今年，他遭母丧居家守孝。

嘉靖十年辛卯（1531），十七岁

罗汝芳迎娶吴氏为妻。吴氏是南城新丰吴浚一的女儿，生于正德癸酉（1513）十月初九日，殁于万历己丑（1589）七月十二日，嘉靖三十九年（1560）封为恭人，寿七十七岁。她淑惠慈孝，乐善好施，勤于纺织，节俭持家。汝芳父亲很喜欢这儿媳，以为旺夫兴家，曾在欣得二个孙子时对近溪笑言："汝始聘吴，夜祝香占梦，梦大贵客遗以美玉双环，兹或其兆耶？"[①] 吴氏生子二：长子轩（1536—1579），行校四，字淑安，号复初，治《诗》，补邑廪生，弃儒学佛，法号一初。妻黎氏，生子怀义、怀礼、怀忠。仲子辂（1543—1579），行校六，字淑予，治《诗》，补邑庠生，弃业从兄出游四方，法号玄易，后归养从姑山房，毫无外慕之意。万历己卯（1579）九月二十七日，与兄访道广东肇庆而殁。妻饶氏，生子怀智、怀信、怀敬、怀祖、怀本，女一。

由汝芳的两个儿子弃儒学佛，行游访道，以至客死他乡而不得不略述罗家与佛教的因缘。汝芳晚年自述："余生孱弱多病，不能啖肉食，先人惧其弗育，尝令习作佛事。稍长，为举子业，辄因读《法华》诸经，而所为文词遂大畅达，若启之者。余亦莫知其所以然也。从是，故于释氏家说，未敢轻訾。"[②] 由此可见，他作为儒学宗师，虽不信佛，"但由于早年身体孱弱而食素，并在父母指导下从事习佛，

---

① 罗汝芳：《二子小传》，《罗明德公文集》卷四，《罗汝芳集》，方祖猷等编校整理，第 614 页。
② 罗汝芳：《云南唐中丞墓志铭》，《罗明德公文集》卷四，《罗汝芳集》，方祖猷等编校整理，第 634 页。

又曾得益于《法华》诸经，故终其一生未敢轻议佛家学说”①。他的父亲是位不排斥佛教的儒生，母亲则虔诚信佛，“玩心太虚，性地融彻，日惟瞑目静坐”②。汝芳的两个儿子深受其祖父、祖母，尤其是祖母影响，“（吴）宜人每谓二子从孕及生，从生及长，动止性灵，温醇淡泊，无一事或逆于心，亦无一物足动其意，居常独恋恋祖妣，食顷未或少离”③。

汝芳在这一年读学宪所颁介绍程朱理学的书《二子粹言》，见其中所录薛瑄④的一条语录“万起万灭之私，乱吾心久矣。今当一切决去，以全吾澄然湛然之体”，遂决意按照薛瑄所言而行，焚香叩首，屏私息念；并特立一簿，日记功过，期为圣贤。但如此行之数月，澄然之体未复，并没有取得理想效果。按：所谓薛瑄语录，见之于薛氏《理学粹言》，我们从今版《薛瑄全集》所收此书中可见，那里着重讲的是无欲、制欲、去念等等，汝芳对此深信不疑，竭力制欲去念以达至无欲境界。而立簿记功过则是受佛教“净土资粮册”⑤启发而形成的当时社会生活中比较流行的一种做法，袁黄⑥后来更由此而推动所谓“功过格”，这显然是受到了佛教修养工夫的影响。当然，用功过簿（“功过格”）记录善恶的实践，也是道教净明忠孝道所提倡的，在《道藏》“洞玄部”《太上灵宝净明入道品》中就记载净明弟子必须记录功过。所以，汝芳立簿日记功过的做法，受到了释老二氏，尤其是净明道的影响。自谓生于儒学家庭的汝芳而受释老影响，实践这种修养工夫，毫不奇怪，因为他的“生长环境相当方便他接触净

① 吴震：《罗汝芳评传》，第 89 页。

② 罗汝芳：《先母宁太安人墓志铭》，《罗明德公文集》卷四，《罗汝芳集》，方祖猷等编校整理，第 638 页。

③ 罗汝芳：《二子小传》，《罗明德公文集》卷四，《罗汝芳集》，方祖猷等编校整理，第 614 页。

④ 薛瑄（1389—1464），字德温，号敬轩，河津（今山西运城万荣县）人。明代著名理学家，河东学派的创始人，世称“薛河东”。永乐十九年（1421）成进士，官至通议大夫、礼部左侍郎兼翰林院学士。殁后赠资善大夫、礼部尚书，谥文清。其学以“复性为宗”，强调日用人伦、恭行践履。清人称他为“明初理学之冠”“开明代道学之基”，视之为朱学传宗。

⑤ 冯梦祯《快雪堂集》卷三十《刻净土三经缘始》（明万历四十四年官刻本）记：“辛巳夏，尝与净侣结制拙园，扁其堂曰净业，一事一念之失必至佛前籍而记之，以验功夫之进退，用心之疏密，目之曰‘净土资粮’，佩之胸前，出入卧起必俱。”此处所云“净土资粮册”，当是一种系统地记载每日念虑云为的记录。

⑥ 袁黄（1533—1606），初名表，后改名黄，字庆远，又字坤仪、仪甫，初号学海，后号了凡，后人以了凡称之。浙江嘉兴嘉善县人，尝受学于王龙溪。他在隆庆年间受云谷师影响而修行“功过格”。其所撰《了凡四训》，劝人改过积善，强调从治心入手的修养功夫，提倡记功过格，在晚明社会有广泛影响。

明道。净明道的大本营在江西，它的本山玉隆万寿宫在南昌郊外西山上，而它的重要根据地铁柱宫就在江西省城南昌。罗汝芳生在南城，距南昌不太远，可以说，他就生长在净明道的文化圈中。而当时的思想界，三教合一的现象相当盛行，故在罗氏心中，薛瑄的‘决去万起万灭之私’，与净明道……可以并存而未觉得严重的格格不入”①。

本年，黄弘纲②、王心斋、王龙溪、钱德洪等会黄绾于南京，为王阳明胤子正亿请婚，绾辞以老母家居，未得命不敢专，心斋、龙溪、德洪遂专往台州请求绾母同意，终由心斋行聘礼，促成此事。

聂豹③丁父丧归里，开始授徒讲学。

至泰州从王艮学者日众，艮相与发挥百姓日用之学甚悉。据《心

---

① 王汎森：《晚明清初思想十论》，复旦大学出版社 2004 年版，第 24 页。

② 黄弘纲（1492—1561），字正之，号洛村，以号行，学者称洛村先生，江西赣州雩县人。正德十二年（1517），举乡试。“阳明王先生以中丞督军于虔延，见士人，辄语以圣学。是时，虔中士人无少长皆得其门，独雩都洛村黄君与何善山两人最有名。是时，君以《诗经》举丙子乡试第七人，丁外艰。往兄弘彝堕父赀不能偿，父怒，将杖之，君怜焉，自代三百金以解。先生闻而异之，尝谓士人曰：‘黄君来何迟也？’既小祥，始上谒。三日而悟‘心理合一’之旨，凡所诵说，即能无悖于先生。先生之教士人也，择资之近者，特置左右，时掖奖顿挫而造就之，知用力矣，则又谆谆操习其诵说，与己无悖。士人初至者，令先以意接引，且察其性行何若，俟渐领略，徐共面语，故己不劳而人易知。君首在造就中，自以接引得朋友益，故从先生去虔，至归越，不忍离者四五年。”（罗洪先：《明故云南清吏司主事致洛村黄公墓志铭》，《罗洪先集》卷二十，徐儒宗编校整理，第 801—802 页）嘉靖二十三年（1544）受任为汀州府推官，执法明峻，不肯少失尺寸。二十七年（1548）升刑部云南清吏司主事，“按法不轻上下，以故不为人所喜，遂请致仕”（黄宗羲：《主事黄洛村先生弘纲》，《明儒学案》卷十九，沈芝盈点校，第 448 页）。归里后，“每岁放舟青原，与聂豹、邹守益、罗洪先诸君子寻绎师学，辨析毫厘，新建之传，乃独归弘纲矣。故当时阳明之门夙有评曰：‘江有何、黄，浙有钱、王。’谓弘纲与廷仁也”（康熙《雩都县志》卷九《黄弘纲》）。年七十，卒于家，所著有《洛村集》。

③ 聂豹（1487—1563），字文蔚，号双江，以号行，学者称“双江先生”，江西永丰（今吉安）人。聂豹与阳明一直有书信往还论学，深受阳明心学影响，认为“良知之学”“是王门相传指诀”，但在阳明生前，他只是于嘉靖五年（1526）春以监察御史巡按应天时特渡钱塘江专访，同阳明见过一面，见面时即自称“晚生”，受阳明之教而“锐然以圣人为必可至者”，却并未拜阳明为师。面晤后又致信问学，阳明亦予作答详论，愈益服膺阳明心学。曾重刻《传习录》《大学古本》等著作教授诸生。“后六年出守苏州，先生已违世四年矣。见德洪、王畿曰：‘吾学诚得诸先生，尚冀再见称贽，今不及矣。兹以二君为证，具香案拜见先生。’遂称门人。”（《王阳明全集》卷三十五《年谱三》“嘉靖五年丙戌”条）故后世学者谓其学“出于姚江”。聂豹之学以归寂为宗，以致虚守静为入德不易之极，罗洪先认同其说，而王畿、黄弘纲、陈九川、邹守益、刘文敏等则责其背离师说，目之为“禅悟”，与他颇有论难，黄宗羲《明儒学案》详尽分析此一阳明学史上的公案后叹曰：“先生亦何背乎师门？乃当时群起而难之哉！”

斋年谱》，前年即已拜艮为师的徐樾[①]，今年复来受学。一夕，步月下，指星文与语，樾应对间若恐失所持循，先生厉声曰："天地不交否？"又一夕，出游至小渠边，先生跃过，顾谓樾曰："汝亦放轻快些！"樾持益谨，若遗一物。既，樾叹曰："从前孤负此翁，为樾费却许多精神。"

赵贞吉乡试中举。

颜钧守母丧毕，辞家外出游学，遍寻吉郡王门弟子。其《自传》说："惜哉！匹夫力学年浅，未有师传，罔知此段人和三月，即尼父相鲁，三月大治，可即风化天下之大本也。奈何苦执哀泣之死道，竟废一乡之生机，出庐梗忧。学道皇皇，将信'一阳来复，利有攸往'为坦途长驱也，而遍证青原人豪，大半未然，将疑天地大生之几别有神设也。"《明羑八卦引》也说："吉郡凡及明翁门者，莫不遍证所传之次，而皆不识男子所诣，且恣疑叹：'古之狂简，恐不类子。'如是又七年。"黄宗羲《明儒学案》卷三十二《泰州学案序》中说：颜钧"尝师事刘师泉，无所得，乃从徐波石学，得泰州之传。"

---

① 徐樾（？—1550），字子直，号波石，江西贵溪人。嘉靖六年（1527）十月，王阳明发舟广信，过余干，徐樾自贵溪追至，以诸生请见问学，阳明诲曰："此体岂有方所？譬之此烛，光无不在，不可以烛上为光。"（《王阳明全集》卷三十五《年谱三》）阳明殁后，师事王艮，并于嘉靖十年（1531）至泰州从王艮学。十一年（1532）成进士，历官部郎，出仕臬藩。二十三年（1544）由福建布政司左参议调任贵州按察司副使提调学校，讲明心学，陶镕士类，不屑于课程，尝取苗民子弟衣冠之，假以色笑，而加训诲，苗民卒化。后三迁至云南布政使。元江土酋那鉴反，诈降。樾以兵往，奸臣变惟通贼，洩谋，被困，死之。诏赠光禄卿，予祭葬。《心斋全集》附《弟子录》说他"笃信师学，常称引，以风有位"。徐樾去世后，子莹，官两淮运同，复师心斋仲子王襞。黄宗羲《明儒学案》卷三十二《布政徐波石先生樾》说徐樾"少与夏（言）相才名相亚"，虽"卒业心斋之门"，然"其于尊身之道，则有间矣"。

嘉靖十一年壬辰（1532），十八岁

尽管依薛瑄之法而行无所获，但罗汝芳并没放弃存心息念的工夫，而是对自己的工夫要求更严苛，结果使自幼体质孱弱的他竟成重病。《盱坛直诠》卷下记之曰："壬辰，乃闭户临田寺，独居密室，几上置水一盂、镜一面，对坐愈时，俟此中与水、镜无异，方展书读之。顷或念虑不专，即掩卷复坐，习以为常，遂成重病。"[①] 面对水盂和镜子闭门静坐，以此检测自己是否心乱，屏气息念，使自己的心同水和镜子一样平稳宁静。这种习静工夫，显然比立簿记功过更为严格。按：汝芳对水盂和镜子闭门静坐的做法，亦来自净明道，《道藏》"洞玄部"《太上灵宝净明入道品》曰："凡得净明法者，当自畏惧，逐日恭敬君上，孝悌六亲，克苦修行，勤诚济拔，心中常如负人不可报之恩，恩有必可报之意，则怡声下气，无恚无怒，正得净明之体。坐卧处常置一鉴、一盂水，则自知吾立法之意。"论者谓："'水''镜'这两件东西在净明道中有特殊意义。《净明忠孝全书》中说'要得此心如镜之明，如水之净'，则'水''镜'正好是净、明二字象征。不过罗汝芳大概不会读到《灵宝净明院行遣式》及《太上灵宝净明入道品》之类的书，他可能只是从生活环境中得到的影响。"[②]

汝芳孙怀智《近溪罗先生庭训记言行遗录》所记罗汝芳遇僧事，大约就发生在这一年。某日遇一僧问："先生入山惟恐不深，岂欲行

---

① 罗汝芳：《盱坛直诠》卷下，《中国子学名著集成》（第44册），（台湾）傅斯年图书馆藏明万历三十七年跋刻本，第290页。

② 王汎森：《晚明清初思想十论》，第24页。

静功乎？居室屡迁，岂静犹未得乎？”汝芳说：“静固未能遽得，睡魔则却去尽矣。”僧云：“静功出自禅门，习静自有方便。窃视先生初未遇人，命宝岂宜轻弄？愿先生就枕。”汝芳曰：“用功一载，仅仅得此。”僧说：“此岂足为效验，乃口动也。先生不悟，死期至矣。”汝芳“起谢，不见。比夜就枕，果惊悸而难寐，身体壮热，成重病矣。”①

本年，方献夫进武英殿大学士并署吏部，值阁，遂约在京同门举兴讲会。

礼部尚书夏言②上科场三事：正文体、定程式、简考官，从之。

翰林院编修杨名③借星变上疏，谓上幸昵失中，遭责斥。

王龙溪、钱德洪赴京应试，龙溪并与罗洪先等相与讲学。

龙溪、德洪在京聚讲，参与者“江右同志居多”，“有举‘致良知’与‘体认天理’同异为问者”。④

王龙溪、钱德洪中进士，观政吏曹。

欧阳德⑤出任南京国子监司业，在国子监宣讲阳明良知学。钱德洪出任姑苏教谕，湛甘泉作序赠之。

据《心斋年谱》，王艮往绍兴，与同门一道经理王阳明家务，携

---

① 罗汝芳：《近溪罗先生庭训记言行遗录》，《罗汝芳集》，方祖猷等编校整理，第404—405页。

② 夏言（1482—1548），字公谨，号桂州，贵溪（今江西贵溪）人，正德十二年（1517）进士，世宗即位后因“大礼议”称旨而日渐宠用，嘉靖十八年（1539）出任内阁首辅，后遭严嵩诬陷，被弃世处死，年六十七，有《桂州集》和《南宫奏稿》传世。

③ 杨名（1505—1559），字实卿，号芳洲，四川遂宁人，与罗洪先同榜进士。

④ 王畿：《中宪大夫都察院右佥都御史在庵王公墓表》，《王畿集》卷二十，吴震编校整理，第637页。

⑤ 欧阳德（1496—1554），字崇一，号南野，江西泰和人。自幼聪颖，九岁即以奇童称，十三岁中秀才。正德十一年（1516）乡试中举，其时，“阳明先生倡道于虔之行台。其说以为人心虚灵，万理毕具，惟不蔽于欲，使常廓然以公，湛然以寂，则顺应感通之妙，自出乎其中。而世儒往往索诸口耳，其力愈艰，其于用愈窒，非《大学》致知之本指。于是举《孟子》所谓良知者，合之《大学》，曰‘致良知’，盖‘明明德’之别名耳。而士溺于旧闻，讹以为禅。公独曰：‘此正学也！’走受业于先生，凡再，不赴春官。精思践日，有所自得”（徐阶：《明故太子少保礼部尚书兼翰林院学士文庄欧阳公神道碑铭》，欧阳德：《欧阳德集》附录，陈永革编校整理，凤凰出版社2007年版，第844—845页）。阳明称他为“小秀才”，凡有来学者，阳明必曰：“先与崇一论之。”（聂豹：《资善大夫礼部尚书兼翰林院学士赠太子少保谥文庄南野欧阳公墓志铭》，《聂豹集》卷六，吴可为编校整理，凤凰出版社2007年版，第157页）对他很是器重。嘉靖二年（1523）成进士，授六安州（今属安徽）知州，迁刑部员外郎，改翰林院编修。逾年，迁南京国子司业、南京尚宝司卿，转太仆寺少卿，寻出为南京鸿胪寺卿。丁父忧，除服以原官起，迁南京太常寺少卿，掌祭酒事，后升礼部左侍郎，改吏部兼翰林院学士，掌詹事府事。丁母忧，服未除召拜礼部尚书兼翰林院学士，直无逸殿。三十三年（1554）卒于官，赠太子少保，谥文庄。

阳明子正亿赴金陵，托黄绾（久庵），遂大会同志于金陵。

林春[1]以会试第一成进士。

李贽遭母丧，从此生活上能自我料理，渐有自立意识。

① 林春（1498—1541），字子仁，号东城，泰州人。祖籍为福建福清县方城里，高祖文闰公和从伯祖林彬相继戍居泰州，隶扬州卫泰州千户所。据唐荆川所作《吏部郎中林东城墓志铭》，林春少孤弱，因家贫而难以正常读书求学，但"行歌自若"，"居常以竹筒注膏系衣带间，惟所适则出膏于筒，燃火读书"。嘉靖五年（1526），王艮应泰州知州王臣之邀自浙江返泰州，主持泰州之安定书院事，林春自此从学于王艮，成为心斋门下较早的弟子。嘉靖十一年（1532），林春会试第一，登进士第，初任户部主事，后次第调任礼部、吏部主事。任主事久之，后升任吏部验封司员外郎，又调任文选司员外郎。服母丧后，起官补授吏部稽勋司郎中，又调任吏部文选司郎中。其同事许谷谓："君选人不私，临事有执，司铨十月，志在奖恬抑竞，务实去华，期复淳古。"嘉靖二十年（1541），东城卒于任，时年仅44岁。"卒之日，犹在曹"，"发其箧，仅白金四两，僚友棺敛归其丧"（张廷玉等：《林春传》，《明史》卷二百八十三，第7275页）。

嘉靖十二年癸巳（1533），十九岁

崇綱见罗汝芳重病，“极为忧苦”①。他认为“儿病由内非由外也。惟得方寸快畅，于道不逆，则不药可愈”，遂取出王阳明的《传习录》，“指以致良知之旨”。汝芳“阅之大喜，日玩索之，病瘥”。尽管汝芳幼时曾听父亲和饶行斋讲论阳明心学，但认真阅读《传习录》，体玩心学要旨，则是自此开始。他忆述自己当时“一意思以道学自任，却宗习诸儒各样工夫，屏私息念，忘寝忘食，奈无人指点，遂成重病。赖先君旧领阳明先生之教，觉儿用功致疾，乃示以《传习录》一编，不肖手而读之，其病顿愈，而文理亦复英发”②。汝芳弟子曹胤儒所撰《罗近溪师行实》也记这事道：“前峰公谓师由斫丧咎之，师乃直述其故曰：‘儿病由内，非由外也。惟得方寸快畅，于道不逆，则不药可愈。’前峰公遂授以阳明先生《传习录》，指以致良知之旨，师阅之大喜，日玩索之，病瘥。”③汝芳甫读《传习录》即“大喜，日玩索之”，对阳明心学产生了浓厚兴趣。

本年，黄绾等甄选、编录的《阳明先生存稿》刊行，绾为是书作序。④

欧阳德约集阳明门人，在南京大举讲会。邹守益等在江西举青原

① 罗汝芳：《近溪子集》，《罗汝芳集》，方祖猷等编校整理，第 52 页。

② 罗汝芳：《近溪子续集》，《罗汝芳集》，方祖猷等编校整理，第 231 页。

③ 曹胤儒：《罗近溪师行实（节录）》，罗汝芳：《罗汝芳集》，方祖猷等编校整理，第 834 页。

④“先是，为编辑《阳明先生文集》事宜，钱德洪由吴中（姑苏）至南京与黄绾共同商议编纂体例，二人存有分歧。钱德洪别去之后，黄绾有《与钱洪甫书》（二首之一）。嗣后，钱德洪覆函就讲学一事与黄绾商议，黄绾又有《与钱洪甫书》（二首之二）发表自己的看法。”（张宏敏：《黄绾年谱简编》，上海古籍出版社 2017 年版，第 59 页）

之会；忧病归里的罗洪先亦与友人周子恭[①]等屡举讲会。

据《心斋年谱》，王艮在金陵。欧阳德尝讲致良知，艮戏之曰："某近讲良知致。"南野延先生连榻数宵，以日用见在指点良知。自是甚相契。黄弘纲常讲"不欺"，艮曰："兄欺多矣。"弘纲愕然请示，艮曰："方对食时，客及门，辞不在，非欺乎？"弘纲谢过，艮笑曰："兄又欺矣。"弘纲未达，艮曰："通变而宜，此岂为欺乎？"在座皆有省。

颜钧在吉安地区访学。其兄钥中举人。后授山东茬平教谕，擢升新城知县。

李贽"随父白斋公读书、歌诗、习礼文"（《焚书》卷三《卓吾论略》）。

① 周子恭（1506—1553），字钦之，号七泉，江西吉水县人，与罗洪先同为李谷平门人。嘉靖十年（1531）岁贡第一，连试不第，遂以贡生出仕。

嘉靖十四年乙未（1535），二十一岁

“病得无奈”的罗汝芳，在父亲崇綗指点下读《传习录》，并进而研读陆九渊[①]及其弟子杨简[②]的书，对陆王心学虽有了一定了解，但并未真正契入。这尽管使他的病得已“小愈”，却毕竟没能真正根治。他后来自述：“却看见《传习录》说诸儒工夫未是，始去寻求象山、慈湖等书。然于三先生所为工夫，每有窒碍。病虽小愈，终沉滞不安。时年已弱冠。”[③]由此可见，汝芳“弱冠”之年，受《传习录》所记阳明对程朱理学工夫论批评的影响而开始有意识地“去寻求象山、慈湖等书”，从而萌动了由理学向心学的思想转向，这对他一生的精神生命和思想历程来说，有着重要意义。当然，此一思想转向在这时还没有真正彻底完成，“其时‘病虽小愈’，但没有得到根治，这要等到 6 年后，拜师山农才有新的重大转机”[④]。

汝芳后来说，此时“且遇楚中高士，为说破《易经》，指陈为玄门造化。予窃心自忻快，此是天地间大道真脉，奚啻玄教而已哉！”[⑤]

---

① 陆九渊（1139—1193），字子静，江西抚州金溪人，南宋时期著名儒学宗师，心学思想家。因书斋名“存”，世称“存斋先生”；又因讲学于象山书院，又被称为“象山先生”。殁后谥文安。

② 杨简（1141—1226），字敬仲，号慈湖，世称“慈湖先生”，殁后谥文元。象山弟子，传世著作有《慈湖遗书》《慈湖诗传》《杨氏易传》等。

③ 罗汝芳：《易》，《近溪先生一贯编》，《四库全书存目丛书·子部》八六，齐鲁书社 1995 年版，第 170 页。

④ 吴震：《罗汝芳评传》，第 96 页。

⑤ 罗汝芳：《近溪子续集》，《罗汝芳集》，方祖猷等编校整理，第 231 页。

这位“楚中高士”究系何人，是否就是胡宗正[①]，待考，但这人对他的影响还是比较大的。汝芳自此而对《易》学产生浓厚兴趣。并且，或许受启于这位“楚中高士”，他再读《论语》，“往往以近《易》目之”，“养病家居，因究心《书》《易》，至尧舜二《典》、乾坤二卦，间有悟处，乃通身汗浃，始知天生孔、孟，为万世人定魂魄、立性命，从之则生，违之则死也。自此以后，非《语》《孟》二书，辄厌入目。以至莅官中外，随所施措，自然翕顺，愈久而愈益简要，愈益精纯也”[②]。

本年，上一年南京有所谓“党祸”发生，致使薛侃[③]、季本[④]等王

① 胡宗正（1532—1579），又名栖，号东洲，又号清虚，尝从汝芳习举子业，又被汝芳的两个儿子“敬事为师”，是位精通易学的“高士”。或曰宗正乃浙江义乌人，主要活动于吴越一带，但汝芳既称为“楚中高士”，则此处的胡宗正显非义乌人。宗正之学由净明道入门，其大要皆发明性命归源之奥，觉幻知元，住于真常。

② 罗汝芳：《近溪子集》，《罗汝芳集》，方祖猷等编校整理，第 109 页。

③ 薛侃（1486—1545），字尚谦，广东揭阳龙溪（潮洲安庵埠）人，性至孝。正德九年（1514）南宫下第，“闻阳明先生官南畿鸿胪，讲孔孟周程之学，遂就南监师事焉”，阳明“因其质虚，赠号曰中离”（薛侨：《中离公行状》，《薛侃集》附录三，钱明主编，陈椰编校，上海古籍出版社2014年版，第421页）。十一年（1516）夏秋间欲再赴南宫春试而辞别阳明，徐爱作序送之，称：“尚谦之质朴而美全，又从阳明先生学，信而有得，故益混然不见言行之可议。而尚谦求过之意，又独恳切于人人。”（徐爱：《赠薛子尚谦序》，《横山遗集》卷下，《徐爱 钱德洪 董沄集》，钱明编校整理，凤凰出版社 2007 年版，第 77 页）十二年（1517）尚谦登进士第，乞归养不就仕，复至赣就学于阳明。十六年（1521），尚谦赴铨途经绍兴，又一次受学于阳明，并聚同门于会稽书院，讲学数月。世宗立，召授行人司行人，寻丁母忧，居中离山，与士子讲习不辍，学者称中离先生。嘉靖七年（1528），起补故官赴京师，得阳明书，作《奉尊师阳明先生书》论朝事天下事。闻阳明讣，会同门欧阳德等为位而哭。其时，吏部会议阳明功罪，钦定阳明学为“大坏人心”之“邪说”，命“学禁”于天下，禁绝阳明之学，夺其殁后恤典，“有司默承风旨，媒孽其家，乡之恶少遂相煽，欲以鱼肉其子弟”（《王文成公全书》卷三十五《年谱附录一》）。尚谦定《同门轮年抚孤题单》，护持师门甚烈。十年（1531）上疏请立亲藩，触世宗讳，下狱，后削职为民，隐居讲学于中离山，从学者甚众。二十四年（1545）始迁里，未几卒，终年六十岁。

④ 季本（1485—1563），字明德，号彭山，浙江会稽人。生而颖异，倜傥不羁。少师王司舆，正德五年（1510）乡试中举。正德八年（1513）阳明自京师归越，造门师事之，获闻致良知之说，乃悉悔其旧学，而一意于圣经。因取《大学》读之，沉思者半年，而始悟其一以贯之之妙，移视他书，无不一览而通者。十二年（1517），季本中舒芬榜进士，“犹欲舍仕而归就学”，阳明以书劝之仕，乃随例叙选。十三年（1518），授建宁府推官。嘉靖改元后，召拜监察御史，后因上疏得罪嘉靖帝，贬广东揭阳主簿。嘉靖六、七年间（1527—1528），王阳明奉命平思田之时，季本竭力辅佐之，督促王受、卢苏二酋征平八寨。王阳明于南宁建敷文书院，命季本主教事，“至者日以百计”，授以阳明先生致良知教。嘉靖八年（1529）夏，季本擢知弋阳；十年（1531），转苏州同知，旋升南京礼部仪制司郎中。十三年（1534），邹守益官主客，相聚讲学，守益被黜，连及季本，谪判辰州。十五年（1536），擢吉安同知，曾聚徒讲学于青原山。十七年（1538），擢升长沙知府。十九年（1540），以锄击豪强过当而罢归，以讲学、著书终老。终其一生，“历仕与处，从游者数百人”（徐渭：《先师彭山先生小传》，《徐渭集》卷二十五，中华书局 1983 年版，第 628 页）。

门弟子一时皆落职，[1]但阳明弟子无所畏惧，在南京仍相与讲学，如时任南京兵部职方主事的王龙溪即不遗余力地宣讲王门良知之学。龙溪并与欧阳德、王心斋论学于金陵。

吏科给事中戚贤[2]请申考察之枉，许之。

黄绾于初春奉命前往南京江南贡院，充知贡举官。事竣方还朝，忽报母殁，遂还乡守制。

邹守益、罗洪先等在江西永新、安福等地屡兴讲会。

据《心斋年谱》，是岁，复大饥，族家子至除夕多不举火。先生命伯子襞以所食粟赈之。因以劝乡之富者。会御史徐芝南九皋按部，先生请曰："某有一念恻隐之心，是将充之乎？遏之乎？"芝南曰："充之。"先生曰："某固不忍民饥，愿充之以请赈于公。计公亦不忍民饥，充之以及民，何如？"于是，芝南慨然发赈，造门谢先生。有东台卢氏月溪澄者，其先世曾捐粟千五百石赈饥，蒙先朝旌扬。是岁，感先生言，出豆麦一千石施赈，因以其子荣请见，先生嘉其世济阴德，允为淮海积善之家，遂以孙女许配焉。

御史洪垣[3]为王艮筑东淘精舍于安丰场。洪垣请王艮订乡约，令有司行之。

王艮作《勉仁方》。

---

① 关于这次"党祸"，陈永革编校整理《欧阳德集》卷六《七（甲午闰二月五日）》说："当柄之臣，初甚重阳明公。已而渐生衅端，盖始而薛中离，继而唐子忠、朱子礼、魏水洲，诸人皆不利于柄臣。黄致斋、王定斋又尝为水洲解怨于柄臣，而水洲竟有论劾，遂并疑二公相党以相害。诸公皆阳明之徒也。忌疾竞进者因而进谗，将以抑人之进而伸己，而有怨者又复酝酿其间，故诸公皆落职。近日为邹东廓告病，擅自回籍，吏部忽然查奏，并及南礼部行勘不报，追罪黄久庵、季明德外补。久庵乃柄臣之最厚者，以其所甚厚之人，而排之至此，此非有所激于中，而又有酝酿之者耶？况邹、季二公又皆吾党。奏中又以学为言，其意居可知矣。"

② 戚贤（1492—1553），字秀夫，号南玄，全椒人，嘉靖五年（1526）与王龙溪同榜进士，官至刑科都给事中。年轻时虽在滁州听闻过阳明讲学，但当时对阳明的讲学主旨未能真正体知，直至1526年中进士，赴湖州府归安县令，途径绍兴来问学。阳明曾称赞他笃志向学，曰："此道之在人心，皎如白日，虽阴晴晦明千态万状，而白日之光未尝增减变动。足下以迈特之姿而能笃志问学，勤勤若是，其于此道真如扫云雾而睹白日耳。"（《王阳明全集》卷六《与戚秀夫》）

③ 洪垣（1507—1593），字峻之，号觉山。江西婺源。嘉靖十一年（1532）成进士，授永康知县。湛若水讲学京师时，垣受业其门。垣尝征授御史，疏论选政，出按广东，再出为温州知府，落职归家居四十余年，年九十卒。

韩贞[①]辞王艮归，在乡间从事教学。

唐顺之[②]因忤上被令致仕。

赵贞吉成进士，授庶吉士，特旨留馆，读书中秘，寻授翰林院编修。

---

① 韩贞（1509—1585），字以中，号乐吾，扬州兴化人，终生以制陶为业。在王艮弟子、樵夫朱恕引导下识字读书，复由朱恕引荐至心斋门下，从学于王艮仲子王襞，逐渐确立起儒学信仰，毅然以倡道化俗为任，着力发挥王艮的“百姓日用之学”，“无间工贾佣隶，咸从之游。随机因质诱诲之，顾化而善良者以千数。每秋获毕，群弟子班荆趺坐，论学数日，兴尽则挐舟偕之，赓歌互咏，如别村聚，所常与讲如前。逾数日，又移舟如所欲往。盖遍所知交居村乃还。翱翔清江，扁舟泛泛，上下歌声洋洋，与棹音欸乃相应和，睹闻者欣赏若群仙子嬉游于瀛阆间也”（耿定向:《王心斋先生传樵朱陶韩二子附》，《耿定向集》卷十四，傅秋涛点校，第 547 页）。韩贞成为声望日隆的平民儒者后，多次拒绝社会上层的征引，始终保持平民本色。年 77 卒，王襞作诗《送韩乐吾归途》以抒哀情。李颙《观感录》称：“以陶工而挺身号召，随在提撕，翕然孚乎化者至千余人，非其与人为善之诚，乌能如是？使士之知学者类皆如韩，则斯道何患不若昼日，世风何患不若陶唐耶？”韩贞传世著作以诗歌为主，黄宣民依据明、清两代刊本重订为《韩贞集》，附于其点校《颜钧集》后，于 1996 年由中国社会科学出版社出版。

② 唐顺之（1507—1560），字应德，号荆川，武进人，嘉靖八年（1529）会试第一。

嘉靖十五年丙申（1536），二十二岁

徐阶[①]以浙江提学佥事、副使视学江西，罗汝芳被他录取到县庠就读。汝芳更加锐志于学，且与其弟汝顺[②]、汝初[③]相互砥砺，以道学期勉，当地人对他们三兄弟颇多称誉，有“宋有三苏，明有三罗”之说。其时，父亲崇綗已在南城县城南部从姑山之天柱峰下构筑小书屋。从姑山景色宜人，同治《建昌府志》卷九《艺文志》所录汝芳《从姑山图记》说：“按图景，兹山以飞鳌为最中，自入山至峰下长春阁左右，额题凡八处，一区也。并鳌峰稍东为冲虚岩印空石，其下则为前峰书屋，额题凡十处，一区也。冲虚再东则留云峡，峡口为玉立崖天柱峰，其下为印云楼，额题十有四处，一区也。玉立稍北为秋泽洞灵雨岩，旋崖北转，则屏玉洞天在焉；额题十有二处，一区也。从屏玉下瞰，有屋幽然，苍莽中石复窿窿叠起，可小径穿入者，

① 徐阶（1503—1583），字子升，号少湖，一号存斋，松江华亭人，嘉靖二年（1523）成进士，嘉靖三十一年（1552）入内阁，嘉靖后期至隆庆初年任内阁首辅，谥文贞。《明史》有传，称其“性颖敏，有权略，而阴重不泄。读书为古文辞，从王守仁门人游，有声士大夫间。”徐阶在督学江西时，“创王守仁祠及同仁祠，用风后学”（光绪《江西通志》卷一百二十七《徐阶》），又与邹东廓、刘师泉、罗洪先、王臣、魏水洲、陈明水等时有论学往来，深受阳明学影响。入阁主政后，“倡集百官，大会于灵济宫”，“士人以会试到京及庠生皆得赴会”（王时槐：《明理学南太常寺卿塘南先生恭忆先训自考录》，《王塘南先生》，《王时槐集》，钱明、程海霞编校，第656页），晚明“王门讲学运动达致高潮”，而“真有赖于徐阶之力为多”（吴震：《明代知识界讲学活动系年：1522—1602》，第267页）。

② 罗汝顺（1518—1576），字惟道，号乐溪，行焕八，家谱谓其“赋性孝友，遇事果决，好贤轻财，乡邦推服”。汝芳说他“质性多欲现之行事，故年甫弱冠，于吴、楚、闽、粤登涉几半，凡所交游，多一时名士”（罗汝芳：《仲弟乐溪墓志铭》，《罗明德公文集》卷四，《罗汝芳集》，方祖猷等编校整理，第641页）。

③ 罗汝初（1523—1584），字惟慎，号次溪，行焕十五，家谱谓其“孝友纯朴，柔和安分，修路施药，恤族赈贫”。汝芳称他“德性温柔，起居慎节”，虽体素孱弱，但“学问之念愈笃，天地之敬愈谨”（罗汝芳：《祭幼弟惟慎》，《罗明德公文集》卷四，《罗汝芳集》，方祖猷等编校整理，第661页）。

为狮子岩浮玉洞天，至三洞奇观而止；额题十有一处，一区也。浮玉池极北而最下，复从上西出一峰，屹然孤高，顶若青莲菡萏者，蹑云岩也；诸景旁围又复为额九处，一区也。蹑云下趋行万松阴中，回折而南至步蟾石，复上为观音岩；额题十有六处，一区也。是七区者景皆绕飞鳌峰而开户牖，蹊径俱相联络，大约皆山顶也。山腰近路东，通石磴于林麓中，曰松筠别径。仰而望之，群岩嵚岈，楼阁隐现，延接可数十步，则余最初读书处，俗呼读书崖者是也。又别为一区，额题十有三处。从书崖往东走，石林险巇，几不可足，将半里许乃下至洞天山，盖道院也。客从城来登则首自兹入取道，由此前至正南当林堂奥窔间，辟一巨圃亭其中，曰坐春。与前洞天山又各为一区，额题六处。兹三区者则去飞鳌峰稍远，然势亦从接，非百武外也。诸题额各义详具各图下，合之则为景，凡十区云。”崇絅经常携子侄在这里商讨经书，阐述阳明、行斋的学说，发明良知心学。四方学子慕名而来，求学者不绝于途。汝芳后作《夜话从姑书屋》，以诗忆述当时情形：“天柱峰头万法坛，高凭北斗引回栏。兴来午夜飞双剑，海岳光摇玉宇寒。”[①] 他又曾在《仲弟乐溪墓志铭》中说二弟汝顺，“外傅授以句读，不屑屑循行，第质议相难。余时同笔砚，或强课之。弟曰：‘兄谓圣贤书即作口诵耶？’余愕然惊异。一夕，共寐山房，谩语之曰：‘弟视若兄将能擢高魁、居膴仕耶？又能老而休享完名耶？’曰：‘即非兄犹思为之，况兄耶？’复诘之曰：‘弟视若兄如是，而安于盖棺否耶？’曰：‘即非如是，人犹将安之。惟兄则决难以遽安也。’余窥其有远志，每与商订儒先问学工夫，未尝不相默契。”[②]。

汝芳对他父亲崇絅所建从姑山前峰书屋是很有感情的。崇絅去世后，他深情撰文，借述前峰书屋抒发对父亲的感念之情，并乞名家为前峰书屋题词赠文：

> 从姑山在盱江之南，最称名胜。根盘土阜，标耸巨石，望之若屏竖几席，俨足起敬。至其下则穹窿为悬岩，岩前覆可竟亩，风雨所不能及。僧旧结屋为寺，寺极壮丽，飞甍回槛，延绿岩下几

---

① 引见罗伽禄：《一代思想大师罗汝芳》，第 27 页。

② 罗汝芳：《仲弟乐溪墓志铭》，《罗明德公文集》卷四，《罗汝芳集》，方祖猷等编校整理，第 641 页。

遍。故其时游观之士，辄停憩寺中。间一二探奇者，亦东至秋泽洞，南抵紫云岩，北望一线天而止。其岩上诸峰，则峭壁蓁丛，莫复知所从入。先考前峰府君以山去家里许，自幼读书其中，得之故老，相传有方士缘崖直上，艰险千状，自是鲜至之者。

嘉靖甲午寺灾，僧各四去。前址鞠为荒墟，既十有余年。庚戌夏，先府君携不肖步自山麓。时寺宇既毁，岩洞廓如。其上之奇峰危磴，皆可历历指数。且获闻昔时方士缘崖之状，不觉神典飞动。遂命僮仆披辟蓁荆，引绠岩端，且上且憩。于是取径，从秋泽洞而西至一线天，峡中出峡，缘石磴屈曲而升。至天柱峰顶，盖峡之东峰也。其西则耸绝难至，乃跨峡为桥以度。复从天柱峰而下，其东北则玉屏峰、宾乾洞、狮子岩、回瑯石、莲花崖、双耳峰诸胜，其西南则云芝峰、依云石、步蟾石、棋盘石、紫玉园诸胜，穷探极览，凡前所望而莫可即者，皆玲珑中通，天窍旁达。先府君亦喜动颜色，大慰生平。乃徐徐招集旧僧，即故址葺长春阁以安龙像，旁列数椽，以舍缁流。乃依岩下泉池结茆为小斋。岁时伏腊，常携诸子姓栖息其中。结里之耆旧数十辈为诗社，清会宴坐，外事了无相涉，独弦诵之声时时溢于石外。四方来学者，闻风日集。辛酉，巡抚浮峰张公檄有司扁其崖，曰“前峰书屋”。今先府君已矣，而是扁屹然在望。

…………

呜呼！兹山之奇，肇于开辟，然发挥创造，实自先府君，则屋而享之，浮峰公德意亦未为虚。况先府君生禀天厚，淳朴弗漓。孝友之行，可通神明；雍睦勤俭，风成闾里。虽困踣郡庠，未获一第，然自弱冠闻临川饶行斋先生讲良知之学，即走百里相从不舍。学脉流通，至有旴今日，先府君亦未为无功焉。然丕阐往行，以彰来许，非借大方名言莫能也。是敢略陈景迹，爰著于篇，伏冀悯念乌私，垂光藻翰，用珍世世焉。[1]

他又作有七言绝句八首，题曰《从姑前峰书屋八景》。其一咏朝阳阁曰：“树围高阁影萋萋，阁上朝阳满画题。林霭洞云光掩映，望

---

① 罗汝芳：《从姑山前峰书屋乞言状》，《罗明德公文集》卷五，《罗汝芳集》，方祖猷等编校整理，第 690—691 页。

中真是九苞齐。”其二咏见云堂曰：“天畔名峰表聚云，仙翁行处更氤氲。逍遥一夕飞龙杖，云逐峰岚万影纷。”其三咏潜光轩曰：“仙人当日寄趺跏，夜傍幽岩探月华。留得寒光今不散，朝朝云拥万川霞。”其四咏绿雪槛曰：“岩柯壁蔓密逾封，光嵌虚棂影万重。客到谩经题绿雪，东风回处更溶溶。”其五咏玉泠泉曰：“渤海空涵紫雾漫，玉鳌天表跃飞湍。当年为拥麻姑驾，带得波泠万古寒。”其六咏浸碧池曰：“谁凿大池傍斗垣，瑶光长日湛仙源。只成音好传青鸟，寄得蟠桃石上餐。”其七咏印空石曰：“分得昆冈第一标，片云斜挂玉棱翘。山灵欲借传心印，白日空池影自摇。”其八：“谁策苍虬过海东，踏残千树玉梧桐。麻姑不敢闻天上，翠洒仙瓢万里风。”[①]

曹胤儒《罗近溪师行实》说：“丙申，师游泮谒文庙，瞻拜孔子，且见伯祖圭峰公遗迹，心殊恻动。归而寂思，至晚遂联数十友为会，虽作举子业，而商订理学居多。”又说汝芳此时“益锐志圣学，力肩斯道。父子、兄弟、亲友，自相师友。故盱中有志之士多观感兴起，而师倡导之功兹始矣”[②]。

本年，王廷相秩满，进太子少保。夏言兼太子太傅，寻以礼部尚书兼武英殿大学士，直阁。

南京吏部尚书湛若水上所著《二礼经传测》，以戾孔氏罢不省。有借机斥责湛氏之学为伪学者，时任南京礼部右侍郎的吕柟[③]白诸当路曰：“圣皇在上，贤相辅之，岂可使明时有不禁之举乎？”事遂已。

季本作在当时王门中引起很大反响的《龙惕书》。

王龙溪仕于南京，与欧阳德等大兴讲会。

邹守益在江西安福集“惜阴会”，作《惜阴说》以警同志。

王艮与龙溪会于京口（今江苏镇江市），游南郊招隐寺。艮又访唐顺之于武进。

御史洪垣专往泰州访晤王艮，与论简易之道，曰：“仁者先难而后获斯，其旨何也？”艮曰：“此是对樊迟语，若对颜渊，便谓‘一

---

① 罗汝芳：《从姑山前峰书屋八首》，《罗先生诗集》卷下，《罗汝芳集》，方祖猷等编校整理，第 808—809 页。

② 曹胤儒：《罗近溪师行实（节录）》，罗汝芳：《罗汝芳集》，方祖猷等编校整理，第 834 页。

③ 吕柟（1479—1542），原字大栋，后改字仲木，号泾野，陕西高陵人。正德三年（1508）举南宫成进士，仕途坎坷，屡触帝怒，到嘉靖年间累官至南京礼部右侍郎。其讲学影响极大，几与阳明中分其盛。

日克己复礼，天下归仁’。却何等简易！”洪垣请王艮订《乡约》，令有司行之，乡俗为之一变。又为艮构东淘精舍数十楹，以居来学。

王艮因在学诸友气未相下而作《勉仁方》，略曰：夫仁者爱人，信者信人，此合内外之道也。于此观之，不爱人，不仁可知矣；不信人，不信可知矣。故爱人者，人恒爱之；信人者，人恒信之。此感应之道也。于此观之，人不爱我，非特人之不仁，己之不仁可知矣；人不信我，非特人之不信，己之不信可知矣。君子为己之学，自修之不暇，奚暇责人哉？……故君子反求诸其身，上不怨天，下不尤人，以至于颜子之犯而不校者，如此之用功也。然则予之用功，其当以颜子自望而望于诸友乎？……故朋之来也，予日乐之；其未来也，予日望之，此予之心也。今朋友自远方而来者……其必有深望于予者也。予敢不尽其心以孤其所望乎？必也使之明此良知之学，简易快乐，优游厌饫，日就月将，自改自化而后已。……若夫讲说之不明，是己之责也。引导之不时，亦己之责也。见人有过而……不能使之改正，亦己之过也。欲物正而不先正己者，非大人之学也。……是故君子学不厌而教不倦者，如斯而已矣。观其汲汲皇皇，周流天下，其仁可知矣。

据《心斋年谱》，抚州乐安董燧自金台来学，留三月。一日，燧瞑目趺坐，先生临其旁不觉。先生抚其背曰：“青天白日，何自作鬼魅？”燧醒起，豁然。

又，王艮于明年玩《大学》，因悟“格物”之旨，发明“安身立本”论，时称“淮南格物”，谓：“至尊者道也，人能弘道；是至尊者身也，道尊则身尊，身尊则道尊。故轻于出则身屈而道不尊，岂能以济天下……安其身而后动，身安而天下国家可保，其身正则天下归之。大人者，正己而物正者也。此谓知本，此谓知之至也。”

颜钧在这一年游访四方，师从徐樾于北京，三年受规，三教肆明。后由樾介绍往泰州，卒业王艮，获授立本大成之道。

嘉靖十九年庚子（1540），二十六岁

罗汝芳至省城南昌应考，不第。时，从学王艮，面聆心斋“孔子学止从心所欲不逾矩也。矩范《大学》《中庸》作心印，时运六龙变化为覆载持帱以遁世。子既有志有为，急宜钻研此个心印，为时运遁世之造，会通夫子大成之道，善自生长收藏，不次宜家风乡邦及国而天下也，亦视掌复如子之初筮萃和会三月矣”之教[①]。自泰州卒业归赣的颜钧，在同仁祠张帖《急救心火榜文》，说：“游汉姓颜名钧，字子和，生于吉安永新义禾三都中陂，布衣素夫也，自号山农。少承父兄蒙养，以正首训，承祖绳尺，孝友律身。及壮，引导崇信圣学，仁义养心，遂乐从事，誓以终身。东西南北，访证归真。始幸诵传阳明道祖，倡讲良知，忽觉醒悟；次获从游心斋业师，引发乐学，透入活机，会而通之。……而复日以阳为明造，时以心为斋明，上益神明，启师徒交震互发，驯造大成，错综理学之绪余，直合夫邹鲁一贯之道脉。千古正印，以衍传于吴农汉，破荒信、彻良知，洞豁乐学，始以耕心樵仁为专业；承流孔、孟，辙环南国，继以安身运世为事功。冀得知己，同丽明哲，以措时宜于君臣父子夫妇长幼朋友之交，而实跻于浑噩太和之间者也。……今逢大比，开科求贤，人才云集。乃自淮扬携友而敬（迳）返棹洪都，择止同仁之祠为聚，斐衍讲所，鼓掖善类。张挂榜文之告。”[②]又说：“粤稽古昔哲王，去谗远色，贱货贵德，皆所以劝贤，已造端于前，无非救民于水火之中。今农愤悱继统于后，盖有得于受传，遂放乎四海，思天下焚溺，由己焚

① 颜钧：《自传》，《颜钧集》卷三，黄宣民点校，第 25 页。

② 颜钧：《急救心火榜文》，《颜钧集》卷一，黄宣民点校，第 1—2 页。

溺也。农之学，自授（受）承于东海，单洗思虑嗜欲之盘结，鼓之以快乐，而除却心头炎火。农之道，传衣钵于西江，专辟形骸凡套之缰锁，舞之以尽神而尽涤性上逆障。”[1] 郑重提出“六急六救”，曰：

多士谛鉴，农其重晰：

一急救人心陷牿，生平不知存心养性，如百工技艺，如火益热，兢自相尚。

二急救人身奔驰，老死不知葆真完神，而千层嗜欲，若火始然，尽力恣好。

三急救人有亲长也，而火炉妻子，薄若秋云。

四急救人有君臣也，而烈焰刑法，缓民欲恶。

五急救人有朋友也，而党同伐异，灭息信义。

六急救世有游民也，而诡行荒业，销铄形质。

是皆晦昧大道，六言未闻；盗行邪说，六蔽未领。农固弗遑宁处，立此六急之程辙；日不暇给，设此六救之要箴也。多士能如农用六永贞，人心丕正，明哲保身，老安少怀，乐孥豫亲，所欲与聚，所恶毋侵，朋友丽泽，义聚乐真，游民耻格，由是善人萃而率励勤，师友真而学脉纯。此多士与农之会，会以心也，会邹鲁之渊源也，会明祖心师于羹墙也。庶不孤游农之浩归，扫我故疆；又不虚远朋之负笈，从我本邦，农又岂不与多士载歌载咏大成乎！孔孟中和位育之化，复睹今日者也，岂曰小关浅系云尔耶！愿望多士以道为志，以寰区为家，兴所会以联洽乎同志之士，兴所学以提挈乎未闻之人，俾世人咸归夫中正，正端心学，是农之急救心火。激切激语，谨榜以闻。[2]

颜钧聚众讲学，“得千五百友”[3]。因习静而患“重病”，读《传习录》才稍有好转，又遭乡试落第，难免思想苦闷的汝芳见到此榜文，听了颜钧宣讲“急救心火”，心情豁然开朗，即下拜称弟子，嗣是从师门下，至老不渝。贺贻孙《颜山农先生传》记道：

① 颜钧：《急救心火榜文》，《颜钧集》卷一，黄宣民点校，第2—3页。
② 颜钧：《急救心火榜文》，《颜钧集》卷一，黄宣民点校，第3页。
③ 颜钧：《自传》，《颜钧集》卷三，黄宣民点校，第25页。

罗为诸生，慕道极笃，以习静婴病。遇先生在豫章，往谒之。先生一见即斥曰："子死矣！子有一物，据子心，为大病，除之益甚。幸遇吾，尚可活也。"罗公曰："弟子习澄湛数年，每日取明镜止水，相对无二，今于死生得失不复动念矣。"先生复斥曰："是乃子之所以大病也。子所为者，乃制欲，非体仁也。欲之病在肢体，制欲之病乃在心矣。心病不治，死矣！子不闻放心之说乎？人有沉疴者，心怔怔焉，求秦越人决脉，既诊，曰：'放心，尔无事矣。'其人素信越人之神也，闻言不待针砭而病霍然。已，有负官帑千金者，入狱，遽甚。其子忽自商持千金归，示父曰：'千金在，可放心矣。'父信其子之有千金，虽荷校负铰铛，不觉其身之轻也。夫人心有所系则不得放，有所系而强解之又不得放。夫何故？见不足以破之也。蛇师不畏蛇，信咒术足辟蛇也。幻师不畏水火，信幻术足辟水火也。子惟不敢自信其心，则心不放矣。不能自见其心，则不敢自信，而心不放矣。孔子曰：'朝闻道，夕死可矣。'放心之谓也。孟子曰：'学问之道无他，求其放心而已矣。'但放心则萧然若无事人矣。观子之心，其有不自信者耶！其有不得放者耶！子如放心，则火然而泉达矣。体仁之妙，即在放心。初未尝有病子者，又安得以死子者耶？"罗公跃然，如脱缰锁，病遂愈。迎归，师事之甚谨。①

汝芳自己忆道：

嗣是科举，省城缙绅大举讲会，见吉中颜山农先生，名钧，今改名铎。芳具述："昨遘危疾，而生死能不动心，今失科举，而得失能不动心。"先生俱不见取，问之，曰："是制欲，非体仁也。"芳问："克去己私，复还天理，非制欲，安能以遽体乎仁哉？"先生曰："子不观孟氏之论四端乎？知皆扩而充之，如火之始燃、泉之始达。如此体仁，何等直截！故子患当下日用而不知，勿妄疑天性生生之或息也。"芳时大梦忽醒，乃知古今天

① 贺贻孙：《颜山农先生传》，颜钧：《颜钧集》卷九，黄宣民点校，第82—83页。

下，道有真脉，学有真传，遂师事之。[1]

关于汝芳拜颜钧为师事，罗怀智《罗明德公本传》记云：“庚子，见颜山农，述生死不动状，颜曰：‘是制欲，非体仁也。知扩四端，如火燃泉达，何制欲为？’公悟，师事之。”[2]他在《近溪罗先生庭训记言行遗录》中又记道：

祖见王心斋先生门人颜山农公于江省，公问功夫得力何如？祖曰：“某至不肖，无所知识，第昨遘重病，而生死能不动心；今失科举，而得失能不撄念。用功良亦切矣。但语以至道，则茫然全无着落，奈何？”公曰：“君知制欲，而未知体仁也。”祖曰：“先儒云‘人欲净尽，天理流行’。欲不之制，仁其可徒体耶？”公曰：“吾侪谭学，须以孔孟为宗。志仁无恶，非孔氏之训乎？知扩四端，若火燃泉达，非孟氏之训乎？循是体仁，仁将不可胜用，何必制欲为哉？”祖闻言顿觉心神活泼，浑合元和，真际乾坤，了无畔岸。乃知道自有真腴，学原有的旨也，遂师事之。[3]

曹胤儒《罗近溪师行实》记谓：

庚子，会考省中。缙绅士友大举学会，见吉中山农颜公钧。山农出泰州心斋王先生之门，而解演说“致良知”义旨。师因述已昨遘危疾，而生死毫不动心；今失科举，而得失绝弗撄念。山农俱不见取，曰：“是制欲，非体仁也。吾侪谈学，当以孔孟为准。志仁无恶，非孔氏之训乎？知扩四端，若火燃泉达，非孟氏之训乎？如是体仁，仁将不可胜用，何以制欲为？”师闻之悟曰：“道自有真脉，学原有嫡旨也。”遂师事之。朝夕专以孔子求仁、孟子性善质正之，于四书口诵而心惟之，一切时说讲章置之不观。间作时艺，随笔挥成，见者惊服，私相语曰：“乃知学

---

① 罗汝芳：《近溪子续集》，《罗汝芳集》，方祖猷等编校整理，第231—232页。
② 罗怀智：《罗明德公本传》，罗汝芳：《罗汝芳集》，方祖猷等编校整理，第829页。
③ 罗汝芳：《近溪罗先生庭训记言行遗录》，《罗汝芳集》，方祖猷等编校整理，第405页。

问之大益举业也。”①

李贽《续藏书》卷二十二《参政罗公》述罗汝芳师从颜钧事道：

汝芳……五岁，从母授《孝经》《小学》诸书。十五从新城张洵水学；洵水每谓人须力追古人，于是一意以圣学自任。一日诵薛氏《语录》云：“万起万灭之私，乱吾心久矣，当一切决去，以全吾澄然湛然之体。”遂焚香叩首，矢心力行，数月而体未复。壬辰，闭关临田寺，几上置镜与盂水对之，令心与水镜无二。久之成疾。父忧之，授以《传习录》一编，循其言求之，病渐愈。庚子，入省赴大会，见颜山农，自述：“遘危病，生死得失能不动心。”山农不许，曰：“是制欲，非体仁也。”公曰：“非制欲，安能体仁？”山农曰：“子不观孟子之论四端乎？知皆扩而充之，如火之始然、泉之始达，如此体仁，何等直截！子患当下日用而不知。勿妄疑天性之息也。”公时如大梦得醒，遂于稠人中稽首师事焉。

黄宗羲《明儒学案》卷三十四《参政罗近溪先生汝芳》亦有详细记述：

（近溪）偶过僧寺，见有榜急救心火者，以为名医，访之，则聚而讲学者也。先生从众中听良久，喜曰：“此真能救我心火。”问之，为颜山农。山农者，名钧，吉安人也，得泰州心斋之传。先生自述其不动心于生死得失之故，山农曰：“是制欲，非体仁也。”先生曰：“克去己私，复还天理，非制欲，安能体仁？”山农曰：“子不观孟子之论四端乎？知皆扩而充之，若火之始然、泉之始达。如此体仁，何等直截！故子患当下日用而不知，勿妄疑天性生生之或息也。”先生时如大梦得醒。明日五鼓，即往纳拜称弟子，尽受其学。山农谓先生曰：“此后子病当自愈，举业当自工，科第当自致。不然者，非

① 曹胤儒：《罗近溪师行实（节录）》，罗汝芳：《罗汝芳集》，方祖猷等编校整理，第834页。

吾弟子也。”已而，先生病果愈。[1]

颜钧《著回何敢死事》说：

> 汝芳之为人也，自少淳庞，性笃孝友，从父业举，蚤秀邑庠。年廿六，适赴庚子秋试，未遇。遇耕樵衍讲同仁急救心火。芳听受二十日夜，言下悟领旨味，鼓跃精神；归学三月，果获豁然醒，如几不可遏者。一日，弄笔泻文数篇，新异悦人，乃翁究竟何以致。芳曰：“此即豫章颜师所传，儿叨际会。”翁喜甚，焚香向西南拜谢樵恩。此可以观父子知信而用服也。[2]

今人吴震评道：“近溪拜师山农，对于近溪来说，意味着其思想开始发生根本转变。由一味内敛克制转而注重自信其心、敞开心灵，由‘克去己私，复还天理’这一宋儒观念转而树立起‘人能体仁，则欲自制’的信念。用他自己的话来说，叫做‘从此回头’，用我们的话来说，叫做‘回归孔孟’。”[3] 汝芳确是因颜钧的点示而“回归孔孟”的。正是受启于山农而“从此回头”，才使他后来深切体认到：“若论吾人天命之性，其不虑而知、不学而能，浑然与圣人不思而得、不勉而中之体，如金在矿，何尝少他分毫？盖自为孩提时，直至今日，亲长之爱敬、耳目之聪明、饥寒之衣食，随感而应，良知良能，明白圆妙，真是人人具足，个个完全。但天生圣神，则能就中先觉先悟，于天命此个圣体，直下承当受用，正如矿石过火，便自融化透彻，更无毫发窒碍间隔，却即叫做圣人。然究其所觉悟的东西，则只是吾人现在不虑不学之良知良能而已。吾人只少了圣人此一觉悟，则便如一片精金，空只藏在矿中而不成受用。虽是时时习之，而却不著；虽是日日行之，而却不察，即终身去爱亲敬长，食饭穿衣，与圣贤原无两样，而甘心做个凡夫，而不得名为知道也。故圣人之教天下，不是能令吾人于良知良能之外，别有增益，只是以先知觉后知、以先觉觉后觉，如用火锻矿，则矿一过火，便即是金。吾人既觉，则

---

① 黄宗羲：《参政罗近溪先生汝芳》，《明儒学案》卷三十四，沈芝盈点校，第 760—761 页。
② 颜钧：《著回何敢死事》，《颜钧集》卷五，黄宣民点校，第 43 页。
③ 吴震：《罗汝芳评传》，第 102 页。

即我本性，便即是圣，故曰：‘岂不易简！岂为难知？’”[1]

本年，罗洪先因上疏请皇太子来年登朝，受群臣拜贺而触帝怒，被罢为民。

湛甘泉致仕南归，途中与王龙溪等一路讲学，至南京，邹守益、王龙溪等为甘泉饯行话别。洪垣在广东穗城为甘泉建天关诸堂。

冬十二月八日，王艮去世，年五十八岁。据《心斋年谱》，先生病将革，犹集门人就榻前，力疾倾论。门人出，诸子泣请后事，先生顾仲子襞曰："汝知学，吾复何忧？"诸子复大泣。先生顾诸季曰："汝有兄知此学，吾何虑汝曹？惟尔曹善事之。人生苦患离索，虽时序友朋于精舍，相与切磋，自有长益。"无一语及他事。神气凝定，遂暝。乃殓，容色犹莹然不改。为是月八日丑时。门人……治丧，四方吊者毕集。邹东廓、王龙溪率同志为位哭于金陵，门人聂静、董燧率同志哭于京师。逾月，葬于场之东，附守庵公墓，从遗命也。四方会葬者数百人。云南布政使司徐樾撰《门人私谥议》，私谥心斋"文贞先生"。赵贞吉撰《泰州王心斋墓志铭》，称"明兴八叶之世，越中王先生论学名世，从游若泰州王子称最著"，"王子论学如先生，故学者亦称王先生"，"越中良知，淮南格物，如车之两轮，实贯一毂。后有作者，来登此车。无以未觉，而空著书"。

告假家居的赵贞吉习静报恩寺中。

焦竑[2]出生。

---

① 罗汝芳：《近溪子集》，《罗汝芳集》，方祖猷等编校整理，第104—105页。

② 焦竑（1540—1620），字弱侯，又字从吾、叔度，号漪园，又号澹园，著文亦常自署漪南生、澹园子、澹园居士、澹园老人、太史氏、秘石渠旧史等，南京人。他是明代后期著名的博学者、思想家与文章家，一生勤于写作著述、编刻书稿，故而著作甚多，尤以《澹园集》（又名《欣赏斋集》）、《焦氏笔乘》、《焦弱侯问答》、《老子翼》、《庄子翼》、《易筌》等最能反映其学说思想。

嘉靖二十年辛丑（1541），二十七岁

春三月，颜钧在江西闻王艮讣音后，从长江历金陵、赴泰州，祭拜王艮祠墓。庐墓三年，并聚友千余，晳辨《大学》《中庸》之学。罗汝芳随师至泰州拜祭王艮。颜钧《明尧舜孔孟之道并系以跋》一文说："今之鳏叟矢誓追袭尼父之学道，亦曾效法众贤，庐墓三年于心斋之祠，聚友千余，晳辨《大学》《中庸》之学，亦详尽矣。究竟得友，止获罗子近溪，相随二三年，仅可共学以出仕。"[①] 相随山农二三年的汝芳，"一夕忽悟今说，觉心甚痛快，中宵直趋卧内，闻于先君，先君亦跃然起舞曰：'得之矣，得之矣！'"他晚年"追想一段光景，诚为平生大幸大幸也。后遂从《大学》至善，推演到孝弟慈，为天生明德，本自一人之身而未及国家天下。乃凝顿自己精神，沈思数月……自幸宿世何缘，得脱此等苦趣"[②]。

汝芳有感于颜钧学贵"体仁"之教，在这一年编辑了《体仁内格》。此书未曾刊行，今亦不获见，但似可反映出他深受颜钧思想影响，已完全契入阳明心学。汝芳"从此回头，将《论语》再来细读，真觉字字句句重于至宝，又看《孟子》、又看《大学》、又看《中庸》，更无一字一句不相照映。由是却想，孔孟极口称颂尧舜，而说其道孝弟而已矣。岂非也是学得没奈何，然后遇此机窍，故曰：'我非生而知之者，好古敏以求之者也。'又曰：'规矩，方圆之至也；圣人，人伦之至也。'其时孔孟一段精神，似觉浑融在中，一切

① 颜钧：《明尧舜孔孟之道并系以跋》，《颜钧集》卷三，黄宣民点校，第 20 页。
② 罗汝芳：《近溪子续集》，《罗汝芳集》，方祖猷等编校整理，第 232 页。

宗旨、一切工夫，横穿直贯，处处自相凑合”[①]。这样，“孔门之学在于求仁”[②]“孔门宗旨，浑然只是一个‘仁’字”[③]“吾儒学术，原宗孔门；孔门之教，全是求仁”[④]，自此成为他始终坚持的基本观念。他后来忆述道：

往年极力思量孔门宗旨，因见吾夫子平生吃紧得力处，只求仁一脉，而吃紧着力处，亦只不厌不倦一路。此其安身立命根基……吾夫子只一念在于吾侪，而吾侪遂万世归依夫子，心心相照，终古如生，视彼二千年来一切富贵繁华，泯灭梦幻，更谁可及他毫发？愈味而愈妙也，虽欲厌何能厌？不能厌而又何可倦也耶？[⑤]

汝芳以这种观念为核心，逐渐形成自己的思想体系。他认为：

孔子自己说仁，平生只有“仁者人也，亲亲为大”，是他正解。孟子却指实说：“亲亲仁也。”今看人人孩提之初，皆知爱亲敬长，果是浑然本心，而仁不远人也。若此良心之知，莹然昭然于亲长之间，无所不爱，无所不敬，而又无所不条理正当，其人便明通而曰“圣人”也。仁岂远乎哉！术岂多乎哉！[⑥]

吾儒之学，原宗孔孟，今《论语》《孟子》其书俱在，原未尝专以玄微超脱为训。然其谨言慎行、明物察伦，自能不滞形迹，妙入圣神者，原自《大学》之格致、《中庸》之性道中来也。盖格物以致其知，知方实落，达道以显其性，性乃平常。故某常泛观，今古圣贤，其道虽从悟入，其悟却有不同，有从有而入于无者，则渐尚虚玄，其妙味愈深，则其去人事日远，甚至终身不肯回头，自谓受用无穷也；有从无而入于有者，则渐次入于浑融，其操持愈久，则其天机愈显，所以能经纶天下之大经，立天下之

① 罗汝芳：《近溪子集》，《罗汝芳集》，方祖猷等编校整理，第 52—53 页。
② 罗汝芳：《近溪子集》，《罗汝芳集》，方祖猷等编校整理，第 8 页。
③ 罗汝芳：《近溪子集》，《罗汝芳集》，方祖猷等编校整理，第 157 页。
④ 罗汝芳：《近溪子集》，《罗汝芳集》，方祖猷等编校整理，第 206 页。
⑤ 罗汝芳：《近溪子集》，《罗汝芳集》，方祖猷等编校整理，第 129 页。
⑥ 罗汝芳：《近溪子集》，《罗汝芳集》，方祖猷等编校整理，第 102 页。

大本，知天地之化育也。此个关头，最是圣狂要紧，学者不可不早鉴而敬择也。[①]

本年，王龙溪被嘉靖帝斥为“伪学小人”，“怀奸植党，欺君误国”[②]。沈德符《万历野获编》卷二《讲学见绌》谓：“世宗所任用者，皆锐意功名之士，而高自标榜，互树声援者，即疑其人主争衡。如……给事戚贤等因灾陈言，且荐郎中王畿当亟用。上曰：‘畿，伪学小人！乃擅荐植党。’命谪之外……至于聂双江豹，道学重望，徐文贞力荐居本兵。上以巽懦偾事逐之，徐不敢救。”[③] 刑科主事程文德亦被罢归。

身陷诏狱的刘魁[④]、钱德洪等“相与讲学不辍”，德洪获释前别难友曰：“静中收摄精神，勿使游放，则心体湛一，高明广大，可驯致矣。作圣之功，其在此乎！”[⑤]

国子监祭酒邹守益疏言触讳，解官归里，卜筑东阳行窝，无日不讲学。

---

① 罗汝芳：《近溪子集》，《罗汝芳集》，方祖猷等编校整理，第 89 页。

② “嘉靖二十年四月乙亥”条，《明世宗实录》卷二百四十八，（台湾）“中央研究院”历史语言研究所，第 4983 页。

③ 沈德符：《讲学见绌》，《万历野获编》卷二，中华书局 1959 年版，第 52 页。

④ 刘魁，生卒年不详，字焕吾，号晴川，江西泰和人。幼禀父训，躬操古行。从学阳明时，“默坐澄心，游衍适性，《诗》《书》《礼》《乐》益神智而移气体者咸备，若春风被物，生植而不自知”（欧阳德：《送刘晴川北上序》，《欧阳德集》卷七，陈永革编校整理，第 233 页）。闻阳明良知之教，“坚志反观，动有依据。盖自良知之说兴，学者皆指此心知觉以为本体，直任其发用流行，不复存察，谓之致知。公兢兢自考，每一动念，求毋自欺，是非由中，然后敢发。否则禁抑节忍，久令自消。其出入诏狱，静定详审，无少疏怠，则其功力之验也”（罗洪先：《明故工部虞衡清吏司员外郎晴川刘公墓表》，《罗洪先集》卷十九，徐儒宗编校整理，第 792 页）。罗洪先说他“知良知之致，必始于存察之功，而存察之精，益足以扩良知之用，是公有大助于师门也”。其“门人尤熙问‘为学之要’，曰：‘在立诚。’每举阳明遗事，以淑门人”（黄宗羲：《员外刘晴川先生魁》，《明儒学案》卷十九，沈芝盈点校，第 447 页）。

⑤ 黄宗羲：《忠介杨斛山先生爵》，《明儒学案》卷九，沈芝盈点校，第 167 页。

嘉靖二十一年壬寅（1542），二十八岁

罗汝芳受学于颜钧。他晚年在回答弟子“先生于心性，如何用功”时，忆述山农对他深刻的影响道：

> 予初年也将自己本心，勉力探讨；于生来气性，亦强力调摄。及弱冠乃觉心地颇得光明，性质渐次和顺，日用欣欣，也想圣贤或可有分。久之，乃遇高人相见，痛加呵斥，谓贤辈为学，尽在辛勤，但此所认者不是心体，所用者不是真功，乃妄意欲希圣贤。此何异吹嘘萤火以燃灯烛、满蓄汞银以供灌溉？徒竭心神而后悔莫免也。予时闻言，亦为称谢，然以其来自外道，甚不甘心。因思圣贤去我虽远，而所作经书则于今见在。于是搜索简编，继日以夜，见我孔子之言心，则曰“心之精神之谓圣”；孟子之言性，则曰“知其性则知天”。夫吾人寻常说圣，是何等神妙？说天，是甚么高远？乃兹谓心则即便是圣，谓性则即便是天，其神妙高远，原是何物？而辄敢以粗浮之气、浅露之衷，妄自比拟，其痴愚罪谴，永世何从消灭？警惕惭惶，汗流浃背，从是迷闷，鬼神瞑漠，若无可出活然者。专切久久，始幸天不我弃，忽尔一时透脱，遂觉六合之中，上也不见有天，下也不见有地，中也不见有人有物，而荡然成一大海，其海亦不见有滴水纤波，而茫然只是一团大气，其气虽广阔无涯，而活泼洋溢。觉未尝一处或纤毫而不生化，其生化虽混涌无停，而几微精密，又未尝一处或有纤毫而不灵妙。然此生化、灵妙，默而会之，似若影响可言，乃即而求之，实是端倪莫得，则此一团神气，充运海中，且尤未尝一处或有纤毫而不玄洞虚通也。其时身家境界，果

然换过一番，稍稍轻安自在，不负平生此心。既而憬然，又觉圣人立教，原有自来，乃是即此一个神化，实体诸心，而名做一个学术。如至灵至虚，天地原有此心，则心其心以为吾心，又使人人物物，皆心吾心，以同全天地之心也；如生生化化，天地原有此性，则性其性以为吾性，又使人人物物，皆性吾性，以同全天地之性也；如刚大充塞，天地原有此气，则气其气以为吾气，又使人人物物，皆气吾气，以同全天地之气也。则是合天地人物，而完成一体，通始终本末，而贯彻一机。[①]

山农究竟是以什么样的契机使他得到这种“忽尔一时透脱，遂觉六合之中，上也不见有天，下也不见有地，中也不见有人有物，而荡然成一大海”云云的心理体验，并达到“合天地人物而完成一体，通始终本末而贯彻一机”的境界，今已无法从有关近溪的文献资料中获知。但从颜钧所作《程身道传》中，我们可以发现后来从学于山农的程学颜是如何念尔一时透脱的信息：“（学颜）以王事入燕，沿途追访樵，取必印正者，凡五六月。适遇舣棹盘桓南发，朝夕陈晢，默认知及之先难，证以二三子七日来复之闭关，颜觑畏怯，确诿不能。耕樵听之，脱化由导。又旬日，棹至东昌，雨阻。适戊午六月七日，颜生辰，耕樵索轴，笔庆乐生，便便诱学，点缀‘致知在格物’五字眼法。颜色改，神凝悚立，气春若跃如醉。耕樵侧目，试问曰：‘子若何？’颜亦曰：‘翁谓若何？’耕樵停笔，厉声策是者三，颜即以手举官帽置桌，就滚仓板上十转，有真乐□心。没奈何之几，起舞蹈曰：‘蚤知灯是火。’饭熟许时，如信美大圣神，只在此刻此关，此一醒后，自深造自得止耳。如此触彻，譬犹堕体黜聪，继承之能以生为乐、以乐为学……”[②] 大约近溪也有“七日来复之闭关”式的经验，这难怪会使自幼即读儒经并曾对程朱理学深信不疑的他，有“来自外道”的质疑。但无论如何，正是山农的深刻影响，才使得近溪达悟心性至道，从此开辟出自己的思想境界，宜乎其终身对山农敬礼不懈。

汝芳的伯父崇素在这年的四月去世了。崇素（1475—1542），

---

① 罗汝芳：《近溪罗先生一贯编》，《罗汝芳集》，方祖猷等编校整理，第354—355页。

② 颜钧：《程身道传》，《颜钧集》卷三，黄宣民点校，第22页。

名质，号石崖，行锦二。为人端悫守礼，不苟言笑，尝戒子侄曰：“《小学》备修身齐家之道，终身躬行不尽，尔曹不可不读。”①

本年，邹守益、聂豹、欧阳德、罗洪先等在江西吉安举“九邑大会”，复举青原会，大力宣扬阳明心学。守益又在安福县的东山讲堂举兴以家族为核心的讲会。

欧阳德居家讲学，从者甚多，胡直即于其时拜师受学。

落职归里的王龙溪专访黄绾于黄岩，他们就为学宗旨有所论辩。后，黄绾撰《游雁山记》述他们游雁荡山之事，龙溪除作诗以记游胜外，在《与张叔学书》中谈了此次游学收获，以为“不虚行矣”。

赵贞吉是年还朝，寻奉使兰州。

致仕南京礼部右侍郎吕柟病卒，湛若水作《奠崔后渠吕泾野文》、黄绾作《哭吕泾野宗伯》悼之。

---

① 罗伽禄：《罗汝芳家世述略》，罗汝芳：《罗汝芳集》，方祖猷等编校整理，第882页。

嘉靖二十二年癸卯（1543），二十九岁

罗汝芳乡试中举，与同榜中举的胡直等大会于南昌滕王阁。其弟子曹胤儒《罗近溪师行实》记："癸卯，荐乡书，时年二十有九。师同庐山胡公、洞岩周公，及诸同志大会于滕王阁数日。"[①] 自此与胡直建立起终生友谊。按：胡直（1517—1585），字正甫，号庐山，以号行世，学者称"庐山先生"，吉安泰和（今江西泰和县）人。"童颇质任"，闻其父论学"而不知从事"（《胡直集·困学记》）。嘉靖二十一年（1542），欧阳德居家讲学，胡直往谒，"执弟子礼"，德一见善曰："子来何晚？"（《耿定向集》卷二十《明福建提刑按察司按察使胡公墓志铭》）欧阳德教以"立志"，"因悔时日之过，大病在好词章，又多忿欲，三者交割于胸中，虽时有战胜，不能持久，此予志不立之罪"（《胡直集·困学记》）。二十二年乡试中举，二十六年师事罗洪先，洪先授以"无欲之训"。寻在韶州，因其"少病肺，咳血怔忡，夜多不眠"而向"尝从阳明先生学，后专意玄门"的陈大伦"学玄"，"未有入"；向魏校弟子并曾从欧阳德游，"后专意禅宗"的邓鲁学禅习静，半年后，"一日，心忽开悟，自无杂念，洞见天地万物皆吾心体，喟然叹曰：'予乃知天地万物非外也。'自是事至亦不甚起念，似稍能顺应，四体咸鬯泰，而十余年之火症向愈，夜寝能寐"（《胡直集·困学记》）；又向钱德洪问学。二十八年在家乡与欧阳德、罗洪先的弟子曾思健、罗东之等结会，颇有兴发，明年落第后受李春芳之邀馆于其家，"尽闻心斋先生之学，服其杰出，独

① 曹胤儒：《罗近溪师行实（节录）》，罗汝芳：《罗汝芳集》，方祖猷等编校整理，第 835 页。

恨其徒传失真”（《耿定向集》卷二十《明福建提刑按察司按察使胡公墓志铭》）。三十二年再次下第，出任句曲教谕，作《博约说》，以为“儒先以穷物理为博文固非是，近儒致知之说，承学者以知之变化圆融者当之，而不复知良知之有天则，亦误已。约礼云者，约诸吾心之天则也”（《耿定向集》卷二十《明福建提刑按察司按察使胡公墓志铭），认识到欧阳德曾教其“仁体”说为确论，胡直之学“至此三变”。三十五年（1556）成进士，任刑部主事，时时与罗汝芳切磋学问并时举讲会。三十九年（1560）出为湖广佥事，领湖北道，过访罗洪先，质以《博约说》而获首肯。与耿定向、定理会于汉江之浒，论学“以无念为宗”。胡直治鄂，一以学为政，整身式属，绳墨吏，省额外供，创乡约，严保甲，覈民间节孝旌之，祀阳明及其弟子冀元亨等以风楚人。晋四川参议，寻以副使督川学政，过内江晤赵大洲，与学子论知行，强调“真知则无不行，真行则无不知”（《胡子衡齐》卷七《续问》上）。因病乞休，致仕归里，“与友人相期习静山中，作《闭关录》以自警”（《耿定向集》卷二十《明福建提刑按察司按察使胡公墓志铭》）。万历十二年（1584），罗汝芳往永新拜访其师颜钧后，又到泰和访胡直，称“庐山胡子，与余为同年友，交也最久，知也最深”（《罗明德公文集》卷一《胡子衡齐序》）。隆庆三年（1569）起督楚学，下檄逮方湛一，湛一遁走。迁广西参政，升广东按察使，疏乞终养，与王塘南、欧阳乾江、李材等举会讲学，又建求仁书社，“同志来问难者循循恳恳，因才训迪”，“语一时大儒，必曰胡先生”（《胡直集》附录《先师胡庐山先生行状》）。王塘南称其“志真而行甚端，与友人处，切偲不倦，能令惰者思奋，盖吾党中之卓然特立者”（《王塘南先生自考录·明理学南太常寺卿王塘南先生恭忆先训自考录》）。许孚远以李材、胡直并为“圣贤”，而罗汝芳则说：“庐山有圣贤之志，见罗有圣贤之材。”（《罗汝芳集·近溪罗先生庭训记言性遗录》）诏起福建按察使，不久即卒于官，享年六十八，没前谓门人曰：“余于人间世尽矣。”“文公云‘一片若常存也’。”（《耿定向集》卷二十《明福建提刑按察司按察使胡公墓志铭》）所著经后人汇辑为《衡庐精舍藏稿》三十卷、《续稿》十一卷等，而《胡子衡齐》为其代表作；今人张昭炜编校《胡直集》由上海古籍出版社 2015 年出版。黄宗羲说他“著书专明学的大意，以理在心，不在天地万物，疏通文成之旨”（《明儒学案》卷二十二

《宪使胡庐山先生直》）。

汝芳作了两首七言绝句抒发自己当时的心情和感受，其《江上望滕王阁》曰："秋净章江散暮烟，遥依官阁度楼船。阁中帘影谁高揭？隐约纤歌与客传。"《江上望览胜楼》曰："南浦西山秋正残，可堪楼阁更江干。扁舟一叶千峰里，谁坐疏帘傍晚看？"①

本年，诏禁士民冠服诡异。

知苏州的聂豹，以忧病归里，提出归寂之说。邹守益访聂豹，议修永丰县学。罗洪先、黄弘纲疑聂豹"归寂说"。

邹守益讲学于南岳金仙洞，语诸生格致旨，大意谓"子臣弟友，庸德庸言，至于相顾而慥慥，是圣门致知格物工课"②。

颜钧赴北京，随侍仲兄钥，其《自传》说："仲兄钟溪令山东新城，遐邑急报，遭难去官。铎……赴救京师，叨改湖广枝江尹，得侍兄周年。"③

---

① 此二首诗参见罗汝芳：《罗先生诗集》卷下，《罗汝芳集》，方祖猷等编校整理，第 814 页。
② 耿定向：《东廓邹先生传》，《耿定向集》卷十四，傅秋涛点校，第 554 页。
③ 颜钧：《自传》，《颜钧集》卷三，黄宣民点校，第 25 页。

嘉靖二十三年甲辰（1544），三十岁

罗汝芳会试中式，曹胤儒《罗近溪师行实》记：“甲辰，举会试。师同波石徐公、中溪颜公、西石王公、梦坡敖公、二华谭公及诸同志大会于灵济宫。”[①] 这里提到的“波石徐公”即徐樾。嘉靖六年（1527）十月，王阳明发舟广信，过余干，徐樾自贵溪追至，以诸生请见问学，阳明诲曰：“此体岂有方所？譬之此烛，光无不在，不可以烛上为光。”（《王阳明全集》卷三十五《年谱三》）阳明殁后，徐樾师事王艮，并于嘉靖十年（1531）至泰州从王艮学。十一年（1532）成进士，时官部郎，寻出仕臬藩。“中溪颜公”，则是颜钧的仲兄颜钥，此会后不久就往湖广枝江赴任去了。正在京陪侍其兄的颜钧，自然也参加了这次讲会，故而他后来在《自传》中说，“时在甲辰秋，聚同年若干、京仕若干，倡会九月，招来信从者若谭纶、陈大宾、王之诰、邹应龙等四十七人”[②]。“对于初出茅庐的近溪来说，此次得以厕身于王门弟子的讲会，并不意味着近溪已经得到了阳明王门的认同。但至少可以说，这是近溪正式步入学术社会的一个开端。”[③] 按：灵济宫本乃北京城西的一所道观，嘉靖朝后期，阳明后学屡屡在此兴办讲会，京城缙绅仕宦、学者文士、来京应试举子、国子监生等多有参与，常有千数百人聚会讲论的盛况，成为晚明王门讲学重地之一。

尽管顺利通过了会试，但汝芳并未参加殿试（亦称廷试），所以

① 曹胤儒：《罗近溪师行实（节录）》，罗汝芳：《罗汝芳集》，方祖猷等编校整理，第835页。
② 颜钧：《自传》，《颜钧集》卷三，黄宣民点校，第25页。
③ 吴震：《罗汝芳评传》，第108页。

没有获得赐进士出身的名号。他为什么不参加廷试？吴震论道："根据有关史料的记载，大致上有三种原因可以考虑。一是说'吾学未信，不可以仕，不就廷试'；一是说'闻前峰公病，不廷试而归'。以上两种说法，均非近溪本人之说，今姑存疑。第三种说法出自近溪本人。大意是说，罗前峰为近溪体弱多病着想，劝告近溪'进取尤戒勿亟'，因此，癸卯（1543）乡试之际，前峰就曾'面命'近溪'若获春第，（不）宜就儒官（按，据上下文，'宜'字前当加一'不'字，意思庶几可通），以保弱体。芳体至意，遂不廷试而归。父子怡然于从姑、玉冷之间，绝无外慕'。据此看来，近溪此次不就廷试而归的行为，乃是顺从乃父的意志，是为了修生养息。"① 罗伽禄分析了遵父命不因功名而伤了身体、父患病需侍养、自认学力不够、以继往开来为己任而不以仕途为指归、侍养老师颜山农等说法后，指出："只有把罗汝芳不就廷试放在那个时代里来看，似乎更切合实际，也更能理解罗汝芳为什么不就廷试。其实'吾学未信，不可以试'只是一个托词。从内心来说，罗汝芳不一定热衷于从仕，更热衷于学术演讲，传播自己的学术思想，他甚至把讲学看得很重要，甚至重于生命。《江西省志》的记述应更切合罗汝芳的实际：'吾人业孔孟之学，必要求有裨身、心、意、知、家、国、天下，以继往开来为己任，何必区区仕进为哉！'社会现实也让他们这些文化人难受。明代是一个专制十分严重的社会，为了加强中央集权，特务机构遍布朝野，人们稍有不慎就有可能会因自己的言谈而招来杀身之祸。更有甚的是文字狱的兴起，让更多的文人苦不堪言。明代君王奉行的是'金杯同汝饮，白刃不相饶'，哪怕你功高盖世，犯了上恐怕脑袋也难保……放在那个时代的背景下，再加上'吾学未信'，这些可能是他不参加廷试而归的更充分的理由。"②

我们认为，吴、罗二位对这问题的评析都是很有道理的，或许合而思之，更能理解汝芳何以不就廷试。而汝芳自己对"仕"与"学"关系问题的看法，应该也是理解他何以不就廷试的一大切入点。他说："仕学，原是一事，但自成己处言，则谓之学；自成物处言，则谓之仕。故人之仕学，患不优耳。'优'字，即'优而游之'之优，

① 吴震：《罗汝芳评传》，第 107 页。
② 罗伽禄：《一代思想大师罗汝芳》，第 33 页。

乃善致其知，而复于自然之良处也。故仕而不善致其知，则格于事势以滞其机，乖于毁誉以戚其意，便是仕不能优矣；学而不善致其知，则拘成迹而不足以达天下之变，局形骸而不足以通天下之志，便是学不能优矣。故学者须是识认知体透彻，使圆融活泼之机，不离吾身心应用之处，则一段意思，长是游优充裕，见大心泰，无所不足。虽在莅官临民，而自己受用，不失平生，无意于学而自有其学也。虽在穷居陋巷，而感通孚化，孝友家邦，无意于仕而自有其仕也。非谓仕必优，然后去学；学必优，然后去仕，分作两段工夫也。”① 大约他自度此时远未达到“优而游之”的境地，故而宁可自放闲居，也不急于就廷试入仕途，否则将既不能“成己”，亦不足以“成物”了。

之后汝芳并没有立即南下回家，而是陪侍颜钧，坐船由运河南下，先到泰州安丰场瞻拜心斋祠，祷告并悟大中之道，随后在泰州、扬州一带开展讲学活动。颜钧对此写道：

> 秋尽放棹，携近溪同止安丰场心师祠。先聚祠，会半月，洞发心师传教自得《大学》《中庸》之止至，上格冥苍，垂悬大中之象，在北辰圆圈内，甚显明，甚奇异。铎同近溪众友跪告曰：“上苍果喜铎悟通大中学庸之肫灵，乞即大开云蔽，以快铎多斐之恳启。”刚告毕，即从中开作大圈围，围外云霭不开，恰如皎月照应。铎等纵睹渝两时，庆乐无涯，叩头起谢师灵。是夜，洞讲鳞鳞彻鸡鸣，出看天象，竟泯没矣。嗣是，翕徕百千余众，欣欣信达，大中学庸，合发显比，大半有志欲随铎成造。若师嗣王襞，亦幡然信及父师学脉。有窑夫姓韩名憔（贞）号乐吾，随从半年，深能默契实力，至今犹卓卓翕致，百里内无不景从。②

颜钧“延会泰州、如皋、江都各盐厂，及扬州、仪真，各住二三月。受心师大成之旨者亦多，但未纪录姓名，有几千百众也。如此流连逾三年，乃辞师祠，渡江入南都，众友送别真州，皆号哭而别。内有老壮童冠，不忍别者五十余人，同舟进金陵”③。他的弟子吴焕文对

① 罗汝芳：《近溪子集》，《罗汝芳集》，方祖猷等编校整理，第 92 页。
② 颜钧：《自传》，《颜钧集》卷三，黄宣民点校，第 25—26 页。
③ 颜钧：《自传》，《颜钧集》卷三，黄宣民点校，第 26 页。

颜钧在汝芳陪侍下的这次讲学活动记述道："时近溪罗子领春官荐，乃夫子之旧游也，与夫子之心同之志同，遂登夫子之环车，而轩策不足以羁之，从容舒徐于吴越之地、石城之都。司胄教者听命如响，领春魁者若是其殷，陈院勋臣以及闾巷庶人之子弟，倚门耸耳，有不可以数千万纪（计）。后车之盛、齐薛之金，信之邹子舆之不诬也。时则夫子睽家几六载矣，与近溪子言旋南城。过新城、金溪二邑，闻风而起者，犹夫蓟都、石城之盛。"①

汝芳"自甲辰叨第春官，于大众中首识桐城柱墅赵公，喜其潇洒脱略，能遣去世縻，而轩翔物表"，自此结下终生友谊，"每一相见，辄聚首雅谭，时竟日夕……津津然将反求诸其心"②。桐城柱墅赵公即赵钺（1512—1569），字子举，一字鼎卿，与汝芳同科成进士，授刑部主事，累迁工科左给事中，巡视京营，时仇鸾多役军卒，钺勒之归伍。历南京太仆寺少卿，官至右佥都御史，巡抚贵州。汝芳后来为其遗著《无闻堂稿》作序云：

> 夫言，心声也。心譬则谷，然而言其响之逐，感而应者也，固未有涵诸其心，而弗声乎其言者也，亦未有声乎其言，而非先得于心者也。夫心，则广矣、大矣，以举乎天地之间，则备矣。故即宇宙万类而统括融通焉可也，即宇宙万类而各足旁通焉亦可也。其神无方，其体无定，而其出无穷者也。故士之生也，惟不知所以反求之则已矣，一入宝山，则珍贝种种，即投足引手，随吾所向，咸可怀携玩袭，以快意生平而充敷日用。夫孰得而泥之？亦孰得而限之也哉？故古先知言，君子恒必于其心取衷焉，其所见浅深无论也，而信之趋而太和之观也，与斯约者其益勉之。吾且期天下之来取的也已。③

按《无闻堂稿》是赵钺撰写的一部书籍，凡文十二卷、诗五卷，乃其子鸿赐所编。林树声《墓志》，称赵钺所作《几希图说》《辟方士论》《讲学诸说》，皆阐明理道，发前人所未发。今惟《几希图说》

---

① 吴焕文：《纪游》，颜钧：《颜钧集》卷九，黄宣民点校，第77—78页。
② 罗汝芳：《诒谷录序》，《罗明德公文集》卷一，《罗汝芳集》，方祖猷等编校整理，第457页。
③ 罗汝芳：《无闻堂稿序》，《罗明德公文集》卷一，《罗汝芳集》，方祖猷等编校整理，第456页。

见集中，余皆不载。盛汝谦为作《行状》，载《自祭文》一篇，集中亦不载，盖亦简汰而存者也。钍学出姚江，主良知之说。文颇磊落自喜，而亦微近七子之派。而汝芳此序，无疑是从心学角度来讲论。

汝芳在这一年又与曾礼相识于永丰。曾礼，字子和，别号紫崖，自武城来家罗山，是欧阳德的弟子，又从邹守益、罗洪先诸公游。汝芳对他很敬重，“每议论，群众中见其精采迅激，力追古先，若直干于霄，孤峰耸峚，直类其紫崖之号云”[1]。

本年，罗洪先“杜门谢客”，“觉存主凝定处煞难”。[2] 邹守益在北里举讲会，授易学。

徐樾累迁至“贵州提学副使，讲明心学，陶镕士类，不屑屑于课程，尝取苗民子弟衣冠之，假以色笑，而加训诲，苗民卒化”[3]。

赵贞吉潜心治学，于儒释之辨多所发明。他在这一年受命同修《会典》，又充会试同考官。

王时槐入刘文敏门，文敏授以程朱之学，时槐无所得。

王宗沐[4] 本年成进士。

方献夫卒于家。

① 罗汝芳：《华容令传》，《罗明德公文集》卷四，《罗汝芳集》，方祖猷等编校整理，第 611 页。

② 罗洪先：《答唐荆川（甲辰）》，《罗洪先集》卷六，徐儒宗编校整理，第 222 页。

③《贵州通志》编委会编纂：《贵州通志・宦迹志》，贵州人民出版社 2004 年版，第 143 页。

④ 王宗沐（1523—1592），字新甫，号敬所，浙江临海城关人。万历十九年（1591）卒于临海城关家中，追赠刑部尚书；天启初，追谥襄裕。

嘉靖二十四年乙巳（1545），三十一岁

这年的上半年，罗汝芳随侍其师颜钧在泰州、如皋、江都、扬州、仪真等地讲学，广泛传播王艮“大成之旨”，其中尤以在扬州邗江书院所兴讲会影响最大。颜钧所撰《扬州同志会约》中记述当时讲学情形道：“西江农人，访道南北西东。岁在甲辰之腊，偕门人罗近溪多士，游寓邗江书院，为会十日，剧谈正学，直辟中道。扬城文士，疑忆相半，独殷氏三聘，信宿倾论，跃然顿喜，明日罢业，率从束装，行北面礼，从事于淘东之祠，月有余日。日夜淬励，知好骎骎，大学绳墨，言下领会，真可与共事者也。随而别去，终业养亲。予亦放游，八月再会，复会天宁。又逾两月，述、通、扬士翕集，且山、陕、江、浙善类尤多，信与真可以徵同然之机也。时及长至，予欲南渡，多士罗乞去后，会约约以每月之五日，食宿会所，鼓淑散逸，辅导新功，盖将坚多志而永贞盟，久吾学而同斯人，直万物一体之仁策也。”① 按：此文末署“时为嘉靖乙巳长至日也”。长至日即夏至节，在仲夏五月。

在从学颜钧并随其在泰州等地讲学期间，颜钧曾作《同近溪坐舟中观鸟》，诗曰：“钓艇半傍芦溪，渔翁坐看鸿飞。这般谁缀工巧？点出乾坤活机。”②

汝芳回到南城后，“建从姑山房以待四方游学之士，矢心天日，接引来学。日与诸友论驳明道、象山、阳明、心斋义旨，足不入城

① 颜钧：《扬城同志会约》，《颜钧集》卷四，黄宣民点校，第 29—30 页。
② 颜钧：《同近溪坐舟中观鸟》，《颜钧集》卷八，黄宣民点校，第 70 页。

市”[1]。按，明代学者左宗郢《从姑山修废记》说：“从姑山者，罗先生讲学处也。先生倡明德之旨，为后学宗，四方学者响应，如声奔谷，辐辏盱江。有皈依不忍去者，相与入山密证焉。于是四方来谒先生者，无不登从姑，而从姑之胜，遂闻天下。”[2]吴震谓：“罗近溪经常在山房集弟子举行讲会，可称之为‘从姑山房讲会’。”[3]

被汝芳称为“交也最久，知也最深”[4]的同年友胡直，得知汝芳回到南城，即往从姑山房访晤，汝芳有诗《胡庐山过访次谢》曰：“江干相对向韶华，又见葵榴叶底花。入眼光阴纷过客，放身天地总还家。笺随雅兴披青玉，盏共清襟倒碧霞。调啸山头忘尔汝，谩教人羡驻仙槎。”[5]

本年，薛应旂[6]以南京考功郎中考察南都官员，受夏言指使贬黜王龙溪。

黄绾得知龙溪罢归，不仅作诗以慰，而且专往越中探访论道。

邹守益与诸同志聚于梅陂，历古城，纵言及于风俗；又举富池会，宣讲阳明心学。

钱德洪作《慈湖书院记》，称杨简之学为“直超上悟者”。

李贽考中秀才。

---

① 曹胤儒：《罗近溪师行实（节录）》，罗汝芳：《罗汝芳集》，方祖猷等编校整理，第 835 页。
② 转引自罗伽禄：《一代思想大师罗汝芳》，第 36 页。
③ 吴震：《明代知识界讲学活动系年：1522—1602》，第 126 页。
④ 罗汝芳：《胡子衡齐序》，《罗明德公文集》卷一，《罗汝芳集》，方祖猷等编校整理，第 452 页。
⑤ 罗汝芳：《胡庐山过访次谢》，《罗先生诗集》卷上，《罗汝芳集》，方祖猷等编校整理，第 790 页。
⑥ 薛应旂（1500—1575），字仲常，号方山，武进人。嘉靖十四年（1535）进士，“一生以清苦自励，不敢妄有出入”。《明儒学案》记其“尝及南野之门”，欧阳德在《题方山文录》中谓“一时同志谓仲常任道担当，斯文有属哉”。

嘉靖二十五年丙午（1546），三十二岁

罗汝芳在抚州府宜黄县讲学。宜黄，地处江西中部偏东，今抚州市南部，东接南城和南丰，南与宁都接壤，西邻崇仁、安乐，东靠临川；因县治设于宜水、黄水交汇处而得名。汝芳述其地曰：“大江之西，省郡为南昌。自南昌西行二百里为抚州，再百里为建昌。当二郡上游有峰直干霄云者，为军山。山下系二邑，其南为建都南丰，其北为抚郡宜黄焉。”[①] 这是他第一次到此处来，也是他生平第一次独自开展讲学活动，并畅阐其“性命之说”。时有年方二十的应蕙（字汝质），在县学习礼，且将入国学，闻其说而“超然欲脱世途，以终身事心”，遂纳拜而称弟子，成为近溪门下最早的弟子。汝芳讲学后，应邀至其家，其“祖壶丘公年八十、父屏山公年六十，俱以通家接待。见其循雅浑朴，虽富甲诸乡，而谦抑崇礼，确有古风，益敬爱之”。应蕙48岁病故，去世前嘱曰：“罗先生知我，葬必为乞志铭。”十二年后，汝芳再次到宜黄，得知此事后即撰《宜黄应太学墓志铭》，忆述往昔外，更“忍泪为《铭》曰：军峰亘绵，郁含紫烟。军溪清涟，远引瑶川。中毓奇士，身世如仙。告终诘旦，知先数年。前光后裕，征之余言”[②]。

薛侃病卒。汝芳后来撰《云门录引》云：“阳明王先生倡学东南，及门高弟咸推重中离薛公，故海内录薛公语以传者亦数种。自余

---

① 罗汝芳：《宜黄应太学墓志铭》，《罗明德公文集》卷四，《罗汝芳集》，方祖猷等编校整理，第648页。

② 罗汝芳：《宜黄应太学墓志铭》，《罗明德公文集》卷四，《罗汝芳集》，方祖猷等编校整理，第648—649页。

所见，则未有若兹《云门录》之详且粹焉。成《录》始末，具在淮崖倪公自述篇中。余自甲辰同公第于春官，中间来令余邑，暨迁秩南部，宅忧家食，往来晤对，殊二十年，然未得睹兹《录》也。后起复居京，余候之客邸，乃携入静室中，焚香洁几，手展相示一过，且曰：'兹《录》平生未敢出诸一人，是则为公易箦先三日也。'呜呼！公之敬服师训，诚可谓终其身焉已矣，固宜其或出或处，政行炳炳，殁而益著，久而弥彰也。"[①]按：《云门录》为薛侃弟子倪润所录中离讲学语，"未知首刻于何年，现存日本名古屋蓬左文库所藏《王门宗旨》万历十三年附刻本，卷首有：'琅琊焦竑弱侯订，古剡周汝登继元参，昌江陈大绶长卿阅，新安余懋孳校梓。'此书分为三部分：前录七十六则、后录四十则和附录三部分。书前有倪润《序》记此书缘起。前录、后录两部分，分别记录了嘉靖九年（1530）秋和嘉靖十年九月薛侃两次讲学之语，以讲学地点在望云门，故名《云门录》"[②]。汝芳作"引"的《云门录》肯定不是万历十三年刻本，但内容应与此本一样。又按：倪润，生卒不详，字伯雨，嘉靖二十三年（1544）进士，授南城知县，以廉静闻名，考为天下第一，擢工部主事，榷税龙江及芜湖，力遏中使恣暴，斥贪墨吏，转都水司员外郎，以忧归，卒于家。

本年，罗洪先送季弟至金陵应南雍试，顺访唐荆川、王龙溪等，在南雍聚讲旬余，博士弟子数百人参与，一时士大夫相传以为盛事。归里后辟石莲洞，自此多静坐其中。邹守益、罗洪先等举青原会，畅发孟子"大丈夫"之旨。参赴此会的钱德洪，访游安福复古书院。陈九川到越中拜祭阳明墓后，至台州访晤黄绾。王阳明的儿子正亿携黄绾所撰《阳明先生行状》及绾之手书至岭南，恳请湛甘泉为亡父阳明先生撰墓志铭文，甘泉遂作《阳明先生王公墓志铭》。

"少补弟子员，治壁经。幼时颖异拔群，潜心经史，辄以远大自期。凡耳而目之，皆知其为伟器"（《何心隐集》附录《梁夫山传》）的何心隐，赴省试，督学蔡克廉拔为全省第一。时本邑张勉学署邑校士，得汝元卷，亦叹为天下奇才。由是汝元始在省邑知名。

---

① 罗汝芳：《云门录引》，《罗明德公文集》卷二，《罗汝芳集》，方祖猷等编校整理，第 529 页。
② 陈椰：《编校说明》，薛侃：《薛侃集》，钱明主编，陈椰编校，第 3—4 页。

嘉靖二十六年丁未（1547），三十三岁

罗汝芳先专往永新拜访恩师颜钧，后又遍访聂豹、罗洪先、邹守益、刘邦采等，与他们论学研道。曹胤儒《罗近溪师行实》记："丁未，师往吉安，谢山农颜公。因遍访双江聂公、念庵罗公、东廓邹公、狮泉刘公辈，商榷学问。"①

汝芳得知颜钧回到永新后专程去拜访，师生再聚，自然欣喜万分。他诚邀老师到南城小住，其后，颜钧率汝芳兄弟以及门人陈源、吴焕文等路过金溪，即去拜访曾荐举过王艮的御史吴悌②，并应邀即兴写了《新城会罢过金溪县宿疏山游记》，首次提出了他的"大中学庸"之学。其文略谓："疏山吴思诚氏，先友吾师心斋、波石两夫子，印受孔氏安身运世之传，实究天命生化之机，巡乎淮、扬、河、洛，声乎仕类升沉，时归省养……邀农会讲于金溪之东岳两旬，徵怀闻也，同乐愿也。于是友之长曰两峰定庵、华山两溪，率同邑同志八十余士，朝夕谈习，忻忻翕如……八月十一别岳会而放棹疏山，疏山寺宿乎行焉。夜月连床，疏山心凉，握农手而留言，言会意而志游。农子咈然曰：'会矣游矣，言恶庸？'疏山曰：'不可。言宣行也，行先言也。吾既与君会游，而默默焉，不几于行不著乎？'农子味之，凝神改色，坐疏山而申扬，扬会游之张驰。驰曰：'性根天命，命藏神渊，隐妙无朕，潜天地人物而不遗者也。'张曰：'天

① 曹胤儒：《罗近溪师行实（节录）》，罗汝芳：《罗汝芳集》，方祖猷等编校整理，第 835 页。

② 吴悌（1502—1568），字思诚，号疏山，江西金溪人，学者称"疏山先生"。嘉靖年间成进士后累官至南京大理卿，隆庆元年（1567）迁刑部侍郎，次年病卒于任。所著有《疏山遗集》《易说》《表章古文孝经》等。

命为性，性是形躬，御应无方，成天地人物而太和者也。’是故人豪应真元而出海岳，以有为也。必先致知以入门，格物以为柄，则诚意以实格致之功，正心以宰诚致之固，修身以成立本之学。故曰：大本立，而齐治均平之运，犹反掌耳……再嘱疏山公，不厌不倦，身不德忘，以怀金溪而怀四方，应元真而显疏山若泰山之尊重无并，然后农言之留信金溪而征千古矣。公之怀闻同乐之仁，又不在兹留乎！言毕，随友陈源、马逵辈交赞盛美，益同乐学。盱江罗汝芳，偕弟汝济、汝贞，适登堂观听询究，得会游之旨趣”[①]云云。由此可见当日之会的景况。

我们现在已无从得知汝芳此次遍访聂豹、罗洪先、邹守益、刘邦采等的详细情形，但由他后来作五言绝句《石莲洞》（“念庵罗学士，当年此寄家。三千尘世界，一朵石莲花。”[②]）来看，他对这次拜访江右王学名家是有着深刻的记忆。按，耿定向在给邹守益之孙汝光的一封信中说：“近溪会试中式后不廷试，而归学十年已，偕数十友自盱江趋吉州，印正于令祖暨南野、双江诸老。维时会中同志数百人，诸老以近溪自建远来，位在首座。令祖就质之曰：‘子不急仕进而归学十年于兹，其志卓矣。近所得如何？’近溪作而对曰：‘只是一个无。’令祖莞尔哂曰：‘罗大人力学十年余矣，如何尚在门外耶？’”[③]他在此信中所转述的由梁汝元（即何心隐）处听来的故事，或许就是汝芳这次拜访邹守益等的情形。当然，守益是否真的不认可汝芳所学所得，则无法考证了。吴震对汝芳遍访江右王门诸子并积极主动地参与阳明学者在赣举办的各种讲学活动评论道：“近溪以健康为理由，放弃廷试而甘愿闲居，但却累年出游，参与王门在江西举行的各种讲会，反映出其内心有着一种强烈的渴望：一方面希望与他人切磋学问，另一方面也希望得到他人尤其是王门弟子的思想认同。”[④]

汝芳自此而开始了近十年的游学生活。他尝语胤儒曰：“予会试告归，实志四方。初年游行，携仆三四人，徐而一二人，久之自负笈行，不随一价。凡海内衿簪之彦、山薮之硕、玄释之有望者，无弗访

---

① 颜钧：《新城会罢过金溪县宿疏山游记》，《颜钧集》卷一，黄宣民点校，第7—8页。
② 罗汝芳：《石莲洞》，《罗汝芳诗集》卷下，《罗汝芳集》，方祖猷等编校整理，第804页。
③ 耿定向：《与邹汝光》，《耿定向集》卷四，傅秋涛点校，第133页。
④ 吴震：《罗汝芳评传》，第109—110页。

之。及门惟以折简通姓名，或以为星相士，或以为形家，或通或拒，咸不为意。其相晤者，必与之尽谭乃已。”[①] 这十年的游学经历，对他真正形成独具自身特色的思想有着至关重要的意义。

本年，黄绾所著《明道编》刻印，其子承德为之撰跋，弟子林文相作序。

邹守益先与罗洪先会晤，后游庐山，开讲于白鹿洞。

聂豹六十寿庆，邹守益等聚于青原，以讲会为之贺。

罗洪先获闻聂豹“归寂”说，有不谋而合之感。胡直访洪先于石莲洞，居月余，日闻其说而有感发，遂师事之。

时任礼部侍郎的欧阳德在京屡兴同志之会。

李春芳[②]、张居正[③]、宋仪望[④]中进士。

梁汝元（即何心隐）受学于颜钧。邹元标《梁夫山传》说：“梁夫山，讳汝元，字柱乾，而何心隐其更号也。少补弟子员，治壁经。幼时颖异拔群，潜心经史，辄以远大自期，凡耳而目之，皆知其为伟器也。嘉靖丙午，督学蔡公拔首冠郡。时本邑右渠张公勉学署邑，校士，得会卷，抚掌叹曰：‘天下奇才！’由是远迩知名。及闻王心斋先生良知之学，竟芥视子衿，乃慨然曰：‘道在兹矣！’遂师颜山农，即以继孔孟之传。爰谋诸族众，捐资千金，建学堂于聚和堂之傍，设率教、率养、辅教、辅养之人，延师礼贤，族之文学以兴。计亩收租，会计度支，以输国赋。凡冠婚丧祭，以迨孤独鳏寡失所者，悉裁以义，彬彬然礼教信义之风，数年之间，几一方之三代矣。但资

---

① 曹胤儒：《罗近溪师行实（节录）》，罗汝芳：《罗汝芳集》，方祖猷等编校整理，第 835 页。

② 李春芳（1511—1584），字子实，号石麓，南直隶扬州府兴化县（今江苏兴化）人。嘉靖二十六年（1547）以状元及第，授官翰林修撰，历官翰林学士、太常少卿、礼部侍郎、吏部侍郎、礼部尚书等职，并加太子太保。嘉靖四十四年（1565）兼武英殿大学士，入阁参与机务。隆庆二年（1568）升任内阁首辅，累官至少师兼太子太师、吏部尚书、中极殿大学士。不为阁臣高拱、张居正等所容，故而屡疏请辞，终于隆庆五年（1571）致仕归乡。万历十二年（1584）去世，年七十五，获赠太师，谥号“文定”。有著作《贻安堂集》行世。

③ 张居正（1525—1582），字叔大，号太岳，湖北江陵人。少年时即聪颖绝伦，嘉靖二十六年（1547）考中进士，旋改庶吉士，授翰林编修。隆庆元年（1567），穆宗即位，迁吏部左侍郎兼东阁大学士，参与政事。神宗即位后，代高拱为首辅，执掌实权达十年之久，为一代权相。

④ 宋仪望（1514—1578），字望之，初号阳山，后更号华阳，江西永丰县人。师事聂豹，后又从学于邹守益、欧阳德。

禀刚直，言论訚侃。”①

邓豁渠②往云南楚雄，见李中溪③，遂落发出家。

① 邹元标：《梁夫山传》，何心隐：《何心隐集》附录，容肇组整理，第120页。按：梁汝元师从颜钧时间，有关史料均无确切记载。汝元在丙午郡试后始闻泰州之学，故其从学于颜钧，最早应当在是年山农游疏山之后。前引《宿疏山游记》记录从游弟子甚众，然未言及汝元来游。吴焕文《纪游》一文亦未言梁汝元来学事。然此后数年，即丁未至庚戌年间，颜钧可能多在江西活动，梁汝元师从颜钧当在此一时期。又按，《何心隐集》附录收有王世贞《嘉隆江湖大侠》，内中述有何心隐师事颜钧事，兹摘抄于下：“何心隐……少尝师事山农。山农有例，师事之者，必先殴三拳，而后受拜。心隐既事山农，察其所行，意甚悔。一日，值山农之淫于村妇，避隐处，俟其进而扼之，亦殴三拳使拜，削弟子籍。因纵游江湖。”尹继美《颜山农先生遗集凡例》辩道：“邹忠介尝为之（何心隐）传云：‘闻王心斋良知之学，芥视子衿，慨然曰：道在兹矣！遂师颜山农，即以继孔孟之传。’明梁公之学传自先生。太史氏亦云然。而谓削弟子籍则又诬，至诬以惟薄不修，尤不待辨而自明矣。”

② 邓豁渠，生卒年不详，名鹤，号太湖，四川省成都府内江县（今四川省内江市市中区）人，豁渠乃是其落发后的僧名。嘉靖十八年（1539），拜赵大洲为师，获闻良知之教，识透天机自运，不假造作，“于事变中探讨天机，为无为之学”。后参禅出家，又与邹守益、刘邦采、蒋信、罗洪先等交游，更与王艮仲子王襞一直有文通，并与嘉靖三十一年（1552）至泰州访王襞与讲会，亲身感受到心斋之风犹存。嘉靖四十三年（1564），先寄食于耿氏兄弟家，后居南塘山，直到隆庆初年离开黄安，终卒于途。

③ 李元阳（1497—1580），字仁甫，号中溪，云南大理太和县人，历官至监察御史，与阳明后学渊源甚深。

嘉靖二十七年戊申（1548），三十四岁

罗汝芳二十岁时可能就获遇谈《易经》与诸家有所不同的胡宗正，那时宗正曾向他请教举子业，又为他“说破《易经》，指陈为玄门造化”，但直到这一年他才将这位“楚中高士”礼聘到从姑山房，以师礼事之，研习《易》学。汝芳对此忆道：

> 其时孔孟一段精神，似觉浑融在中，一切宗旨、一切工夫，横穿直贯，处处自相凑合。但有《易经》一书，却贯串不来。时又天幸，楚中一友（胡宗正）来从某改举业，他谈《易经》，与诸家甚是不同，后因科举辞别。及在京得第，殊悔当面错过，皇皇无策，乃告病归，侍老亲。因遣人请至山中，细细叩问，始言渠得异传，不敢轻授。某复以师事之，闭户三月，亦几亡生，方蒙见许。①

曹胤儒《罗近溪师行实》记：“戊申，师遣人以厚币聘楚中胡子宗正。宗正旧常以举业束脯师。师知其于《易》有得也，兹欲受之。比至，则托疾杜门，寝食不相临。及有所扣，漫不为应。师曰：‘我知之矣。’遂执贽愿为弟子。宗正乃言曰：‘易之为《易》，原自伏羲泄天地造化精蕴于图画中，可以神会，而不可以言语尽者。宜屏书册，潜居静虑，乃可通耳。’师如其言，经旬不辍。宗正忽谓师曰：‘若知伏羲当日平空白地著一画耶？’师曰：‘不知也。’宗正曰：

① 罗汝芳：《近溪子集》，《罗汝芳集》，方祖猷等编校整理，第53页。

‘不知则当思矣。’次日，宗正又问曰：‘若知伏羲当日平空白地一画未了，又著二画耶？’师曰：‘不知也。’宗正曰：‘不知则当熟思矣。’师时略为剖析，宗正默不应，徐曰：‘障缘愈添，则本真益昧。’如是坐至三月，而师之《易》学，恍进于未画之前，且通之于《学》《庸》《论》《孟》诸书，沛如也。”[①]杨起元[②]《明云南布政使司左参政明德夫子罗近溪先生墓志铭》亦谓：“戊申，学《易》于楚人胡子宗正。胡子宗正者，旧以举业师夫子，夫子知其《易》有传也。至是帀迎之，及有所扣，不应，夫子逡巡却拜，执弟子礼，胡子喜，使夫子息心而深思之。坐三月，方见许可。”[③]

胡宗正“要求近溪不能拘泥于《周易》的文字图画的表面意义，而应该从根本上领悟‘易理’，亦即：《周易》的思想意义”[④]，汝芳据此而“闭户三月”，忘我地参悟易理，竟“几亡生”。如此刻苦习《易》，“对于罗汝芳日后的影响很大，进一步拓宽了他的视野，推进了罗汝芳思想的发展”[⑤]。

汝芳自己说他习《易》后，“反而求之，又不外前时孝弟之良，究极本源而已。从此，一切经书皆必归会孔孟，孔孟之言皆必归会孝弟。以之而学，学果不厌；以之而教，教果不倦；以之而仁，仁果万物一体、而万世一心也已”[⑥]。他以其所悟《易》理会通四书，重作体认，如“见《中庸》之自‘率性’以致‘中和’，从育‘万物’以位‘天地’，皆是的确实事，而非虚谈也。此个中庸道理，夫子全在《易经》中来。但想古今圣人，岂止夫子读之，盖未有圣人而不读《易》者，却未能如夫子之肯小心焉耳。即如《中庸》其‘至矣’的‘至’字，原是从《易经》上来。盖乾坤原是一气磅礴，然乾则只可言他大，言他始，此则便是大家门路所共的去处。不想好看好听，而却少受用，入去便皆茫荡无归着。结果惟是此气一到坤处，便自平顺

① 曹胤儒：《罗近溪师行实（节录）》，罗汝芳：《罗汝芳集》，方祖猷等编校整理，第835页。

② 杨起元（1547—1599），字贞复，号复所，广东归善人。万历五年（1577）进士及第，从学于汝芳。张居正当政，恶讲学，汝芳因讲学被罢归。复所宗师学如常，且亦积极参与讲学活动。生平所著有《杨复所先生家藏文集》《太史杨复所先生证学编》等。

③ 杨起元：《明云南布政使司左参政明德夫子罗近溪先生墓志铭》，罗汝芳：《罗汝芳集》，方祖猷等编校整理，第920页。

④ 吴震：《罗汝芳评传》，第115页。

⑤ 罗伽禄：《一代思想大师罗汝芳》，第37页。

⑥ 罗汝芳：《近溪子集》，《罗汝芳集》，方祖猷等编校整理，第53页。

安妥，生息冲和，方是群品受用一片田地。孔子到此叹曰：‘至哉！坤元，万物资生。’初则取之以为自己时中，后则编来以为此本《中庸》，而作千圣万贤求道之极则也”[①]。他说：“吾夫子生平敏求学古，独是《易经》得力，首赞之曰：‘大哉！乾元，万物资始；至哉！坤元，万物资生。’及透悟将来，却统而言曰：‘生生之谓易。’又曰：‘元者，善之长也。’‘君子体仁，足以长人。’至是，天人物我，浑成一个，其根心积虑，固恻隐满腔，而启口容声，亦了无间别。于是其为学也，其为教也，皆是以仁为宗。吾夫子此个宗旨，既原得诸《易》，而《易》则原本诸天，天何言哉？极究其体，则止是时行而不息；博观其用，便是物生而不穷。”[②]汝芳认为：

> 孔门宗旨，止要求仁，究其所自，原得之《易》，又只统之以“生生”一言。夫不止曰“生”，而必曰“生生”，“生生”云者，生则恶可已也。生恶可已，则易不徒乾乾而兼之以坤，坤不徒坤坤而统之以乾。蟠天薄地而雷动满盈，形森色盎而霞蒸赫绚，横亘直达，邃入旁周，固皆一气之运化而充塞乎两间。然细观此气之流行顺布，节序无不停妙；细缊构结，条理无不分明，则气也而实莫非精之所凝矣。精固妙凝一气而贯彻群灵，然深究精气之浩渺而无涯，妙应而无迹，莫之为而为焉，莫之致而至焉，则气也精也而又莫非神之所出矣。兴言至此，则下至九泉，上至九天，中及万民，旁及万物，浑是一个生恶可已。浑是一个生恶可已，则浑是一个神不可穷。孔子曰：“心之精神是谓圣。”解之者曰圣也者，通明者也；又曰圣也者，神明而不测者也。天下古今，岂有神而不明者哉？抑岂有神而不通者哉？明则无不知矣，通则无不能矣。明通皆自神出，则空洞绝无畔岸，微妙迥彻纤毫。藏用于溥博渊泉，而实照然圣体，天也而未尝以人异也；显仁于语默云为，而实总是天机，人也未尝与天殊也。[③]

到晚年，汝芳回首平生学思历史，慨曰：“予自三十登第、六十

① 罗汝芳：《近溪子续集》，《罗汝芳集》，方祖猷等编校整理，第229页。
② 罗汝芳：《近溪子续集》，《罗汝芳集》，方祖猷等编校整理，第240页。
③ 罗汝芳：《近溪子续集》，《罗汝芳集》，方祖猷等编校整理，第277—278页。

归山，中间侍养二亲，敦睦九族，入朝而遍友贤良，远仕而躬御魑魅，以至年载多深，经历久远，乃叹孔门《学》《庸》，全从《周易》‘生生’一语化将出来。盖天命不已，方是生而又生；生而又生，方是父母而己身，己身而子，子而又孙，以至曾而且玄也。故父母兄弟子孙，是替天命生生不已显现个肤皮；天命生生不已，是替孝父母、弟兄长、慈子孙，通透个骨髓，直竖起来，便成上下今古；横亘将去，便作家国天下。孔子谓‘仁者人也，亲亲之为大焉’，其将《中庸》《大学》已是一句道尽；孟子谓‘人性皆善，尧舜之道，孝弟而已矣’，其将《中庸》《大学》，亦是一句道尽。”①

本年，少师、大学士夏言受谗被杀。

王龙溪先是于春季应江右王门学者之邀往赣赴青原会，道经水西而与友人举会阐扬心学。后又于夏季与钱德洪再入赣参加江西、浙江王门学者大会，与会者一百六十余人，至秋方才拜访罗洪先后返浙。对于这次主要由江右王门和浙中王门众多学者参与的大型讲会，以及由此而表现出来的日益昌盛的王门讲学之风，张岳②批评道：“书院习礼，盖将使学者知举业之外，有此一段本领工夫。若于此信得及，做得是，日积月累，滋味深长，外而（面）许多浅俗见解，自然渐觉轻小矣。此学不讲已久。今聚八郡之士，终日群居，若不就日用最亲切处，指示下手工夫，使之有所持循据守，以交相劝勉，渐次有得，而但务为浑沦笼统之语以诏之，则恐听者未悉吾意……此其病痛面目证候，虽与俗学不同，而其根于心术隐微，反有甚焉者，不可不察也。”③

邹守益、刘师泉在江西永和县青都观讲学。王时槐专往安福向师泉请教，终日侍坐，悉心听刘氏之教，不舍往日不起意之见。

王东崖游学杭州府，会讲钱王祠。

胡直游学访师，终未能尽当其意。

---

① 罗汝芳：《近溪子续集》，《罗汝芳集》，方祖猷等编校整理，第 233 页。

② 张岳（1492—1553），字维乔，号净峰，福建惠安县人，正德年间成进士，曾任江西提学、江西巡抚、湖广总督等职。他一向不喜阳明心学，曾访阳明于越，与论持敬知行、明德新民之旨，而阳明终不能使之屈。他对当时王门学者盛行的讲学之风，更多有不满。

③ 张岳：《答聂双江巡按三》，《小山类稿》卷六，林海权、徐启庭点校，福建人民出版社 2000 年版，第 105—106 页。

嘉靖二十八年己酉（1549），三十五岁

悟得《易》理的罗汝芳，学思精进，确有所得。对“格物”之义有所悟得就是一显例，他晚年曾以欢快的心情对此事忆道：

> 比联第归家，苦格物莫晓，乃错综前闻，互相参订，说殆千百不同，每有所见，则以请正先君，先君亦多首肯，然终是不为释然。三年之后，一夕忽悟今说，觉心甚痛快，中宵直趋卧内，闻于先君，先君亦跃然起舞，曰：“得之矣！得之矣！”迄今追想一段光景，诚为平生大幸大幸也。后遂从《大学》至善，推演到孝弟慈，为天生明德，本自一人之身而未及国家天下。乃凝顿自己精神，沈思数月，遐想十五之年，从师与闻道学……饼样虽画完全，饥饱了无干涉，徒尔劳苦身心，几至丧亡莫救，于此不觉惊惶战栗，自幸宿世何缘，得脱此等苦趣。己又遐思童稚之初，方离乳哺，以就口食，嬉嬉于骨肉之间，怡怡于日用之际，闲往闲来，相怜相爱，虽无甚大好处，却又也无甚大不好处。至于十岁以后，先人指点行藏，启迪经传，其意趣每每契合无违，每每躬亲有得，较之后来着力去处，难易大相径庭，则孟子孩提爱敬之良、不虑不学之妙，征之幼稚，以至少长，果是自己曾经受用，而非虚话也。
>
> 夫初焉，安享天和，其顺适已是如此；继焉勉强工夫，苦劳复是如彼。精神之凝思愈久，而智虑之通达愈多。由一身之孝弟慈而观之一家，一家之中未尝有一人而不孝弟慈者；由一家之孝弟慈而观之一国，一国之中未尝有一人而不孝弟慈者；由一国之孝弟慈而观之天下，天下之大，亦未尝有一人而不孝弟慈者。又

由缙绅士夫以推之群黎百姓，缙绅士夫固是要立身行道，以显亲扬名，光大门户，而尽此孝弟慈矣。而群黎百姓虽职业之高下不同，而供养父母、抚育子孙，其求尽此孝弟慈，亦未尝有不同者也。又由孩提少长，以推之壮盛衰老，孩提少长固是爱亲敬长，以能知能行此孝弟慈矣，便至壮盛之时，未有弃却父母子孙而不思孝弟慈，岂止壮盛？便至衰老临终，又谁肯弃却父母子孙而不思以孝弟慈也哉？又时乘闲暇，纵步街衢，肆览大众，车马之交驰、负荷之杂沓，其间人数，何啻亿兆之多，品级亦将千百其异。然自东徂西，自朝及暮，人人有个归着，以安其生；步步有个防检，以全其命。窥觑其中，总是父母妻子之念，固结维系，所以勤谨生涯，保护躯体，而自有不能已者。其时《中庸》天命不已，与君子畏敬不忘，又与《大学》通贯无二。①

关于汝芳以其所悟“格物”义而就证于乃父之事，罗怀智《近溪罗先生庭训记言行遗录》记：

祖悟格物之旨，详陈于曾大父，曰：“大人之学，必有其道。大学之道，必在先知，能先知之，则尽《大学》一书无非是此物事；尽《大学》一书物事，无非是此本末始终；尽《大学》之一书本末始终，无非是古圣六经之嘉言善行。格之为义，是即所谓法程，而吾侪学为大人之妙术也。所以曰‘大学之道’。开口一句，而格致之义曲尽无余矣。”曾大父然之，徐曰：“然则经传不分矣乎？”祖曰：“《大学》在《礼记》中本自为一篇文字，初则概而举之，继则详而实之，总是慎选至善之格言，明定至大之学术。造化生灵，万年千载。圣人原欲其词之要约，而说者辄至浩繁；圣人原欲其义之明显，而说者辄至晦昧。儿意谓诚宜善反，且须亟图也。”曾大父曰：“书中有‘曾子曰’三字，似出其门徒所记录然者。”祖曰：“《大学》所取文字，未尝专主。如俗谚、如舅犯、如孟献子，随意引用。则曾子之云，安知

① 罗汝芳：《近溪子续集》，《罗汝芳集》，方祖猷等编校整理，第232—233页。

非俗谚、舅犯、孟献子之类乎？”①

杨起元《明云南布政使司左参政明德夫子罗近溪先生墓志铭》亦述道：

> 忽一夜，悟格物之说曰：“大人之学必有其道，大学之道必在先知。能先知之，则尽《大学》一书无非是此物事，尽《大学》一书物事，无非是此本末终始，尽《大学》一书之本末终始，无非是古圣六经之嘉言善行。格之为义，是即所谓法程，而吾侪学为大人之妙术也。”前峰公诘曰：“然则经传不分矣乎？”曰：“《大学》在《礼记》中本自为一篇文字，初则概而举之，继则详而实之，总是慎选至善之格言，明定至大之学脉耳。”公然其言。②

本年，夏言被杀后，严嵩③独相，日益专权。

黄绾与王龙溪有诗作往还。

王龙溪、钱德洪率浙中王门诸友先至宁国府泾县赴水西会，后又加上徽籍士友同入赣，与邹守益等再次举兴江浙同志大会。按：水西会指宁国府泾县的阳明学派举办的讲会，初兴于嘉靖二十七（1548）。次年，再举会于水西，王畿、钱德洪应邀主讲，参会者二百三十余人，“究订旧学，共证新功，沨沨盖有所兴起”（《龙溪会语》卷一《水西会约题词》）。自此，每年春、秋举办两次水西讲会，春季自三月朔日起至晦日止，秋季自九月望日起至次月五日止，并于三月望日和十月朔日释奠王阳明。王畿、钱德洪受邀主持讲席外，邹守益、刘邦采、罗洪先等亦曾与会讲授阳明心学。每次聚会，参与者逾三百人，以至僧舍不能容。嘉靖三十一年（1552），督学御史黄洪昆、知

---

① 罗怀智：《近溪罗先生庭训记言行遗录》，罗汝芳：《罗汝芳集》，方祖猷等编校整理，第405—406页。

② 杨起元：《明云南布政使司左参政明德夫子罗近溪先生墓志铭》，罗汝芳：《罗汝芳集》，方祖猷等编校整理，第920页。

③ 严嵩（1480—1567），字惟中，号介溪，袁州府分宜（今江西分宜市）人。弘治十八年（1505）进士及第，累迁礼部尚书、翰林院学士；嘉靖二十一年（1542）入阁，二十七年（1548）诬陷夏言致其被杀，得成首辅，自此专擅国政达十五年之久。《明史》将他列为明代六大奸臣之一。

府刘起宗、知县邱时庸创建水西精舍于宝胜寺，并置田养士。邹守益撰《水西精舍记》记其事。水西精舍为专门的集会传道之所，非为延师授徒而设，故建成后以传阐阳明“良知”学为宗旨，由阳明弟子主坛，每年春秋凡两会，学士缙绅云集，盛极一时。

邹守益举会于复古书院，又为忽实修而崇虚谈，特作《惜阴申约》；钱德洪、王龙溪参与了复古会。邹守益还游讲于衡山、石屋、青原、云津等地，他还大会于南浦，畅论“心体自然”。

王时槐在赣问心于钱德洪、刘文敏，对文敏“此心廓然无际”之说豁然有省。

聂豹对屡屡举办的王门讲会颇有不满，故多托疾不赴；罗洪先特致信劝慰，以为矫会之弊，求为益我，当虚心听取。陈九川访聂豹，并邀其同赴邹守益举兴的冲玄大会。会后，九川往访湛甘泉。

赵贞吉时与万表[①]论佛谈禅。

胡直在家乡与诸友结会，颇有兴发。

---

① 万表（1498—1556），字民望，号鹿园居士，正德十四年（1519）武会试，读书学古、不失儒生本分，虽未曾直接师承阳明，然其学多得之王畿、罗洪先、钱德洪、唐顺之等王门嫡系弟子。

嘉靖二十九年庚戌（1550），三十六岁

曹胤儒《罗近溪师行实》记罗汝芳“遍游海内，归则多处姑山，决策尼圣，凝神《易》理，方便接引来学，若将终身焉者。或谓宁安人曰：‘而子幸一第，乃不为进取计，何轻视科名若此？’安人曰：‘吾儿正不欲轻此科名故耳。今当勉从雅意。’遂治装促师北上”①。但汝芳仍矢力于访师游学证道，而无意于仕进。

这年的秋天，汝芳“大会江省月余。溯流至螺川，集会九邑同志”②。吴震论曰：“‘集会’云云，字面意思是召集会议，然而罗近溪此时是否具有‘召集人’的身份，或者说已经在当时思想界具有作为‘召集人’的影响力？这是不无疑问的。合乎情理的解释是，当时的罗近溪只是一个与会者而已，而有关他的传记的写法，往往由于出于门人弟子之手，故不免有所夸张的描写。罗近溪正式登上学术思想舞台，要在他及第进士以后，即嘉靖三十三年以后。”③他据之论断汝芳参加的，是年届六十的邹守益举行的青原会。与会者切实鞭辟，不落虚谈，交互砥砺，汝芳自觉甚有警发。青原会后，汝芳游学至扬州。据《盱坛直诠》卷下，他曾邀约龙溪王公、绪山钱公大会于留都天坛道观，竟不果行。大洲赵公时官祠部，对众叹曰：“罗君傥在孔门，与曾参氏颉颃矣。”由王龙溪、钱德洪不赴其约来看，吴震所说汝芳此时尚不具备召集举办讲会的身份，有一定道理，或即为事实。但是，在罗怀智《罗明德公书目》中有门人黄思孔录《江省大会

① 曹胤儒：《罗近溪师行实（节录）》，罗汝芳：《罗汝芳集》，方祖猷等编校整理，第836页。
② 曹胤儒：《罗近溪师行实（节录）》，罗汝芳：《罗汝芳集》，方祖猷等编校整理，第836页。
③ 吴震：《明代知识界讲学活动系年：1522—1602》，第165页。

录》、门人聂希颜录《洪都会语》；或许汝芳当年确曾“集会九邑同志”，当然，以同辈青年士友为主，“大会江省月余”又未必为虚妄之记，或为事实。

本年，黄绾著《洞黄黄氏家训》一卷。

邹守益邀集江右王门诸子屡兴讲会，尤以青原大会最为著名。他又与刘师泉携诸生游安徽齐云、九华二山及新安等地，聚二百余人举水西会并订会约，访斗山书院而集新安九邑同志举兴讲会，复会讲于祁门，剖析富贵利达之关。钱德洪参与了这些活动。

陈九川赴江汉之会途中会晤了罗洪先。洪先此时对会讲之弊深有体察。

颜钧随同门友赵大洲赴广西荔浦贬所。据谈迁《国榷》卷五十九《庚戌嘉靖二十九年》记载，八月二十五日，左谕德兼监察御史赵贞吉谪荔浦典史。《明儒学案》卷三十二《泰州学案一》说：“山农游侠，好急人之难。赵大洲赴贬所，山农偕之行，大洲感之次骨。”

吕怀、何迁[①]等在南京新泉精舍建大同楼，特设阳明像。钱德洪送阳明子正亿入南太学而到南京，与他们联合举兴讲会。

邓豁渠往江西访邹守益。

胡直应邀至兴化担任李春芳家塾师，因而获闻心斋之学。

汤显祖[②]出生于临川。其父尚贤，是年二十三岁。

---

① 吕怀（1492—1573），字汝德，号巾石，江西永丰人，与王龙溪、钱德洪同榜进士，受学于湛甘泉而与王门诸子往来甚密。何迁（1501—1574），字益之，号吉阳，德安人，嘉靖二十年（1541）进士，湛甘泉的弟子而与王门诸子过从甚密，其学出入于王、湛两家之间。

② 汤显祖（1550—1616），字义仍，号海若、若士、清远道人，江西临川人，著名的戏曲家、文学家。

嘉靖三十年辛亥（1551），三十七岁

罗汝芳居乡，多有兴举。曹胤儒《罗近溪师行实》记："辛亥，蓉山董公邀会乐安，老幼走百里者不可胜计。暮春，师归盱，立义仓、创义馆、建宗祠、置祭田、修各祖先墓。暇则讲里仁会于临田寺，以淑其乡人。"[①] 按，蓉山董公即董燧，是心斋王艮的弟子。他诚邀汝芳来参加其举办的"乐安会"，而至今在江西乐安流坑村仍能见到的"怀德堂"匾额，大约就是汝芳这次赴会期间书写的。又，汝芳与乐安董氏关系极密，他还曾为担任过宁远司训的董白石作过像赞。

举兴里仁会，在乡间百姓中宣扬儒学，是汝芳其时的重要活动之一。"'里仁会'与当时出现的各种'乡村会'（或称'乡会'）组织相似，譬如，在泾县查氏家族中亦设有'里仁堂'，大致属于一种乡会或族会性质的民间自发组织，其中有些组织也经常开展会讲活动，因而也兼具讲会组织的功能。近溪所说的'里仁会'原为其父罗前峰所创。"[②] "里仁会"与颜钧曾创办过的"三都萃和会"更相类似。颜钧当初七日闭关、获悟大道后，在家乡设"三都萃和会"，"乡閭老壮男妇几近七百余人"，听其讲学耕读孝弟，众皆"各透心性灵窍，信口各自吟哦，为诗为歌，为颂为赞。学所得，虽皆刍荛俚句，实发精神活机……众皆通悟，浩歌散睡，真犹唐虞瑟僩，喧赫震村谷，閭里为仁风也"[③]。汝芳讲学于里仁会，所讲的绝非高头讲章，亦非玄妙义理，而都是与百姓日用紧密关联的道理，故而字字句句都能引发

① 曹胤儒：《罗近溪师行实（节录）》，罗汝芳：《罗汝芳集》，方祖猷等编校整理，第 836 页。
② 吴震：《明代知识界讲学活动系年：1522—1602》，第 175—176 页。
③ 颜钧：《自传》，《颜钧集》卷三，黄宣民点校，第 24 页。

与会者内心深处的共鸣。显然，这不仅是他积极参与其父亲崇刚开始的乡村建设事业，而且也是对老师山农及泰州王学坚持民间讲学传统的自觉继承和实践。

《近溪罗先生乡约全书》中有《里仁乡约训语》一篇，可能就是后来据汝芳此时在里仁会的讲学整理而成的文字。其文曰：

> 闾里中自前峰先生偕碧崖、纯斋诸公讲里仁社会，将数十余年，今更通诸一乡一邑，真是君子之德风也。近溪子曰："孔子云'为政以德'，可以无为而治。但观今日之会，昭然可见。吾乡老幼，聚此一堂，有百十余众，即使宪司在上，也不免有些喧嚷。是岂法度不严，奈何终难静定？及看此时，或起而行礼，或坐而谈论，各人整整齐齐，不待分付一言，从容自在，百十之众，浑如一人。天时酷暑，浑如凉爽；虽自朝至暮，浑如顷刻，更无一毫声息扰动，亦无一毫意思厌烦，此却是何缘故？盖是吾人之生，不止是血肉之躯，其视听言动，个个灵灵明明，有一良知之心以主宰其中。往常乱走乱为，只是听凭血肉，如睡梦一般，昏昏懵懵，不自觉知，以故刑罚也齐一不来。今日大家到此，听高皇帝圣谕，叫起孝父母、敬尊长等事，句句字字，触着各人本来的真心，则谁无父母、谁无兄弟，亦谁不曾经过孩提爱敬境界？今虽年纪或有老的，或有壮的，或尚幼的，固皆相去赤子已久，然一时感通，光景宛然，良知良能，如沉睡忽醒，则中心耿耿，便于血肉形躯顿尔作得主起。虽是旧时耳目，而视听却分外聪明；虽是旧时声口，而言辞却分外和顺；虽是旧时手足，而动止却分外敬谨。故自然不待拘检，而静定胜如官府在上，岂止一身受用！且其天机活泼，生生不已。坐间看着乡里，便大众思要和睦；看着子孙，大众思要教训；看着清平世界，大众思要安生乐业，以共享太和。只一心既收，便万善咸集。此善政所以不如善教之得民，而政刑所以不如德礼之有耻且格也。何况此心良知，人人皆同，处处皆同，闻得有场好事，无不喜做；闻得有场不好事，无不羞做。"
>
> 今我老幼一堂，如此受用，日久一日，自一家而传至他家，自一乡而传至他乡，自一邑而传至他邑，莫不翕然向风，截然归一，即孟氏所谓"人人亲其亲，长其长"，而天下太平将复见

矣。此等风俗，皆由吾乡忠厚世积酝酿而成。[①]

从这文中不难看出，汝芳完全肯定其父创立里仁会的善举，认为他们数十年坚持乡间教化，使得一乡彬彬然尚礼之风大行，实乃君子德风，功德无量。他由此而深切认识到善政不如善教之得民、政刑不如德礼之有礼且格，这对他稍后进入仕途形成起自己的行政思想并竭力加以实践有很大影响。

本年，王龙溪游吴中等地，与友朋多有讲论。邹守益避暑武功，与学者发明《孟子》“牛山”章，时发教语，多主默识。

罗洪先访戚贤于南谯书院，并与诸生讲学。洪先又作《夏游记》，质之王龙溪，龙溪不谓然。

时任云南布政使的徐樾，战死于云南元江。颜钧闻讯后，即赴滇寻其尸骸。颜钧行至湖广沅江而还。后经数年奔波，终于寻获樾之碎骸，归而袝葬于王艮墓旁，立主王艮祠左旁。

何廷仁[②]卒。

---

① 罗汝芳：《里仁乡约训语》，《近溪罗先生乡约全书》，《罗汝芳集》，方祖猷等编校整理，第763—765页。

② 何廷仁（1486—1551），初名泰，字性之，号善山，江西赣州雩县人。正德十二年（1517）十月，他因听到黄弘纲讲述所闻而深慕阳明，“慨然曰：‘吾恨不及白沙之门，先生，今之白沙也，刻期往谒，又可失耶？’友人以不利举业尼之，不为听。会先生征桶冈，裹粮追从，相见于南康。是时，丁继母忧归，而斩然以礼自度，不徇流俗。先生闻之，曰：‘是能以身为学者。’久之，授以‘万物一体’之论与‘致良知’之说。终夜思之，达旦不寐，忽有省悟。尝曰：‘吾人须从起端发念处察识，于此有得，思过半矣。’又曰：‘知过即是良知，改过即是本体。’其语学者，每曰：‘学务无情，断灭天性；学务有情，缘情起衅。不识本心，二者皆病。’又曰：‘执有无而论，莫若两忘。只听良知，是非善恶，莫能自欺。有情无情，自无不知。知至至之，更无可知。’此皆苦心察识，而验其必然，不以人言少摇夺也”（罗洪先：《南京工部屯田清吏司主事善山何公墓志铭》，《罗洪先集》卷二十，徐儒宗编校整理，第797页）。他以诸生师事阳明，在赣趋赣、在南浦趋南浦、在越趋越，不离不弃，不以举业为念，“不务外弛，专求心性，刻志磨砺，务底大成。犹善于诱掖，笃切磋，海内同志来谒阳明子者，咸乐亲之”（康熙《雩都县志》卷九《何廷仁传》）。

嘉靖三十一年壬子（1552），三十八岁

罗汝芳再悟“格物”之说。“格物”一词原出自先秦儒家经典《大学》：“古之欲明明德于天下者，先治其国；欲治其国者，先齐其家；欲齐其家者，先修其身；欲修其身者，先正其心；欲正其心者，先诚其意；欲诚其意者，先致其知；致知在格物。物格而后知至，知至而后意诚，意诚而后心正，心正而后身修，身修而后家齐，家齐而后国治，国治而后天下平。”儒家先圣从“格物”出发，一直推导到“天下平”，宋以来的儒家学者又对“格物”一词的含义进行了各种各样的诠释，由此而使得“格物”论成为宋明理学史上争论最多的话题。汝芳当然也十分重视“格物”说。三年前，他即曾将自己对《大学》“格物”义的理解向父亲崇綗汇报，但并未得到其父认可，经过三年的深入探寻和思考，他终于形成了自己的观念。他以“孝、弟、慈”为格物修身的基本内涵，认为“若泛然只讲个‘德’字，而不本之孝、弟、慈，则恐于民身不切，而所以感之、所以从之，亦皆漫言而无当矣”①。他把“孝弟慈”作为格物工夫的根本要求，如据《近溪子集》记载：

问：“《大学》宗旨？”

罗子曰：“……夫孩提之爱亲是孝，孩提之敬兄是弟，未有学养子而嫁是慈。保赤子，又孩提爱敬之所自生者也。此个孝、弟、慈，原人人不虑而自知，人人不学而自能，亦天下万世人人

① 罗汝芳：《近溪子集》，《罗汝芳集》，方祖猷等编校整理，第152页。

> 不约而自同者也。今只以所自知者而为知，以所自能者而为能，则其为父子兄弟足法而人自法之，便叫做‘明明德于天下’，又叫做‘人人亲其亲，长其长，而天下平也’。此三件事，从造化中流出，从母胎中带来，遍天遍地、亘古亘今。试看此时薄海内外，风俗气候，万万不齐，而家家户户谁不是以此三件事过日子也。只尧、舜、禹、汤、文、武，便皆晓得以此三件事修诸己而率乎人。以后却尽乱做，不晓得以此修己率人，故纵有作为，亦是小道，纵有治平，亦是小康。却不知天下原有此三件大道理，而古先帝王原有此三件大学术也。[①]

他依据自己的看法对先儒的“格物”诸义予以评判，指出：“（孔子）取夫六经之中，至善之旨，集为《大学》一章，以为修、齐、治、平规矩，所谓格也……宋有晦庵先生见得当求诸六经，而未专以孝、弟、慈为本，明有阳明先生见得当求诸良心，亦未先以古圣贤为法。”[②]在他看来，朱熹的功绩在于“见得当求诸六经”，但是不足之处在于“未专以孝、弟、慈为本”，用功太广而不能归之于约，没有抓住要害；王阳明的功绩在“见得当求诸良心”，抓住了要害，但是在讲学过程中，“未先以古圣贤为法”，最终使一些王门后学肆意妄为，背离了圣学的宗旨。汝芳认为，“不明性善，则无根源；不法先圣，则无规矩”[③]。因此，从先圣经典中掌握修身立本的规矩和要领，是必不可少的治学内容。况且，“古先圣人所以足为作圣之规矩者，正以其只尽自己之性，只明己性之善，而更无纤毫之或取诸外也”[④]。为什么要抛弃经典思想而变成一个游谈无根、师心自用之徒呢？那样只会是“为过益大，去道愈远”[⑤]。

这些明确表述其“格物”之义的文字，当然是在后来逐渐形成的，但蕴含着这些思想的“格物”说，确是汝芳当时悟得的。他的这些体悟被其父充分认可，而他本人更自此始终坚持着这些观点，如后

① 罗汝芳：《近溪子集》，《罗汝芳集》，方祖猷等编校整理，第 108—109 页。
② 罗汝芳：《近溪子集》，《罗汝芳集》，方祖猷等编校整理，第 5 页。按：罗汝芳以《大学》“信非孔子亲作不能”，这一观点，我们将在后文予以介绍。
③ 罗汝芳：《近溪子续集》，《罗汝芳集》，方祖猷等编校整理，第 246 页。
④ 罗汝芳：《近溪子续集》，《罗汝芳集》，方祖猷等编校整理，第 246—247 页。
⑤ 陆九渊：《与张辅之》，《陆九渊集》卷三，钟哲点校，中华书局 1980 年版，第 36 页。

来有学生问："《大学》首重格物，如《中庸》《论》《孟》，各各章旨自殊，难说皆格物也。"他明确回答道："岂止四书？虽尽括五经，同是格物一义。盖学人工夫不过是诚意、正心、修身、齐家、治国、平天下，而四书五经是诚、正、修、齐、治、平之善之至者，圣人删述以为万世之格。《大学》则撮其尤简要者而约言之，所以谓之曰'在格物'也。今观其书，通贯只是孝、弟、慈，便人人亲亲长长，而天下平。孟子谓：'其道至迩，其事至易'，予亦敢谓其格至善也。"[①]可见，他坚认《大学》一书的基本内容，"通贯只是孝、弟、慈"，这既是"明德"之体的基本内涵，也是"亲民"之用的根本要求，据之而格物，"便人人亲亲长长而天下平"，正如孟子所谓，"其道至迩，其事至易"。[②]

"格物"思想在汝芳哲学思想体系中占有重要的地位。他认为："孔子志于学，学乎大学者也。学大学者，必先于格物。格物者，物有本末，于本末而先后之，是所以格乎物者也。"[③]只有先搞清楚了格物问题的内涵和基本要求，才能继续修习大学之道。汝芳花了多年时间，直至此时，才算最终解决了这一关键性问题，他从此与人讲学，必以孝、弟、慈为宗旨。

本年，徐阶以少保兼太子太保、礼部尚书兼东阁大学士，入阁办事。

聂豹在京，绝口不及讲学。

王龙溪、钱德洪访戚贤于南谯并共举讲会。

罗洪先、陈九川会讲于玄潭雪浪阁。邹守益举复古会，以"戒惧"之旨开示学者。

邓豁渠至泰州访王东崖，称"王心斋之风犹存"。

耿定向乡试中举。

李贽乡试中举，不上公车。

焦竑应童子试，获第一名，选南京兆（应天府）学生员。

---

① 罗汝芳：《近溪子集》，《罗汝芳集》，方祖猷等编校整理，第22页。

② 这是化用孟子的原话："道在迩而求诸远，事在易而求诸难。人人亲其亲，长其长，而天下平。"语出《孟子·离娄上》。

③ 罗汝芳：《近溪子集》，《罗汝芳集》，方祖猷等编校整理，第27页。

嘉靖三十二年癸丑（1553），三十九岁

上一年，江西巡抚夏梦山游从姑山促罗汝芳赴廷试[①]，这年他终于自觉学已通达，遂毅然结束十年游学生活，整装北上就廷试。途经山东临清时有一奇遇，他自己为文记述道：

> 余舟过临清，忽遘重病。一日倚榻而坐，恍见老翁，自称泰山丈人，言曰："君身病稍康，心病则复何如？"余默不应。翁曰："君自有生以来，遇触而气每不动，当倦而目辄不瞑，扰攘而意自不纷，梦寐而境悉不忘，此皆君心锢疾，今仍昔也。可不亟图瘳耶？"余愕然曰："是则余之心得，曷云是病？"翁曰："人之心身体出天常，随物感通，原无定执。君以宿生操持，强力太甚，一念耿光，遂成结习。日中固无纷扰，梦里亦自昭然。君今谩喜无病，不悟天体渐失，岂惟心病，而身亦不能久延矣！盖人之志虑，常在目前，荡荡平平，与天地相交，此则阳光宣朗，是为神境，令人血气精爽，内外调畅。如或志虑沉滞，胸臆隐隐约约，于水鉴相涵，此则阴灵存想，是为鬼界，令人脉络纠缠，内外交泥。君今阴阳莫辨，境界妄縻，是尚得为善学者乎？吾固为君惧矣！"余惊起，叩谢，伏地汗流，从是执念渐消，血脉循轨矣。[②]

---

①《盱坛直诠》卷下记："壬子，江西抚台梦山夏公按建昌，游从姑，讯庵僧曰：'谁尝处此？'僧以师对。夏遣官请见，师野服萧然。夏曰：'盛养壮年，安得遽为此也？'命有司备路费，促师北上。"

② 罗汝芳：《泰山丈人》，《罗明德公文集》卷三，《罗汝芳集》，方祖猷等编校整理，第582—583页。

所谓“泰山丈人”是否确有其人，这已无法考究，但“这一事件本身及其内含的思想涵义值得引起我们的注意。近溪弟子曾凤仪在该条上端有一批语：‘此是先生生平学案，由矜持而浑化，即勉强而自然。’参之近溪自述‘执念潜消，血脉循轨’，当为可信。究其意旨，盖谓近溪至此身心内外俱已达到‘浑化自然’的境界”[①]，故而无论是汝芳本人，还是他的弟子，都把这次奇遇泰山丈人作为罗氏思想形成发展历程中具有里程碑意义的重大事件。吴震认为犹如汝芳此前得遇颜钧、胡宗正而各有重大思想收获，“这次‘来自外道’的神秘体验是近溪对心性问题最终有所了悟的一大契机”[②]。

关于汝芳奇遇“泰山丈人”一事，杨复所《墓志铭》记于嘉靖三十九年（1560）汝芳46岁出审大同、宣府返京时，说他“比返，过鲁，问道于泰山丈人，学益进”[③]，学者多据之叙述，如黄宗羲《明儒学案》即明断汝芳“四十六证道于泰山丈人”，但据周汝登《圣学宗传》卷十八《罗近溪》和李贽《续藏书》卷二十二《参政罗公》所载，问道泰山丈人则系于本年即嘉靖三十二年（1553）汝芳39岁北上京师赴廷试途中。台湾学者程玉瑛著《晚明被遗忘的思想家——罗汝芳（近溪）诗文事迹编年》，从周、李之说而详考杨复所之说为误，唯憾未能揭出周、李之说的原始出处。[④]

吴震则从明万历四十六年（1618）刘一焜叙刻本《罗近溪先生全集》卷七中查获到下述内容：“癸丑，罗子过临清，忽遘重病。一日，倚榻而坐，恍若一翁来言曰：‘君身病稍康矣，心病则复何如？’罗子默不应，翁曰：‘君自有生以来，遇触而气每不动，当倦而目辄不瞑，扰攘而意自不分，梦寐而境悉不忘，此皆君心锢疾，乃（今）仍昔也。可不亟图疗耶？’罗子愕然，曰：‘是则予之心得，曷言病？’翁曰：‘人之身心，体出天常，随物感通，原无定执。君以宿生操持，强力太甚，一念耿光，遂成积习。日中固无纷扰，梦里亦自昭然。君今谩喜无病，不悟天体渐失，岂惟心病，而身亦不能久

① 吴震：《罗汝芳评传》，第126页。
② 吴震：《罗汝芳评传》，第127页。
③ 杨起元：《明云南布政使司左参政明德夫子罗近溪先生墓志铭》，罗汝芳：《罗汝芳集》，方祖猷等编校整理，第921页。
④ 程玉瑛：《晚明被遗忘的思想家——罗汝芳（近溪）诗文事迹编年》，（台湾）广文书局1995年版，第20—22页。

延矣。盖人之志意，长在目前，荡荡平平，与天日相交，此则阳光宣朗，是为神境，令人血气精爽，内外调畅。如或志气沉滞，胸臆隐隐约约，如水鉴相涵，此则阴灵存想，是为鬼界。令人脉络纠缠、内外胶泥。君今阴阳莫辨，境界妄縻，是尚得为善学者乎？’罗子惊起，叩谢伏地，汗下如雨。从是，执念潜消，血脉循轨。”吴氏指出这段内容与汝芳亲自撰写的《泰山丈人》一文“几乎全同”，只是“《泰山丈人》和《全集》所录，或云‘恍见’或云‘恍若’”[①]这样一点微小差别而矣。这样，汝芳奇遇“泰山丈人”一事发生于本年可确定无疑了，而《明儒学案》的说法则可改为“三十六证道于泰山丈人”了。

汝芳入京就廷试，以诗榜三甲第六十六名成进士。与他同榜进士及第的周思久（字子征，号柳塘，湖北麻城人），曾当过四任知府，致仕后在麻城建辅仁书院，讲学授徒。晚年筑室龙潭湖，故又号石潭居士。思久后来成为与他交往十分密切的好朋友。同时获中进士的还有郭斗［字应秀，云南府（今云南省昆明市）人］。他后来与汝芳同官云南，并为汝芳的著作《明道录》撰序。

其时，京师乃至全国，讲学之风极盛。徐阶任内阁大学士，阶是聂豹弟子，故为王学再传。他“以首揆为主盟，一时趋骛者人人自托吾道。凡抚台莅镇，必立书院，以鸠集生徒，冀当路见知”[②]。刚成进士的汝芳，在京师遇上了一场声势浩大的讲会。黄宗羲《明儒学案》卷二十七《文贞徐存斋先生阶》载：

> 聂双江初令华亭，先生受业其门，故得名王氏学。及在政府，为讲会于灵济宫，使南野、双江、松溪程文德分主之，学徒云集，至千人。其时癸丑甲寅，为自来未有之盛。

汝芳参加了这次大型讲会，曹胤儒《罗近溪师行实》记道：

> 癸丑，廷试中式。时内阁存斋徐公、部院双江聂公、南野欧阳公、俨山周公，皆以兴起斯学为己任者，乃定会所于灵济宫。

---

① 吴震：《罗汝芳评传》，第125—126页。

② 沈德符：《书院》，《万历野获编》卷二十四，第608页。

> 师（罗汝芳）集同年桂岩顾公、近麓李公、洞阳柳公、望山向公、一吾李公，会试同年昆湖瞿公、泽峰吴公、浑庵戴公、少龙贺公、敬所王公，旧同志善山何公、西吾张公、吉阳何公、浮峰张公、芳麓王公数十百人，联讲两月，人心翕然，称盛会也。[①]

"这次大会在中晚明心学思想史上具有重要的标志性意义，标志着在阳明心学的影响下。并在王门的主导下，一场倾动朝野、风靡天下的讲学运动开始走向高潮。近溪生当其时，积投身其间。不过，作为新晋进士的近溪在这次讲会上，还只是一位旁听者。"[②]

这年的夏天，汝芳被任命为太湖县令。他自此开始了长达十七年的仕宦生活。

本年，王龙溪先举会于滁阳，谓阳明学凡三变而始入于悟，再变而所得始化，后赴南谯会。罗洪先与邹守益等举会于当湖，王龙溪、唐荆川参与了这次讲会。洪先又赴匡庐会；守益游讲于冲玄、青原、石屋等处，言其戒惧之学。

颜钧作《告天下同志书》，约聚四方学友于南都（即南京），会明"圣学"，实则研讨心斋王艮的"大成之学"。文曰："窃恐博济不及庸朽，是故日夜忧思，求自全之策，扩大同之谋，遂择南畿为四方中都，约豪杰成三载良会，将以萃神协志，忘怀孚丽，人皆受学，学皆中正。凡于明德亲民，居安逢源之功，知及仁守，直养无害，聪明完固，运用同揆，然后五七为朋，八九类群，将所学而东西南北，述通未闻之人，俾皆感吾辈忠信之诚，自入于化导之中。由是圣学明而信从易，师道立而善人多，耻格之民，伊、周之相，将丕成辈出于天下矣。"[③]

胡直会试下第，获任句曲教谕，始契欧阳德仁体之说为确论，并以此正之唐荆川和赵贞吉，益加自信。邓豁渠随王东崖往天池山拜见月泉法师。

汤显祖入家塾受学读书，过目成诵。

---

① 曹胤儒：《罗近溪师行实（节录）》，罗汝芳：《罗汝芳集》，方祖猷等编校整理，第 836 页。
② 吴震：《罗汝芳评传》，第 132 页。
③ 颜钧：《告天下同志书》，《颜钧集》卷一，黄宣民点校，第 4 页。

嘉靖三十三年甲寅（1554），四十岁

罗汝芳上一年夏天获得任命后即赴太湖，曹胤儒《罗近溪师行实》说，其时“靳黄、英山多盗，白日流劫湖民，近界者不胜其害。江防使者遣兵戍其地，民滋弗宁。师廉得其实，迨抵任，则人情汹汹，递相告急。师往谒当道，密画事宜，谓当首撤巡兵，次缉渠魁，不必纷纷，庶境土可静，民生可安也。当道允之。贼见官兵既撤，又觇师日以讲学化士民，遂以新令怯弱为幸。师知其懈曰：‘此之弗图，将无及矣。’即率民勇星驰至盗处，潜住民间瞰贼。是夕，贼方集一所，张灯作乐欢饮。师率壮士突入，即席擒缚有名贼首七人，余党惊遁。师晓谕抚安，远近帖然，积年之寇，俄顷平焉，人以为神。”[①] 汝芳甫就任，即以巧计擒获贼首，清除了多年严重扰民的湖贼，显示了卓越的治事能力，赢得了当道信任和民众的由衷爱戴。

本年，王龙溪赴江右之约，途中在上饶闻讲书院和新安斗山书院讲学。既入赣，遂与罗洪先、邹守益、刘师泉等举会于玄潭。

陈九川和罗洪先在桐江相会，朝夕论学。洪先撰作《甲寅夏游记》。

邹守益与诸生在东山聚讲，示以为学之方，诸生多有感发。他又和钱德洪在宁国府的六邑大会上迭主讲席。

赵贞吉稍迁南京吏部文选司主事、清选司主事，署郎中；与时任南京礼部翰林院孔目的何良俊[②] 友善。贞吉尝过湖北黄冈，耿定向第

---

① 曹胤儒：《罗近溪师行实（节录）》，罗汝芳：《罗汝芳集》，方祖猷等编校整理，第 836—837 页。
② 何良俊（1506—1573），字元朗，号柘湖居士，松江华亭（今上海松江）人，著有《柘湖集》《何氏语林》《四友斋丛说》等。

一次获闻其学而颇有疑。

耿定向游南雍。

凌儒[1]任永新县令。何心隐在家乡永丰家乡合族聚和，并作《聚和老老文》《修聚和祠上永丰大尹凌海楼书》《又上海楼书》诸文，阐发泰州学派思想主旨。其《又上海楼书》中，开头有“樵语一轴，虽达鄙情，然实欲父母谋出樊笼，而为大道之宗主也。若在樊笼恋恋，纵得以展高才，不过一效忠、立功、耿介之官而已，于大道何补”一番话，书末又有“伏惟并樵语详加察焉，不胜幸幸”等语。其中所谓“樵语”，可能就是颜钧的语录。颜钧自号耕樵，著有《耕樵问答》。现存《何心隐集》中很少言及颜钧，故此处所言“樵语”，颇值得注意。

黄绾卒于家，年七十五。

① 凌儒（1518—1598），字真卿，号海楼，泰州人，受学于林春、罗洪先。万历七年（1579）应程学博之请，撰《先生（王艮）祠堂记》，盛赞王艮及其思想学说。据《明史》卷二百七十《杨思忠传》附记，凌儒是很能直谏的。

嘉靖三十四年乙卯（1555），四十一岁

罗汝芳初任太湖，便本儒家以民为本的传统，以百姓之心为心，以生民之念为念。他“所至集父老从容诲训之，于是小民闻风争持果酒，叩道傍求。见湖赋素难办，因与之约，悉得诣县自纳，设柜于门，民甚便之。复流移、修庠序，令乡馆师弟子朔望习礼歌诗，行奖劝焉。立乡约、饬讲规，敷演《圣谕》六言，惓惓勉人以孝弟为先行之。期月，赋日完，讼日简，闾阎颂声，台司荐疏籍籍也”①。以德、礼之教的原则施行了些善政，而值得注意的是两点：一是立乡约饬讲规（即会规），只是我们现在已无资料可见其在太湖所立乡约的具体内容了；二是敷演《圣谕》六言，即向民众反复宣讲太祖朱元璋于洪武三十一年（1398）所颁《教民榜文》中的六句话：“孝敬父母，尊敬长上，和睦乡里，教训子孙，各安生理，毋作非为。”而这两点又是有机联系着的，所谓“乡约”“讲规（会规）”乃以“《圣谕》六言”为准则。如此行政，取得了“赋日完，讼日简”的理想效果。汝芳通过太湖任上的实践，形成了地方治理的经验，故其后来说：“惟居乡居官，常绎诵我高皇帝《圣谕》，衍为《乡约》，以作‘会规’，而士民见闻处处兴起者，辄觉响应，乃知《大学》之道在我朝果当大明，而高皇帝真是挺生圣神，承尧舜之统、契孔孟之传，而开天下太平于兹天下，万万世无疆者也。”②按，由于最高统治者的大力提倡，嘉靖朝州县地方官多推行乡约，其所行乡约逐渐以太祖“六谕”为形式，而对于汝芳来说，“六谕所主张的孝弟伦理”与他

① 曹胤儒：《罗近溪师行实（节录）》，罗汝芳：《罗汝芳集》，方祖猷等编校整理，第 837 页。
② 罗汝芳：《近溪子集》，《罗汝芳集》，方祖猷等编校整理，第 5 页。

“在嘉靖三十一年（1552）所悟的‘孝弟慈为天生明德’很契合。所以，罗汝芳在太湖县行乡约、讲六谕的举动，可以说是时代潮流与他个人思想的一种自然结合”①。

在太湖，汝芳于社学中注意到了一位自其乡来邑城习礼的少年，这位少年后来成为太学生，又到从姑山问学请益。汝芳因他的请求而撰文铭其父之墓，说：“太湖有金君绍贵者，字世显，别号洪洲，太学生百炼父也。金生方垂髫，自其乡来，习礼于邑城社学。余见而爱之。后过其乡，君坐余中庭，讶其仪状魁伟，器度舒徐。余询家世，知其素敦厚德，祖父俱尚义恤乏，台司加奖，而名载旌善亭额。至君，博习群书，喜谈方外。岁甲辰，邑大饥，君出粟千石赈之，乡民丁明等濒死存活者不下百余人。邑令张公、水部赖公，相继旌其间，人咸谓君不替世美云。母有疾，闻楚人善医，即走数百里，躬乞方药。及回，疾笃，母力起饮之曰：‘此吾儿汗血所来者。’后不起，君哭几失明。即今垂老，语及父母，辄涕下不禁。盖其温厚恻怛，多得诸性。生故与人处，能含容不较，虽里巷顽悖者亦皆归德。卒之日，金生方卒业盱江归。君喜曰：‘儿得师罗父母，吾没何憾？’亟命迁之中堂，无一语及家事。须臾瞑目而逝。合室内外，咸闻人马声如官长发行状，共异之。自是凡里中灾祥，君必梦寐先报，历十年如一日。益异之，遂相率肖像立祠，致香火之情焉。噫，亦诚异乎哉！岂君慈惠乡曲之心，固无间存殁如是耶？宜其后必有光大门户，以表扬君世德于无疆无尽者矣。”②

万斯同《罗汝芳传》谓汝芳“知太湖县，务以德化民，设讲堂，召诸生论文，公事多决于讲座。吏民有过，谆淳诲谕，刑设不用，讼庭常虚”③。他的这种行政作为并不为所有人理解，如黄宗羲记道：“罗子令太湖，讲性命之学，其推官以为迂也。直指虑囚，推官与罗子侍，推官靳罗子于直指曰：‘罗令，道学先生也。’直指顾罗子曰：‘今看此临刑之人，道学作如何讲？’罗子对曰：‘他们平素不识学问，所以致有今日。但吾辈平素讲学，又正好不及他今日。’直

① 参阅陈时龙：《师道的终结——论罗汝芳对明太祖〈六谕〉的推崇》，中国社会科学院历史研究所明史研究室编：《明史研究论丛》（第10辑），故宫出版社2011年版。

② 罗汝芳：《太湖金洪洲墓志铭》，《罗明德公文集》卷四，《罗汝芳集》，方祖猷等编校整理，第645—646页。

③ 万斯同：《罗汝芳传》，罗汝芳：《罗汝芳集》，方祖猷等编校整理，第874页。

指诘之曰：‘如何不及？’曰：‘吾辈平时讲学，多为性命之谈，然亦虚虚谈过，何曾真切为着性命？试看他们临刑，往日种种所为，到此都用不着，就是有大名位、大爵禄在前，也都没干。他们如今都不在念，只一心要求保全性命，何等真切！吾辈平日工夫，若肯如此，那有不到圣贤道理？’直指不觉嘉叹，推官亦肃然。”①《明儒学案》录载的这事，盖本之于《盱江罗近溪先生全集·语录》，而转录得太过精略，故兹将《全集》所记录于下：

> 罗子令太湖时，日进诸生以性命之学，本府推府素迂之。一日代巡录囚，推府及罗子侍侧，推府因间调罗子于代巡，曰："罗尹乃道学先生。"代巡遂顾之曰："目今看此临刑之人，这道学作如何讲？"罗子敬对曰："他们平素不识学问，所以致有今日。但吾辈平素讲学，又正好不及他今日。"推府方掩口而笑，代巡复诘之曰："如何不及？"罗子曰："吾辈平时讲学，多为性命之谈，然亦虚虚谈过，何曾真切为着性命？试看他们临刑，往日种种所为，到此都用不着，就是有大名位，有大爵禄在前，也都没干。他们如今都不在念，只一心要求保全性命。这等说来，他们真为性命之心苦切不过。吾辈平日所讲的性命道理，却是泛论，那能及他们如此真切？忽尔无常一到，将若之何？辱承下问，甚是惶愧。"代巡不觉嘉叹不已，推府亦敛容。罗子复曰："念及生死临前，便是尽性至命的根本，又是出生入死的关头，能于此时直下透过，顿证无生，不然，转眼便是轮回。"代巡悚然曰："说得极是！"②

王时槐到福建赴任，途经太湖，访晤了汝芳，耳闻目睹了他如何练兵施政的。时槐《近溪罗先生传》忆道："嘉靖乙卯，予以南主客郎，出佥闽臬，道经太湖。先生时为令，留止信宿，邀至演武场观兵壮射。先生语予曰：‘吾兹校射，中一矢以上者，赏有差，不中者罚，盖不中者不得受募金，即以增给中者，是移罚为赏也。官不费，而民壮自劝矣。’又曰：‘吾此心每日在百姓身上，周回不暂释也。’予

① 黄宗羲：《参政罗近溪先生汝芳》，《明儒学案》卷三十四，沈芝盈点校，第776页。
② 罗汝芳：《盱江罗近溪先生全集·语录》，《罗汝芳集》，方祖猷等编校整理，第293页。

闻其言，悚然谨识之。及入闽，祗服未敢忘，复仿其校射赏罚之法，行于漳南，久之，以靖山海寇警，幸获成效。”[①] 关于王时槐漳南靖寇事，刘元卿《南太常寺卿塘南王公行略》有记载，兹不赘述。他学习效法汝芳的行政经验，在漳南也取得了“靖山海寇警”的成果。

汝芳甫入仕，即在太湖取得卓越成效，这使他对将所学施用于行政实践充满了自信，故其后来的地方治理，无不是进一步推展在此时积累起的成功经验。到晚年，有弟子问：“斯学也，可推之政乎？”汝芳依据其平生实践总结性地答道：“老老而兴孝，长长而兴弟。曰‘为政以德’，又曰‘道之以德。君子之德风，小人之德草，草上之风必偃’。古圣论政，而惟德是先。观夫孔孟，尝谓：百姓日用而不知，是以君子之道鲜；行矣而不著，习矣而不察，终身由之而不知其道者众。彼观夫生民之林林总总于天地之间，即鱼之物活泼于江湖河海也，江湖河海，莫非此水流贯，而天地之间，又何往而非此道以生活也哉？夫薄海内外，万万生灵，咸谓其性道之同矣，然其性之所以善，善之所以同，惟是孝弟慈之不虑而自知、不学而自能已尔。予叨仕进，自极北边陲，率海而南，历涉吴、越、闽、广，直逾夜郎、金齿，其深山穷谷，岁时伏腊之所由为，未有一方一人而非孝弟慈和以行乎其间者，则其习虽殊，而其性固未甚相远也。且吴楚诸方，在春秋犹称蛮夷，不得上同中土；至川贵、云南，宋室俱置度外，究厥所由，惟以其言之鴃舌、衣之左衽，是非徒见其习而然耶？若我高皇圣化，则不论其左衽之何如，而惟文物衣冠以统之；不论其鴃舌之何如，而惟正韵官话以齐之，是非独信其性善之近，而浑忘其习俗之远而然耶？故每惜儒生常谈，谓不睹三代隆盛，不思今日统驭之遍、纪纲之同，又古昔圣贤徒劳想望，而莫获身亲见者也。若仰体高皇帝木铎溥天率土之心，而益彰以孔孟习善成圣之妙，则王道荡平，万年无斁，非天下古今一大快事耶？”[②]

嘉靖庚申年所修《太湖县志》记：“罗汝芳，建昌南城县人。由进士筮仕，廉介自守，仁惠及人。储养诸生，称事馈给。新建明伦堂、文会楼，累有兴作，不妨于农。三年升刑部主事，民为立去思碑于城北，以纪其化焉。”万历甲申年所修《太湖县志》记：“罗汝芳，字

① 王时槐：《近溪罗先生传》，罗汝芳：《罗汝芳集》，方祖猷等编校整理，第 856—857 页。
② 罗汝芳：《近溪子四书答问集》，《罗汝芳集》，方祖猷等编校整理，第 316—317 页。

惟德，江西南城人，进士。嘉靖甲寅任，每事仿古循吏，不拘文法，并书院群学官弟子员下暨闾里童稚，日讲良知学，而专礼高年，奖廉节，招流移，抑豪禁奸，至学校，尤加意建明伦堂，买学田二区，以助贫生之婚丧者。陟刑部主事，历官云南布政使司、左参政。甫去，民肖像，生祀之，名近溪罗先生祠。”

本年，王龙溪在有农工商贾参与的太平九龙会上，依据儒家“人皆可以为尧舜”的思想申述“四民异业而同道”之说。此会，闻风而至者二百余人。

龙溪与罗洪先避暑楚山，时，洪先静久大觉，悟得“万物一体”之旨。

邹守益举复古会，极论好学辨志之旨。

聂豹致仕还乡，经过昔日被称为富庶繁华之区的苏松杭嘉，目睹其地破瓦颓垣，生民涂炭，至不忍视目。

赵贞吉先迁南光禄寺少卿，寻迁南通致使司右参议。

嘉靖三十五年丙辰（1556），四十二岁

罗汝芳太湖任期已满，依例进京入朝述职。他拜见了徐阶，同治《建昌府志》卷八《罗汝芳传》说：“岁大计，入觐。大学士徐阶曰：‘吾初不欲烦子以郡事，不意乃更有实用也！’汝芳起谢。……汝芳因谓两司郡县多极一时之选，今来朝，可讲学，以端趋向。阶遂大会于灵济宫。汝芳娓娓发明，听者数千人。”由此可见，汝芳已由三年前灵济宫大会的参与旁听者而成为这次灵济宫大会的重要发起人和主讲者。他自此开始在阳明学界乃至整个思想界具有重要地位。

原本打算由金陵南返回家乡的颜钧，在得知汝芳入京述职后，决定与汝芳同往北京，也参加了这次灵济宫大会，并可能也在会上发了言。颜钧《自传》说，他被“近溪令太湖，入觐，忽遇江东门，苦扳同旱程，叙间阔。铎不忍坚拒，随至北畿。时徐少湖名阶，为辅相，邀铎主会天下来觐官三百五十员于灵济宫三日。越七日，又邀铎陪赴会试举人七百士，亦洞讲三日。如此际会，两次溢动。湖公喜，信私邀铎与近溪、吉阳，尽日倾究。岂期及筵，朝仕骈至湖公庭。湖公出庭周旋，底暮入座，西城又促去，良可慨也”[①]。山农此处所述或有自我夸张之处，此勿置论，但他随近溪入京并积极参与了灵济宫大会，则是事实。又，在京期间，汝芳还把会试下第的程学颜引荐给乃师，学颜遂拜颜钧为师，钧后来作《程身道传》说：“程子名学颜，字宗复，号后台，楚孝感人也。其先河南，二程衍派。其为人也，自行修毅秀庠。壬子，乡荐，为养就谕经校。丙辰，赴会，不第。会罗太湖

① 颜钧：《自传》，《颜钧集》卷三，黄宣民点校，第 26 页。

汝芳引究耕樵，夜谈灵济五七榻。复如经校。越岁，教声扬天曹，行取擢推应天。未几，以王事入燕，沿途追访樵，取必印正者，凡五六月。”①

汝芳与进士及第的胡直、邹善②等时常相聚，朝夕切磋。他们又联合同志六七十人，共举讲会，商究理学。

曹胤儒《罗近溪师行实》说汝芳入朝述职时，“分宜（严嵩）当国，政以贿成。师弊例悉罢，行李萧然，识者刮目。严虽不悦，然以荐剡籍籍也，乃讬其婿袁工部者邀师一见，则台省可得。师曰‘有命’，竟不往。久之，擢刑部主事。适闻古冲李太宰以诬获罪，欲弃官归，具疏终养，座主存斋徐公力止之，乃已”③。据此，汝芳因有见于朝政昏暗，本欲上疏乞归，弃官还林，后被徐阶劝阻了。

本年，罗洪先与王龙溪书信往还，讨论阳明“万物一体”之旨；他又在给友人的信中对学者轻视阳明“龙场之悟”表示不满④。洪先患病，经久不除，陈九川闻之即专程探访。

91岁的湛甘泉游南岳并至江西，66岁的邹守益迎晤。

聂豹家居，陈九川往访，两人反复论较。

唐荆川入闽赴任，龙溪送之并会王慎中⑤。

赵贞吉升南京右通政。

耿定向以第四名会试及第，成进士，授行人司行人。胡直亦同榜成进士，罗洪先移示以不荣进取，致诲曰：“不荣进取即忘名位，忘名位即忘世界，忘世界始能为千古真正英雄，作千古真正事业。炫才

① 颜钧：《程身道传》，《颜钧集》卷三，黄宣民点校，第22页。

② 邹善，生卒年不详，字继甫，号颖泉，江西安福人，邹守益季子。嘉靖年间进士，累擢山提学佥事，时与诸生讲学，所选拔人才皆为一时名贤。万历年间授太常寺卿，致仕回故后，更是全力投入讲学之中，每日聚讲不辍。

③ 曹胤儒：《罗近溪师行实（节录）》，罗汝芳：《罗汝芳集》，方祖猷等编校整理，第837页。

④ 参见《罗洪先集》卷七《寄谢高泉》曰：“不肖三四年间，亦曾以‘主静’一言，为谈良知者告。……学者舍龙场之惩创，而第谈晚年之熟化。”

⑤ 王慎中（1509—1559），字道思，初号南江，后号遵岩，福建晋江人。嘉靖四年（1525）乡举中式，嘉靖五年（1526）年成进士，选南京户部主事，政暇读书为古文辞，与唐顺之等并称嘉靖“八才子”，是中晚明文坛“唐宋派”的主要代表人物，项乔称他为“海内通儒，我朝才子也”（项乔：《王遵岩文录序》，《项乔集》卷二，方长山、魏得良点校，上海社会科学院出版社2006年版，第110页）。升南京礼部员外郎，与时任南京兵部职方主事的王畿游，龙溪与其“讲王文成之学”，“遂有得于圣贤之道，乃尽发宋儒书读之”（《闽书》卷八十五《英旧志》）。慎中为官及居家期间，还与聂豹、罗洪先、邹守益、刘师泉、王臣等王门诸子论学，相与阐发经学新义。正是通过与王门诸子尤其是王畿的深度交往，使慎中逐渐接受了阳明心学的思想影响。

能技艺，规时好，视此路背驰也。”（《衡庐精舍藏稿》卷三十《续问下》）

李贽任河南共城（辉县）教谕。

嘉靖三十六年丁巳（1557），四十三岁

去年罗汝芳述职后，因严嵩阻挠而未能及时安排任命新的职务，汝芳遂回家小住，值南城发生特大洪水，城郭被淹。水灾过后接到擢刑部主事的任命，即离乡赴任。曹胤儒《罗近溪师行实》说他“沿途讲学，不以官为意。比抵部，大司寇淡泉郑公每见必曰：‘太湖之政，何得民如此？’部事无大小就师质之，一时人称明允，师力居多焉”①。按，汝芳太湖县令任上，“用德化民，政几无讼”②，所行“诸政务，一本于兴教化、明礼乐，不为一切俗吏所为”③，故而赢得刑部长官和同僚的交口赞誉，以至到任后，部事无大小也都向他咨询。

汝芳北上入京赴任途中，在直隶河间府遇到了正在此处讲学的颜钧。颜钧《自传》说：“（灵济之会）且被鄢懋卿④谗谮，铎见机浩发，客棹溯流。沧州守曰胡政，号力庵，旧门人也，预受河间太守陈见吾名大宾会讲，急命迎铎，召州县官吏、师生、民庶近八千人，斋道、禅林亦聚数千，听铎绪晢圣学中正以作人，保身善世，从心率性。如此聚会，凡三月。近溪亦际升北刑主政，道经河间，同聚两月。暗被鄢邪阴沮陈守，铎闻知亦潜谋出城三十里。陈守及州县官吏师生三千众，追送泣别。”⑤

---

① 曹胤儒：《罗近溪师行实（节录）》，罗汝芳：《罗汝芳集》，方祖猷等编校整理，第 837 页。
② 简而参：《四修江西省志传·罗汝芳》，罗汝芳：《罗汝芳集》，方祖猷等编校整理，第 866 页。
③ 刘元卿：《近溪罗先生传》，罗汝芳：《罗汝芳集》，方祖猷等编校整理，第 864 页。
④ 鄢懋卿，生卒年不详，丰城人，依附严嵩父子，市权纳贿，监司郡邑吏膝行匍匐。严嵩不喜讲学，故鄢懋卿亦谗谮讲学。《明史》有传。
⑤ 颜钧：《自传》，《颜钧集》卷三，黄宣民点校，第 26 页。

至京就刑部主事任后，汝芳曾与宋仪望、而胡直自此始得尽海内诸学士相与劘切商订，认为孔门不能外此天则，迄不可以内外先后言之，此则颜氏之卓尔在我矣。胡直、邹善等立会讲学，“相与讲明孔门仁体，以自劝于忠孝”[①]。

本年，邹守益在白鹭洲书院主讲，发明《学》《庸》合一之旨；又讲学于杭州万松书院，听者三百人。他还举青原会，李材[②]从其获闻良知学。

王龙溪赴宁国水西公、婺源星源会、闽南三山会、新安福田会等。

颜钧离北京南下，经沧州、河间、献县、茌平等地，沿途讲学。程学颜擢应天推官。总督胡宗宪托程学颜礼聘颜钧赴军门，参与“征剿海盗”。

耿定向、定理[③]在京论学，定理有“吾学从无极太极入，不落阴阳五行”之言。

赵贞吉升南京光禄寺卿。

---

① 宋仪望：《奉贺胡母大夫人八十寿》，《华阳馆文集》卷四，引见吴震：《明代知识界讲学系年：1522—1602》，第221页。

② 李材（1529—1607），字孟诚，号见罗，江西丰城人，以号行世，素从邹守益讲学。嘉靖四十一年（1562）进士及第，自以学未成，乞假归，访王龙溪、钱德洪等问学论辩。后疑致良知之说而倡其知体之旨，提出他自己的“止修”学说。

③ 耿定理（1534—1584），字子庸，号楚倥。据黄宗羲《明儒学案·泰州学案》，他少时读书不成，时时独行空谷中，忧愤不知所出。或静坐一室，终岁不出，或求友访道，累月不归。始事方湛一，继从邓豁渠得一切平实之旨，能收视返听，又于何心隐得黑漆无入无门之旨，充然自足。定理与李贽相交莫逆，相互间有思想上的深刻影响。尽管定理思想性格不拘一格，但其大体近于泰州学派。定理自称其学“以不容已为宗”，这深刻影响了乃兄定向。

嘉靖三十七年戊午（1558），四十四岁

徐阶复举灵济宫大会，罗汝芳积极参与，并与詹讷斋相识交往。汝芳后来忆述：

> 嘉靖戊午，余官比部，乐安讷斋詹公，以四川邛州学正起服来京，同诸缙绅谈学于灵济、广慧之间。余见公之向往真切，议论恳至，奋然以道为己任，因数过往。公间出所藏稿观之，中与同志答问语独居其半。余叩所自，公曰："吾昔游东廓先生之门，周旋双江、念庵、三吾诸公间，每有所闻则书，闻而有疑则书，疑而问、思而得则书。故一理一事，动废寝食。兹语皆吾苦志"云。余因次序其稿归之。未几，补泗州别去。①

按：詹讷斋（1497—1563），名週，字全卿，讷斋为其别号。他是太仆寺詹文峰的幼子，年六十五病卒。汝芳后来为他撰传说："公生平慈爱乐施，能轻财利。初贡，附古南董公舟，遇寇江中，公出所携金于外，而匿人所附者。董怪问故，公曰：'寇取，宁损己，无累人也。'及至京，天寒甚，有二人困酒道傍几死，公亟命僮仆舁入寓榻，拥护得活。在泗州，民大饥，恳请张守发廪赈之，赖公活者不下数千人。僚友唐君疾卒，贫莫能归。公泣谕诸生及郡缙绅，不旬日得金八十以行。军门李公以凤阳无城，议迁筑高墙于泗，祸民不浅，公毅然庭白，李公不听，则走书郡士夫、耆庶，俾诸阙上。从事或恐曰：

① 罗汝芳：《詹讷斋传》，《罗明德公文集》卷四，《罗汝芳集》，方祖猷等编校整理，第605页。

‘若弗虑李公知耶？且守土者之责，非若职也。’公太息曰：‘吾为一城受祸，祸所甘心。且今议迁筑，地多吾庠生居焉，乌得谓非吾职耶？’及疏上，得议报罢。庠士柳峻等贫，不能举火者约五十人，又旧为邑令杨民怀者贫与峻同，公咸推已俸给其薪米。”[①] 由此可见汝芳是如何择友而交的。

汝芳始与耿定向、定理结交论学。《耿定向集》附编二《观生纪》载嘉靖“三十七年戊午”条记定向在京“时与盱江罗维德、泰和胡正甫、安成邹继甫辈游，诸公深相契许”[②]。耿氏谓：“余自嘉靖戊午获交罗子，于时罗子谈道直指当下，令人反身默识，不效世儒者占占然训解文义。譬则韩、白用兵，直擣中坚，搴旗斩将，不为野战者。”[③] 又说：“近溪子不以余为迂，若谓有契于心者。”[④]

在京师，汝芳曾与人就“体仁”“制欲”问题有所论辩，这人依旧闻而“谓人欲苦不净尽，天理安得流行”，有过一味“制欲”而不解“体仁”之义教训的汝芳，则发挥明道和颜钧之说道：

> “好仁者，恶不仁者”，孔氏之训，本并举之，则二端诚不可偏废矣。但先言“好仁者”，后言“恶不仁者”，亦孔训也，则二端又可无次序也哉？细玩此章曰：“好仁者无以尚之。”则不仁之恶，自不待言；曰：“恶不仁者，其为仁矣。不使不仁加乎其身。”则非为仁之外，另去恶不仁，而不仁之恶，好仁故足以该之也。故仁为万善之长，识仁为学者之先。程伯子得宗孔、孟，其最的是此一个先字。盖仁心之端，原只不忍，物且不忍，况己身哉！不忍亲以其身为不善，便叫做体仁，又叫做制欲，但中间暗藏次序，视之学问无头者，其难易顺逆，万万天渊，譬之奕棋，只先一着，便成胜局也。明道、伊川二先生，至亲昆季，此意竟不通融；晦庵、象山二先生，一时豪杰，此辨竟成仇敌。今若再不以的训，准而一之，则众见纷腾，学脉之乱，将无纪极

① 罗汝芳：《詹讷斋传》，《罗明德公文集》卷四，《罗汝芳集》，方祖猷等编校整理，第606—607页。
② 耿定向：《观生纪》，《耿定向集》附编二，傅秋涛点校，第801页。
③ 耿定向：《近溪子集序》，《耿定向集》卷十一，傅秋涛点校，第433页。
④ 耿定向：《又序》，《耿定向集》卷十一，傅秋涛点校，第434页。

矣。[1]

较之山农当年“体仁非制欲”说，近溪的说法更为圆融，且更具思想理论性。这人听了他的阐发，深有感悟，“始知天下道理，体共海宽，吾侪识见，活当圆转也”[2]。仅此一例即可看出，耿定向说汝芳“谈道”“不仿世儒者占占训解文义”，而是“直指当下，令人反身默识”，绝非虚夸之言。后来邹元标又申论汝芳“识仁”“体仁”，尤其是“识仁”论道：“夫仁者何？即人之心也；识仁者，即识人之真心也。是心也，古今圣愚，人人本具，而必俟识者何？盖赤子之时，见父而爱，见兄而敬，无作恶，无作好，和之至也，顺之极也。识萌而情动，情动而欲炽，递相牵引，而真心亡矣。故先儒立教，欲人识其真心，盖于其溃败处拯之。东支西吾，未免灭东生西，惟直指其本有，则一正百正，领端裘理，斯圣学之宗传而昏衢之宝烛乎？孔子曰：‘道二，仁与不仁而已。’入乎仁，则出乎不仁；悟则识，不悟则迷。未有立仁不仁之界，而处乎迷悟之间者也。”[3]

本年，王龙溪、钱德洪分主教席于水西。

唐荆川邀会罗洪先于齐云岩。

王栋除江西建昌南城训导。两奉柱史，聘主白鹿洞、南昌府正学书院会。又创太平乡等处，集布衣为会，兴起益众。

颜钧南下途中，程学颜追访之，钧遂在舟中向学颜传授大中之学。颜钧《程身道传》说：“（学颜）以王事入燕，沿途追访樵，取必印正者，凡五六月。适遇舣棹盘桓南返，朝夕陈哲，默认知及之先难，证以二三子七日来复之闭关，颜觑畏怯，确诿不能。耕樵听之，脱化由导。又旬日，棹至东昌，雨阻。适戊午六月七日，颜生辰，耕樵索轴，笔庆乐生，便便诱学，点缀‘致知在格物’五字眼法。颜色改，神凝悚立，气舂若跃如醉。耕樵侧目，试问曰：‘子若何？’颜亦曰：‘翁谓若何？’耕樵停笔，厉声策是者三，颜即以手举官帽置桌，就滚仓板上十转，有真乐□心，没奈何之几，起舞蹈曰：‘早知灯是火。’饭熟许时，如信美大圣神，只在此刻此关，此一醒后，自

① 罗汝芳：《近溪子四书答问集》，《罗汝芳集》，方祖猷等编校整理，第 317 页。
② 罗汝芳：《近溪子四书答问集》，《罗汝芳集》，方祖猷等编校整理，第 318 页。
③ 邹元标：《识仁编序》，罗汝芳：《罗汝芳集》，方祖猷等编校整理，第 988 页。

深造自得止耳。如此触彻，譬犹堕体黜聪，继承之能以生为乐、以乐为学……又半月，过济宁，众友留讲三日，日启《大》《中》《学》《庸》为尼父绝学口诀。众友悦信，求笔遗指。耕樵书毕，命颜附翼。颜亦立扬长篇一篇，错综俨乎回之足发'不违'。越三月，别之应天任。"①

何迁任江西巡抚，在南昌府贡院建正学书院，罗洪先为之作《记》。

① 颜钧：《程身道传》，《颜钧集》卷三，黄宣民点校，第22页。

嘉靖三十八年己未（1559），四十五岁

罗汝芳在刑部山东司主事任上，当时“平反从末减者甚众”[①]，“一时人称明允”[②]。而且，据杨起元《明云南布政使司左参政明德夫子罗近溪先生墓志铭》说：“前狱中每遇寒，无日不报囚死。夫子命具汤药、热饮食、时收放，囚乃不病。”[③]所以，“满一考，恩封父母如其官”[④]。

与曾从学于邹守益、欧阳德的董古南相识于此时，汝芳后来在《寿董古南序》中说：

> 公幼负奇质，蜚英艺苑。弱冠闻东廓、南野诸公，联惜阴之会，衍阳明之宗，遂与蓉山、觉野诸君子争先趋赴，共相从事。比领岁荐，授官京师，始得与余晤言邸寓。继而公尹川之大足，余亦出守宁国，越数岁而造公之庐，又数岁而晤公华盖、珠溪之上，盖三接颜色也。窃计初会京师，其气壮直、其词宏远，余甚重其识有所主，而未敢信其学也。及会公庐，理趋平实，造诣潜通，余始信学有所得，而未敢必其成也。至信宿珠溪，则公之意，似耿然不安于昔之识与学，而惓惓于《易》之乾坤矣。兹焉

① 杨起元：《明云南布政使司左参政明德夫子罗近溪先生墓志铭》，罗汝芳：《罗汝芳集》，方祖猷等编校整理，第921页。

② 曹胤儒：《罗近溪师行实（节录）》，罗汝芳：《罗汝芳集》，方祖猷等编校整理，第837页。

③ 杨起元：《明云南布政使司左参政明德夫子罗近溪先生墓志铭》，罗汝芳：《罗汝芳集》，方祖猷等编校整理，第921页。

④ 杨起元：《明云南布政使司左参政明德夫子罗近溪先生墓志铭》，罗汝芳：《罗汝芳集》，方祖猷等编校整理，第921页。

再晤，则大非前比，意者枝叶芟除，硕果乃熟；行潦既涸，寒潭自澄。

故观公于学，其初非不知而谓知之，乾之易焉则有间矣；其初非不能而谓之能，坤之简焉则有间矣。盖乾坤之为德，浑涵于穹宇之外，绵密于纤悉之微，致一以神其枢，而万有咸备；至虚以寂其应，而百虑纠纷。是以知至知终，固知以该乎其能，而庸行庸言，实能以显乎其知。君子之所以进德者，进乎此也；所以居业者，居乎此也；所以终日自强不息者，不息乎此也。至是，则乾乎乾，而坤将自统；坤且统矣，而况于六十有奇之卦、三百有奇之爻耶？故善言法天者必曰纯阳，善言学圣者必曰通明。公在今日，嬉然谈笑，则春生满座；默尔沉吟，则思彻高旻。以故友朋乐其和雅，乡曲谐其劝诱，而所识所学，殆类乎安且成焉，岂非明几于通而阳日以纯也，能如是耶？[①]

与邓元锡[②]书信往还，此时的元锡已自号潜谷，绝意功名，专心于学问了。汝芳复其信说：

京中接手教，启沃良多。然丈夫事业莫大于出处，兄慎始重进，已卓然观望，但不知求志工夫于所存所由，可备大人之事，以合德天地，并明日月，又恶在也？若曰集长于诸家，成名于多能，此则某虚度岁月于始，而知悔悟于今者，兄之高明，当不坐此，然亦不妨加察也。接引同志，最宜小心，朝夕比旧，尤加勤切。'明德亲民'圣训，非某杜撰也。[③]

与门人程学颜在胡宗宪[④]幕襄助军事的颜钧，作《讽答近溪》，

---

① 罗汝芳：《寿董古南序》，《罗明德公文集》卷二，《罗汝芳集》，方祖猷等编校整理，第512—513页。

② 邓元锡（1529—1593），字汝极，号潜谷，人称"潜谷先生"，新城县城南津（今属江西省黎川县）人。先从黄在川学，喜观经史，寻从学于罗汝芳，后又游学吉安学于诸先达，拜各地有名望的学者为师。嘉靖三十四年（1555）中举后，便杜门谢客，潜心著述，认为浮世功名与做学问相背驰，故唯从邹守益、刘邦采、刘阳等人为学，互相切磋。

③ 罗汝芳：《报邓潜谷孝廉二首》，《罗明德公文集》卷五，《罗汝芳集》，方祖猷等编校整理，第674页。

④ 胡宗宪（1512—1565），字汝钦，一字汝贞，号梅林，南直隶徽州府绩溪县（今安徽省绩溪）人。

曰："性海无波荡漾清，情湖有雨霎时新。我心何事经纶别？自是流行万化仁。"[①]

本年，罗洪先徙居松原，默坐止止堂，不复窥户，心每前知。

钱德洪应聘主掌怀玉书院教事。

耿定向与诸大绶[②]在京论良知之学；夏季归省时，习静于五云山岭。

据郭子章《先师胡庐山先生行状》，严嵩欲招纳胡直而遭拒，胡直因此得罪严嵩父子而遭贬。直"故有文名，是时禔身谈道，名益起。分宜雅重之，以桑梓故，欲罗之门下。娄为莫邀元生，先生谢病不能临。分宜曰：'胡生何多疾耶！'一日，同乡强之，先生为不得已而强往。席中论海内财赋赢缩，先生曰：'财不在民，则在官。'分宜气沮，一座错愕，识者韪之，分宜子以是衔先生。会耿公疏论铨部事，语侵分宜，分宜子疑先生与姜俱其事，同日出为按察佥事"[③]。

何心隐蒙冤入狱，经程学颜营救方才得脱。其时，陈瓒为永丰县知县。《明儒学案》卷三十二《泰州学案一》说："会邑令有赋外之征，心隐贻书以诮之。令怒，诬之当道，下狱中。孝感程后台在胡总制幕府，檄江抚出之。"

蔡悉[④]举进士。

① 颜钧：《讽答近溪》，《颜钧集》卷八，黄宣民点校，第 70 页。

② 诸大绶（1523—1573），字端甫，号南明，山阴（今浙江绍兴）人，嘉靖三十五年（1556）状元，累官至礼部侍郎。

③ 郭子章：《先师胡庐山先生行状》，胡直：《胡直集》，张昭炜编校，上海古籍出版社 2015 年版，第 989—990 页。

④ 蔡悉（1536—1615），字士备，一字士皆，号肖谦，私谥文毅先生，南直隶庐州府合肥县（今安徽合肥）人。嘉靖三十八年（1559）己未科进士，授常德府推官，擢南京吏部主事，历南京礼部祠祭清吏司郎中、直隶汝州同知、泉州府通判、南京太仆寺丞、南京光禄寺少卿，官至南京尚宝司卿，署南京国子监。蔡悉刚直坚毅，曾请早立太子，以安国本；不避权贵，极论矿税之害。生平著作有《孔子年谱》《大学注》《书畴彝训》等传世。

嘉靖三十九年庚申（1560），四十六岁

在刑部，罗汝芳十分同情那些遭受严嵩父子诬陷，被打入刑部大牢的忠直官员。曹胤儒《罗近溪师行实》说："嘉靖庚申，分宜父子横恣，海内士大夫皆不平。鹤楼张公、悟斋吴公、幼海董公，并疏论之，朝廷震怒，下狱议戍。继而楚侗耿师疏论吴冢宰。时陆锦衣搜索唆谋，同志股悚，师独就鹤楼三公于部狱，同寝处者四五日，就耿师于朝房，同寝处亦四五日，众皆以昏矇弗识忌讳为诮，而不知师德义之勇类如此也。"① 按，耿定向《观生记》说："时铨政浊乱，余上疏弹太宰及以贿进者，语浸要人。要人侧目，日夕遣逻卒在门伺余动静。同志胡正甫、今宗伯姜廷善，俱累外补。时知交经予邸巷者，策马过之。江陵谓我曰：'我能忘人，人自忘我。危疑中持一忘字，要矣。'余深有契乎其言也。"② 这一记述，可作为曹氏《行实》汝芳"德义之勇"的背景资料。

汝芳以刑部主事、员外郎出审大同、宣府狱。曹胤儒《罗近溪师行实》记："时分宜憾青霞沈公。沈虽死，余犯尚多，当道属曰：'是狱最为紧要，速尽决之。'师审实，多从轻论，闻者咋舌。后分宜败，言官发沈之冤，余犯皆释，问官反坐，独师与按台陈公获免，后陈见师每举此相谢也。是年，止斩一人、绞一人，向多风霾阴晦，兹日独晴煖。二山杨公同事叹曰：'今日非行刑，乃行仁也。'"③ 汝芳为沈炼一案而出审大同、宣府狱。按：沈炼是会稽人，进士出身，

① 曹胤儒：《罗近溪师行实（节录）》，罗汝芳：《罗汝芳集》，方祖猷等编校整理，第 837—838 页。
② 耿定向：《观生纪》，《耿定向集》附编二，傅秋涛点校，第 802 页。
③ 曹胤儒：《罗近溪师行实（节录）》，罗汝芳：《罗汝芳集》，方祖猷等编校整理，第 838 页。

时任锦衣卫经历，上书弹劾严嵩，被严嵩父子处以谪戍之罚，后又被杀害，时在嘉靖三十六年（1557）九月。《明史》卷二百〇九《沈炼传》说：

> 沈炼，字纯甫，会稽人。嘉靖十七年进士，除溧阳知县。用伉倨，忤御史，调茌平。父忧去，补清丰，入为锦衣卫经历。
>
> 炼为人刚直，嫉恶如仇，然颇疏狂。每饮酒辄箕踞笑傲，旁若无人。锦衣帅陆炳善遇之。炳与严嵩父子交至深，以故炼亦数从世蕃饮。世蕃以酒虐客，炼心不平，辄为反之，世蕃惮不敢较。
>
> 会俺答犯京师，致书乞贡，多嫚语。下廷臣博议，司业赵贞吉请勿许。廷臣无敢是贞吉者，独炼是之。吏部尚书夏邦谟曰："若何官？"炼曰："锦衣卫经历沈炼也。大臣不言，故小吏言之。"遂罢议。炼愤国无人，致寇猖狂，疏请以万骑护陵寝，万骑护通州军储，而合勤王师十余万人，击其惰归，可大得志。帝弗省。
>
> 嵩贵幸用事，边臣争致贿遗。及失事惧罪，益辇金贿嵩，贿日以重。炼时时搤腕。一日从尚宝丞张逊业饮，酒半及嵩，因慷慨骂詈，流涕交颐。遂上疏言："昨岁俺答犯顺，陛下奋扬神武，欲乘时北伐，此文武群臣所愿戮力者也。然制胜必先庙算，庙算必先为天下除奸邪，然后外寇可平。今大学士嵩，贪婪之性疾入膏肓，愚鄙之心顽于铁石。当主忧臣辱之时，不闻延访贤豪，咨询方略，惟与子世蕃规图自便。忠谋则多方沮之，谀谄则曲意引之。要贿鬻官，沽恩结客。朝廷赏一人，曰'由我赏之'；罚一人，曰'由我罚之'。人皆伺严氏之爱恶，而不知朝廷之恩威，尚忍言哉。姑举其罪之大者言之：纳将帅之贿，以启边陲之衅，一也。受诸王馈遗，每事阴为之地，二也。揽吏部之权，虽州县小吏亦皆货取，致官方大坏，三也。索抚按之岁例，致有司递相承奉，而闾阎之财日削，四也。阴制谏官，俾不敢直言，五也。妒贤嫉能，一忤其意，必致之死，六也。纵子受财，敛怨天下，七也。运财还家，月无虚日，致道途驿骚，八也。久居政府，擅宠害政，九也。不能协谋天讨，上贻君父忧，十也。"因并论邦谟谄谀黩货状。请均罢斥，以谢天下。帝大怒，搒之数十，谪佃保安。

既至，未有馆舍。贾人某询知其得罪故，徙家舍之。里长老亦日致薪米，遣子弟就学。炼语以忠义大节，皆大喜。塞外人素戆直，又稔知嵩恶，争詈嵩以快炼。炼亦大喜，日相与詈嵩父子为常。且缚草为人，象李林甫、秦桧及嵩，醉则聚子弟攒射之。或踔骑居庸关口，南向戟手詈嵩，复痛哭乃归。语稍稍闻京师，嵩大恨，思有以报炼。

先是，许论总督宣、大，常杀良民冒功，炼贻书诮让。后嵩党杨顺为总督。会俺答入寇，破应州四十余堡，惧罪，欲上首功自解，纵吏士遮杀避兵人，逾于论。炼遗书责之加切。又作文祭死事者，词多刺顺。顺大怒，走私人白世蕃，言炼结死士击剑习射，意叵测。世蕃以属巡按御史李凤毛。凤毛谬谢曰："有之，已阴散其党矣。"既而代凤毛者路楷，亦嵩党也。世蕃属与顺合图之，许厚报。两人日夜谋所以中炼者。会蔚州妖人阎浩等素以白莲教惑众，出入漠北，泄边情为患。官军捕获之，词所连及甚众。顺喜，谓楷曰："是足以报严公子矣。"窜炼名其中，诬浩等师事炼，听其指挥，具狱上。嵩父子大喜。前总督论适长兵部，竟覆如其奏。斩炼宣府市，戍子襄极边。予顺一子锦衣千户，楷待铨五品卿寺。时三十六年九月也。顺曰："严公薄我赏，意岂未惬乎？"取炼子衮、褒，杖杀之，更移檄逮襄。襄至，掠讯方急，会顺、楷以他事逮，乃免。

后嵩败，世蕃坐诛。临刑时，炼所教保安子弟在太学者，以一帛署炼姓名官爵于其上，持入市。观世蕃断头讫，大呼曰："沈公可瞑目矣！"因恸哭而去。

严嵩父子对沈炼恨之入骨，故沈炼虽被他们惨害，却仍不放过沈案的余犯，必欲尽杀之而后快，而趋炎附势、残贼民众的贪官们更不仅唯严嵩父子之命是从，而且还主动罗织罪名，设计谋害沈炼父子。汝芳职微权轻，自然无力为沈炼平反，但他在严嵩父子势焰尚炽之时，无所畏惧，不听从他们的指使，在自己的权责范围内对所谓沈案余犯全部从轻发落，尽了维护忠良的义务。这在当时是很需要勇气的，也是难能可贵的。

本年，初春南京发生兵乱，杀总督粮储侍郎黄懋宫，裸尸于市。

徐阶、李春芳在京主"象所"讲会，与会者几三千人。

唐荆川开府扬州，王龙溪前往与其相会，荆川自谓“平生佩服阳明之教”（《王畿集》卷一《维扬晤语》）。

邹守益年届七十，千余人来贺。守益与钱德洪、陈九川等在上饶闻讲书院，合诸士友论良知之学。他又往怀玉举江浙同志大会，并应邀会讲于天真书院。

程学颜进官太仆寺丞，梁汝元（即何心隐）与之同北上。耿定向与何心隐相见于京师，并引见张居正。又，其时，何心隐、程学颜等在京承传心斋绪言，谭说孔学匡廓甚辨。

梁汝元为避严嵩迫害而南下，自此更名为何心隐。他后《上南安陈太府书》说：“窃以梁汝元即何心隐也。自庚申前则在学姓名，乃梁其姓而汝元其名也。自庚申后则游学姓号，乃何其姓而心隐其号也。夫以何易梁姓，而以心隐易汝元名者，一则避已故严相之肆毒，一则便四方交游之称谓也。”①

李贽升任南京国子监博士，《泉州府志·文苑传》称其“以文章擢国子监”。到南京就任未数月，父殁，遂“守制东归。时倭夷窃肆，海上所在兵燹。居士间关夜行昼伏，余六月方抵家。抵家，又不暇试孝子事，墨衰率其弟若侄，昼夜登陴击柝，为城守备。城下矢石交，米斗斛十千，无籴处。居士家口零三十，几无以自活”（《焚书》卷三《卓吾论略》）。

唐荆川病卒。

---

① 何心隐：《上南安陈太府书》，《何心隐集》卷四，容肇祖整理，第95页。

嘉靖四十年辛酉（1561），四十七岁

罗汝芳出审大同、宣府回京后，稍迁刑部福建司员外。他曾请假回乡省亲，南下“沿途学者听说罗汝芳要路过，他们纷纷汇集在一起，邀请罗汝芳讲学”①。既还乡，“省学者大集”②。汝芳所讲，今已见不到当时确切的记录，兹从《近溪子集》中摘引两段于下：

> 问：“圣门以求仁为学，其切要亦有可言者乎？”
>
> 罗子曰：“孔子自己说仁，平生只有‘仁者人也，亲亲为大’，是他正解。孟子却指实说：‘亲亲仁也。’今看人人孩提之初，皆知爱亲敬长，果是浑然本心，而仁不远人也。若此良心之知，莹然昭然于亲长之间，无所不爱、无所不敬，而又无所不条理正当，其人便明通而曰‘圣人’也。仁岂远乎哉！术岂多乎哉！”
>
> 曰：“宗族称孝，乡党称弟，却又只是个士之次者，何也？”
>
> 罗子曰：“孝弟一也，不能因心以出者，浅而忘本；不善推所为者，近而遗末。故必诚意、正心、修身，而其为父子兄弟乃可足法，齐家、治国、平天下而后，人之父子兄弟自法之也。”
>
> 于是满堂闻者，咸翕然相叹曰：“人不善学，则虽孝弟，而终归于乡士之次；人能善学，则即孝弟而终至于圣神之大，物不可以无格，而知果不可以不先也。”③

---

① 罗伽禄：《一代思想大师罗汝芳》，第49页。

② 杨起元：《明云南布政使司左参政明德夫子罗近溪先生墓志铭》，罗汝芳：《罗汝芳集》，方祖猷等编校整理，第921页。

③ 罗汝芳：《近溪子集》，《罗汝芳集》，方祖猷等编校整理，第101—102页。

问："孝弟为教是矣。如王祥、王览，非不志于孝弟，而君子不与之，何也？"

罗子曰："人之所贵者，孝弟；而孝弟所尤贵者，学也。故质美未学者，为善人。夫善人者，岂孝弟之不能哉？弗学耳。弗学则如瞽目行路，步或可进尺寸，然终是错违中正，堕落险阻。虽曾子未免大杖不走陷亲有过之失，而况于祥、览兄弟矣乎？故曰：行而不著，习而不察，终身由之，不知其道。夫由之而不知其道，与瞽者行路何异哉？"

诸君相顾而庆，曰："吾族吾乡，质美而能孝弟者，不少也。如今而后，瞽人行路之失，庶其免夫！"

（罗子）又徐为会众申告曰："善人之孝弟，与圣人何以异哉？盖圣人之学，致其良知者也。夫良知在于人心，变动而不拘，浑全而无缺，时出而恒久弗息者也。今宗族称孝、乡党称弟，而不善致其良知者，则执滞于一节而变或不通，循习于一家而推或不广，矫激于异常而恒久可继之道或违焉。又安能以光天地、塞四海，垂之万世而无朝夕也哉？故君子必学之为贵也。"①

这是否即为是年讲学实录，无法确考，但汝芳平生讲学大率如此，故录此以见其当年讲学风采和思想之一斑。

本年，邹守益举复古会，发道心人心之旨。

耿定向受命出按甘肃，便道归省，与仲弟定理论学，自此于有无内外、精粗微显无二见矣；又与定理、定力②及诸友聚会论学。

胡直至石莲洞，以博约旨质罗洪先。洪先恐其求诸意象，故而诘之曰："今满眼是事则，满眼是天则，可乎？"定向、定理曾与胡直相会，相与订学宗旨。其时，直以无名为宗，定理以不容已为宗，而定向则以常知为学。

赵贞吉服除改任北京户部右侍郎，寻因忤严嵩而被罢官还乡。

程学颜卒，颜钧含悲志传寄哀。

---

① 罗汝芳：《近溪子集》，《罗汝芳集》，方祖猷等编校整理，第 114—115 页。

② 耿定力（1541—1607），字子健，号叔台，隆庆五年（1571）成进士后，历工部主事，成都知府，右都御史，南京兵部侍郎。

嘉靖四十一年壬戌（1562），四十八岁

罗汝芳省亲期间，正值汤显祖父亲汤尚贤（字彦父，号承塘）五十初度，遂撰文为贺道：

> 天地之大德曰生，而生生之谓易也。夫生生者，生而又生者也；生而又生，则不息矣。不息则久，久则征，征则悠远，悠远则博大，大以敷久，久斯无尽，久以充大，大乃无疆。故易也者，圣神之所以永长其生，而为言寿之所自来者也。天之寿夫人，与人之自寿以无忝夫天，凡以是久大之德而自相授受焉者也。天授是德与人，人受是德于天，勃然其机于身心意知之间，而无所不妙，蔼然其体于家国天下之外，而靡所不联。以是生德之妙而上以联之，则为老吾老以及人之老，而所以老老者，将无疆无尽也。以是生德之妙而旁以联之，则为长吾长以及人之长，而所以长长者，将无疆无尽也。以是生德之妙而下以联之，则为幼吾幼以及人之幼，而所以幼幼者，将无疆无尽也。会万汇之众而欣喜欢爱，以熙熙乎春台，张八荒之景而顺适平康，以优优乎寿域，斯则我之所以为生，与天之所以生乎我者，既恒久而不已，我之所以生乎人，与人之所以同生乎我者，且通达而无殊。是则会合天人，浑融物我，德之盛也，寿之极也，而广生大生之至也。亦吾侪所愿于汤君承塘之所以自寿其身，与汤子义仍之所以善寿乎亲，而紫泥之馨、黄扉之耀，引之百千万年而无疆无尽焉者也。①

① 罗汝芳：《寿汤承塘序》，《罗明德公文集》卷二，《罗汝芳集》，方祖猷等编校整理，第509—510页。

“据说，当时罗汝芳还为汤氏家塾作了一副对联，悬于其内。联说：‘光阴贵似金，莫作寻常燕坐；天地平如水，相看咫尺龙门’。”[①] 大约就是在其父的寿典上，显祖第一次见到了汝芳，并奉父命拜他为师从学，所以，显祖说他年十三即从明德夫子游。不过，此时的显祖，尚为少年，并不能领悟汝芳之学，且汝芳很快就返回京师，自然也不可能有多少时间传学于显祖。但自此，汝芳与汤显祖便建立了师生之谊，这应是事实。

据曹胤儒《罗近溪师行实》，销假回任的汝芳“在京大修部司火房，集一山罗公、合溪万公、小鲁刘公、见罗李公、鲁源徐公辈日夕聚论，商榷理学”[②]。李材（见罗）是新中进士，获授刑部主事，得与汝芳相识论学，他在《观我堂稿》卷二十一《赠近溪罗先生守宁国府·壬戌》中说：“辱君以臭味之似，忘年而与友。”可见他们自此而建立起友谊。

汝芳又时时邀请刚除内艰服，入京候任的王时槐论学，他们常常彻夜长谈。汝芳语人曰：“吾与王子剧谈，诚祝天愿其有契于吾言也。”[③] 其切偲恳至如此。

不久，汝芳被任命为宁国府知府。据说徐阶本不欲让汝芳外任而想另作任用的，不意却被吏部安排出知宁国府了。汝芳孙怀智记道：

> 祖出守宁国，五台陆大夫谓曰：“兄见存翁否？”祖曰：“顷见存翁，一语不发。何也？”大夫曰：“此翁为兄吃一大恼。盖翁为兄谋而无善地，意明春南考功须一名士，昨令部推去阮沙城，而未示以所补部，不知而就兄宁国，此大失翁初意也。”祖笑曰：“兄且休矣！宁国不足以取公卿，独不足以取圣贤耶？”大夫拱手谢曰：“壮哉！罗兄志也。岂人所易及哉！”[④]

宁国府隶属南直隶，分别与杭州府、徽州府、池州府、太平府、广德府、湖州府相邻，辖六县即宣城县、南陵县、泾县、宁国县、旌

① 罗伽禄：《一代思想大师罗汝芳》，第49页。
② 曹胤儒：《罗近溪师行实（节录）》，罗汝芳：《罗汝芳集》，方祖猷等编校整理，第838页。
③ 王时愧：《近溪罗先生传》，罗汝芳：《罗汝芳集》，第857页。
④ 罗怀智：《近溪罗先生庭训记言行遗录》，罗汝芳：《罗汝芳集》，方祖猷等编校整理，第406页。

德县和太平县，府治设在宣城县。怀智记道：

> 祖治宁国，凡士民入府，则训以孝顺父母，尊敬长上。古林沈大夫谑曰："孝顺父母、尊敬长上，而足以治宁国耶？"祖曰："奚啻宁国已也。"及经月，而鞭朴不闻。大夫又谑曰："此翰林院也，岂云郡堂哉？"祖曰："是皆从孝顺父母、尊敬长上中来也。"①

曹胤儒《罗近溪师行实》亦记曰："师之宁国，凡士民入府，则教以孝顺父母、尊敬长上。或曰：'孝顺父母、尊敬长上，足以治宁国乎？'师曰：'奚啻宁国已也。'数月，教化大行。"②治理宁国的成功经验，使汝芳深切体会到"太祖高皇帝……'孝顺父母、恭敬长上'数言，直接尧舜之统，发扬孔孟之蕴，却是整顿万世乾坤也"③。

本年，"严嵩罢，犹给岁禄，系其子世蕃诏狱，以御史邹应龙为通政司参议"（《明史纪事本末》卷五十四）。《明史》卷三百〇八《严嵩传》说："帝入方士蓝道行言，有意去嵩。御史邹应龙避雨内侍家，知其事，抗疏极论嵩父子不法，曰：'臣言不实，乞斩臣首以谢嵩、世蕃。'帝降旨慰嵩，而以嵩溺爱世蕃，负眷倚，令致仕驰驿归，有司岁给米百石。下世蕃于理。嵩为世蕃请罪，且求解，帝不听。法司奏论世蕃及其子锦衣鹄、鸿，客罗龙文，戍边远，诏从之。特宥鸿为民，使侍嵩，而锢其奴严年于狱。擢应龙通政司参议。时四十一年五月也。……嵩既去，帝追念其赞玄功，意忽忽不乐。……嵩知帝念己，乃赂帝左右，发道行阴事，系刑部，俾引阶（徐阶），道行不承。坐论死，得释。"又，《明史》卷三百〇七《蓝道行传》记："嵩诇知道行所为，厚赂帝左右，发其怙宠招权诸不法事，下诏狱。坐斩，死狱中。"《明儒学案》卷三十二《泰州学案序》谓："御史邹应龙因论嵩，败之。然上犹不忘嵩，寻死道行于狱。心隐踉跄，南过金陵，谒何司寇。司寇者，故为江抚，脱心隐于狱者也。然而严党

---

① 罗怀智：《近溪罗先生庭训记言行遗录》，罗汝芳：《罗汝芳集》，方祖猷等编校整理，第407页。
② 曹胤儒：《罗近溪师行实（节录）》，罗汝芳：《罗汝芳集》，方祖猷等编校整理，第838页。
③ 罗汝芳：《近溪子集》，《罗汝芳集》，方祖猷等编校整理，第67页。

遂为严氏仇心隐。心隐逸去，从此踪迹不常，所游半天下。”

高拱[1]升礼部侍郎，寻进吏部尚书。帝渐亲徐阶。

夏，邹守益举复真书院会，发明言行合一之旨；秋，因新刻《复古书院志》，守益为之作序；仲冬，王龙溪面诀后，守益即殁于家。龙溪曾评守益云：“阳明夫子生平德业著于江右最盛，讲学之风亦莫盛于江右，而尤盛于吉之安成。盖因东廓诸君子以身为教，人之信从者众。”（《王畿集》卷十六《漫语赠韩天叙分教安成》）

钱德洪草成《阳明先生年谱》，与龙溪往访罗洪先，一道对年谱进行校订。

耿定向督学南畿，到任后，正学风、迪士类，建书院、聘师长，大力弘扬王阳明“良知”之学。他对焦竑十分器重，以“国士”待之，以“良知之学”相规，又命其为崇正书院的学长，甚至还让其代为掌教席。焦竑名声因之大振，很多人受他的启发而在良知之学上获得领悟，有的还成为有一定影响的儒者。[2]

李贽忆道：“三年服阕，尽室入京，盖庶几欲以免难云。居京邸十阅月，不得缺，囊垂尽，乃假馆受徒。馆复十余月，乃得缺，称国子先生，如旧官。”（《焚书》卷三《卓吾论略》）“四十一年，泉州郡城大疫，人死十之七。”（《泉州府志》）故他为“欲以免难”而“尽室入京”，就是为了逃避饥荒和瘟疫的威胁。

陈九川逝世。

---

① 高拱（1512—1578），字肃卿，号中玄，河南新郑人，历事三朝，曾握重柄，尤其是隆庆三年（1569）末至隆庆六年（1572）的两年多间，以武英殿大学士兼掌吏部，一身二任，出而斥陟、入而执允，无宰相之名而有宰相之权，但他不但未能尽施其才，毕生抱负更未得完全展现，而且更因阉宦冯保构陷而不得不败退政治舞台。

② 如农夫夏廷美即是受启于焦竑，而获悟泰州学派的“百姓日用之学”。

嘉靖四十二年癸亥（1563），四十九岁

罗汝芳在宁国知府任上，“联合士民各兴讲会，清逋欠、修堂廨、建志学书院。堂事稍毕，即集郡缙绅周潭汪公、受轩贡公、都峰周公、砰石屠公、毅斋查公辈，相与讨论。郡邑庠生侍坐听之，人各感动。其中奋发兴起者，如沈子懋学、徐子大任、萧子彦、詹子沂、赵子士登、郭子忠信等百余人。师开导不倦，多至夜分，精神契合，民亦潜孚”[①]。他曾勉励志学书院诸生说：

> 大丈夫自立，幼可以卜其壮，而穷可以占其通者，惟此志焉耳。志存乎义，而全力奋往，不以目前为效，而以身后为图，不以一时为计，而以百岁为期者，此其势勃勃洋洋，干干霄而川赴壑也。[②]

门人徐大任等编刻了《志学书院会语》，惜其书今未获见。汝芳又讲学于著名的水西书院[③]，本阳明学旨述论古今性命之学，并勉励诸生道：

---

① 曹胤儒：《罗近溪师行实（节录）》，罗汝芳：《罗汝芳集》，方祖猷等编校整理，第838页。
② 罗汝芳：《勖志学书院诸生》，《罗明德公文集》卷五，《罗汝芳集》，方祖猷等编校整理，第716页。
③ 嘉靖三十一年（1552），督学御史黄洪昆、知府刘起宗、知县邱时庸创建水西精舍于宝胜寺，并置田养士。邹守益撰《水西精舍记》记其事。水西精舍为专门的集会传道之所，非为延师授徒而设，故建成后，以传阐阳明“良知”之学为宗旨，由阳明诸弟子主坛，每年春秋凡两会，学士缙绅云集，盛极一时，名扬天下。嘉靖四十三年（1564），时任宁国知府的罗汝芳重修水西精舍，更名为水西书院，并联合徽州府、宁国府、广德府三地士大夫讲学其间。其后，汝芳数过其间，以阳明心学为宗旨讲论古今性命之学，周怡、沈宠、张本静、查铎、肖彦相等相率参与。

孩提之童无不爱亲敬长，良知良能也。贤者养而弗失耳。养之之善，亦惟于亲长之间，怡怡听顺，愉色婉容，即如亲长视己幼稚之日，孩之欲其嬉喜，提之望其活跃，是谓知孝，是谓能弟。古云“慈乌反哺”，义亦犹是也夫。[①]

门人萧彦等将他的讲论编录为《水西书院语录》，该编未曾刊刻，为今未见。

热衷于讲学的汝芳，“其守宁国，集诸生，会文讲学，令讼者跏趺公庭，敛目观心，用库藏充馈遗，归者如市”[②]。“会文讲学的场所，竟也是讼者纷纭的公庭。讼者的呶呶，乃易为跏趺静坐的冥默。封建政府的公库，乃成为馈赠‘罪犯’的财源。这样的知府，不执行封建政府律令，以‘罪犯’为良善，可以说是绝无仅有。”[③]所以如此，乃因他有感于：“议律例者，则日密一日；制刑具者，则日严一日；任稽察、施栲讯者，则日猛一日。每当堂阶之下、牢狱之间，睹其血肉之淋漓、骸骨之狼藉，未尝不鼻酸额蹙，为之叹曰：‘此非尽人之子与？非曩昔依依于父母之怀、恋恋于兄妹之傍者乎？夫岂其皆善于初，而不皆善于今哉？及睹其当疾痛而声必呼乎父母，觅相依而势必先乎兄弟，则又信其善于初者，而未必皆不善于今也已。故今谛思吾侪能先明孔孟之说，则必将信人性之善，信其善而性灵斯贵矣，贵其灵而躯命斯重矣。兹诚转移之机，当汲汲也！’”[④]

汝芳治宁，唯以民生为本。“耿天台行部至宁国，问耆老以前官之贤否。至先生，耆老曰：‘此当别论，其贤加于人数等。’曰：‘吾闻其守时亦要金钱。’曰：‘然。’曰：‘如此恶得贤？’曰：‘他何曾见得金钱是可爱的？但遇朋友亲戚，所识穷乏，便随手散去。’”[⑤]曹胤儒《罗近溪师行实》记：“南陵额种官马，百姓苦之。师引通州旧例，请于抚按，而自具奏请罢之。兵部禺坡杨公恐照例者

① 罗汝芳：《勖水西书院诸生》，《罗明德公文集》卷五，《罗汝芳集》，方祖猷等编校整理，第716页。
② 黄宗羲：《参政罗近溪先生汝芳》，《泰州学案三》，《明儒学案》卷三十四，沈芝盈点校，第763页。
③ 侯外庐、邱汉生、张岂之主编：《宋明理学史》下卷，人民出版社1987年版，第465页。
④ 罗汝芳：《近溪子续集》，《罗汝芳集》，方祖猷等编校整理，第239页。
⑤ 黄宗羲：《参政罗近溪先生汝芳》，《泰州学案三》，《明儒学案》卷三十四，沈芝盈点校，第805页。

纷纷，欲不允。存斋徐公谓杨公曰：‘罗子好人，必能知人，吾欲就之。南考功徐转而北将重托焉，不意外补，今初作郡，经济方新，宜成厥美。’杨公乃允。岁省民间七八千金，民至今颂之。筑泾县、南陵、太平三城及罗公圩，皆师设法成之。……他如议处迎景王宫眷之役夫，定醮齐云文武之班次，弥太平府百姓之鼓噪，减太平、南陵二县之浮粮，缉泾县鸡子岭之寇盗，无不从容中度，上下宜之。台司无弗注上考者，师之治行为天下第一矣。”①

本年，钱德洪持修订后的《阳明先生年谱》再访罗洪先，洪先为《阳明先生年谱》作序。

赵贞吉讲学桂湖，从者甚众。

邓豁渠访晤罗洪先于石莲洞。

耿定向校士吴门，悟《中庸》之旨。

汤显祖补邑弟子员，每试必雄其曹偶。他于帖括之外，已能为古文词；五经而外，尽读诸子百家书。

---

① 曹胤儒：《罗近溪师行实（节录）》，罗汝芳：《罗汝芳集》，方祖猷等编校整理，第839页。

嘉靖四十三年甲子（1564），五十岁

罗汝芳自出守宁国府，即大力推行乡约。他提出“守令之设，职在亲民，保障之功，机存易俗。惟上之礼教未崇，斯下之向方无定，今府属各县讼狱日烦，寇盗时警，家殊其俗，肆争竞以相高，人各其心，逞刁奸以胥虐，是宜各院勤拳多方督切。但法立则弊生，每画一之为难；势悬则情隔，必大同之是贵。爰循古人乡约之规，用敷今日保甲之意。事先体要，敦德礼以洁治源，而章程则在所略；行务融通，萃人心以端趋向，而讥察则居其次。待斯人以长者之风，弼明时以隆古之化”[①]。为此，他作出规定：（一）编保甲门牌，立为约簿。“城内外则以铺号，乡中则以村落，将各户挨门填注；某一门共几人，习何职业，尽一铺一村而止，为一簿。”（二）由木铎老人每月六次宣读《圣谕》。“城中各门、乡下各村，俱择宽广寺观为约所，设立圣谕牌案，令老人振铎宣读，以警众听。如半年以后，果有遵行圣谕为众所钦仰者，每约各举一二人以凭旌赏。至一年后，约中犹有违约作非者，公举之以凭惩戒。”（三）合理设置集会点开展活动。“城市，人少者共为一约，多则四门分立。乡居须以大村为主，某小村在二三里内者附之。每一处选年高有德者一人为约长，又二三人或四五人同心助之。知礼读书者数人，或司礼以行礼仪，或司讲以演圣谕。又令名约内教读，率领乡馆童生侍列歌诗，其余士民无分长幼，俱如期赴约所。其中仕宦或见任归省，或养高家食，亦敦请临会以正约礼。”（四）仰体《圣谕》，敦孝友务和睦。“同约父兄子

① 罗汝芳：《宁国府乡约训语》，《近溪罗先生乡约全书》，《罗汝芳集》，方祖猷等编校整理，第750页。

弟，各须仰体《圣谕》，敦孝友，务和睦。士农工商，各勤职业，旧染污俗，咸共维新。间有户婚争斗，一切小忿，互相劝释，或闻知约中，从公辩别，侵犯者归正，失误者谢过，心平气和，以杜后言。事干各约者，亦同一体，其或暧昧不明，迹无指证，止可敷陈礼法，微言讽论，毋得轻发阴私以开嫌隙，毋得擅行决罚以滋武断”。（五）居安思危，加强防范。“每簿内择年壮有力一人为保长，每三十户置锣一、铳一、枪竿或十或五，遇有寇急，鸣锣声铳，互相救援。各村中或有恶少强窃，赃盗明实者，即行首官擒拏，毋得故纵。又每簿内照户贫富，各出义谷若干，以户之空闲仓廪收贮，至秋熟，以新易旧，量力增加，约众眼同封锁。遇水旱有急，方许散赈。官府止印记文簿，不行查扰。”（六）官府备案，各约自治。“约中文簿，俱该图里长老人送官用印，给发各约收执，其约长等众，俱免入府县以妨农业”。（七）约期集众，宣读《圣谕》六言，行礼如仪。①

汝芳对《圣谕》六言做了敷演训导：

孝顺父母，尊敬长上。臣罗汝芳演曰：人生世间，谁不由于父母，亦谁不晓得孝顺父母。孟子曰“孩提之童，无不知爱其亲”者，是说人初生之时，百事不知，而个个会争着父母抱养，顷刻也离不得，盖由此身原系父母一体分下，形虽有二，气血只是一个，喘息呼吸，无不相通。况父母未曾有子，求天告地，日夜惶惶。一遇有孕，父亲百般护持，母受万般辛苦，十月将临，身如山重，分胎之际，死隔一尘。得一子在怀，便如获个至宝，稍有疾病，心肠如割，见儿能言能走，便喜欢不胜。人子受亲之恩，真是罔极无比，故曰“父即是天，母即是地”。人若不知孝顺，即是逆了天地，绝了根本，岂有人逆了天地、树绝了根本而能复生者哉？……只要不失了原日孩提时的一念良心，便用之不尽，即如树木，只培养那个下地的一些种子，后日千枝万叶，千花万果，皆从那个果子仁儿发将出来。

又如尊敬长上，或是府县官司，或是家庭宗祖、伯叔、哥哥，或是外面亲戚、朋友、前辈，皆所当尊敬者也。然孟子说“孩提

① 详见罗汝芳：《宁国府乡约训语》，《近溪罗先生乡约全书》，《罗汝芳集》，方祖猷等编校整理，第750—752页。

稍长，无不知敬其兄”，亦是他良心明白，知得个次序，自不敢乱去干犯。今日也只要依着那个幼年不敢干犯哥哥的心，谨慎将去，莫着那世习粗暴之气染坏了，则遇着官府，逢见宾客、族长，其分愈尊，则其心愈敬……

和睦乡里，教训子孙。

臣罗汝芳演曰：人禀天地太和之气以生，故天地以生物为心，人亦以同生为美。张子《西铭》说道：“民吾同胞，物吾同与。”盖同是乾父坤母一气生养出来，自然休戚相关。……夫乡里之人，朝夕相见，出入相友，守望相助，内如妇女妯娌相唤，幼如童稚侪等相嬉，年时节序，酒食相征逐，其和好亦是自然的本心，不加勉强而然。但人家偶因界畔田地、借换财物、迎接往来，稍有相失，便至怀恨争斗……殊不知天道好还，人乖致异，我害乡里之人，乡里之人亦将害我，冤业相报，辄致身亡家破……爱我敬我，尽一乡之人如一母所生，自然灾害不生，外侮不入，家安人吉，物阜财丰，同享太平之福于无穷矣。

以上孝敬和睦之事既知自尽，又当以之教训子孙。盖我的父母即是子的祖、孙的曾祖，我的兄弟即是子的伯叔、孙的伯叔祖，我今日乡里，即是子孙他日同居的人。一时易过，百世无穷，既好了目前，也思久远之图。……凡我会众各宜劝勉，以和睦乡里，教训子孙。

各安生理，毋作非为。

臣罗汝芳演曰：上来四条：“孝亲敬长，睦乡教子”，是自尽性分的事；此“各安生理，毋作非为”二句，是远祸害的事。……人生在世，须是各安其命，各理其生……若生理不安，则衣食无出，饥寒相逼，妻子相闹，便去干那非理不善的事，求利未得而害已随之，大则身亡家破，小则刑狱伤残，眼前作恶之人，昭昭自有明鉴。……

臣罗汝芳曰：此六条圣谕，细演其义，不过是欲人为善事，戒恶事。然善恶得失相规，礼俗相交，患难相恤。这四句言语，虽则与圣谕不同，其实互相发明。且如我如今能孝顺父母，尊敬长上，能和睦乡里，教训子孙，能各安生理，不作非为。推此类，则事事要学好，这都是心上的好念头、身上的好事，便是德了。把这几件干将去，件件做得，是件件打得成，没一些不到处，成就得个孝、弟、忠、信、礼、义、廉、耻的人，这便是业了。德业虽是自己的事，若只要自好，不管别人，则是自己德业亦有亏损矣，所以又要与同族、同乡、同会之人，彼此更相劝勉……

然这礼俗相交，却只说平日处常时和睦乡里的事。至于人家有患难，却尤要周急，方见是个彻底的好人。……会众等仰悉高皇帝教民至意，将以前六条躬行实践；又将《吕氏乡约》四句相兼着体会而行，则人人皆可为良民，在在皆可为善俗，不惟一身交享福利，其子孙亦久久昌炽。若或反道悖德，弗若于训，是乃梗化之顽民，小则不齿于乡，大则必罹于法，而身家亦不能保矣！①

为了有效教化民众，汝芳还撰《勖百姓二十条》，告诫道：

劝吾民，要孝亲，原是父母生此身。承欢养志分内事，打骂劳苦莫怨嗔。

劝吾民，多积善，天公报应疾如箭。积善之家处有余，若还积恶天岂眷？

劝吾民，莫分异，弟敬哥哥兄爱弟。夜间莫听妇人言，忍耐张公同九世。

劝吾民，要齐家，一家争斗重堪嗟。和气致祥乖致戾，请看田氏紫荆花。

劝吾民，要守成，祖宗基业本难擎。但愿儿孙多克肖，常将勤俭振家声。

劝吾民，莫赌赙，家园荡尽声名恶。纵使场中局局赢，算来几个不零落！

劝吾民，莫争讼，公庭刑罚无轻纵。裂肤破产先受亏，赢得官司何益用？

劝吾民，早输赋，公家税额终难负。但得及时赴催科，任他差皂来追捕。

劝吾民，莫负租，皇家赋税大户输。若还负租累大户，纵逃

① 罗汝芳：《宁国府乡约训语》，《近溪罗先生乡约全书》，《罗汝芳集》，方祖猷等编校整理，第752—757页。

王法天也诛！

劝吾民，要睦邻，邻居本是百年亲。出门举足常相见，礼义相先号里仁。

劝吾民，莫恃强，强梁好勇身早亡。齿先舌敝皆由硬，柔弱枝条生意长。

劝吾民，莫害人，举头三尺有神明。毕竟害人还自害，起意害时造祸城。

劝吾民，莫服毒，随缘随分随时足。一失人身再复难，莫因小念捐生促。

劝吾民，莫偷窃，一遭两遭终一跌。请看徒流刺配人，大半皆由好偷窃。

劝吾民，莫奸淫，坏了行止损了身。谁家妻子容人乱？胡不将心来比心？

劝吾民，莫溺女，男女一般俱莫去。若逢开元天宝间，众羡生男不如女。

劝吾民，莫杀牛，窃来老伤钱易求。律拟徒流并枷杖，那见私宰脱罪囚！

劝吾民，莫食牛，得他耕犁谷方收。皮骨角筋俱成用，食肉何忍横死忧？

劝吾民，勤生理，士农工商勤为美。大富由命小由勤，游手好闲身何倚！

劝吾民，莫怠惰，百事吾身总负荷。大禹当年惜寸阴，昼长何事只闲过？①

宁国治理，成效卓著。尚未到考评荐举之期，总督“南粮”②的万枫潭就破格向朝廷荐曰：“无我得正己之尽，存神妙应物之感。”众相讶曰：“如斯出格，如斯荐语，前所未有也。”③

罗怀智《罗明德公本传》称：“出守宁国，教化大行，以崇学

① 罗汝芳：《勖百姓二十条》，《罗明德公文集》卷五，《罗汝芳集》，方祖猷等编校整理，第721—722页。

② 明清时从江苏、浙江等南方数省征集并由水道运至京师的粮食。

③ 曹胤儒：《罗近溪师行实（节录）》，罗汝芳：《罗汝芳集》，方祖猷等编校整理，第839页。

术、育人才为功课，宛陵六邑一时有三代风。”[1] 为了大兴文教，汝芳先后礼请王龙溪、王襞（东崖）到宁国府讲学，反响极大，一时呈现蒸蒸向学气象。

龙溪《宛陵会语》说：

近溪罗侯之守宣也，既施化于六邑之人，复裒六邑之彦，聚于宛陵，给之以馆饩，陶之以礼乐，六邑之风蹶然震动。甲子春暮，予以常期赴会宛陵，侯大集六邑之士友长幼千余人，聚于至善堂中。先命歌童举乐合歌，以兴众志。侯离席率众，作而言曰：“昔象山访晦庵于南康，开讲白鹿，发明义利之辨，闻之至有感悟流涕者。今幸先生辱临于兹，大众云集宛陵之胜，不减于白鹿。先生之学，渊源有自，幸蕲一言，以诏多士，焉知不有闻而流涕者乎？”予避席，愧不敢当。侯请之再三，且曰：“孟轲氏有云‘万物皆备于我’，与孔门一体之义，何所当也？”予辞不得命，请以一体之说，与诸士共筹之。……

阳明先师生于绝学之后，首发良知之旨，以觉天下。学者苟能不泥于旧闻，务实致其良知，去物欲之间，以求复其虚体，其于万物之感，当体具足，虚中而善应，不屑屑于典要，而自不过其则。如目遇色而明无不见也，如耳遇声而聪无不闻也。是故致良知之外，无学矣！此区区所闻于师说，孔门万物一体之蕴，庶足以发之。豪杰之士，无所待而兴。

今侯以弦歌礼乐倡导多士，而犹然不知所以兴，其自待亦薄矣。“人之所以异于禽兽者几希”，几希云者，良知之微也。象山尝有君子小人之说、义利之辨，辨诸此而矣。致良知，则由君子可进于圣贤；不致良知，则由小人将入于禽兽。吾人甘心以禽兽自处，而恬然不知所以自奋，其自待尤薄甚矣！夫藏身不恕，则不能以喻人，斯又区区与侯所当自镜，以致交修之益者，诸君念之哉！[2]

龙溪这次讲学期间，正值汝芳五十岁的生日，遂特撰文为庆，曰：

---

① 罗怀智：《罗明德公本传》，罗汝芳：《罗汝芳集》，方祖猷等编校整理，第 830 页。
② 王畿：《宛陵会语》，《王畿集》卷二，吴震编校整理，第 43—45 页。

嘉靖甲子春暮，予赴近溪使君之期，相会于宛陵，晨夕证悟，颇尽交修，且得观菁莪之化，闻弦诵之声，若身际武城而神游中阿之曲，可谓千载一时之盛矣。浃辰，复过水西，于诸友为信宿之处，贡子玄略、周子顺之、王子惟祯辈率诸友，请于予曰："近溪公莅宣州，以万物同体之学，施化于六邑，其视六邑之人，若一家之子弟，无不欲煦养而翼诲之。其于水西诸生，尤嘉惠栽培，若楚之有翘，将借此以为六邑之倡也。诸生感德于公尤深，且至五月二日，值公五帙初度之辰，诸生称觞致祝，不敢后于六邑之人。公之知心，莫如先生。敢蕲一言，以侑觞祝。"

予曰："可哉，斯固予之情也！既历天都、黄山，假馆于紫阳之墟，方期构思属稿，忽假寐若告予曰：'子欲为罗君寿乎？鸳飞戾天，鱼跃于渊，诗人咏歌，可以致辞矣。'予醒而讶之，有是哉，信乎精诚之通也！使君之学，粹莹冲和，同体万物，中心洞然，无扃府之隔；外境超然，无形迹之滞；燕笑容与，意度融豁，信有渊鱼之活泼。其施化于六邑也，彦而秀者既授之馆，而敷教之，在野而凡者，复为之约，而训饬之。虽穷乡僻壤，使君之精神无不流住，若三尺之童、垂白之叟无不被使君之膏泽，而思有以自淑也。盖使君之心，以六邑之心为心，六邑之人有一不化于善，使君之心歉然若有所未尽也。一时作人之盛，所谓成人有德、小子有造，庶几近之矣。信乎梦之为觉，而精诚之通，有以也。"

"使君自南宫中选，不就廷试十年，庭除唯诺，谕亲以道，训子弟以义，方修身以教于家者，植根既深且久，故其发之于用，畅达扶苏，有同于甘棠之蔽，而人自德之。尝观使君教人，使人当下识取，不作拟议，不涉安排，不间以凡心，盖一念真机，神感神应，非人力可得而与也。才作拟议，才涉安排，即非神机之感应。使君以此得悟，即以此教人，出之有本，不徒声音笑貌之为。以故六邑之人，皆能信使君之心，薰炙于道义，而感之尤速也。吾人知使君之化，方知使君之学，所以为使君之寿者，不外学而得之矣。"

"水西诸生果能以使君之学为学，尽去其凡心，神机盎然，不犯人力，足以倡于六邑之人，所谓遍为尔德，而寿考愿于使君者，不在于言而在于身，使君之心斯慰耳。若面从其教而身违之，耳聆其训而心悖之，使使君之化暗而不章，郁而不畅，则虽盛筐篚多，歌颂充溢于使君之庭，亦徒为观美而已，使君之心，知有所不乐也。区区此言，虽未足以尽发使君之蕴，庶几为知使君之心，授而书之，以告诸人。使君其复以进我否耶？”①

龙溪又为汝芳的父亲崇網作《赠前峰罗公寿言》说：

人子之奉其亲，在于善养，而不在于禄养。亲之自致其养，在于静逸恬愉，而不在于浓缛嚣华之习。善养者，谕亲于道，盎然出之，不以一毫栅乎其中。静逸者，忘机以动，泛然应之，不以一毫胶乎其外，盎然以出，养之至也。泛然以应，静之笃也。此古道之纯，率诸人性而安，得诸天常者厚，作圣之基，兴化之本也。今之人，有行之者，予于前峰罗公见之矣。

公子近溪君，自幼志于古人之学，禔身冲雅，读书潜玩大旨，虽事举子业，耻为章句之习，公未尝以是苦之。及君中选南宫，即图归省，视膳问寝，雍雍怡怡，不假繁饰，而至爱油然。家居十年，始就庭试，公亦未尝以功名急之。迩者君出守宁国，兴文学以饰吏治，群六邑之彦，晨夕聚处，谆谆以古道相切劘，烨然风动。大都发明良知之旨，而致谨于一念之微，不为外感所摇夺，此一体之义，而千圣之学脉也。时公就养官邸，每退食侍养，则以所与诸生陈说理道之言，一一诵于公，公每首肯，若有当于心者。②

分别后，龙溪致信汝芳，谓：“昔贤以有所为、无所为分辨义利，兄真心普度，固知无所拣择，然亦有安身立命用力之处。水渐木升，循循向上，方为有得力处。若只大众混混，旅进旅退，恐终无补于身心化理也。”③他在《与宛陵会中诸友》中说：“近溪公以身任道，兴起多士，又得诸贤为之先后，可谓一时遭际。然此件事乃是自己一生立命安身家当，若时作时止，因人起倒，不能恒以一德，未免出于

① 王畿：《寿近溪罗侯五帙序》，《王畿集》卷十四，吴震编校整理，第 395—397 页。
② 王畿：《赠前峰罗公寿言》，《王畿集》卷十四，吴震编校整理，第 399 页。
③ 王畿：《与罗近溪》，《王畿集》卷十一，吴震编校整理，第 295—296 页。

有为而为，不惟世人指为谈柄，诸贤当亦不能无愧于心也。”[①]按，近溪和龙溪都是很重视讲学并屡兴讲会的，“但二人的会讲特色有所不同。龙溪会讲更多地专注于阳明学的基本理论问题而极深研几，参加同志会远多于乡会，所以他的会讲是精英的会讲，他关心的课题是理论性和精神性的课题。而罗近溪之父在家即主办里仁会，近溪的老师颜山农又以办乡族的萃和会闻名，故受此影响，近溪所主之会，大众参加的乡会更多，其会讲的性质多是一种通俗化或世俗化的儒家会讲”[②]。

是年冬，耿定向与罗汝芳讲学于南京明道书院，论及“圣人一体”“明体”“见在”。[③]焦竑与管志道、吴自新、金光初、郭忠信、吴礼卿、曹胤儒、李天植、蔡悉、杨希淳、李登等参与讲会，听了耿、罗二氏的讲学；胤儒自此成为汝芳重要弟子之一，他在乃师过世后所撰写的《罗近溪师行实》，是了解和研究汝芳其人其学的重要资料。《盱坛直诠》对此次“明道书院会”记述道：

> 嘉靖甲子冬，天台耿师檄不佞胤儒置之留都之明道书院，勗之以圣学。时与偕者，同里东溟管子志道，及广德冲涵李子天植。天植闻学久，间谓儒曰：“君试将天下事判断了，作一圣人。”儒时有省。志道曰：“此语未有头脑。君连日闻师友所谭性命语，似解之而无所心会，乃独于此语，若有当焉者何也？”儒曰：“予于所谓判断也者，似有契焉，不知其他。”无何，近溪罗师以将入觐谒耿师，至院中征儒所得。儒对曰：“近李生勗儒，将天下事判断了，作一圣人，不知是否？”罗师曰：“圣人如何去做？”志道接语曰：“近承宗师面命，将此点明体，时时提醒。”罗师曰：“此语近之，然如何唤作明体？”耿师曰：“渠二子新入会，无门面话头，所说皆实话。兄可点与明体，俾渠下手。”时察院门首，有击鼓报入者。罗师因击鼓问儒曰：“闻否？”儒对曰：“闻。”又问：“寐时闻否？”曰：“不

① 王畿：《与宛陵会中诸友》，《王畿集》卷十二，吴震编校整理，第316页。
② 陈来：《中国近世思想史研究》，商务印书馆2003年版，第388页。
③ 据管志道《理学酬咨录》卷下《自纪师友幽明印心机感大略》，王襞也参加了这次讲会，并在金陵逗留了二十多天。王襞所讲的“当下本体”问题，使志道深受感动。

闻。”又问：“若人一旦捐馆时闻否？”曰：“不闻。”又问：“寐时、死时，此耳在否？”曰：“在。”罗师笑曰：“此虽近于异教家话，然究竟寐时、死时，此耳现在，如何不闻？看来闻者是你，便是明体。人有此而闻，有此而生，不然便是死人。今人都将耳目口体奉事，却不将此明体照管，便是枉了此生。孟子所谓‘先立乎大’，如是。”儒时悱然。耿师复顾儒曰：“从此点默识默识！”儒唯唯。

次日，耿师延罗师于明道书院为会。时与会者，见麓蔡公国珍、养旦刘公应峰、肖谦蔡公悉、桂岩顾公阙、鹤皋周公希旦、甑山张公燧，而儒与管君志道、李君天植及白下李君登、杨君希淳、焦君竑、吴君自新、金君光初、宁国郭君忠信、吴君礼卿侍。耿师举酒属坐上诸公曰：“仆昨游天界寺，问寺僧行有实修者否？住持以无对。仆时回顾此寺若空。前按陕时，至一县，县官皆不法，仆时看此县亦若空。今茫茫宇宙，若无一人焉担当，则天下后世必有秦无人焉之叹。仆今日请诸公对天发一大誓愿，将天地万物担当一担当，待至捐馆时，满得此愿，方才是一个人。”诸公皆曰：“然，然。”罗师曰：“孟子当时急务，只是要正人心。仆今日只要诸公讲学。”诸公又曰：“然，然。”临别，罗师顾吴礼卿曰：“子从宗师及予游久，如何不见长进？”礼卿曰：“不敢不勉。”罗师曰：“只是讲学，只是聚朋友便了。予今觐回，不见子家座上常有二三十客，便是子学不长进矣。”[①]

汝芳所讲“孟子当时急务只是要正人心，仆今日只要诸公讲学”及定向期愿诸生“将天地万物担当一担当，待得捐馆时，满得此愿，方才是一个人”云云，均给焦竑留下深刻印象。

仓皇避祸，四处游走的何心隐，在彭泽与耿定向匆匆一面即至宁国，依随汝芳，稍得安宁。因汝芳要赴京入觐，心隐才与他相别，离开宁国。

本年，徐阶当国，反严氏之浊，兴讲学之风。刑部给事中张岳上

① 罗汝芳：《盱坛直诠》，《罗汝芳集》，方祖猷等编校整理，第 391—394 页。

疏，力陈讲学之弊，以为“今讲学家以富贵功名为鼓舞人心之术，而闻风弟附者，则以富贵功名横于胸中”（《皇明典故纪闻》卷十七）。

王龙溪先与耿定向相会，语及罗洪先；寻赴水西会，后又会李材，往复证悟，颇尽交修。龙溪还在杭州天真书院主讲，听者四百五十余人。

年近七十的邓豁渠至楚入黄安，寄食于耿定理处。

颜钧长兄钦卒，年六十九。

李贽得国子监博士之职，然“为太学博士，即与祭酒、司业触，如秦、如陈、如潘、如吕，不一而足矣。……潘、陈、吕皆入阁”（《焚书》卷四《感慨平生》）。据容肇祖先生《李贽年谱》，“国子监祭酒为秦鸣雷及陈以勤。由潘、陈、吕皆入阁，证知潘是潘晟，吕是吕调阳”[1]。

焦竑中乡试举人，座师为沈启原[2]。

汤显祖从徐良傅习古文词，并与帅机、饶仑、周献臣、曾如海等共事笔砚。

---

① 容肇祖：《李贽年谱》，生活·读书·新知三联书店 1957 年版，第 23 页。

② “嘉靖甲子比士，上用言官议，两畿分校，选京秩有学行者充之。于是霓川先生（启源）以南屯部郎校《尚书》，得十有三人，不佞某亦幸与焉。”（焦竑：《陕西按察司副使霓川沈先生行状》，《澹园集》卷三十三，李剑雄点校，中华书局 1999 年版，第 534 页）

嘉靖四十四年乙丑（1565），五十一岁

罗汝芳是上年隆冬赴京入觐的。途经南京，他和耿定向在明道书院会上主讲；到这年的初春，他到了北京。曹胤儒《罗近溪师行实》记：

> 乙丑，入觐。吏书养斋严公、考功五台陆公，考师卓异。诸公卿相谓罗宁国真实好官，不可多得。时台拾遗首及金湖方公，师力为昭雪，始解。[1]

罗怀智《近溪罗先生庭训记言行遗录》记：

> 祖入觐时，偕严泉徐大夫往谒存翁。翁喜曰："我初不欲烦子以郡事，今观之，似更有实用也。"继而大夫曰："我于罗子，亦颇费心。如南陵马奏，杨禹坡难之，我为调停，乃克成事。"祖起谢，且请曰："老师为某加念，遂获培植，如推此意以及同志、天下，斯文不大有幸耶！"翁默然良久曰："古今事亦多不由己者。即如狄梁公，反周之志固坚，而所托则张柬之，柬之时已向老，倘殁在武后之先，志且奈何？"祖毅然曰："老师此言，知柬之而不知梁公。"翁曰："我何以不知梁公哉？"祖曰："梁公以人事君，则所举柬之，亦必以人事君者也。今武后先殁，其成事则在柬之；不然，柬之虽去，而所举柬之固自有

① 曹胤儒：《罗近溪实行实（节录）》，罗汝芳：《罗汝芳集》，方祖猷等编校整理，第839页。

在。梁公夫复何忧哉？”翁笑而首肯之。大夫因而进曰：“罗太守所望于老师者，意良厚矣。”祖曰：“老师以宗社为心，宗社以人心为本。今来朝两司郡县，多极一时之选，所患学脉不端，则心事难一。老师趁此合并一番，令其向往不差，则终身德业，人人岂不光明而俊伟也哉？”翁跃然喜曰：“昨语毛介川、胡柏泉，亦是此意。若我徐子，尤宜着力。二人可共诸公商量，以来复我。”翌日，诸公闻知，遂翕然订约，举讲会于灵济宫矣。①

李贽《续藏书》卷二十二《参政罗公》亦述：是年大计，汝芳“以守入觐，见华亭相徐。徐喜曰：‘我初不欲烦子以郡事，由今观之，更有实用也。’公起谢，且请曰：‘先生加意于某，不过为世道计。如推此意以及同志，天下斯文尤幸！’徐默然良久，曰：‘古今事亦有不由己者。即如狄梁公反周之志固坚，而所托则张柬之。柬之时已向老，倘没在武后之先，志且奈何？’公毅然曰：‘先生此言知柬之，不知梁公。’徐曰：‘我何以不知梁公？’公曰：‘梁公以人事君，则所举柬之亦必以人事君者也。武后先没，成事固在柬之；即不然，柬之虽去，而柬之所举亦自有在。夫复何忧？’徐首肯。公复曰：‘宗社以人心为本。今来朝两司郡县，多极一时之选，所患学脉不端，则心事难一。先生趁此合并一番，令其向往不差，则终身德业岂不益光明俊伟也哉？’徐跃然喜。翌日，大会灵济宫，公娓娓发明，音吐洪鬯，兴起者不可胜数。”

《罗近溪师行实》记汝芳“谒政府存斋徐公，公访以时务。师曰：‘此时人材为急，欲成就人材，其必由讲学乎？’公是之。遂属师合部寺台省及觐会诸贤，大会灵济宫。徐政府手书程子《定性》一书‘学者先须识仁’一条，令长子携至会所。兵部南离钱公出次朗诵。诸公恳师申说，师亦悉心推演，听者跃然”②。汝芳在这次灵济宫大会上畅论：

仁者，人也；人，天地之心也。故学者既识得万物与我同体，

① 罗怀智：《近溪罗先生庭训记言行遗录》，罗汝芳：《罗汝芳集》，方祖猷等编校整理，第407—408页。

② 曹胤儒：《罗近溪实行实（节录）》，罗汝芳：《罗汝芳集》，方祖猷等编校整理，第839页。

便须反之于身，以体乎万物，天则首之，地则足之，我则心其间而清且宁之，以致中和之极，以臻位育之化，其序不可乱，而其功不可已者欤！……孔、颜之乐，虽未易知，而孔、颜之言行，则俱在也。窃意此乐有自本体而得，则生意忻忻，赤子爱悦亲长处是也；有自用功而得，则天机感触，理义之悦我心是也。①

与会者“各质所得，殊多裨益”②，如时有学者问：“孔子曰‘志于道’。只此一语，极是学者所当理会，亦最是学者所难理会。盖天下古今，惟是此道，若此道真见，则志自不容已，志不容已，则学之不厌，教之不倦，精神渐次坚凝，而圣人发愤忘食、乐以忘忧，不知老之将至，其阃奥将自有入头处也。”汝芳回答说：“诚然，诚然。但今看来，道之为道，不从天降，亦不从地出，切近易见，则赤子下胎之初，哑啼一声是也。听着此一声啼，何等迫切！想着此一声啼，多少意味！其时母子骨肉之情，依依恋恋，毫发也似分离不开，顷刻也似安歇不过，真是继之者善、成之者性，而直见乎天地之心，亦真是推之四海皆准，垂之万世无朝夕。若舍此不去着力理会，其学便叫做远人以为道，纵是甚样聪明、甚样博洽、甚样精透，却总是无源之水、无根之木，用力虽勤而推充不去，不止推充不去，即心身亦受用不来。求其如是而已。如是而人，如是而家、国、天下，如是而百年千载，我可以时时服习，人可以个个公共，而云‘学不厌，教不倦’也，亦难矣哉！亦难矣哉！”③

再如，怀苏钱礼部问：“《定性》《识仁》二书，宗旨同否？”汝芳答：“孔门之教，主于求仁；程伯子以识仁为学者所先，最为的确。然须大公顺应，方是克己全功，则二书亦互相发也。细看二书，工夫何如？廓然大公，物来顺应，以至内外相忘，多就成功处说；诚敬存之，与存久自明，心苟不懈，多就用功处说。”④

又如，还有学者问：“识仁必资讲习，阳明乃有闻见遮迷之味，何哉？”答：“圣人完天聪明，良知与闻见原无二体。学者于此体未

---

① 罗汝芳：《近溪子集》，《罗汝芳集》，方祖猷等编校整理，第 112 页。

② 郭斗：《刻近溪罗先生会语叙》，罗汝芳：《罗汝芳集》，方祖猷等编校整理，第 938 页。按，郭斗与汝芳进士同年，也参加了这次灵济宫大会。

③ 罗汝芳：《近溪子集》，《罗汝芳集》，方祖猷等编校整理，第 73 页。

④ 罗汝芳：《近溪罗先生一贯编》，《罗汝芳集》，方祖猷等编校整理，第 356—357 页。

透，却逐事逐物，以求古今成法，殊不知揖让征诛，尧、舜、汤、武之前，谁曾干过？数圣人不过精明此心之体，如镜在悬中，无纤毫样子，物象随时各各呈露。若执成法以为知，则中藏不虚，所应却与天则违悖，谓之遮迷亦宜。”问：“然则孔子‘多闻而择，多见而识’，可废与？”汝芳答：“能择能识，良知也。若良知作主，则古今事变，裁制自由，韩信将兵，多多益善也。”[①] 如此等等。

王时槐《近溪罗先生传》说：

> 乙丑，予为符卿，先生以宁国守入觐。既见政府存斋徐公，出语予曰：“吾适见公，首言公当劝主上以务学为急，然必于其左右贽御焉先之。公诚能使诸大阉知向学，即启沃上心一大机括也。公奈何仅循内阁故事，以塞其职耶？”公大以吾言为然。因叹曰：“诸君讲学，只三五卷谈，不足风世。得君相同心学道，环宇受其福矣。”[②]

罗怀智《罗明德公本传》也说汝芳在徐阶支持下，“联会灵济宫，本朝称盛举云。时张江陵为裕邸讲官，公诘曰：‘兄进讲时，有必欲尧舜其君意否？’张沉吟。公叹曰：‘兄所居何等责任！乃无一段真精神以感格君上，何耶？’”[③]。汝芳与张居正的这次会面以及他对居正的质疑，潜伏下居正日后对他的不满。

在京期间，汝芳曾与王时槐彻夜长谈。时槐记道：“一夕，先生招予过其邸舍，联榻而寝。比四鼓，先生问予曰：‘近日何如？’予曰：‘吾惟直透本心耳。’先生诘问本心，予请示。先生曰：‘难言也，譬如蒸饭，必去盖，乃知甑中有饭；去甑，乃知釜中有水；去釜，乃知灶中有火。信未易言哉！’予曰：‘岂无方便可指似处。’先生曰：‘莫如乐，第从乐而入可也。’”[④] 为什么“从乐而入”可以“直透本心”？汝芳认为：

---

① 以上参见罗汝芳：《近溪罗先生一贯编》，《罗汝芳集》，方祖猷等编校整理，第 368 页。
② 王时槐：《近溪罗先生传》，罗汝芳：《罗汝芳集》，方祖猷等编校整理，第 857 页。
③ 罗怀智：《罗明德公本传》，罗汝芳：《罗汝芳集》，方祖猷等编校整理，第 830 页。
④ 王时槐：《近溪罗先生传》，罗汝芳：《罗汝芳集》，方祖猷等编校整理，第 857 页。

君子之学，莫善于能乐。至其乐之极也，莫甚于终身䜣然，乐而忘天下。故孟子论古今圣贤，独以大舜之事亲当之。然此乐宁独舜有之哉?《诗》曰：“天生蒸民，有物有则，民之秉彝，好是懿德。”是好也，即乐之所由来也。试观赤子初生无几，厥亲厥兄，孩之则笑，赤子方笑则亲，若兄之开颜而笑，又加百倍矣。此物则之必有者也。而其交相欢爱，即所谓懿德之好也，此实良知良能而又无不知之，无不能之。大舜初生，与众人一也；众人初生，亦与大舜一也。但众人以外物分其心，舜则爱慕终身，惟欲父母、兄弟之欢而已。故曰“允若底豫”，又曰“象喜亦喜”也。彼其满腔满怀，彻骨彻髓，皆喜欢孝弟之意，即自然喜欢孝弟之人，凡言行之合于孝弟者，乐然取之，惟恐不得彼与我一、我与彼一。若合众水之派而趋下流，合众派之流而归沧海，所以天下之士多就之者，成邑、成都，天下定、天下化、天下大同也。孟子之道性善也，是见得孩提之良知良能，无不爱亲敬长也。而其言必称尧舜也，是见得尧舜之道，孝弟而已也。故必孝弟如大舜，方谓之不失孩提爱敬之心，方谓之父母存而乐，兄弟无故而乐，方谓之仰不愧、俯不怍而乐，方谓之得英才而教育之，以达已之孝而为天下之孝、达已之弟而为天下之弟，而乐于成其仁义之化无疆无尽也。其王天下与否，不止是大舜之心不与，即天下万世之论大舜者亦不与。不观其王天下之久，所行之政奚啻千百?今时未必皆传，而拟传者惟孝弟焉，其孝弟又皆深山侧陋，耕稼陶渔之时所行者也。信乎孩提之爱敬，可以达之天下，信乎君子之三乐而王天下不与存也。《经》曰：“爱敬尽于事亲，而德教加于百姓。”舜之谓也。[1]

时槐后来在给汝芳弟子杨起元的一封信中，谈到接读起元所刻汝芳书时说：

第精义微言，则友朋中时有携尊刻而垂示者，亦幸庄诵而私淑其万一矣。惟老先生卓见道体，洞彻先天，信手拈来，尽情透

① 罗汝芳：《孝经宗旨》，《罗汝芳集》，方祖猷等编校整理，第433—434页。

露，使后学一闻指诲，果信得及，则宿障顿开，一种扭捏缠缚旧习当下解脱，真可谓太阳销冰，金锟剔翳之神力矣。顾鄙劣尤有虑者，以人性虽善，而宿生垢染，谁则无之？且畏难乐径，亦常情然也。倘其间闻教不善领会，或未免掠虚为悟，动以准绳为桎梏、修证为下乘，此在高明之士乃有此失，甚至毁戒溃防，妄称妙用，即于世道不无可忧。不识老先生亦可以上乘兼修中下之说，预塞其流弊否？[①]

觐事完成后，汝芳回到了宁国府。“适吉泉王直指按郡，郡中寂然无事。王谓所属曰：‘人言罗守以学会、乡约治郡，予始讶其迂，今阖郡相安无事，则信乎其为卓异也。’因命集父老子弟而观其歌诗、习礼，王深加奖赏。且谕之曰：‘察院旌赏，不可易得，况他郡皆惩恶，而此郡独赏善，尤不易得也。’无何，闻前峰公讣，奔归。士民缙绅送踰百里，无不泣别。合郡士民作《攀辕录》，今存。亦有追随不舍至家者，如梅井郭君及胥吏辈凡数十人。”[②]孙奇逢《理学宗传》卷二十六亦说汝芳“丁父忧，奔归，士民悲号不忍释去，有步随至盱江者”。

此番返乡奔丧，汝芳就结束了他在宁国府的工作。万历丙子年所修《宁国府志·官师表》云：“罗汝芳，字惟德，南城人，进士郎中任政，先礼教，驰刑威，念切民隐，建书院，讲明正学，恺悌作人，有古循良吏之风。艰去士民，遮道泣送之，因见任，例不立传。”

本年，李春芳以礼部尚书兼武英殿大学士，入阁预机务。

王龙溪先举会于南京为仁堂，继应邀赴新安福田会，申言此学不可一日不讲；再往江西吊罗洪先并展拜邹守益、聂豹诸公墓，亲见江右同志每月两会；又参加南昌的江右之会后，经南康到白鹿洞，为诸生讲学，大意在不失本心之良，以期志之所从来云云。

王东崖讲学于闽建宁府，谒紫阳公故庐。时，乐安蓉山董公署府事，有一指挥官当问革职，先生触渠弟，念及先人勋业之言，嘱公曲全之。彼密贿千金以报，先生曰：“予为利来耶？”厉色却之。因自

① 王时槐：《答杨复所大司成（戊戌）》，《友庆堂合稿》卷一，《王时槐集》，钱明、程海霞编校，第398页。
② 曹胤儒：《罗近溪师行实（节录）》，罗汝芳：《罗汝芳集》，方祖猷等编校整理，第840页。

矢曰："山人山居，不欲以垢名山场而遗笑山灵。"掩首而去也。董公而叹曰："吾师兄节操宛然吾先师，家法也！"于是留半年始归。

王襞会讲于金陵，又应耿定向之聘而督建泰州安定书院。

耿定向督学南畿，建吴陵书院，专祀王心斋。

许敬庵[①]调南考功。在南都三年，盛讲学。其《祭耿楚侗先生》云："初，公督学南畿，大振教铎，日夕群诸生而董教之。而孚远以郎曹厕公讲席，或竟日剧谈，或中宵密证。公多指点良知，令人觉悟启愤……学者欣欣，亦多感动兴起。"（《敬和堂集》卷十）

依居于耿定理的邓豁渠，因有证悟而入南塘山著《南询录》。

① 许孚远（1535—1604），字孟中，号敬庵，湖州德清县人，在吏部任职时被佞臣所排斥，降提刑按察使司佥事，结识李见罗。后任福建晋乡寺中丞，自奉如寒士，笫僻于讲学。

嘉靖四十五年丙寅（1566），五十二岁

罗汝芳既闻父亲崇絅辞世噩耗，即自宁国还籍奔丧守制。《近溪罗先生庭训记言行遗录》记他“自宁国闻丧，食馇啜粥，喑毁骨立，吊祭宾客，远近咸为感动。及居庐治墓，虽度岁不离，甚至馇粥俱忘，至于应酬谈学，未尝少有放过。祥后，宁铨问先生如何用功，乃能如是？子哽咽不对，久之方曰：‘先君慈爱训迪，举世莫及，故终夜耿耿，惟恐堕落，或遗羞辱，只此专切，便气体形骸，自是顾惜不得也。但于此，亦见得汝辈功夫不能前进，惟是宴安之意多耳。孟子志以帅气之论，诚不可不自信而自勉也’”[①]。

汝芳曾称“先君质性天厚，造就于明师良友，故内自宗族，外至合郡士人，信爱略无少异”[②]。他后来常以父亲对自己的教诲来训示孙辈，如云：“先大夫有个比方，试说与汝曹知之，汝曹须切记之。先大夫曰：‘人之住世，即树在于地也，欲树枝干茂盛者，须先壅培根本。人之家业，即其枝干，不惟树之枝干有根，而人亦有三条大根也。盖我此身，父母分胎，父母其一也；此身兄弟同胞，兄弟其一也；此身妻子传后，妻子又其一也。若能孝父母、和兄弟、善妻子，三根得培，而身家产业有不发越者哉！但斩伤此根，却有斧子两把，急急要先慎防：其一则是逞虚名，其一则是积厚利。若人犯此二病，则父母、兄弟、妻子总付度外而不相顾惜。细看世人，同受两斧，日夜戕伐，却日夜只思量家业茂盛，纵一时苟得，而不久凋残者纷如

① 罗汝芳：《近溪罗先生庭训记言行遗录》，《罗汝芳集》，方祖猷等编校整理，第421页。

② 罗汝芳：《先府君前峰公行状》，《罗明德公文集》卷四，《罗汝芳集》，方祖猷等编校整理，第657页。

矣。’”[①]《近溪罗先生庭训记言行遗录》更记有许多他以儒学传统教育孙辈的言论：

> 祖谓智曰：“《易》谓兑为朋友讲习。夫朋友，以人合之，伦也。而讲习且云至乐。若父子、兄弟，志同道合，则霄壤之间，更何物可胜此耶？幸而有之，汝须珍重。”祖谓智曰：“无方体，则自然无穷尽；无穷尽，则才是无方体也。故此段家风，再无容你着口着脚处，即说虚时，已是实了；说无时，已是有了。而况执象徇形，说有说实者哉！”祖谓智曰：“此心之体，极是微薄轻清，纤尘也容不得。世人苦不晓事，却使着许多粗重手脚，要去把捉搜索。譬如一泓定水，本可鉴天彻地，才一动手，便波起明昏。世人惟怪水体难澄，而不知原是自家乱去动手也。”
>
> 祖谓长孙怀义曰：“乍见孺子入井而怵惕恻隐之心，是无所为而为也。若生于恶声、纳交、要誉，则是有所为而为矣。有所为而为，即人欲，非天理也。”……“汝能体仁，则欲自制。《传》曰：‘太阳一出，魍魉潜消。’是矣。”
>
> 祖谓诸孙曰：“变化气质，是为学第一件事。不然，讲说无益。”祖谓诸孙曰：“汝等若肯着实用功，则处处受益，虽人之毁谤欺慢，皆是进德之资。若不着实用功，不过口耳之学，终不长进。”祖谓诸孙曰：“汝等一生，切勿于富贵中立脚。盖富贵原起于想念，而想念原属于悬浮。即今之年少，想欲登科，而科第者想欲台省，台省者复想欲卿相，望望然逐日追风，更无底止。反问自心，将欲何为？亦竟莫知其故。况祸福相倚，往往以忻入者，以悲出焉，皆初之一念，不自求明而然也。”[②]

汝芳时时与孙辈讲论阳明心学，如怀智问：“世儒往往分本体工夫为二，何也？”他回答道：“阳明先生曰：‘戒慎恐惧，人皆以为工夫，我则以为本体；不睹不闻，人皆以为本体，我则以为工夫。’正谓本体之外无工夫，工夫之外无本体。借令本体之外有工夫，则工夫未免碍心；工夫之外有本体，则本体未免支离。”怀智又

① 罗汝芳：《近溪罗先生庭训记言行遗录》，《罗汝芳集》，方祖猷等编校整理，第423页。
② 罗汝芳：《近溪罗先生庭训记言行遗录》，《罗汝芳集》，方祖猷等编校整理，第424—425页。

问："世儒佥云实修，而夷考其行，每不逮言。何也？"他答曰："修岂易言哉！夫修之云者，自暗室屋漏之中，几微念虑之始，达之为视听言动，著之为伦物应酬，繁之为经纶宰制，一一揆理尽分，务协天则。事无纤钜，境无静闹，履薄临深，惟恐爽忒，必为宇宙完人，勿致微颣玷损，庶几为实修乎？"并语怀智云："孩提之爱，稍长之敬，不虑而知，不学而能，孟子所以道性善，言必称尧舜。"又说："人皆可以为尧舜，夫执涂之人许其可以为尧舜，谁则信之？而孟子独信其必然而无疑。盖以圣人有此爱敬，涂人亦有此爱敬，原无高下，原无彼此，彼非有余，此非不足，人人同具，个个现成，亘古亘今，无剩无欠。以此自信其心，然后时时有善可迁；以此信人之心，然后时时可与人为善；以此信千百世人之心，然后百世以俟圣人而不惑。故《易》曰：'圣人成能，百姓与能。'"[①] 如此等等。

为了纪念先父，同时也是为了接待四方学者，汝芳修建了从姑山的前峰书屋。他"即其泉疏为方池，题泉曰'王泠'，池曰'浸碧'。恢扩旧斋，中为堂，扁曰'见雪堂'。前为阁曰'朝阳'，后为轩曰'潜光'。轩中有台曰'洗心'，旁有槛曰'绿雪'。槛上为冲虚岩、为印空石、为滴翠崖，皆书屋中大观也。其左右诸胜，亦稍增饰。秋泽洞之前为亭曰'振衣'，后为楼曰'双玉'。一线天峡中扁曰'留云'，其桥曰'凌虚'。云芝下创亭曰'得仙'，玉屏南为关曰'屏玉洞天'。宾乾洞口架楼曰'仪凤'，台曰'澄神'。紫云岩前为亭曰'廓如'。步蟾石下为蟾窟，紫玉园亭曰'坐春'。长春阁下为梧桐冈、为玩易亭，馆曰'涵春'，坞曰'翠微'。联络高下，咸先府君临眺之区，而与书屋相依并者也"[②]。

据曹胤儒记载，汝芳奔丧回乡途经金溪，"宿皋司。儒往侍教，师征儒新功。儒对曰：'觉道不费些子气力处，大有受用。'师曰：'不费些子气力极是。但孔子发愤处如何说？'儒对曰：'孔子发愤，为讨此受用，故继之曰："乐以忘忧。"'师曰：'然。吾人学问，如舟车，然车轮之发、舟帆之上，必费些力。比至中途，轮激帆扬，何须致力？'居顷之，师问曰：'此时心地如何？'儒对曰：

① 罗汝芳：《近溪罗先生庭训记言行遗录》，《罗汝芳集》，方祖猷等编校整理，第425—426页。
② 罗汝芳：《从姑山前峰书屋乞言状》，《罗明德公文集》卷五，《罗汝芳集》，方祖猷等编校整理，第691页。

‘觉无物。’师又曰：‘此便是。’师顷又曰：‘当得帐否？’儒对曰：‘恐当不得帐。’师曰：‘然。这是光景会散。’又扣数语，师首肯曰：‘如子所说，都是学问脉路，想是明白，无劳多谈。只是人行我行，人歇我不歇，如是做去，五六年便熟了，便是圣人路上人了。’”[①]胤儒遂侍师归盱，并协助汝芳经理丧事、修建前峰书屋，待了一百二十日，到这年初春，胤儒等众多弟子又汇集于前峰书屋，向汝芳问学。

胤儒是丙寅春正“自金溪谒师于姑山之长春阁”的，汝芳一见即问：“近日工夫，都彀手否？”儒对曰：“不敢言彀手，但不敢歇手。”问：“不歇手，便彀手了。然亦有时忘否？”对曰：“正苦不能浑然忘耳。”问：“不能浑然忘者，何也？”对曰：“憧憧为扰，而频觉照也。”问：“何以处之？”对曰：“觉了亦自融得。”问：“此等憧憧，日间多否？”对曰：“多。”汝芳说：“觉了便多了。”又看着鉴湖宁君诠说：“不觉底便道少。”胤儒其时惊惶汗下。当晚，汝芳与胤儒等“同宿禅床。师鸡鸣起坐，儒辈亦起坐。忽闻群僧诵《圆觉经》，至所谓‘梦幻’云者，师问儒曰：‘梦幻之云，虽梵书语，亦理会否？’儒对曰：‘即空中之花，由瞪目而生，空实无花也。’曰：‘此语果何所指？’对曰：‘凡一切世界，以暨心思，皆是也。’曰：‘如此，则子之世界、心思，皆能无有耶？’对曰：‘亦自了然，第未易消融耳。’安庆任斋朱君钧字秉重者，从旁捷出曰：‘但我出头，他自不能胜。’师叹曰：‘此皆空花语也。且曹子亦会翻帐，屡言不悟，难悟也哉？夫一切世界，皆我自生，岂得又谓有他？若见有他，即有对，有对即有执，对执既滞，则愈攻而愈乱矣。能觉一切是我，则立地出头，自他既无，执滞俱化，是谓自目不瞪，空原无花也。’儒大有省，因下榻拜谢，起谓朱君曰：‘可谓消我颠倒想矣。’师亟曰：‘未、未！子将古人何语印证？试速道来。’儒即对曰：‘语有之，能己复礼为仁。’师曰：‘子今得为君子儒也已。’儒旧字醇夫，师因改字汝为，即于灯下撰字，说一通中，有‘神龙渊潜，罔可窥睹’及其‘乘虚驭云，施及六合’，已而‘霄晴雨歇，了无纤踪’诸语。书毕授儒，笑曰：‘非予好为侈语，此字

① 罗汝芳：《盱坛直诠》，《罗汝芳集》，方祖猷等编校整理，第394—395页。

说有如符印然，将此学一手交付与子矣。勉之勉之！’”[①]第二天，“师携诸生，过师之泗石溪别墅。儒与思泉黄君、文塘黎君、南沙罗君、心文王君潜侍。儒问曰：‘双江聂先生所谓归寂者，何谓也？’师曰：‘此主静之别名也。’儒曰：‘此等工夫何如？’师曰：‘究竟此等工夫还是多了。然在初学或未可少。’罗君曰：‘与顾諟之说如何？’师曰：‘颇同。’王君曰：‘与止观之旨如何？’师曰：‘亦似。’师因曰：‘此等工夫虽同，然在学者深浅各有不同，须得一明师，随材随时指点，始得不谬。’”这里，汝芳认为聂豹的“归寂”说“颇同”于“顾諟之说”[②]。

一日，汝芳在黄思泉、黎文塘和曹胤儒等的陪侍下游从姑山一线天，“仰见天光，呼儒而语之曰：‘吾辈今日之学，须从天地未辟之先、吾身未生之先，而溯极于先而无先，自一气太息震荡之后、此身托木销化之后，而要极于后而无后，开大眼孔，放大心胸，看看始得。’儒曰：‘唯，唯。’黄君俛而思。师曰：‘才一伫思，剑去久矣。’”[③]汝芳又坐在姑山双玉楼，忽问侍立于傍的胤儒道：“如何为先立乎大？”儒对曰：“万物皆备于我矣。”又问：“如何作用？”儒对曰：“明明德于天下。”汝芳喜而又问：“作用次第如何？”儒对曰：“老吾老及人之老，长吾长及人之长，幼吾幼及人之幼。孔子所谓：老安、少怀、朋友信是矣。”汝芳说：“然，然。”次日，汝芳与胤儒相携山游，忽问：“赤子不虑而知之知，与圣人不思而得之知，吾子今何似？”儒对曰：“只此应师之知便是。”再问：“有思虑否？”对曰：“无。”又问：“能终无思虑否？”对曰：“往者不追，来者不逆。”问：“当下何如？”曰：“平平地。”又问：“忽不平平地，如何？”曰：“平平地。”“已而，思泉黄君、太湖南沙罗君以礼亦至。师迎谓曰：‘日与曹子几番问证，似能先立乎大。’儒对曰：‘荷师口生。’师曰：‘然、然。子令尊令堂，生子仅七尺已耳，予生子，弥宇宙身矣。’”[④]

---

① 罗汝芳：《盱坛直诠》，《罗汝芳集》，方祖猷等编校整理，第397—398页。

② 按《尚书·太甲上》说：“先王顾諟天之明命，以承上下神祇。”孔《传》曰：“顾谓常目在之，諟，是也。言敬奉天命，承顺天地。”孔颖达疏云：“《说文》云：顾，还视也。諟与是，古今之字异，故变文为是也。言先王每有所行，必还回视是天之明命。”后以“顾諟”指敬奉、禀顺天命。

③ 罗汝芳：《盱坛直诠》，《罗汝芳集》，方祖猷等编校整理，第395页。

④ 罗汝芳：《盱坛直诠》，《罗汝芳集》，方祖猷等编校整理，第395—397页。

汝芳又曾征胤儒新功："儒对以理会'无思无为'之本，使此未发时，澄澄湛湛，则随时随手，顺达将去。罗子曰：'此一几，于并归一路甚好，然有所见，莫不是妄否？无思无为，莫不是着想成一光景否？亦果能时时澄湛否？随时随手，果能动中否？'儒不能对。罗子曰：'如吾子所见，则百岁后易箦时，欣欣瞑矣。吾则以为真正仲尼，临终不免叹口气也。'次早，梳洗顷，罗子顾儒大声曰：'大丈夫须大放些志气，莫向鬼窟里作活计！'"①胤儒"将自溪返吴，诣盱辞师。师曰：'予有数语，赠吾子行。'索纸书曰：嗣乾坤而卦者曰'屯'，《易》曰：'屯也者，物之始生也。'始生必蒙。屯之文曰：'利建侯'，我求童蒙也，故曰'君子以经纶'，又曰'童蒙求我'，利居贞也。亦曰'包蒙，吉'。于是以贵下贱则得民，于是受以需则光亨。世之大不幸，祗在无学，上下瞶瞶，为屯为否。君子者，以躬参赞，以极昌耀，倾否亨屯之责寄焉，故曰：'物不可以终否，受之以同人。'"②汝芳还对胤儒申论《易》理道：

> 乾坤之为德也，浑涵于穹宇之外，而绵密于纤悉之微。至一以神其枢，而万有之咸备；至虚以寂其应，而百虑之纠纷。是以知至知终，固知以该乎其能；而庸言庸德，实能以显乎其知。君子之所以进德者，进乎此也；所以居业者，居乎此也；所以终日自强而不息于诚者，不息乎此也。至是则乾乎乾，而坤将自统，坤且统矣，而况于六十有奇之卦，三百有奇之爻耶！故善言法天者，必曰纯阳，善言学圣者，必曰通明。③

汝芳"在从姑，谓诸生曰：'诸友为学，须要立个必为圣人之志，时时刻刻用工，后日方有成就。若只茫茫荡荡度日，岂不惜哉！'"④《盱坛直诠》记："师叹曰：'善哉！程伯子之语'识仁'也，谓：'识得此意，不须防检，不须穷索。'彼岂务作侈语邪？良由直见天地万物浑然一体，故曰：大不足以名之。若反身未诚，犹是有二，

---

① 罗汝芳：《盱江罗近溪先生全集·语录》，《罗汝芳集》，方祖猷等编校整理，第294页。
② 罗汝芳：《近溪罗先生一贯编》，《罗汝芳集》，方祖猷等编校整理，第320页。
③ 罗汝芳：《近溪罗先生一贯编》，《罗汝芳集》，方祖猷等编校整理，第321页。
④ 罗汝芳：《盱坛直诠》，《罗汝芳集》，方祖猷等编校整理，第395页。

以己合彼，终未有之，又安得乐？故学者果能识得：诚自己诚，己外无诚；妄由己生，己外无妄。则一是百是，而存养省治，方是把柄在手。即如今日吾侪合志同方，徐徐而食，食毕而起，且坐且谈，莫非本体，亦莫非工夫，固无善状，亦无过举，又何彼己之可分，而真妄之可辨哉？时时如此透彻，便是万物我备，便是学以致道，即此'学'字，殆亦从人强名之耳。'因顾儒曰：'予平生不作语录，因与子两番议论，今寓笔矣。'良久复曰：'笔踪若行人，庶有省者乎！'儒拱立曰：'师若不留笔踪，不能亲炙吾师者，何由自淑？'师颔之曰：'坐。'"①

宁国府志学书院的学生们特委专使持信到南城吊问慰师，汝芳复信道："哀病寥寂，得此遽觉苏息，骨肉之雅感难言谕。孔子云：'圣人，吾不得而见之，得见有恒者，斯可矣。'有恒士行末节，而夫子直以作圣许之。盖出见纷华，志鲜不夺，而弗得弗措，虽柔愚可以明强，有恒之与至诚无息，直是一事。今时讲学者以作辄无成，十常八九。某在郡，过辱诸贤雅爱，翕然相聚，诚为可喜，而作辄之病，窃亦忧之。昨睹翰谕殷勤，且知会事联束，日夕无懈，则诸贤入圣有期，均可无负初心。"②其时又有宣城弟子戚恢来信，汝芳回复道："手教惓切，如获聚谈，足见近时向往坚锐，见道明晓，以故精神孚顺，千里仍咫尺也。人生世间，只是些子充之，可以照天烛地、贯古彻今，何人己形骸之隔耶？志小气轻，比比弃不收拾，遂令孔、孟独擅，更无能酬圣愿焉，不亦大可惧耶！幸终无斁以成初美，并祈昆玉协心，并驰为力，尤易易。恳望。"③类此，难以尽举，从中可见他们师生间的真情实感，更可感受到哀丧期中的汝芳，犹以教诲门人弟子们，勉其成长进步为念。

授学外，汝芳又"合抚建同志大会于疏山寺"④。《近溪罗先生庭训记言行遗录》记：

丙寅，子至疏山寺。黄佥宪粱山（讳纪）公、舒司寇继峰（讳

① 罗汝芳：《盱坛直诠》，《罗汝芳集》，方祖猷等编校整理，第 400 页。

② 罗汝芳：《报志学书院诸生》，《罗明德公文集》卷五，《罗汝芳集》，方祖猷等编校整理，第 675 页。

③ 罗汝芳：《报宣城戚生恢》，《罗明德公文集》卷五，《罗汝芳集》，方祖猷等编校整理，第 675 页。

④ 罗怀智：《罗明德公本传》，罗汝芳：《罗汝芳集》，方祖猷等编校整理，第 830 页。

化）公、高侍御谷南（讳应芳）公喜曰："自有此寺，未尝有此会也。"子曰："恐未有此寺以前，亦未有也。但天下事开先固难，有成为贵，必须精神一片，不漏泄分毫，方可贯古今而垂万世。"众共矢心曰："不如此，是大负兹山兹寺矣。"子叹曰："一人言之，即数百人和之，且交相责劝，谁更歇得？古云：'立必俱立，成不独成。'须是立必俱立，乃能成不独成也。"众皆惕然有省。吴司寇疏山（讳悌）公、傅学博石井（讳默）公、董比部蓉山（讳燧）公、许孝廉南华（讳大经）公，皆久于此学，子力请曰："为山掘井至九仞，虽劳且难，往往能之，至于一篑及泉，甚是易成，乃多亏废，故古人云'百里程途，九十方半'，盖前时是全付精神，故虽多而易，时久力疲故，虽少而难矣。吾侪至此须是努力末途，以收全功也。"①

在这次会上，"陈学博一泉（讳源）公曰：'谁能出不由户，何莫由斯道也，如何夫子复有此叹？'子曰：'圣人此语，正是形容良知无须臾离处。如曰人皆晓得由户，则其终日所行，何莫而非斯道也？'陈曰：'既是人人皆晓得，如何却有欧父骂娘之辈？'子曰：'此辈固是极恶，然难说其心便自家不晓得是恶也。'陈曰：'虽是晓得，却算不得。'子曰：'虽是算不得，却终是晓得，可见吾人良知果是须臾不离也。'陈默然。"②"子复呼在坐者曰：'我有一语与诸子商量。人性相近，是说天下中人最多，故其立教亦以中庸为至。即如今日四五百人，谁便即能做到尧舜？然其道只是孝弟，若孝弟，则人人可为也，亦谁便肯身为盗跖？但即是大人，却亦不能无过，只是过则可改，过而不改，是谓过矣。今日若说聪明，必如圣人，则此学人不能讲；若说作恶，皆如盗跖，则此学人亦难讲。岂知天生大圣人，固是不偶，其生大恶人，亦是不偶。故今日吾侪多是中人，既是中人，则迁善改过，可以勉强而不终于下愚；爱亲敬长，亦可勉强而不背乎上智。如此为学，其学可尽通于贤愚；如此为会，其会可大同于远近；如此为道，其道可直达于古今。故曰：人人亲其亲，长其长，而天下平。吾人出世一场，得亲见天下太平亦足矣，又何必虚见

① 罗汝芳：《近溪罗先生庭训记言行遗录》，《罗汝芳集》，方祖猷等编校整理，第417—418页。
② 罗汝芳：《近溪罗先生庭训记言行遗录》，《罗汝芳集》，方祖猷等编校整理，第418页。

空谈、清奇奥妙、割股庐墓、希高望远，而终不足以济世用！又何必束手缚足，畏缩矜持，而苦节贞凶也哉！’”[①]汝芳又“训会中诸童子曰：‘耳目聪明，即汝之良知终日终夜更无不知之时也。’诸童子各各应声如响”[②]。

詹事讲[③]《叙罗近师集后》说：“讲幼从外傅，则为言《中庸》之诚，天则实理，人则实心矣。稍长，侍先君讷斋游安成，诸先达则又为言实理之在天者，即吾心实心之在我者，即天理矣。然形体心知，天人迥隔，敏黾从事，泮涣犹切。比丙寅岁，近溪罗先生会讲疏山，录达道、达德、三重、九经，要皆行之以一，而所发一之义甚明且切时，则心若有契，乃修贽及先生之门，往还将十余载，未之敢怠，惟绎一之一言，亦未敢忘也。”[④]可见，他是听了汝芳的这次讲论而“心若有契”，才执贽从学于汝芳的。他经常向汝芳问学请益，如：

> 乐安詹侍御事讲，以学请正，曰：“学贵静乎？”罗子曰：“不宜离动。”曰：“在动处着力乎？”罗子曰：“宜不失静体。”曰：“功竟何着乎？”罗子曰：“心兮本虚，致虚要矣，何著？”侍御常以寂为疑。罗子曰：“性中万象森然，何寂之忧？”曰：“然则何如而为得力处？”罗子曰：“知得得力处，便是不得力；不知得力处，便是得力。大都道具吾心，而吾身即道，真机随处洋溢，工夫原无穷际。一念不通之人者，非道也；一息有间于道者，非功也。”[⑤]

他“尝问：‘本体何如？’罗子曰：‘无体之体，其真体乎！’问：‘工夫何如？’曰：‘无功之功，其真功乎！’问：‘体可见乎？’曰：‘仁者见之，止谓之仁；智者见之，止谓之智。不见之见，乃真见也。’又尝问：‘三教何以别？’曰：‘无而无，始堕于偏空；有而无，适得乎中正。’问：‘何以致良知？’曰：‘无思无

---

① 罗汝芳：《近溪罗先生庭训记言行遗录》，《罗汝芳集》，方祖猷等编校整理，第418—419页。
② 罗汝芳：《近溪罗先生庭训记言行遗录》，《罗汝芳集》，方祖猷等编校整理，第418页。
③ 詹事讲，生卒年不详，字明甫，号养贞，江西乐安县人。隆庆四年（1570）中举，万历五年（1577）成进士，颇有政声，自著《詹养贞集》外，将乃师汝芳语录编辑成八卷《明道录》，刊刻行世。
④ 詹事讲：《叙罗近师集后》，罗汝芳：《罗汝芳集》，方祖猷等编校整理，第940—941页。
⑤ 罗汝芳：《近溪罗先生一贯编》，《罗汝芳集》，方祖猷等编校整理，第370—371页。

虑者，良知之体，傥以有思虑致之，犹方底而圆盖，必不合矣。’”①如此等等。事讲后来撰《近溪罗夫子墓碣》，谓：“讲每见师，居常无日不亲师友，无念不通人心。自志学之初，以至令终之日，孳孳矻矻，惟成就后学是急。盖师之心，仁心也；师之心体，仁体也。仁者以天地万物为一体，师其有之。虽其或时谈玄类禅，不知有出世之心，乃可经世；或时笑号类放，不知其手舞足蹈，皆为自得。或应接吾人，不无分别，而简文温理之道，原自不混。嗟，嗟！吾师之心，岂寻常世俗之见所能测哉？”②

据罗怀智《罗明德公书目》，这次疏山大会，汝芳门人许安国、安世等编刻有《疏山大会录》。会后，汝芳应陈台峰之邀到乐安参加其家族的讲会，并阐述了他的仁孝思想。陈氏有不少“锐志敏修”的子弟遂从其游。他应陈氏族长之请撰作《乐安古塘陈氏谱序》，说陈氏自庆历四年徙居古塘以来，“科第贡选，代不乏人，在乐称名宗矣”，而每兴族会，“陈之子姓毕集”，“尤大非他姓比”。③汝芳又访问了乐安衙背詹氏，应邀在其族会上发表演讲，听者“不下数百人”④。“这类家族性质的讲会……经常是以合家合族共同参与的形式展开活动，其讲学内容主要是一些道德规劝或乡约条文。这类根植于民间的讲会活动在当时成普遍之势，与书院学府的讲学活动一起构成了社会上下的讲学风气。”⑤

本年，海瑞⑥上疏论世宗久不视朝、事事斋醮事，触上怒，下狱论死，因徐阶力救得免。十二月帝崩，得释。

王龙溪与士友百余人聚会于杭州金波园。

赵贞吉家居讲学已五年，以阳明“致良知”之说传授生徒。

颜钧过扬州，买仪真舟南还。受诱骗至太平府讲学，三日即遭逮

---

① 罗汝芳：《盱坛直诠》，《罗汝芳集》，方祖猷等编校整理，第390—391页。
② 詹事讲：《近溪罗夫子墓碣》，罗汝芳：《罗汝芳集》，方祖猷等编校整理，第927—928页。
③ 罗汝芳：《乐安古塘陈氏谱序》，《罗明德公文集》卷一，《罗汝芳集》，方祖猷等编校整理，第465—466页。
④ 罗汝芳：《乐安衙背詹氏谱序》，《罗明德公文集》卷一，《罗汝芳集》，方祖猷等编校整理，第462页。
⑤ 吴震：《罗汝芳评传》，第137页。
⑥ 海瑞（1514—1587），字汝贤，号刚峰，海南琼山（今海口市）人。嘉靖二十八年（1549）乡试中举，初任福建南平教谕，后升浙江淳安和江西兴国知县，推行清丈、平赋税，并屡平冤假错案，打击贪官污吏，深得民心。历任州判官、户部主事、兵部主事、尚宝丞、两京左右通政、右佥都御史等职。万历十五年（1587），病殁于南京官邸。获赠太子太保，谥号忠介。

捕，押解南京，入狱，遭严刑拷打，几死。颜钧《自传》对此述之甚详。

李贽携家由辉县到北京，即补礼部司务。时有人谓之曰："司务之穷，穷于国子。虽子能堪忍，独不闻'焉往而不得贫贱'语乎？"他答复道："吾所谓穷，非世穷也。穷莫穷于不闻道，乐莫乐于安汝止。吾十年余奔走南北，只为家事，全忘却温陵、百泉安乐之想矣。吾闻京师人士所都，盖将访而学焉。"（《焚书》卷三《卓吾论略》）任礼部习务后不久，李贽开始接触到王阳明的心学。

焦竑始识耿定向弟定理，又识邹守益之孙德涵，相与商讨学问。《耿定向集》附编二《观生纪》记："仲子（定理）谒阙里，登泰山还，若有所启焉。与焦竑、杨希淳、吴自新二三子商切有契，谓余若尚有阂，时时垂涕尽规，余因有省益。余往犹未免耽无溺妙、以此合彼见在，至是乃豁然一彻也。……夏中，邹德涵至留都，居之明道祠。德涵就仲问学，数问而仲数不答。德涵拂袂起曰：'吾独不能自心参而向人吻求乎？'归键一室，静求者历时，未有解，愈自刻厉，至忘寝食。余属与焦竑处，逾年，始有悟发，寓书重感得仲初相激。"另，《观生纪》又记本年"六月，崇正书院成，延焦竑主其教，檄髦士从讲"。焦竑《澹园集》卷三十三《资德大夫正治上卿总督仓场户部尚书赠太子少保谥恭简天台耿先生行状》说："先是，建崇正书院成，著《会仪》，选十四郡髦士群而鼓铸之，属小子某领其事。余时奉先生之教，与二三子传习其中。"

袁黄从学于王龙溪。

穆宗隆庆元年丁卯（1567），五十三岁

罗汝芳周流天下，遍访同志，与士友论曰："今天下之言道者，亦众矣！道而不知所以学，与学而不知所以用其学者，皆非言之善者也。孟轲氏尝述夫善言矣，曰'言近而指远'；又尝述夫善道矣，曰'守约而施博'。然究其所以近而可远、约而能博，则惟在君子守其身而天下平焉。夫今君子以道为学，学而思善其用于不穷也，非齐家、治国以及于平天下焉，则奚贵哉？然家国天下也，信广远而博大矣，其实则人焉尽之；家国天下之人，亦信众多而莫之纪极矣，其实则身焉尽之。是身之为身也，近而即则为一，推而远之则为万，一之而可万焉则为博、万之而可一焉则为约。盖人之身，莫不犹吾之身，而吾之守，未有不可以为人之守也。故君子之于天下也，不求平于天下，而求平于吾之一身，则学不徒学而有以为用，用不徒用而且足以善之于不穷矣。譬则大匠以为方而执之矩焉，虽不求物之方，而其方不可胜用也；为圆而执之规焉，虽不求物之圆，而其圆不可胜用也。夫言学而至于平天下，言学之所以平天下而至于其身之守，是固执矩以为方而执规以为圆也。故曰：'虽小道亦有可观者焉，致远恐泥。'夫道则奚有大小哉？操之约而及之广，与近则观而远则泥之间焉而已矣。"①

在府城建昌的城隍庙讲会上，余云台以孔子"十有五志学"为问，汝芳说："只今坐中有五六十者，有三四十者，有初发心者，有久学问者，恐皆不如吾夫子起初十五岁时也。"②时有"一友闭目默神，

---

① 罗汝芳：《近溪罗先生一贯编》，《罗汝芳集》，方祖猷等编校整理，第353—354页。
② 罗汝芳：《盱坛直诠》，《罗汝芳集》，方祖猷等编校整理，第389页。

以求寂体。罗子曰：‘此非圣功也。盖维天之命，于穆不已。天命不已，则寂体、帝则，亦当不已。既寂体不已，又何间乎应感？既帝则不已，又何分于知识？若必待瞑目沉思，方为归寂，则不惟于圣训不能融通，亦且于天命全来未透彻。要之，圣人工夫，至微至妙，虽遍考格言、广询达士，犹恐下手有差，入门或错。若只用一己力量、一时见解，遂去轻易下功，其不枉费时光，虚度此生者无几矣。’”①

至浙江，汝芳与王龙溪论学，被龙溪许为“颜氏子复出”。赵志皋《近溪罗先生墓表》说：“予素心理学，龙溪王公谓予曰：‘江右近溪罗先生，雅好学，大建旗帜，为四方来学倡，户履常满，束装就业者无间远迩。’予欲得其人，两相印可，大惬所愿为快。时先生尚守宁国，已籍籍有声矣。岁丁卯，先生周流天下，遍访同志。洒然临予浙，与公剧谈竟夕，相得甚欢。聆其的谈仁旨，毅然身为己任，公叹曰：‘真颜氏子复出也。’予目先生，葛巾野服，飘飘物外，真若秋鹤横空，毫无烟火气味，尚尔一儒生态也。自是得就教席，言言两相契解，而彼此贻简牍，交相责成，互相订正，无下数十纸。”②

《明儒学案》卷三十四《语录》记：“先生过麻城，民舍失火，见火光中有儿在床。先生拾拳石号于市：‘出儿者，予金视石。’一人受石出儿，石重五两，先生依数予之。其后先生过麻城，人争睹之，曰：‘此救儿罗公也！’”③这件出金救孩子的事情，或许就发生在汝芳“周流天下”期间。

汝芳十分重视“孝”。在他看来，“仁”与“孝”是没有区别的：“孔子云：‘仁者，人也。’盖仁是天地生生之大德，而吾人从父母一体而分，亦纯是一团生意。故曰：形色，天性也，惟圣人而后能践形。践形即目明耳聪，手恭足重，色温口止，便生机不拂，充长条畅。人固以仁而立，仁亦以人而成。人既成，即孝无不全矣。故生理本直，枉则逆，逆非孝也；生理本活，滞则死，死非孝也；生理本公，私则小，小亦非孝也。《经》曰：‘天地之性，人为贵。’人之行莫大于孝。”④他在回答弟子“孝何以为仁之本也”之问时说：

---

①罗汝芳：《近溪罗先生一贯编》，《罗汝芳集》，方祖猷等编校整理，第356页。
②赵志皋：《近溪罗先生墓表》，罗汝芳：《罗汝芳集》，方祖猷等编校整理，第928页。
③黄宗羲：《语录》，《明儒学案》卷三十四，沈芝盈点校，第806页。
④罗汝芳：《孝经宗旨》，《罗汝芳集》，方祖猷等编校整理，第430页。

子不思父母生我，千万劬劳乎？未能分毫报也；子不思父母望我，千万高远乎？未能分毫就也。思之，自然悲怆生焉，疼痛觉焉，即满腔皆恻隐矣。遇人遇物，必能方便慈惠，周恤溥济，又安有残忍笺贼之私耶？……《经》曰："爱亲者不敢恶于人，敬亲者不敢慢于人。"①

他指出：

夫天则莫之为而为，莫之致而至者也；圣则不思而自得，不勉而自中者也；学则希圣而希天者也。夫欲希圣、希天而不求己之所同于圣天者以学焉，安能至哉？反而思之，我之初生，一赤子也。赤子之心，浑然天理，其知不必虑、能不必学，盖即莫之为而为，莫之致而至之体也。然则圣人之为圣人，亦惟以其不虑不学者，同之莫为莫致者。我常敬顺乎天，天常生化乎我，久之自成不思不勉之圣矣。圣如孔子，其同尤亲切焉。彼赤子之出胎而啼也，是爱恋母之怀抱也，孔子指此爱根而名"仁"，推此爱根以为人，合而言之曰："仁者，人也，亲亲为大。"若曰：为人者，常能亲亲也，则爱深而其气自和，气和而其容自婉。不忍一毫恶于人，不敢一毫慢于人，位天地、育万物，其气象出之自然，其功化成之浑然也已。《经》曰："圣人之德，又何以加于孝乎？"②

问："学何为者也？"罗子曰："学为人也。盖父母之生我，人也。人则参三才、灵万物，其定分也，全生之则当全归之。故曰：'立身行道，以显父母。'夫所谓立身者，立天下之大本也，首柱天焉，足镇地焉，以立人极于宇宙之间。所谓行道者，行天下之达道也，负荷纲常，发挥事业，出则治化天下，处则教化万世，必如孔子大学，方为全人，而无忝所生。故孟子论志，则愿学孔子，亦恐其偏此身也，小此身也。偏小此身，即羞辱父母也，岂必为恶然后为不孝哉？"③

---

① 罗汝芳：《孝经宗旨》，《罗汝芳集》，方祖猷等编校整理，第 430—431 页。
② 罗汝芳：《孝经宗旨》，《罗汝芳集》，方祖猷等编校整理，第 431 页。
③ 罗汝芳：《孝经宗旨》，《罗汝芳集》，方祖猷等编校整理，第 431 页。

罗汝芳的思想还有："孔孟立教，为天下后世定之极则，曰：'尧舜之道，孝弟而已矣。'后世不察，乃谓止举圣道中之浅近为言。噫！天下之理，岂有妙于不思而得者乎？孝弟之不虑而知，即所谓'不思而得'也；天下之行，岂有神于不勉而中者乎？孝弟之不学而能，即所谓'不勉而中'也。故舍孝弟之不虑而知，则尧舜之不思而得必不可至；舍孝弟之不学而能，即尧舜之不勉而中必不可求。……其曰'尧舜之道，孝弟而已矣'，岂是有意将浅近之事，以见尧舜可为！乃是直指入道之途径，明揭造圣之指南，为天下万世一切有志之士而安魂定魄，一切拂经之人而起死回生也。人能日周旋于事亲从兄之间，以涵泳乎良知良能之妙，俾此身此道不离于须臾之顷焉，则人皆尧舜之归，而世皆雍熙之化矣。"①

有着这种思想的汝芳，不仅在家乡敷演《圣谕》六言，以孝道育人，②而且更切实践履孝道，父亲殁后，更加孝敬母亲宁安人，"曲致承顺。或周流在外，安人有疾，辄心动亟归"③，其孝行深为乡人称道。

此外，为方便乡人到县城，汝芳还出资在干港河上修建大德桥，这充分体现其仁孝之心。

本年，张居正以礼部右侍郎擢为吏部左侍郎兼东阁大学士，直内阁。

高拱自以旧臣数与徐阶抗，论拱者无虚日，拱不自安，乞罢归，后又还朝入阁如旧。

服除还朝的赵贞吉，起礼部侍郎兼翰林院学士，掌詹事府。他在京师时时讲学，李贽在徐用检④影响下往听，由此而对阳明心学产生日益浓厚的兴趣。

程学颜之弟学博任重庆知府，何心隐前往依随，并助其歼灭白莲教。

---

① 罗汝芳：《孝经宗旨》，《罗汝芳集》，方祖猷等编校整理，第 432 页。

② 清修《南城县志》卷五《乡约》记："明隆庆元年，诏郡邑各立乡约。惟时乡宦罗汝芳率众讲演，钦颂孝顺父母《六谕》。知府凌立复制《乡约全书》以风示之。"

③ 罗汝芳：《近溪罗先生庭训记言行遗录》，《罗汝芳集》，方祖猷等编校整理，第 421 页。

④ 徐用检（1528—1611），字克贤，号鲁源，浙江金华府兰溪人，嘉靖四十一年（1562）进士。

周汝登[1]兴八士会，以“纪功过格”作为会录。

王时槐在庐陵创西原惜阴会。

①周汝登（1547—1629），字继元，号海门，浙之嵊县人，受学于王龙溪。万历五年（1577）举进士，授南京工部主事，累官至南京尚宝司卿。

隆庆二年戊辰（1568），五十四岁

罗汝芳得知颜钧被诬入狱，偕儿子、门生，持隆庆普赦哀诏[①]，具《揭词》，来南京营救，并募捐“完脏”，当局方允颜钧出狱遣戍。《揭词》说：

具揭鸣冤人罗汝芳，为遵恩诏，以雪枉狱事：

汝芳自受业德师颜钧，生永新山乡中，自幼形质瘫瘠，心性冥昧，世事亦无所知，日惟恋恋寡母左右。就养无方，若童稚然，人皆目为痴儿。一夕，闻其兄颜钥传讲圣人之学，忽胸中凝思七日夜，即心孔豁然内通，灿然灵光，如抱红日。潜居山谷，昼夜清朗，历九余月，如顷刻间。及归，见母、兄，论伦理道义，不啻江河沛决，邻族争听，感为涕泣。一时兴起，联会数百人，皆传引室家，无不改旧从新，遂名三都萃和会。会中启发讲修，无非祖训六条。至今四十年余不解。母丧，泣血三年毕，辞家出游访道。徒涉数千里，偶遇至人，五年受传，神会愤发，忘食忘寝，忘岁月途程。自言其学其教，必劝勉天下人尽为孔、孟。然容貌直率，辞气不文，其与人札三四读不可句，细味之，则的的能晰孔孟心旨，发先儒之所未发。见人有过即规正之，虽尊贵大人不少贬阿。故与往来者，甚受其有益身心，久则不能堪。盖与人为善，如是其急急也。间有闻其名未亲见者，或骇以为狂悖不经，遂致罹居枉狱，月淹岁深。今幸公论明白，人皆称冤，而天恩浩

① 嘉靖遗诏有“自即位至今，建言得罪诸臣，存者召用，没者恤录，在系者即先释放复职”等语，见《国榷》卷六十四。

> 荡，诏书雪理。芳自幼受业其门，承其教育造就之恩，与生身无异。相侍密切余三十年，见其家居孝友之笃，与人为善之公，贯金石不渝，质鬼神无疑；其轻财尚义，视人犹己，鬻衣装以给生徒之费，忍饥寒以周骨肉之贫，求之古人，亦难多得！即今年已七旬，奄奄气息，完赃发解，预信无期，坐待枉死。痛难忍默，辄敢自竭赤衷，匍匐泣控，伏乞高普宪台神明之照，广敷清朝雨露之膏，特遵诏旨，早赐蠲除，俾获终正寝，无负太平燮理。庶几斯人为善之心将来不阻，而名公阴骘之报可保无疆也。为此，激切具上。[①]

汝芳为了能成功营救出颜钧，把这《揭词》以《柬当道诸老》为题广为发布，以期能够引起权势者的关注并进而伸出援手。这篇《柬当道诸老》收入《罗明德公文集》卷五（今见《罗汝芳集》，第677—678页），与《颜钧集》附录《揭词》基本相同，故不赘引。汝芳还发起募捐“完脏”；参与募捐者有南京吏部顾柱崖、泰州王襞、国子祭酒姜宝、应天府尹毕锵、同邑宗伯尹台等八十余人，募得银三百五十余两。而“罗近溪自（颜钧）遭难至出戍，陆续助银一百两”（颜钧语）。正是经过这样一番艰辛努力，才把山农营救出来。

为感激“汝芳之为人”，颜钧撰《著回何敢死事》一文，说汝芳“忽闻樵难埋自狱，芳涕泣如伤父，百计调护，倾囊济赈。三年，瞰亡［诏］，携子徒，放棹留都，诉豁代任诸老，具悉诬枉，会助贷金三百五十余两，补赃出险，入戍邵武。从芳志亦旷典也”[②]。《盱坛直诠》卷下记：“戊辰，闻山农颜公以刚直取罪，幽系留都。师乃称贷二百金，同二子及门人买舟往救。或曰：‘山农不及子，子师之何也？’师曰：‘山农先生在缧绁之中，而讲学不倦，虽百汝芳岂及哉！’既而，赖同志并力设处，得戍邵武。”

成功营救颜钧后，汝芳才别师还乡。邹元标《近溪罗先生墓碑》说：

> 山农虽以学自任，放言矢口，得过缙绅不少，南刑曹业置之

---

① 罗汝芳：《〈揭词〉及助资姓氏》，颜钧：《颜钧集》卷五，黄宣民点校，第44页。
② 颜钧：《著回何敢死事》，《颜钧集》卷五，黄宣民点校，第43页。

死地矣。先生以身代，为之赎，而颜得生全。且颜贫，视先生家若内库，随取随厌；颜又喜施与，随施尽，又辄随其所请。先生年已耄，颜怒，先生跪之榻前；颜批其颊，不少动，曙而怒解，始起。夫颜横离口语，学非有加于先生，而终身事之不衰，生之缧绁，周之货财，事之有礼，此祖父不能必之孝子慈孙。而得之先生，嗟乎！即此天地可格，鬼神可动，矧曰其他。①

永新蒋时望的母亲李孺人在这一年去世了。时新是汝芳的弟子，其父则与汝芳同门，也是颜钧弟子，故而汝芳特撰《永新蒋母李孺人墓志铭》，谓时望之父士致“初事举子业，闻山农颜师讲阳明先生良知之学，遂弃去游四方，门户事惟孺人一身任之。士致或数月、或逾岁乃始一归，相见熙熙，晏如也”，并忆“丁未，余道永新，庭谒士致，同行者数十辈，孺人出为礼毕，随具客茗，俄顷俱遍。余讶曰：‘谁谓士致贫耶？’及窥其果核，竟人人殊，其约已而善蓄事，固多类此也”。②

本年，徐阶罢归，李春芳代首辅。赵贞吉出任会试总裁，奉命教吉士，仍充讲读编修。

王龙溪应邀至南京国子监讲学，并举鸡鸣寺凭虚阁大会，观者如堵。龙溪又讲学于当湖天心书院、嘉禾东溪山房、姑苏竹堂。

晋官大理寺左寺丞甫一年的耿定向，因触忤朝中权贵而辞官回到湖北黄安家居，焦竑于本年冬日带着门人专程往黄安省问，与耿氏兄弟（定向、定理、定力）纵游山水，论学研道，赋诗赠答。

欧阳德仲子绍庆③与数十同志在北京灵济宫、西瓦厂举行讲会。

---

① 邹元标：《近溪罗先生墓碑》，罗汝芳：《罗汝芳集》，方祖猷等编校整理，第 931 页。

② 均见罗汝芳：《永新蒋母李儒人墓志铭》，《罗明德公文集》卷四，《罗汝芳集》，方祖猷等编校整理，第 653 页。

③ 欧阳绍庆（1517—1574），字幼承，号乾江，少受庭训，与当世著名阳明学者游，尤与胡直等相友善。嘉靖三十一年（1552）中举，隆庆二年（1568）因徐阶力荐而以举人出任中书舍人，读书中秘，后累官至工部主事。

隆庆三年己巳（1569），五十五岁

罗汝芳的母亲宁氏于六月二十五日逝世。他父忧方毕又遭母丧，悲痛欲绝。在《先母宁太安人墓志铭》中，他深情忆述自己幼儿时，“晨夕经史，多母口授”，及“举进士，十年不仕，母恬如也。后令太湖、守宁国，迎养而归，行李萧然，不少介意。及先君殁，遂令汝芳勿复仕”，盛赞“吾母之德纯且备也”。他又记母亲晚年及临殁情形道：“母是时久已玩心太虚，性地融彻，日惟瞑目静坐。汝芳侍之，移时不接一语。间叩焉，则曰：‘此际此心，空空洞洞已尔。’如是三载，忽食顷，集诸妇语曰：‘人生苦欲多寿，即千龄与此日何殊？’随呼婢设浴具，浴毕，持笄栉钥，置高所。婢曰：‘明取不复劳乎？’笑曰：‘吾不复用此矣。’夜半疾作，端坐，鼻流双筋而终，时今年六月廿五日寅时也。”他说：“童时侍母，以迄今日，一言一动，无或敢忘于心。”①

按，宁安人的姐姐是汝芳的从伯母，早归其从伯南冈公。汝芳在《从伯母宁孺人墓志铭》中说：“外祖政十六公世居盱南毕姑峰下之游溪。溪流清彻，而峰临其上，又秀拔奇特。宁故称巨族，多隐德。至十六公尤卓卓表著，娶饶氏，初生三女，余母最幼，其次则孺人也。生来未临师傅，暇日同外祖口诵《诗》《书》，即佩服不忘。及于归，能躬发挥，孝舅姑、睦宗邻，克善家政。余族称妇顺，必以孺人与余母先焉。余父前峰公游郡庠，而南岗公商江湖，孺人心独不安。比汝信、汝贞少长，即谋课之举业，择师开馆，召余同事，早夜

---

①均见罗汝芳:《先母宁太安人墓志铭》,《罗明德公文集》卷四,《罗汝芳集》,方祖猷等编校整理,第638页。

勤切，致俱有成立。余叨联第，而信兄、贞弟优廪郡庠。信虽不幸早世，贞则今岁序当充贡。而信子良弼亦游邑庠，向往骎骎焉，皆孺人善教之所遗也。”①

本年，赵贞吉以礼部尚书兼文渊阁大学士，参机务。

王龙溪应邀赴武林会，晨夕聚处，联床证悟。

王东崖到江西与宋仪望及心斋弟子董燧、聂静、郭汝霖等参订编集《王心斋语录》。他留住聂静家中月余，与静时时论学，静称其立教以本志为宗。广大高明，心之体也；慈爱恭敬，心之著也；光风霁月，心之神也；傍花随柳，心之适也；语默动静，心之变也；出处进退，心之时也；范围天地，曲成万物，心之度也；三千三百，心之灵也；发育竣极，心之适也。非圣贤之学而今豪杰之所未及究欤？故其所论尽皆圣贤之学，而为今豪杰之所未及究者。

胡直与友人习静山中，作《闭关录》以自警，寻起督楚学。

何心隐得知同门钱同文（怀苏）去世的消息，即往哭吊，寻在杭州居停讲学。

焦竑陪侍耿定向登游天台山。

据《理学韩乐吾先生行略》，兴化大水，田庐俱没，人心汹汹思乱。邑令李公，对泉忧之。请韩贞令化灾民。乃其率门人，驾小舟，遍历村落，作诗户喻之，曰：“养生活计细商量，切莫粗心错主张。鱼不忍饥钩上死，鸟因贪食网上亡。安贫颜子名声远，饿死夷齐姓字香。去食去兵留信在，男儿到此立纲常。”民为之感动，邑中无萑苻之警。

袁黄访云谷禅师于南京栖霞寺，开始修行“功过格”，并改号为“了凡”。

① 罗汝芳：《从伯母宁孺人墓志铭》，《罗明德公文集》卷四，《罗汝芳集》，方祖猷等编校整理，第654页。

隆庆四年庚午（1570），五十六岁

罗汝芳为母守制。撰《楞严新指补注序》，曰："夫包含宇宙，贯彻生化，曰'诚明'焉尽之矣。诚其真体，而包含贯彻之无尽；明其妙用，而宇宙生化之无方。此《楞严》之所以为《楞严》也。是经自入华夏，演而释之，遍于百家，传而其观，亦不下数十。今彻空上人复表斯义，良以佛心遍满于虚空，觉性灵昭乎大造，日往则月来，寒往则暑来，物生而不穷，水流而不息，谷神应响以成声，鉴影随形而著彩。无论过去诸家，即我上人，从斯将来，至无边际，洪音益扣，奥旨愈呈，又安能以尽兹真体而悉兹妙用也哉？虽然，善学者若具只眼，则又无论上人；即我佛《楞严》未举之先，而是体之真，是用之妙，早以悉尽而无余也已矣。"①

作《大学四说》云：

> 明德亲民，必止于止善。至善也者，圣之纯伦之尽而古之极也，其惟放勋乎？"克明俊德，以亲睦九族，平章百姓，协和万邦"焉，是明明德于天下矣。故知此者之谓"知止"，而学此者之谓"大学"。
>
> 所谓"诚其意"者，即物也。"毋自欺"至"此以没世不忘"者，即诚意之物之格也。格物如《帝典》《汤铭》《康诰》《周诗》者，斯善之极至而止之所当先知者也。例之于修、齐、治、平焉，均兹格至之义也已。

① 罗汝芳：《楞严新指补注序》，《罗明德公文集》卷二，《罗汝芳集》，方祖猷等编校整理，第526页。

天下之本在国，国之本在家，家之本在身，是物有本末而所当先后者也。先后而“古之欲明明德于天下”者焉，斯乃见天则矣。故学《大学》者，莫要于知本末；而格本末者，尤莫先于则古先。

为人君止于仁，虽列之以五，至孝、弟、慈，则括之以三。及云“未有学养子而后嫁”，则慈又孝弟所从生而浑然良知所自有者也。仁让之兴弥广，而感通之本益彻，非古至善，其孰能与于斯！[①]

又赠语医者张钥道：“医，仁术也。仁莫大于爱亲。由亲之爱而通于医焉，则其术之仁也，自将根乎其中而达乎其外，推爱亲之心以爱乎人人，疲癃者起之，痿痹者作之，则生意充盎，莫可御也已。”[②]

本年，赵贞吉加太子太保，兼掌都察院事，后因高拱倾陷致仕还乡。

高拱以大学士署吏部尚书兼掌都察院。

李春芳满六年考而进为少师，寻任为中极殿大学士。

礼科给事中胡价[③]因各地力兴讲学，鱼龙混杂，特上疏请禁督学、宪臣聚徒讲学，帝从之。

颜钧在俞大猷军中。

王时槐往浙拜访钱德洪、王龙溪，龙溪教以“平常心是道”。

胡直与耿定向会于赤壁，商证所悟。

周汝登从学于王龙溪。

李贽在京和李材论学。

田夫夏廷美偕诸友访耿定向于天窝山中。定向介绍夏叟从学于焦

① 罗汝芳：《大学四说》，《罗明德公文集》卷三，《罗汝芳集》，方祖猷等编校整理，第586—587页。

② 罗汝芳：《医说》，《罗明德公文集》卷三，《罗汝芳集》，方祖猷等编校整理，第591页。

③ 胡价，生卒不详，宣城人，嘉靖三十四年（1555）乙卯科举人，四十一年（1562）中式壬戌科三甲进士，四十五年（1566）任顺天府固安县知县，升大理寺少卿，迁刑部右侍郎。

竑。①

汤显祖以乡试第八名中举。

①《耿天台先生文集》卷十五《夏叟传》云："夏叟，繁昌人，下里田夫也。性孝友忱恂，里人敬信之。……隆庆庚午，偕数友访余天窝山中，与处逾时。一日，忽对镜谂其貌肖兄，感念，泪数行下。辞归，跪而请益。余曰：'白下有焦子弱侯者，往与资切之可。'既归，从焦子游，因渐知向里。久之，自信得自然旨趣，以书抵焦子商正。焦子报书曰：'要自然便不自然，可将汝自然抛去他方世界也。'叟闻而有省，谓时抱中砉然如洗云。叟故未事诗书，至是始请于焦子读何书。焦子曰：'读《四书》可。'乃日取《学》《庸》《论》《孟》次第咏诵，时以己意诠解。……叟又尝谓焦子曰：'吾读《论》《孟》，窃思孔、孟之学同其道，乃孔夫子为至圣，孟子何未能与拟？盖尝疑之。近日反复诵思，如《论语》篇中，孔夫子自谓未能者七，谓何有于我者七；乃《孟子》七篇更未见有此类语意。毋乃孔、孟之所以别乎？非与？'叟诸诠解多类此。傥所谓以我观书，非以书博我者哉！"又，黄宗羲《明儒学案》卷三十二《泰州学案一》记曰："夏廷美，繁昌田夫也。一日听张甑山讲学，谓：'为学，学为人也。为人须求为真人，毋为假人。'叟怃然曰：'吾平日为人，得毋未真耶？'乃之楚，访天台。天台谓：'汝乡焦弱侯可师也。'归从弱侯游，得自然旨趣。弱侯曰：'要自然便不自然，可将汝自然抛去。'叟闻而有省。叟故未尝读书，弱侯命之读《四书》，乐诵。久之，喟然叹曰：'吾阅《集注》，不能了了。以本文反身体贴，如思知人，不可以不知天。窃谓仁者人也，人原是天，人不知天，便不是人。如何能事亲称孝子？《论语》所谓异端者，谓其端异也。吾人须研究自己为学初念，其发端果是为何？乃为正学。今人读孔、孟书，只为荣肥计，便是异端，如何又辟异端？'"

隆庆五年辛未（1571），五十七岁

曹胤儒《罗近溪师行实》记罗汝芳是年："窀穸事竟，乃周流天下，遍访同志，大会乐安、大会南丰、大会韶州、由郴、桂下衡阳，大会刘仁山书舍。每会必有《会语》，今存，而此学大明。且是行也，游濂溪月岩，谒永州舜陵，纵观九嶷，深入峦洞，陟日观于上封，读禹碑于岳麓，酌贾谊井泉，挹汨罗庙貌，而衡湘幽胜殆尽其概矣。"[①] 罗怀智《罗明德公书目》中，著录有门人詹事谟、陈致和录刻《乐安会语》，门人吴极编刻《金溪会语》，门人曾凤仪录刻《岳麓书院会语》等，大约记录的就是汝芳这年会集士友讲学的盛况。

《近溪子四书答问集》所载："乐安余太尹问曰：'淡而不厌，是下学立心始事否？'师曰：'论下学立心，固当淡。孔明所谓'非此无以明志'是也。但此章宗旨，却是接上文'固聪明达天德'说来，若曰必耳目不用，然后天德可达，天德能达方是至道。可知盖道之至处，是声臭俱无，声臭俱无须淡、简、温以入之也。淡者，水之清白而无味者也；简者，纸之洁净而无痕者也；温者，焊丝未抽而融液无绪者也。此等境界，耳目聪明，何所用之？耳目不用，精凝于神，神知自明，则无远近，风自微显，而一以贯之矣。天之至德、人之至道，不相入而靡间也耶？下文'人所不见'以至'笃恭而天下平'，皆是极其形容，以归于无声无臭之至，非果有许多层工夫也。'"[②] 这段对话就是"大会乐安"期间发生的。

在这些讲会中，有人问："大道之行，孔子何以惓惓于大同也？"

① 曹胤儒：《罗近溪师行实（节录）》，罗汝芳：《罗汝芳集》，方祖猷等编校整理，第 841 页。
② 罗汝芳：《近溪子四书答问集》，《罗汝芳集》，方祖猷等编校整理，第 311 页。

汝芳答："大同之世，人忘其私，天下为公也，外户不闭，相游于天。孔子所以东奔西走，只为这场，所以忘食忘忧，只为这件。倘大道不行，孔子之忧，断然不已。吾辈须力学，以求释孔子之忧。"[①]又有人问道："圣人以天下为一家、中国为一人，何其耐烦如是也？"汝芳说："圣人不是自欺的人，只见得人者天地之德，又见人者天地之心。我既德天地之德，人亦德天地之德；我既心天地之心，人亦心天地之心。以天地之德为德，即欲人同天地之德；以天地之心为心，即欲人同天地之心。譬之，人家兄弟四五人，皆出一父，其中有一贤子，必曰：我四五人，我父俱是爱，如何令我明彼昏、我富彼贫？所以日夜皇皇，以求安父之心，成父之德也。故曰：'中心安仁，天下是一个人。'又曰：'吾非斯人之徒与而谁与？'不得不耐也，亦不忍不耐也。噫！仁以人之，杨子亦言之。不人则不仁，不仁则不人！未有人而不以天下为一家、以中国为一人也，故曰：非意之也，知人情也。"[②]材料甚多，难以尽录。

汝芳的《乐安县儒学记》或即写作于此时。文曰："夫学，觉也；觉，灵知也。人心之灵动于感应，其是非得失，微渺纤悉，罔不自知，循其知而致焉，是圣贤之关钥也。迨夫世念萌生，周遍计度，始失其所以灵者，而任智识以为才。是故因名以立业，剿经以自文，于是乎道非其道，德非其德，冠冕将毁，无异其然也。夫学莫如孔子，其赞《易》曰：'君子进德修业。忠信所以进德也，修辞立诚所以居业也。'知至，至之可与几也；知终，终之可与存义也。夫一道德统参赞，乾其至矣。而其要乃在于知至知终焉。斯于古人从学之方，不亦可以烛照矣乎？夫航者之于海，必先指南；虞者之张射，必由省括。言贵机也，不先其机，而徒以立学之意求圣贤于士焉，虽使姬公筑舍、伯契敷猷、皋陶棺朴，余不知其得也。"[③]

周流天下，大会同志，阐扬其心学思想外，汝芳更注重本邑本郡的讲学教化。其《柬季雁山郡守》曰：

惟我公祖，德厚浑成，英标挺立；涯涘无容识窥，底止未堪量

---

① 罗汝芳：《近溪罗先生一贯编》，《罗汝芳集》，方祖猷等编校整理，第330页。

② 罗汝芳：《近溪罗先生一贯编》，《罗汝芳集》，方祖猷等编校整理，第330—331页。

③ 罗汝芳：《乐安县儒学记》，《罗明德公文集》卷三，《罗汝芳集》，方祖猷等编校整理，第535页。

测。某仰承宿契，倾企下风者久矣。昨乃洞觌冲襟，渴谘温问，是则忘乔岳而需拳块，释渺溟而挹杯浮也。某自受命以来，屡求仰答万一，顾我公祖，临莅数月，凡所措施于郡中事理整顿，似已无余，即欲琐琐指陈，亦觉赘缕无谓。今姑掇拾素所究心者奉尘（呈）台览，是故老生之常谈。然千虑一得，未必无少补于分寸也。

某闻之先辈云：人在仕途，自作郡以往，资级渐尊，去民益远。凡所施措，类多弥文，而鲜实惠。求如作郡之朝发而夕至，念举而泽流，何啻倍蓰而千万也哉！故达者于此三年之间，一刻无令虚过。凡民之所望于我，而我之所加于民者，真若家人父子之相需，骨肉恩义之兼至，则功力止在三年，而誉闻足绵没龄。即将来子姓，亦世世犹藉余休。所以，语其立德虽潜而特显，语其建业虽隘而弥充，语其扬誉虽暂而极久。惟以燥心处之，鲜不入宝山而空度者矣。至于古人称述二千石者，必曰“循良”。盖循者率其所固有，而良者本其所自生；循则泯造作于外，而良则息意见于中。故诵循之一言，令人兴纯实之想；诵良之一语，令人启爱恋之私。《诗》云：“恺悌君子，民之父母。”此则循良之切咏也。是以有识者虽处临民之位，实笃亲民之心。所最贵者，无分远近大小，使之皆洞见我上入公平正大之心，向其所欲为，背其所欲去。明如照烛而弗疑，信若断金而不易。己意既平，众志斯定。故势殊者必以法运，地密者可以心孚；此守令之所以大异诸司，若台阁之尊则无复论矣。然孚心之要维三：盖僚友者昆弟也，贵联之以情；缙绅者宾客也，贵接之以礼；生儒者子弟也，贵育之以恩。否则，僚友解而法纪相乖，缙绅离而议端浮动，于是而求上下之心之孚也，得乎哉？

又先辈尝云：宦绩之在地方，已虽极其用心，民亦便其为福，及更数手，未有长永不变者。惟广收英俊子弟而善教之，或以文艺，或以理学，开其颛蒙而作新志意，则相传习，久而弥昌。譬之嘉禾珍果，初止一芽，后几满丛矣。是则恩在生儒，视诸僚友、缙绅，尤其所宜汲汲者也。然作守声华，自循良之外，亦有以廉名者，亦有以能名者。廉则重其操持之峻洁，能则多其事绩之昭彰；此近世共称卓异，而视诸循良，效验诚便且捷也。而古人卒舍彼而取此者何哉？盖作其气而力易隳颓，浓其情而味非隽永也。且既谓之循，则规条中可凭仍而事无难集；谓之良，则心体本自明净而人无难知。循良自足以该廉能，彼亦廉能而已矣。则去循良何啻千里也耶？但计其末后，享之终身，而延之来世，其得失多少又何啻千里也耶？

某窃观之：人之事功，每成于资之所近。若我公祖顺应之才，休闲之度，和雅之容，于一切戚欣夷险，似了无芥蒂于襟怀，亦寂无几微于颜色，此循良之在我公祖，真天植其性然者。岂非地方士民百年之盛际也耶！某复以江省列郡参之，其富饶贵显愈于吾盱甚众，至风气清淑而不俗，质习平柔而鲜斗，生业安阜而无苦，廉耻崇尚而弗紊；上惟无令，令则即从；上惟无劳，劳则即效；现虽列有藩封，视之他所，亦恭俭大不相类。以兹地而更得我公祖之盛德，雅度临之，在我公祖又复内正其志，外省其方，即数月之善政善教，以终且成之，虽欲不以循良称之，得乎哉？

虽然，正志之说如前，亦少悉矣。若省方之意，请更为我公祖详之：大都盱郡为邑者五，而邑之风气各各不同。如南城则地广人众，山多田少，谷食则仰之各县，财用则借之商贩，故民间勤苦而重费，柔奸而巧取。若上人好嗜少偏则多方中之，往往入其机局。苟能率之以正，则趋而之善，比他邑将争先矣。至若缙绅士人，安分守正，恭慎无犯，不徒远过各邑，即合省亦为寡俦。其次则广昌亦甚相方，但直率浅隘，人虽寡过，而终多陋习。至若易治，则与南城等耳。若恃志相高，人侈服用，南丰其最，新城近亦类之。乃泸溪界在南城之间，其风俗亦大率相仍。某尝早夜静思，图维画一之道，以生化吾盱。最先莫如乡约，大集士夫举监，师生髦倪，每月朔望讲谈孝弟，倡率和睦，俾一切郡邑俱知归向。其次，戒约左右暨佐幕官僚，清白一心以承休德；间或出示廉访而警惕之，久则自成风矣。至于词讼不能不受，而问断复宜从轻，则缙绅无嘱托而吏书无弊扰，衙门凛肃，体统尊严，血脉贯通，恩爱流洽。循良之誉，廉能之绩，不于我公祖今日而复见哉？

这封信收入《罗明德公文集》卷五，又被同治《建昌府志》卷九《艺文志》全文载录，从中可见汝芳对家乡建设的格外重视。

本年，赵贞吉致仕归里，自谓“今后将以孔子法”“穷性命之根本”。

李春芳罢归。

王龙溪往新安赴讲会。

王时槐致仕归里。

宋仪望任福建提学副使，刻行《阳明文粹》，并编集邹守益、欧阳德的文选。

李贽任南京刑部员外郎，日与诸友讲学，并以当下自然指点后生。他与焦竑相识，从此成为至交。

隆庆六年壬申（1572），五十八岁

《近溪罗先生一贯编》记，罗汝芳在姑山，某日“师友朝食顷，与坐者，思泉黄君乾亨、文塘黎君辈，凡十余人。不佞儒曰：‘吾侪十余人，今日在此闻学，他日无分穷达，能为十余路福星，庶几哉！不负师训也。’师曰：‘是不难。如予一人能孚十友，十友各孚十友，百人矣，百友各孚十友，千人矣，由千而万而亿，达之四海，运掌也。’”[①] 汝芳又曾“大会建昌之城隍庙，呼黎君允儒及宁国梅井郭君忠信辈语之，曰：‘只孝弟，便是尧舜，便足以明明德于天下。譬之溪涧，此为一窦，彼为一淙，殊觉小小，群山合流，众壑聚派，即为江河。一人孝弟，一家孝弟，而人人亲长，即唐虞熙皞之世不难也。’会中有问：‘孝弟如何为仁之本者？’子曰：‘古本仁作人最是。即如人言，树必有三大根始茂，本犹根也。夫人亦然，亦有三大根，一父母，一兄弟，一妻子。树之根，伐其一不荣，伐其二将槁，伐其三立枯矣。人胡不以树为鉴哉？’”[②]

汝芳居乡“立讲会，甚觉宽平，上自缙绅士夫，下至父老子弟，统作一会，故他郡有同志不同志之分，吾郡独能免此”[③]。某次，汝芳“讲《尽心章》毕，因诘诸友曰：‘孟子说心、说性、说天，何等精微，末复言身，不其浅乎为言也？’众皆默然。罗子曰：‘人作学问，发于四肢，方为真学问。动容中礼，舞蹈不知，四体不言而喻，

① 罗汝芳：《近溪罗先生一贯编》，《罗汝芳集》，方祖猷等编校整理，第 378 页。
② 罗汝芳：《近溪罗先生一贯编》，《罗汝芳集》，方祖猷等编校整理，第 378—379 页。
③ 罗汝芳：《近溪罗先生庭训记言行遗录》，《罗汝芳集》，方祖猷等编校整理，第 420 页。

才叫做黄中通理，美之至也！’众皆有醒”[①]。有一次讲会，“童子秩叙歌诗，长者请曰：‘先生其教之。’罗子曰：‘是皆所以教我者也，诸英俊其知之乎！夫教且学，以明人伦而已。明有二义，如讲求以致其精，则明白之明也；秩叙以尽其分，则明显之明也。今一堂之中，或坐而听，或立而诵，坐者又辨上下前后，诵者又互相唱和，疾徐中节，则父子叔侄、兄弟宾朋，昭然若发蒙矣。其为明白显设，不亦多乎！其为敦睦恭敬，不亦至乎！’长者谢曰：‘某等今日益信致良知之学，乃知行合一之功。’”[②]还有一次讲会，直到天色近晚，与会者无论长幼，尽皆恋恋，不忍离去。汝芳对大家说：“汝辈此时相对相爱，是何等意思！恐从前为会，未必有此也。既是从前未有，则在会长幼，须各自加珍重，自知保守，将平素心上垢秽，痛自洗濯，将平素身上好事，尽力发挥，干净者愈益干净。又不止自家干净，且劝勉大家干净；敦厚者愈益敦厚，又不止自家敦厚，且劝勉大家敦厚。则人之过，我告之；我之过，人亦告之。人之美，我成之；我之美，人亦成之。则是合一会数百人之心而为一心，亦将合一会数百人之善而为一善矣。如此方不负今日之盛也已！”[③]

许敬庵访汝芳于从姑山，问：“江右若胡庐山（讳直）、李见罗（讳材），可谓圣贤矣。”汝芳说：“庐山有圣贤之志，见罗有圣贤之才。”[④]汝芳作《许佥宪过访从姑次韵》，曰：“有客明仙仗，乘风过草堂。织歌将进酒，清响谩调簧。帘启青春满，尊移白昼长。更看江阁外，晚色动云光。”[⑤]

五月庚戌，穆宗卒；六月甲子，太子即位，以明年为万历元年（1573），大赦天下，并表示“与民更始”，“尚赖文武亲贤，共图化理”。[⑥]当道遂引哀诏促汝芳起复。

本年，穆宗去世，太子即位后，高拱上新政五事，但张居正和掌司礼太监冯保相互配合，日益排挤高拱，拱终见逐，居正进左柱国中

① 罗汝芳：《近溪罗先生一贯编》，《罗汝芳集》，方祖猷等编校整理，第352—353页。
② 罗汝芳：《近溪罗先生一贯编》，《罗汝芳集》，方祖猷等编校整理，第369页。
③ 罗汝芳：《近溪罗先生庭训记言行遗录》，《罗汝芳集》，方祖猷等编校整理，第420页。
④ 罗汝芳：《近溪罗先生庭训记言行遗录》，《罗汝芳集》，方祖猷等编校整理，第417页。
⑤ 罗汝芳：《罗先生诗集》卷上，《罗汝芳集》，方祖猷等编校整理，第783页。
⑥ 参见谈迁：《国榷》卷六十八，张宗祥校点，第4189页。

极殿大学士，柄持国政，“慨然任天下之重，专尊主权，课吏实”[①]。

吏部京察，许敬庵等 53 人调外，朝中高拱之党略尽。

大学士高仪病故于京，仪字子象，钱塘人，嘉靖辛丑（1541）进士，授翰林编修，累官礼部尚书，殁后赠太子太保，谥文端。

王时槐与刘文敏（两峰）相会旬日，别之夕，文敏告以“吾道以虚为宗”，不久，文敏病卒于家，时槐为文铭其墓。

耿定向“过金陵，与李贽、焦竑等论学”。李贽和耿定理在南京相识，自此成莫逆之交。

程学博携何心隐至黄安，心隐住在耿定向家中，与耿氏兄弟论学近一年。

① 谈迁：《国榷》卷六十八，张宗祥校点，第 4193 页。

神宗万历元年癸酉（1573），五十九岁

既然当道引诏促起复，罗汝芳也就过完正月后奉诏离家北上了。据他在《癸酉日记》[①]中自记，二月初一日，“自谢埠入省，见两司及会王四原诸友，俱忻忻。心体渐觉显明，事多得力”；初二日，“早见徐凤竹中丞。午同诸友座谈，晚与淮安梁子晋、章斗津、胡友泉谈，亦得力，中夜颇有醒处，此理真是莫可思惟”；初四日，拜客后“入上蓝寺，同诸友坐。移时，乃赴叶龙湖同年之会，时同年在省者凡十人”；初五日，“拜诸公，景象殊非往昔，甚为怅怅”，晚衷“洪溪方虚谷招集思默、敬吾、四原、斗津诸友纵谈，各各有得”；初六日，“约吴自湖共坐，甚欢”；初七日，“坐一山府，又坐匡南府”，“晚同思默、敬吾坐凤竹衙，充然有得”；初八日，“至滕王阁，与自湖诸公谈”；初九日，“邀鲁源诸公坐舟中剧谈，颇有省发”，又“游白沙，坐龙光寺，细谈仁智处，众皆跃然，比至微处，则难言矣”；十二日在“舟中，心体日觉融通”；十三日“作诸乡士夫书”；十四日“与东川倾谈契甚。浮梁、鄱阳诸友得力者多，大可喜也”；二十日，“同玄洲阮别驾游白鹿洞……宿白鹿洞中，细谈甚协”；廿八日，“住安庆，游二南，方从吾来，坐一日，甚有进处”；廿九日“至池州，住清溪，同张参政子仁、罗主政良祯夜聚哗然，景象颇佳”；三月十二日“过黄池，士民恋恋”；十三日“周毅轩追至，遂同游采石矶”；十五日“南京相知相见”；十六日，“管东溟、曹鲁川同来共语，欢甚”；十七日“游燕子矶，遇淮安杨、孟

① 罗汝芳：《癸酉日记》，《罗汝芳集》，方祖猷等编校整理，第724—739页。

二贡士，遂留。共李宏甫、曹鲁川宿，语亦甚合”；十八日“与甘乾斋、喻周川诸友倾谈，焦从吾大有感悟”；十九日“至仪真，徐觉斋集诸友大会书院”；廿一日“至扬州，殷觉庵、丁玉宇、阎华岳、丁从吾诸友会于兴教禅室，中多感悟”；廿二日“与沈艾陵诸友大会上方寺”；廿三日“与徐鲁源、赵仁斋论学，过劳，须知戒惧”；廿四日，“连日与鲁源坐谭，彼此切磋，相益处甚多，且觉精神归一，虽诸友亦皆感动，而近时讲学者鲜能及之”；廿五日被宝应县令李养愚礼请“至书院，与诸生会，甚是淳朴恳切”；廿六日与王敬所中丞“剧谈甚欢”；廿七日“同吴万山、王龙峰观心，殊自快”；四月初一日至邳州，“同曹大行铣坐语甚契，外境渐渐脱去，似于静定中能作得主宰，决意锐修，真不容已”；初四日“邳州守许南华邀胡、徐、曹、邹及学中诸生会书院，甚是翕然”；初八日“至徐州，晤万两溪及程小浦、刘节斋、胡公泉、徐鲁源，语亦相入”；初九日“与小浦夜坐倾论，虽未甚契，然彼此亦尽也”；二十日“与两溪谈河上事，殊有得处”……由汝芳的这些记录来看，曹胤儒说其师“北上过江省，大会旬日。遂从大江而东，沿途如饶州、安庆、宁国、留都、扬州，凡相知同志者，络绎邀师会讲。不佞儒与澹园焦丈、秋潭翟丈自留都至扬州，从师舟中凡十余日。缙绅士友无日不会，师亦舒徐，处处聚乐，名虽入京，实则联友共学也”[①]，完全符合事实。

汝芳一路不断对士友讲论其学，兼对时政有所点评，充分展露了他的学说思想。如谓：

> 孔子，大圣人也，万世无及焉。然其实非孔子之异于万世，乃万世之人自忘其所同于孔子者焉耳。孟子云：“大人者，不失其赤子之心。”夫赤子之不虑不学，与孔子之不思不勉，浑是一个，吾人由赤子而生长，则其时已久在孔子地位过来，今日偶自忘之。岂惟赤子然哉？孔子宗旨，只是求仁，其言则曰“仁者人也”。彼自异于孔子者，或亦自忘其为人也耶！省之省之。[②]
>
> …………
>
> 天下之大，譬诸人之一身，朝宁则其腹心，涵注精华，以干

① 曹胤儒：《罗近溪师行实（节录）》，罗汝芳：《罗汝芳集》，方祖猷等编校整理，第841页。
② 罗汝芳：《近溪罗先生一贯编》，《罗汝芳集》，方祖猷等编校整理，第375页。

枢乎内；海宇则其肌肤，充周气液，以布濩乎外。至合内外以一其机，彻表里以联其间，惟脉络实所攸司，台谏是也。故世称台谏者曰“言路”，盖以决安危于俄顷，定理乱于呼吸，蹊介经络之间，秘通关田之下，其效用固甚速而且神，其取用亦甚重而且大也。此善养身者，其道虽以是为之大致，而节次之先后、攻补之缓急，则必详审严慎，否则以养而伤者，十且八九矣。窃视近世之职言路者，多盛其意气，而感人不克和平，务为操切，而视事莫思究竟，是岂识完养之功非一蹴所能，而练达之熟必持久乃至也？[①]

…………

时俗每外事为以求心体，至求心体，则又不悟真机而落景象，更不思天体物而不违，仁体事而无不在。故流俗外事观心，则所观皆成见，所见皆著迹。如云“事去事来”，又云“无凝无滞”，理虽似妙，说虽可听，然毕竟生于想望一段意思，原于吾心神明变化，当下已自错过，而起初亦未透亮也。噫！孟子言“大人不失赤子之心”，今只将不虑不学认为真心，又将自己日用饮食认非学虑。从是引伸融类，不拘巨细公私，无非是事，则无非是心。无非是心，则无非是虑，则亦无非不虑以为虑；无非是学，则亦无非不学以为学。久久则景象自将超脱，而真机自将契会，又何难于大人之神化，而又何异于赤子之心体也哉？间尝静思，古圣不云心体事，乃仁体事。盖心者，天地之生理，即心即事，生生不息。其机即生，则其体自仁，故浑厚每从生出，而劣薄多由念起，此皆涵养之妙谛也。[②]

…………

或问：“举业、工夫，如何得合一？”罗子曰：“涵养本原，斯合一矣。夫涵者，所以蕴蓄灵根，使觉性澄彻于无隔也；养者，所以润长生意，使天机活泼于无滞也。久之，万象森罗，充若有得。又须如阳明先生入试之说，忽弗轻发，俟浸灌融液，时复触目奇文，雅歌逸调，而却嗜欲、消燥妄，优悠于佳山胜水

---

① 罗汝芳：《近溪罗先生一贯编》，《罗汝芳集》，方祖猷等编校整理，第377页。
② 罗汝芳：《近溪罗先生一贯编》，《罗汝芳集》，方祖猷等编校整理，第362页。

之间，或半年期月而不迴出等夷者，吾不信也。’”①

有人说：“不须穷索、不须防简，说得太易。初学工夫，似难着力。”汝芳曰：“程子此语，其用功全在识仁，仁既能识，则其体可备万物，其德可统万善，故曰‘义礼智信皆仁也’。礼则斋庄中正而可守，智则文理密察而有别，畅于四肢，发于事业，而安有不明不存者哉？彼不务识仁，而防简以为存，穷索以为明者，亦可以深长思矣。”问：“反身未诚，犹是有二，何如？”罗子曰：“‘诚者，天之道也’，天无二，有外之心不足以合天心。孔子曰‘吾道一以贯之’，直是此体浑融无外，彻天彻地，贯古贯今。今我不能外乎万物，万物不能外乎我，如一水以兼众泡，众泡不离一水。故曰：此道无对，大不足以名之。是为孔子出类拔萃家法，而非群圣可同日语者耶！”②

据曹胤儒记：

万历癸酉，师应诏起，复过留都，儒时游辟雍，谒师江干。留都诸缙绅毕集，儒与澹园焦君、秋潭翟君及秋官大夫卓吾李公、乾斋甘公俱。师询儒新功。儒对曰：“力量浅劣，然吾师分授家事，不敢不领受支持。”师笑曰：“予分授家事，何如？”儒曰：“天地万物为一体，使天地万物各得其所为极致，所谓大学、所谓明明德于天下，是吾师之门堂阃域；老吾老及人之老、幼吾幼及人之幼，所谓仁义之实，所谓道迩事易，是吾师之日用事物；赤子不虑之良知、不学之良能，与圣人之不思不勉、天道之莫为莫致，是吾师之运用精神。”师笑曰：“予虽无如许层折，然大段亦得。吾子勉之。”儒对曰：“不敢不勉。”卓吾李君曰：“《大学》一书，专言大人之学，虽庶人亦未尝不明明德于天下。此则吾夫子独得之学，千古圣人之不能同者。且圣人之所谓人，千万世之天下，合为一人之人者也。子谓吾夫子欲明明德于万世，非止一时之天下已也。”师曰：“然，然。”

一夕，卓吾公论西方净土甚详。师笑曰：“南方、北方、东

① 罗汝芳：《近溪罗先生一贯编》，《罗汝芳集》，方祖猷等编校整理，第381页。
② 罗汝芳：《近溪罗先生一贯编》，《罗汝芳集》，方祖猷等编校整理，第358—359页。

方，独无净土耶？”卓吾默默，众亦默然，久之寂无哗者。师曰：“即此便是净土，诸君信得及否？”有顷，卓老徐曰：“不佞终当披剃。”师顾儒曰：“此意何如？”儒对曰：“章甫而能仁，缁锡而素王，今人多未识得。”师曰：“然，然。”

乾斋甘公问：“念庵先生不信当下，其见云何？”师曰：“除却当下，便无下手。当下，何可不信！”甘曰：“今人冒认当下便是圣贤，及稽其当下，多不圣贤。此念庵先生所以不信也。”师曰：“当下固难尽信，然亦不可不信。如当下是怵惕恻隐之心，此不可不信者也；当下是纳交要誉之心，此不可尽信者也。不可不信而不信之，则当下不识本体，此其所以不著察；不可尽信而苟信之，则当下冒认本体，此其所以无忌惮也。善学者，在审其几而已。”甘曰：“怵惕恻隐，便是圣贤否？’师曰：‘此是圣体，扩而充之，便是圣贤。”请问：“何以扩充？”师曰：“有所不忍，达之于其所忍，扩充之功也。若只见得怵惕恻隐之端，而不加扩充之功，亦只是闪电光，而难以语于太阳照也已。”

师问儒曰：“闻春台蔡太守在贵府联友讲学，甚善。第其语意，何所提倡？”儒对曰：“蔡公祖在会上常举‘子曰：当仁不让于师’，此‘当’字，如吴下当里役、当粮役之当，有役须当。愿会中诸君子，将仁当一当也。”师曰：“此真夫子吃紧为人语也！然未易识得。盖夫子此语出口之时，将上下天地、往来古今、彼此人物，一齐勘破，一齐推倒，露无我无人之法体，发统天先天之眇论也。试绎思之，方觉有味。”①

汝芳就这样一边北行，一边联友论学，终于到了京师。据《罗近溪师行实》，他先到“铨部，司厅报师见堂。禹坡杨公谓应谷刘公曰：‘此君去宁国时，有谮之者，适周都峰昌言于朝，而耿学院之辨疏亦至，乃知人言之妄，而论定矣。’师见禹坡公于馆，公笑执师手曰：‘宁国之政，大得民心！鄙怀久念，不意今日乃得面也。’”② 按，此处所谓“耿学院辨疏”，指的是耿定向在汝芳自宁国府任上闻父殁而奔丧返籍后，不久所上的《审异同慎举刺以惜人才疏》，疏中有段

① 罗汝芳：《盱坛直诠》，《罗汝芳集》，方祖猷等编校整理，第 400—403 页。
② 曹胤儒：《罗近溪师行实（节录）》，罗汝芳：《罗汝芳集》，方祖猷等编校整理，第 842 页。

专为汝芳辨护的话："近接邸报，该巡抚谢登之论劾原任宁国府知府罗汝芳一节。切详本官性本疏简，政欠整严，抚臣所论必有其因，臣何敢啜？但照本官束发学道，世味泊如，一自登第，即退藏者十余年矣，已而筮仕太湖，时亦无赫赫声也。臣往按其邑，邑中父老相迎者数千百人，臣招中耆老而就问之，曰：'自汝有识以来，与民相安者几何令耶？'佥对曰：'五六十年来，前止一翁，后止一罗耳。'臣因窃叹，一邑之中，民生总总，不知其几，而五十年间能寄民命者止一二数，其声称又不显也。臣兹戚矣。近守宁国，臣再按其地，日视其政，不砺廉隅，不勤棰楚。鹰鹯之智诚少矣，顾其慈祥恺悌之真，民物一体之意，只于古人中求可也。且即其新三城均田粮、行义仓、申乡约，弦歌之声至今盈耳，去思之感愈久不忘，绩用章章如是矣，计当特褒以为劝者，而今欲抑之，第恐俗吏口实于此，攘臂操切以贾声称，而学道爱人者退逊也，民命其何堪耶！"① 定向是实际调查当地民众，了解了真实情况后写下这段极有理据，满怀深情的话的。

但是，汝芳随后与张居正的会面就很不愉快了，《盱坛直诠》记道：

> 师会江陵张公（张居正，江陵人），江陵问师山中功课。师曰："读《论语》《大学》，视昔稍有味耳。"江陵默然。翌日，招师，且约义河李公（李幼滋，号义河）陪师，坐定。江陵顾李，曰："近溪意气，视旧无异。"师曰："不免伤感大多尔。"江陵曰："何故？"师曰："闾阎疾苦，不能一一上达也。"江陵曰："即韩、范、富、欧，亦不能俱达也。"师笑谓李大夫曰："某辈连宵欢呼庆幸，皆以老先生受知主上，大用明时，即皋、夔、稷、契，将不多让矣。"江陵曰："然则尧、舜独不病博济耶？"师曰："此自人言尧、舜者耳。自鄙见论之，唐虞君臣，刻刻时时，必求博济也。"江陵举酒不言，久之曰："胡庐山（胡直，号庐山）安在？"师曰："在广西安察，昨得书，言归矣。"盖憾师，如胡之不顺己也。遂补师东昌。麟阳赵公忿然曰："奈何促贤者一出，而仅以郡符劳之耶？"②

---

① 耿定向：《审异同慎举刺以惜人才疏》，《耿定向集》卷二，傅秋涛点校，第 44—45 页。

② 罗汝芳：《盱坛直诠》，《罗汝芳集》，方祖猷等编校整理，第 382—383 页。

罗怀智撰《罗明德公本传》对此事亦有记载："癸酉，入京，见张江陵曰：'闾阎疾苦，不能上达。'张曰：'尧舜不病博济耶？'对曰：'此自人言尧舜耳，若尧舜之心，时时刻刻必求博济也。'张默然。遂补东昌。赵麟阳忿然曰：'奈何促贤者出，仅以郡劳之。'"[①]

按，被张居正约来陪汝芳的李幼滋，字元树，号义河，德安府应城县（今属湖北省）人，嘉靖二十六年（1547）丁未科进士，与居正是同乡好友，又同一年进士及第，极为居正信用，万历初居正甫柄国政，即将他由太仆寺卿升为大理寺卿。万历五年（1577）居正父丧，他倡"夺情"说，获进工部尚书。据说后来杀害何心隐，就是李幼滋指使的，李贽《答邓明府》书说："江陵为司业时，何公只与朋辈同往一会言耳。言虽不中，而杀之之心无有也。及何公出而独向朋辈道'此人有欲飞不得'之云，盖直不满之耳。何公闻之，遂有'此人必当国，当国必杀我'等语。则以何公平生自许太过，不意精神反为江陵所摄，于是怃然便有惧色，盖皆英雄莫肯相下之实，所谓两雄不并立于世者，此等心肠是也。自后江陵亦记不得何公，而何公终日有江陵在念。偶攻江陵者，首吉安人。江陵遂怨吉安，日与吉安缙绅为仇。然亦未尝仇何公者，以何公不足仇也，特何公自为仇耳。何也？以何公'必为首相，必杀我'之语，已传播于吉安及四方久矣。至是，欲承奉江陵者，憾无有缘，闻是，谁不甘心何公者乎？杀一布衣，本无难事，而可以取快江陵之胸腹，则又何惮而不敢为也？故巡抚缉访之于前，而继者踵其步。方其缉解至湖广也，湖广密进揭帖于江陵。江陵曰：'此事何须来问！轻则决罚，重则发遣已矣。'及差人出阁门，应城李义河遂授以意曰：'此江陵本意也，特不欲自发之耳。'吁吁！江陵，何人也！胆如天大，而肯姑息此哉！应城之情状可知矣。应城于何公，素有论学之忤，其杀之之心自有。又其时势焰薰灼，人之事应城者如事江陵；则何公虽欲不死，又安可得耶！江陵此事甚错！其原起于憾吉安人，而必欲杀吉安人为尤错。"（《焚书》卷一《答邓明府》）

沈德符《万历野获编》卷八"邵芳"条说："时楚人李幼滋为工部尚书。……素以讲学为心隐所轻，故借江陵之怒以中之。"

---

① 罗怀智：《罗明德公本传》，罗汝芳：《罗汝芳集》，方祖猷等编校整理，第830页。

又按，大约在汝芳北上途中，胡直上《启江陵张相公》，说：

兹值相公秉轴，所欲效助左右者，亦所谓千百载遇之犹旦暮也。然思主少国疑，剂调乂安，相公才度游刃有余。第以天下大计有三，欲入觐时获遂面展，不虞老母病稽……直今亦病困，他不暇详，其三大者犹不忍不为相公尽也。

其一正圣功。某闻主上冲龄，圣明殊绝，然三代之下亦有冲灵异资，第以大臣无格心之学，不能引君当道以志于仁，遂致苟且相徇，终成杂伯，为可嗟耳。所谓三代，又非欲以井田封建为也，唯其志出于仁体，根诸诚心，则即以三代之心行近世之法，何不可者？禹、稷思天下饥溺由己，伊尹一夫不获，时予之辜，此仁体之著也。繇兹仁体父母天下，自既厥心，不为名歆，不以功幸，此诚心之操也。然汉、唐以来，人主未有臻此者。今者惟在信臣日诱以唐、虞、成周帝王诚心之跬，日辨以汉、唐、宋诸君杂伯之卑，以日兴主上之志，夫是乃谓养正之圣功。故下有格心之功，则上有养心之学；三代心政不见于天下久矣，乃若汉文帝、唐太宗、宋仁宗终于小康杂伯，无大裨于天下。所谓心政不望于今日圣明殊绝之主，则数千百载之间无复望矣，岂不自左矣哉？某又不喜相公昔年试策中“法后王”之说。夫我神祖六官八度，孰非法先王者，而奚颛颛以后王语也？或者以兹一语之小，不必拘，而不知天下人心之趋系之，此不可无辨也。

其二豫人才。某观近日人才多以事功进。夫事功，诚急务也，然黠者激作粉饰，未有为民长利、为国远猷之心。某在外睹之殊确，每退与一二知者叹之而已。至为气节，尤可笑。凡为是者皆色厉内荏，吐刚茹柔，观望以下上其手者也。又议论嘎啧，罔睹大体，即如阳明先生从祀，争论不一，殊鲜平和，匪独不知阳明学脉所繇，乃亦不知朱子学术所底。以某近日细观朱子晚年学术，即阳明无异耳。而谈者徒自燕、越，随人附和以为妍媸，可不悲哉！至于多种浮议，此自古非常之人所不免者……此事唯在相公审择……且翰馆，储相地也，即如相公及淮南公咸由前哲以斯学淬磨成之，故今天下食福不鲜。今相公岂不欲为后日地乎？……

其三培元气。夫民为邦本，本固邦宁，此元气之说也。自分

> 宜秉政，聚敛成风，倭胡相仍，征输无艺，南北交困久矣。比年某再履荆、湘之间，有遍邑蒿莽，万亩波漂，孰为吊讯？至如敝乡，昔时腴民十丧八九，询者吴会之间，亦莫不然。搢绅之素凉者将匄贷而无门，说者谓陵粟穴金踊在墨吏之家，岂不然哉？然令今日尽歼墨吏，斯民困犹故也。若神祖时，间岁免民租税，今已不可望。乃当宁犹以催科为上课，岂亦为无何之计故耶？稽之《唐书》，其中叶犹以催科为下考，今盛世乃如此。虽然，使今不催科，则国计不充；使仍以催科为课，则民团不知向所终也！十余年来，计国大吏咸画无所之，此元气之弊也。或者谓安边即以安民，某则谓安民乃以安边。今姑不暇持筹条言之，幸有相公燮调，群贤赞佐，所为计安元元，必有得其大者。相公慎无以汰一幕官、省一传厨为足务也。此三事者，诚朽生迂谈，然野人芹曝，以是为大。①

张居正接读此信后，勃然大怒，勒令胡直致仕。他知道汝芳与胡直是观念相近的知交，故而当汝芳批评他“闾阎疾苦，不能上达”，还以“尧舜不病博济耶”来文过饰非时，干脆出言“胡庐山安在”相威胁。

汝芳自然毫不畏惧张居正的权势。《盱坛直诠》记其听了张居正威胁性的话后说：“公所居，何等责任！乃无一段真精神，以感格君上，而第为此言，不为上负天子，下负所学哉？”时有吏部从旁解之者曰：“此亦无可奈何。”师切责之曰：“吾与张君言至此，意为滴泪，而君犹为谀言以相宽，是无人心者也！且君之子病笃，万无生理，犹延三四医人日夕营救，此时肯曰：‘无可奈何’否？”“闻者惧然，然江陵之心竟不可转移。久之柄国，且怒罗子，罢其官归矣。”② 虽然罢汝芳官是几年后的事，但在这一年还是将应诏起复的贤者汝芳逐出京师，外放到东昌任职去了。

时任翰林编修的沈懋孝③与汝芳相晤，论学有契。汝芳对其言“心

---

① 胡直：《衡庐精舍藏稿》卷二十，《胡直集》，张昭炜编校，第 396—398 页。

② 罗汝芳：《近溪罗先生一贯编》，《罗汝芳集》，方祖猷等编校整理，第 383 页。

③ 沈懋孝（1537 年—1612），字幼真，号晴峰，浙江平湖县（今平湖市）人。隆庆二年（1568）进士。退居林下后，聚行讲学，学者称“长水先生”。

斋王先生格物之指曰：‘物有本末，本正末自理，故家国天下一以修身为之本。’又言：‘心斋传颜山农，山农传何心隐。此一派真实恳恻，不比浙中。’”（《长水先生水云绪编·题孝感杨夷思先生〈怀师录〉》）懋孝虽是张居正的亲戚，但性喜心学，好交友论道，与其时王门学者交游颇广。他通过这次与汝芳的论学，对泰州学派有较为深切的了解和认识，“时时慕心隐”，对汝芳亦竭尽礼重。后来汝芳殁后，他以宣城门人身份赞汝芳像曰：“修其形，躩其身，葆其精，完其神。学接虞廷，独见本真。不虑不学，赤子知能。万物一体，肫肫其仁。至平至易，极高极深。曰中曰庸，以化以神。德难以名，名难以称；强称名之，名称大人。”[①]

本年，张居正立考成法，以为制治之本。居正六年考满，进中极殿大学士。张居正将高拱逐出后，复借“王大臣闯宫案”扣其罪名并排斥异己[②]。谈迁讥斥居正此举“只自见其愚耳”[③]。张居正去世后，神宗欲追查此案，因张四维提出时已过十年，当事人多已不在，难获证据，遂乃置不问。

兵科给事中赵息诚疏请罢王阳明从祀。

余有丁[④]以翰林院侍读被任今为南京左春坊左庶子，掌翰林院事。林士章[⑤]由南京国子祭酒改任北京国子祭酒，寻升礼部右侍郎兼翰林院侍读学士。礼部右侍郎署南京礼部右侍郎万士和[⑥]兼署南国子祭酒。

宋仪望由太仆寺少卿升任大理寺右少卿。

李贽与王龙溪始识。

---

① 李登等：《近溪罗先生像赞》，罗汝芳：《罗汝芳集》，方祖猷等编校整理，第990页。

② 谈迁《国榷》卷六十八详记此案，见该书第五册，第4216—4217页。

③ 谈迁：《国榷》卷六十八，张宗祥校点，第4217页。

④ 余有丁（1526—1584），浙江鄞县人，世宗嘉靖四十一年（1562）壬戌科申时行榜进士，授翰林编修。隆庆初，充实录纂修官。万历元年（1573）以左庶子领南京翰林院事，次年为南京国子监祭酒，颇多建树。殁后谥文敏。

⑤ 林士章（1524—1600），字德斐，号璧东，福建漳浦县乌石人，世宗嘉靖三十八年（1559）进士，授翰林编修，历国子监祭酒、礼部右侍郎兼侍读学士。万历九年（1581）任南京礼部尚书，因厌倦官场生活而疏请放归。居林下二十年，年七十七卒于家。

⑥ 万士和（1516—1586）字思节，号履庵，宜兴人，受业于唐顺之。嘉靖二十年（1541）成进士，隆庆中以礼部左侍郎引疾归，万历初复起，后因积忤张居正，谢病归里，遂不复仕，年七十一卒于家。

汤显祖与达观[①]结交为挚友。

① 紫柏真可（1543—1603），俗姓沈，名真可，字达观，晚年自号紫柏，自谓皮毯道人，门人称为尊者，俗家姓沈，苏州吴江人，十七岁，剃发于虎丘山寺明觉大师；二十岁从讲师受具足戒后，仗策远游，遍参知识，跋涉山河，风餐露宿，胁不至席三十余年，所至几半个天下，遂世出世书，融会贯通，了然奥旨。他内著慈悲，外严戒律；待人平等，毫无贵贱大小之分，一生以慈悲利物，代佛扬化，振兴禅宗，荷负大法为己任，有《紫柏尊者全集》二十九卷、《紫柏尊者别集》四卷和《附录》一卷刊行于世。

万历二年甲戌（1574），六十岁

罗汝芳在上一年获任东昌太守后即赴任所了。他甫到任即参与了当年的山东乡试事务，作《癸酉山东乡试第五问》试士子。又撰《拟山东试录前序》并代作《山东乡试录后序》。

当年阳明曾在山东主乡试。甄取贤士，播下心学火种，为后来北方王门的形成奠下基础。而今汝芳又参与主持山东乡试，为北方王门的发展推波助力。不过，汝芳在东昌的时间并不长，却在短时间内却颇有治绩。曹胤儒说："比至东昌，治之如宁国，三月而士民孚之。修学宫及城隍庙，费数百金。定解边饷银法子，岁省民万金。此皆师推己所宜有以惠民者，民皆交口祝拜无异词。"① 所谓治如宁国，大约是如《山东通志》所说，汝芳三个月任内勤于讲学，"人无贵贱，倾心延接；日进诸生讲学，指示仁体；反复引譬，听者莫不感动"。

据同治《永新县志・颜钧传》说，汝芳在东昌时，山农曾来小住。"豪宕不羁，轻财好施，挥金如土"的颜钧对汝芳说"欲制棺"，汝芳"给以百金"，而颜钧"出即散予贫者，复给之，散如初"。

又据《明儒学案》卷二十九《北方王门学案》和《明史》卷二百八十三《列传第一百七十一・儒林二》，汝芳在东昌为张后觉"建见泰书院，时相讨论"。张后觉，字志仁，号弘山，山东茌平人。以岁贡生授华阴教谕，任载三载即引归。初习程朱理学，后因颜钥在茌平任教谕，得读《传习录》，获闻良知之旨。同治《永新县志・颜应时颜钥传》说："钥，字子启。嘉靖乡荐，授山东茌平学教谕。茌士

---

① 曹胤儒：《罗近溪师行实（节录）》，罗汝芳：《罗汝芳集》，方祖猷等编校整理，第842页。

鲜闻学，钥以王守仁良知说诱之，远近翕从，成就甚多。张后觉其最著也。”后觉寻受学于时任山东参政的徐樾，得闻“天聪明”之说，后以之教孟秋，谓：“吾人是非邪正，一触而知，是聪明也，何虑何学？乃天然聪明也。如今顺我天聪天明应去，便是圣学。”（《宏山集》卷一《教言》）后觉“深思力践，洞朗无碍。犹以取友未广，南结会于香山，西结会于丁块，北结会于大云，东结会于王遇，齐、鲁间遂多学者”（《明儒学案》卷二十九《教谕张弘山先生后觉》）。《颜钧集》卷三《自传》说山农于嘉靖三十六年（1557）参加完灵济宫大会后，自京师南返，途经茌平，“旧友张宏山，名后觉，率亲友延住两旬，洞启宏山之学归正途”。由是，后觉之学实承泰州学派传统，与汝芳有学脉上的亲缘关联。

这一年是汝芳的六十岁，朝廷任命他为云南屯道宪副，但他未即赴任，而是由东昌回到老家江西南城，弟子们亦云集于此来为他祝寿。《罗近溪师行实》详细地记载了这事：

> 甲戌，师自东昌归盱，时年六十，远近门生咸集师庭称寿。师乃合郡中同志数百人，大会于盱之玄妙观，旬日始解。时，师遣家属具疏乞休，当道强止弗上，将劄付改限，促师南行。
>
> 玄妙会时，诸同志有华山之约，师闻之曰：“予欲登华山亦久矣，且向许再会乐安，此可偕行。”于是由崇仁抵宜黄，登华山，直诣乐安大会。彼时昼饮联席，夜卧联榻，坐起咏歌，无非是学也。
>
> 董司寇裕、詹侍御事讲、曾运使维伦、陈刺史汝凤、游贡士彻、陈生致和，陈生廷礼侍师登华盖绝顶，岩峦峭拔，壁立万仞。及夜，子谈孔孟宗旨，时月华五色，玲珑掩映，诸君子喜曰：“神圣之道，果有致极之妙，苟非身亲见闻，谁能信得奇异如此也？”
>
> 陈生廷礼请教，师曰：“道心惟微，必睿乃足以通之，故‘思曰睿，睿作圣’也。吾人辄以浮气强探，肤词谩道，往往自谓能致力于学，诚俗所谓粗麻线透针关也，则见之左也甚矣。”
>
> 游君彻问曰：“《中庸》之‘诚’与‘明’如何分别？”师曰：“近来用工，却全不在此等去处。”游曰：“不在此处，却在何处？”时方食点心，师指而言曰：“只在此处。”盖此食点

心时叫做明也得，叫做诚也得；只此食点心，也叫不得做明，也叫不得做诚；但点心已是吃了，亦不消再叫诚叫明也。以此推之，则四书五经，百般万样，诸般道理，诸般名色，都可以从吃点心一处起，亦都可以从吃点心一处了也。

…………

师至乐安，流坑董氏少长毕集，忻悦融融。同行诸生笑曰："昔人春风中坐一月，相传以为美谈。吾侪自秋迨冬，旦夕数百辈，老安少怀，朋友信从，熙洽贯通。若世羲皇，不知视一月春风又何如也？"①

汝芳的心情是非常愉快的。他赋诗数首以抒其怀："紫雾千峰晓半开，啸携仙侣去还来。杯酣玉液襟期远，坐拥瑶空海岳回。今古浮丘人几世，乾坤华盖此高台。大还丹诀应长在，好点黄金遍九垓。"②"大华屹层霄，祥光时五色。我欲访浮丘，招之应可得。"③"华月开良夜，相看五岳头。分光入杯酒，洗尽古今愁。礼斗高台上，分明接太虚。可堪台上月，五色落金辉。"④"善哉华山客，夜夜华山头。对月扫闲云，长空一片秋。"⑤

下山后，汝芳即"讲学于鳌溪之上"，其《乐安讲会题名序》谓：

万历甲戌之秋，余讲学鳌溪，城中各族留会者几一月。时邑侯晋台谢公升任广东，而郡别驾心村汪公来视邑篆，初至即首重学校，进诸生于庭，勉事心学。诸生以讲会请，公忻然曰："吾志也。然闻之君子之议事也以制，制则趋定；立道以准，准则视的；易俗以同，同则风动。汝诸生其共谋之。"于是詹生事谔等请开鳌溪书院。如近奉台檄为乡约礼，设圣像、祖训于中，集诸缙绅父老子弟于庭阶。时通邑内外扶携骈至，且升降起居雍雍肃肃，一日之间其制屹然定、其风翕然同矣。公可诸生请，且谓道立之准非余言，为圣训之释，为群言之开，则定且同或未能久而

①曹胤儒：《罗近溪师行实（节录）》，罗汝芳：《罗汝芳集》，方祖猷等编校整理，第842—844页。
②罗汝芳：《登大华盖山》，《罗先生诗集》卷上，《罗汝芳集》，方祖猷等编校整理，第796页。
③罗汝芳：《游大华盖山》，《罗先生诗集》卷下，《罗汝芳集》，方祖猷等编校整理，第801页。
④罗汝芳：《同詹觉野观月华》，《罗先生诗集》卷下，《罗汝芳集》，方祖猷等编校整理，第801页。
⑤罗汝芳：《詹用谦华山扫地》，《罗先生诗集》卷下，《罗汝芳集》，方祖猷等编校整理，第802页。

安也。故余虽不肖，叨公贽聘，得睹盛举于一堂，并书以引题名册云。①

他又诫勉就学于鳌溪书院的学生们道：

董子曰："道之大原出于天，天不变，故道不变。"未有天命不知，而可言率性以修其道者也。此义在大《易》《中庸》最为吃紧。盖天之与人，本无二体，吾人视、听、言、动，皆帝则之所必察，彼谓惠迪吉而从逆凶，作善祥而作恶殃。毫发弗差，影响不忒，夫岂漫无所主于其上耶？古先圣帝哲王，祀天享帝，谓赫赫皇皇，质之临之。是以暗室屋漏，雷声潜见，神道设教，而天下自服也。呜呼！微之显，天人之不可掩也如此夫。②

按，汝芳与这位抚州别驾汪心村有通家之谊，曾对心村说："孔子曰'仁者人也，亲亲为大'。夫仁，天地之生德也，生则恶可已！恶可已，则自亲亲而仁民、而爱物，生生而无疆者，非强以致之也，一机以潜而通遍之焉尔。……如是而为心，如是而为言，则其辞达、其旨永，而其说详且舒矣。"③

汝芳弟子徐怀义叹曰："我师自初至以迨今日，时有寒暑，日有早暮，而贯四时、通昼夜，无一时离朋友，亦无一时废讲论，真是人间一异事也！"④

本年，"张居正请引见廉能官"，"上御皇极门，引见朝觐廉能官浙江左布政使谢鹏举等二十五人，面加奖励"，"贪酷保定知府贾淇等十八人命下法司"。⑤

张居正将两京及内外文武官员，府部而下、知府而上者姓名籍贯及出身资格的职官书屏进上，奏曰："安民之要在于知人，辨论官方

① 罗汝芳：《乐安讲会题名序》，《罗明德公文集》卷一，《罗汝芳集》，方祖猷等编校整理，第449页。
② 罗汝芳：《勖鳌溪书院诸生》，《罗明德公文集》卷五，《罗汝芳集》，方祖猷等编校整理，第717页。
③ 罗汝芳：《诒谷录序》，《罗明德公文集》卷一，《罗汝芳集》，方祖猷等编校整理，第457页。
④ 曹胤儒：《罗近溪师行实（节录）》，《罗汝芳集》，方祖猷等编校整理，第844页。
⑤ 谈迁：《国榷》卷六十九，张宗祥校点，第4241—4242页。

必考其素。顾人主尊居九重，坐运四方，于臣下之姓名、贯址尚不能知，又安能一一别其才否而黜陟之乎？朝宁之间，百司庶府尚不能识，又安能旁烛四方郡国之远乎？”[①]帝御书“弼予一人，永保天命”赐居正。

被罢归里的高拱著成《春秋正旨》一卷。

李幼滋等章劾为张居正不喜的工部尚书朱衡[②]，致其乞休归里。

宋仪望在京举会于灵济宫，并作《阳明先生从祀或问》，寻以右佥都御史巡抚应天，行部宣州，重修复初书院。

王龙溪与张元忭[③]在会稽云门山、天柱山中讲学。

钱德洪、何迁去世。

胡直等举青原会；直又与李材、王时愧相与论学，时槐谓见罗之学不主良知，庐山志真行端。

耿定向在京举会讲学，龙溪认为此举关乎人心向背之机。定向寻奉命册封鲁府，在真州（今江苏仪征）与王东崖、焦竑相晤。

李贽任南京刑部员外郎，始识王东崖。

---

① 谈迁：《国榷》卷六十九，张宗祥校点，第 4258 页。

② 朱衡（1512—1584），字士南，又字惟平，号镇山，江西万安县人。嘉靖十一年（1532）进士，历知县、刑部主事、福建提学副使、山东布政使、山东巡抚、吏部侍郎，所至皆有成绩；嘉靖四十四年（1565）进为南京刑部尚书，寻改工部尚书兼右副都御史，总理河道；隆庆朝任工部尚书，多次奏减江南织造，裁抑浮费。万历十二年（1584）卒，年七十三，有《道南源委录》等著作。

③ 张元忭（1538—1588），字子盖，别号阳和，又号不二斋，祖籍四川绵竹，出生于越之山阴。幼好读书，心期圣贤；后闻阳明“致良知”之教，恍然有悟，喟然叹曰：“学在是矣！”遂日究心学。他以心学为宗旨，以为“万事万物皆起于心。心无事而贯天下之事，心无物而贯天下之物，此‘一贯’之旨也。曾子之三省，省此心也；孟子之三反，反此心也。居处之恭，持此心也；非礼之禁，闲此心也。谓‘一贯’之外另有学问，非也；谓‘一贯’之教独私于颜、曾而门弟子不得闻者，非也；谓曾子、孟子之学终有异于颜子者，非也。心无二，故学亦无二。二之非学也”（《张元忭集》卷三《又答田文学》），但并不盲从当时风行的阳明后学，尝曰：“学者皆说良知，不说致良知，去师门宗旨远甚。”（《张元忭集》卷首《明奉直大夫左春坊左谕德兼翰林院侍读阳和张公墓表》）故其每以世之学阳明者多事口耳为病，而欲以力行矫之。隆庆五年（1571）状元及第，先后官翰林院修撰、左春坊左谕德兼翰林侍读。万历十六年（1588）卒于官，天启初追谥文恭。阳和著述颇富，今人编校整理成《张元忭集》。

万历三年乙亥（1575），六十一岁

在吏部行文催促下，罗汝芳离家往云南赴任了。他在家信中说：

从起身一路平安，天气事务皆如意。今已到辰州，再一月，的可到任矣。合家不须挂怀，我自保重。且一路讲学，朋友信从者众，此行端不可少。况山水甚佳，又堪寓目也耶？……但把学问共书院诸君大家究心，天自有安排也。

到任将及三月，凡事谢天地祖宗平安如意。此中风景，民淳讼简，亦好调理身心。我初意欲告病归，今且在此少住。盖同僚与士民皆知向学，久之必有可观，亦不孤万里远来一遭。

…………

我在此谢天地祖宗，合衙皆安乐。两月间将屯田、水利事绪渐渐举行，士民亦甚忻喜，而诸同志向学尤为勇往。故安身在此少住，再看何如？

…………

居此凡事俱如旧，但因永昌有莽贼之报，抚院委以腾卫兵事。谢天地祖宗，一到而贼即退，士民甚喜，再料理几时便还省矣。①

这里透露出他年内离家及至到任后的很多信息。兹据相关资料，略述这期间的几件要事：

---

① 罗汝芳：《家报十纸》，《罗明德公文集》卷五，《罗汝芳集》，方祖猷等编校整理，第678—679页。

一是他“一路讲学，朋友信从者众”，此即《盱坛直诠》卷下所记，师莅云南，“所至与僚友旸谷方公、同野李公、乡缙绅寅所严公、麓池郭公辈相与定期，集士子讲学作文，以为常”。尤其是入滇抵任后，他更“合并旸谷方公、西岩顾公、禹江张公、渐江张公、□水陈公诸君子，讲学五华书院，日孜孜不倦。诸生不惟得领诸君子文学之教，其所熏陶培养者多矣”①。

按：五华书院始建于嘉靖三年（1524），设于昆明五华山麓北，是云南最重要的官办书院。其生员主要来自云南各府州县，平日教学分为官课和堂课，内容则主要为应科举攻读经史子集。汝芳在五华书院传扬阳明心学，无疑带来强劲新风，给这书院增强了生机和活力。他教诲学生们道：“人之肩承道担，非力量直前不可，第径躁之与刚果相似而实不同。古谓其进锐者其退速，是误执径躁而作刚果也。善为道者，先当从吾心体细味沉思，早夜不休，仓卒无变。水流物生，浑成一片，则愈受持而愈益虚下，不至圣人不已也。是大力量，亦真刚果云。”②关于这次由上年冬一直延续到这年春天的五华书院会讲，近溪著作中记道：

> 方伯旸谷方公、宪长西岩顾公、大参同野李公、禹江张公、宪副渐江张公，偕予集会五华书院，进三生讲书，初“仕而优则学”，次“颜渊、季路侍”，又次“富与贵是人之所欲”，毕。
>
> 众求旸谷公为之启迪，公作而叹曰：“仕之与学，分作两事，此在后世则然。若圣门立教，则曰：‘道也者，不可须臾离也。’无须臾不是道，则无须臾不是学，无须臾不是学，则又何分仕与不仕耶？况子夏，他日又曰：‘事君能致其身，虽曰未学，吾必谓之学矣。’‘事君能致其身’者，即是仕之优处；‘吾必谓之学’者，即是仕而能优处，则其能学处也。朱子因前章先儒谓：‘推子夏之言，其流将至于废学’，故此章遂主张分看，却不知合而言之，其流弊也小；分而言之，其流弊也大。”

① 郭斗：《刻近溪罗先生会语叙》，《罗汝芳集》，方祖猷等编校整理，第938页。
② 罗汝芳：《勖五华书院诸生》，《罗明德公文集》卷五，《罗汝芳集》，方祖猷等编校整理，第715页。

予承公之意，因进诸生而前曰："汝曹今日且须究竟，圣贤平生所学者，为学个什么？所仕者，为仕个什么？如《大学》诚意、正心、修身，是所谓学，而齐家、治国、平天下，是所谓仕；中间贯串一句，只说'明明德于天下'。至其实实作用，则只是个孝者所以事君、弟者所以事长、慈者所以使众，上老老而民兴孝，上长长而民兴弟，上恤孤而民不悖。细细说，似有两件，贯通实为一事，故孔子言志，独以老安、少怀、朋友信为个话头。看他所志如此，则学便是学这个，仕便是仕这个，此外更无所学，更无所仕，亦更无所谓志也。夫子此志，从十五岁便晓得要絜此孝、弟、慈的矩，至六七十岁，与颜渊、季路言志之时，便自许得随心随意，随处随人，皆随所愿而不逾此矩也。此矩随心而絜，则上便上得其所，下便下得其所，左右便左右得其所，上下左右皆得其所，乃谓之仁。圣人之志，常常不违此仁，盖自终食之间起，以至终日终年，而直至于七十终身，其心心念念，以天下为一家而不计自己之家，以中国为一身而不顾自己之身。如此而贫，亦如此而富，而无心于去贫处富也；如此而贱，亦如此而贵，而无心于去贱处贵也。汉高祖只是一代英主，且云'为天下者不顾家'，况圣人仁天下之志，思欲老老以及人之老、长长以及人之长、幼幼以及人之幼。其决烈勇猛，如火之必热、如冰之必寒、如江河之必于沛然赴海，则其一身之贫贱富贵，又安足系累毫发也哉！故时常自道曰：'饭蔬食饮水，曲肱而枕之，乐亦在其中矣；不义而富且贵，于我而浮云。'为天下之志，直是如此其切；为身家之意，直是如彼其轻。所以可仕则仕，可止则止，可久则久，可速则速。彼少有系累，又安能超绝千古，独异群圣，而昭显时中之心矩于万世无疆也哉！"

西岩诸公，咸相与称善，命诸生歌《南山》五章，以颂祝太平云。[1]

其后，汝芳到永昌、腾越等地，均随处设讲会，阐扬他的学说思想，如在永昌听诸生讲《天命之性》一章、《舜其大知》一章及《知

① 罗汝芳：《近溪子集》，《罗汝芳集》，方祖猷等编校整理，第147—148页。

之者不如好之者》一章后，对讲者说：

> 汝曹若谓知之与好、好之与乐，由许多积累工夫，乃能然欤？殊不知适所讲三章书内，知与好与乐，都藏其中，而汝曹未知觉耳。故依着汝曹今日讲套，则若知先于好、好先于乐；依着孔门三章书看来，则是乐先于好、而好先于知也。夫世之所谓乐者，不过是自然而然、从容快活，便叫做乐也。今细看，天命之性即是天生自然，率性而行即是从容快活也。《大学》谓不待学养子而后嫁，孟子谓孩提无不能爱其亲。汝试想象，人家母亲抱着孩儿、孩儿靠着母亲，一段嬉嬉融融的意思，天下古今，更有何乐可以加此也哉？此便叫做"民之秉彝"。孔子说《诗》，谓："民有秉彝，故好是懿德"，则好实由乐而有也；又曰"百姓日用而不知"，则知又由好、乐而有也。故舜称大知，便是能知，而其知原于好问好察，然所好者，却是迩言，所用者，却是庶民之中。浅近庶民，却正是率性自然而不虑不学者也。又看《中庸》他章，论圣人却有不知不能，而愚妇愚妇到可与知、可与能，分明说圣贤有不如愚夫愚妇处。其次又叹鸢飞鱼跃，为上下昭察，分明又说人不如鸢鱼处。盖人到愚夫妇之居室，物到鸢鱼之飞跃，果然浑是一团乐体，浑是一味天机，一切知识也来不著，一切作为也用不去。至于汝曹适才许多讲套、说话，虽似晓得一般，然究竟率性中和，则实相去天渊之不如矣。故古人善形容乐体者，若陶渊明却云："木忻忻以向荣"，周元公却云："庭草一般生意"。夫草木无知，岂果能意思忻忻也哉？惟是二公会得此个乐机，则便触处自然相通。汝曹在此，若肯彻底融会草木无知，且自忻忻，而我独可闷闷耶？鱼鸟至微，且自昭察，而我独可昧塞耶？夫妇之愚，且可与知与能，况衣冠堂堂，万万非众人比耶？孩提之时，且已良知良能，况既壮且老，万万非幼稚比耶？于是顿觉心胸开豁，耳目灵通、四肢百骸俱轻快爽朗。此便是一阳之气，和畅光明，若从平地里头涌出一般，岂不与今日冬至同其亨泰也哉？况以此意而观之一堂，则一堂上下，无贤愚老少，皆觉自率其性，而自乐其常，一堂浑是春也；以此意而观之一家，则一家内外，无老幼亲疏，皆觉自率其性，而自乐其常，一家浑是春也；又远而观之一郡、观之一省，又远而观之天

> 下万世，无不浑然同乐同春于无尽焉。却即是为天下造太平，为万世开太平，而无负父母生育一番、朝廷作养一场。道其在迩而非远，事其在易而非难。昔人谓："太平无象"，却不思人人亲其亲、长其长，便是天下太平、万世太平也？①

二是启动水利工程，即治昆明堤，又由大理入永昌，浚龙池引沙河，民甚获其利。曹胤儒的《罗近溪师行实》对此叙述道："滇中有滇池，又名滇海，即昆明池，周回三百余里，其口出昆阳州，迩来淤塞殊甚，水溢则大为民患。师询之人，曰'西高而东下'，令从下者濬之，省原估费十之九。且与其父老履亩寻水利，复金汁、银汁二沟，民便耕种。乘暇遍历郡县，凡水之利害无不平治。秋尽，由大理入永昌，浚龙池、引沙河。所至与僚友旸谷方公、同野李公、乡缙绅寅所严公、麓池郭公辈相与定期集士子讲学作文以为常。同野公曰：'罗公原是龙精，所至水泉涌出。'寅所公曰：'滇中银浮云涌，皆罗公心源灌注也。'麓池公曰：'近老在滇时虽不多，而一念爱民忠国，礼贤好士之意，蔼然可掬，纯然不私。田亩素无塘堰，膏腴不收，自近老来，督工筑堰，布满滇中，即今每岁丰登，军民充裕，谁之赐耶？此百世功也！'"②

三是退却腾越莽贼。巡治永昌水利事刚刚完成，抚院即因有莽贼之报而将腾卫兵事委付给了汝芳，他便由永昌到了腾越（今腾冲）。曹胤儒说：

> 初至腾越，警报虽急，师亦合缙绅士民会讲于来凤山堂。此堂以"默识"名扁，王文成公手笔也。众坐方定，忽报莽贼前锋失利，而党众犹自鸱张，遂仓卒遣师，未得终会。越数日，诸乡达复修会，亦坐方定，捷音叠至矣。乃更赓歌相庆，诸缙绅顾州守张君曰："吾腾文事武备，一时济美，则万世无疆之休，诚于此会卜之矣。今兹会堂以'默识'名扁，而罗公祖《五华会语》谓孔子'默而识之'之'识'，即明道'学者先须识仁'之'识'，果然'仁'字识得，则疾痛疴痒，恫瘝乃身，即文事之

① 罗汝芳：《近溪子集》，《罗汝芳集》，方祖猷等编校整理，第164—165页。
② 曹胤儒：《罗近溪师行实（节录）》，罗汝芳：《罗汝芳集》，方祖猷等编校整理，第844—845页。

修，武备之饬，俱是不厌不倦实地工夫处矣。”①

在家信中，汝芳只是一句“一到而贼即退，士民甚喜”，很轻松地通报了一下退却莽贼的事，但这件事实际上绝非如此简单轻松。曹胤儒对之记述道：

永昌巡毕，过腾越。行来半日，飞报踵至，则莽贼大至矣。居民奔移入城，州城昼闭。师严行牌面，以张声势，且发郊外兵夫入城戍守。谍报莽兵数万已近三宣，其前锋木邦罕拔尤为猛悍。师檄州卫出兵御之，虎牌所至，号令异常。莽酋号莽哒喇者，名瑞体，疑师有备，引去。转攻迤西。腾、永士民咸庆再生。抚按闻之，即檄师兼署兵巡。时莽兵急攻迤西，其土宣抚思、个求援，师按迤西近地，授以方略，前后困之旬有余日。复驰谕三宣，遥相掎角。瑞体尽锐力战得脱。谍报莽兵实五万，数日内死伤者十之九。瑞体谓其下曰：“吾自用兵以来，未有此困。”三宣又声言尾之不能去，师遣通事谕之降，俾献地图、受爵、修贡。瑞体厚犒通事，愿如命，且请贡期、贡数以便遵守。师详报抚院，而毅庵王中丞骇甚，以为引衅，一日五遣牌止之。师乃令莽酋可再来听议，闻者解体，莽遂佚去，时丙子春也。后给谏宜庵杨公奏师边功，其略曰：“原任云南屯田副使罗某，职屯田而兼摄学道，造士安民，一以讲学是事，抚臣王某动以迂士目之。时以金、腾缺兵巡，则檄之代署，意以军旅事苦之也。某目击罕拔之横，心怜思、个之危，一接兵符，慷慨前往。至即发库金、广储粟以固根本，严哨守、据要害以防间谍，稽保甲、练土著以备不虞。又调各附近砦兵轮番赴腾，以震声威。购通事深入以探虚实，出火药助攻以摧象阵。又以信义结诸土司，以威福谕各夷寨，以利益化众奸商。当其时，金、腾生气，夷方服栗，虽未必能越江外擒瑞体，而近戢罕拔之横，远助思、个之援，谁之力也？奈何抚臣惧以引衅，挟以参题，一日旗牌五遣，而兵遂撤，某之志未酬也。”麓池郭公亦曰：“近老迤西一行，深入不毛，奋身不顾，

① 曹胤儒：《罗近溪师行实（节录）》，罗汝芳：《罗汝芳集》，方祖猷等编校整理，第846页。

> 用间用谋，使稍假以时，几获贼首，劳力劳心，天日可鉴。奈为王毅庵所阻，迄今谁不恨叹。使曩时得行其志，又宁有今日内侵之钜祸哉？此智士之所扼腕，而仁人君子所为痛哭流涕长太息者也。虽然，事虽未成，而其心其功至今不泯矣。”盖滇中士民无不忻获安宁，而犹憾未能永除边患，为国家惜之耳。①

按，据汝芳后来所撰《二子小传》，退却莽贼又多得其仲子辂的襄助：“辂随入滇，既而有莽酋之乱，辂代周旋其间，动中机宜，不动声色，勍敌自困。莽人初来，众以十万，而归舟不及五千，难谓在外非奇勋，在中非善策也。滇南各国书记，音译俱不相同，大约不下二十余种，乃自其通使历历探讨，不期月而悉能通之。其方物玩好，一无所取。”②

上述三大事外，汝芳在腾越又会同太守，集父老宣讲《圣谕》六言：

> 进父老前曰：“堂，均此堂也；场，均此场也。上之坐于堂，下之立于场。人亦均此人也。然初则杂乱喧哗而莫可听闻，今则静默停妥而略无纷扰，此其光景何啻万倍！汝辈诸人，不省适才所讲‘孝顺父母’者，何如为孝顺？盖能不逆不拂，说静便静，即孝顺也。适才所讲‘尊敬长上’，如何为尊敬？盖能拱手端立，一心悚听，即尊敬也。适才所讲‘和睦乡里，教训子孙’，如何为和睦、教训？盖在此同立同听者，不是你们的乡里，便是你们的子孙，今能顺从而不违，恭敬而不怠，则乡里即成和同，而子孙亦好看样，乃为和睦、教训也。夫无我无人、无老无少，皆能一般孝顺、一般尊敬，则岂不是各各安其生理，而各各免作非为也耶？故适才讲的只是口里说，而此今相对方是身上做也。”大众同声曰：“感谢上人提醒，果然口里说得好，不如身上做得好！”近溪子又进而前曰：“你们果然心上晓得好耶？你们再静定静定，听我讲道学与你们听。盖此个孝顺，此个尊敬，缘何却得身上如此好？盖由你们原来心上晓得如此好也。

① 曹胤儒：《罗近溪师行实（节录）》，罗汝芳：《罗汝芳集》，方祖猷等编校整理，第845—846页。
② 罗汝芳：《二子小传》，《罗明德公文集》卷四，《罗汝芳集》，方祖猷等编校整理，第617页。

原来心上晓得好，便是孟夫子所谓良知，不待你们思虑计较生出来，自自然然便都晓得。你们但看家家的孩子，那个吃乳的时节喜欢快活，不随着母亲父亲？又那个聚队的时节，言动举止肯背了哥哥姐姐？只因自幼晓得孝顺尊敬，所以你们到老来还得身上如此好也。然你们到老身上如此好，却实是不容易得，盖由皇天初生得我朝好太祖高皇帝，立下这个好《教民榜文》，二百余年又生出今日好圣明天子、好贤宰良相，任用得你们省上好军门老爷催我出巡，来看顾地方。才得与乡士夫及父母、师长、各官同为你们讲明此个好乡约会也。若不是这个好缘好分积累将来，则三宣抚地方的人，其初晓得爱亲敬长与你们一般，只为远了王化，便做成夷俗，不能如你们好了。三宣抚还可，至于迤西、木邦、猛密的人，则又不好了。迤西等处还可，至于暹罗、老挝、车里八百，现受莽酋之凌辱杀害，其不好又更甚了。”①

汝芳问大家：“汝等听此《圣谕》也，觉动心否？”大家同声应曰：“岂惟心动？且均欲涕下也。盖此土原是夷地，而其守又是女官，以杀戮为家常，以战斗为美事。吾民无老无少，若蹈水火，欲需旦夕之命而不可得，乃今变夷为华，已去危而即安矣。况又复得与沾圣明之化，而共享太平之福也！”②士友听了汝芳的讲论，想到“往见各处举行乡约，多有立簿以书善恶，公论以示劝惩，其《约》反多不行，原是带着刑政的意思在”，而“公祖只是宣扬圣训，并唤醒人心，而老幼百千万众俱踊跃忻忻向善而不容自已，真如草木花卉一遇春风，则万紫千红，满前尽是一片生机矣”。③

本年，正月，扬州、镇江、密云即均发生地震；二月，湖广、江西地震；五月，福建福汀漳及广东潮阳地震；九月，蓟州三屯营和京师地震；十月，珉州、洮州地震。

帝谕吏部，南京职务清简，官不必备，先朝有一人兼六部者，今后员缺，不系要职，不必推补。

---

① 罗汝芳：《腾越州乡约训话》，《近溪罗先生乡约全书》，《罗汝芳集》，方祖猷等编校整理，第759—760页。

② 罗汝芳：《近溪子集》，《罗汝芳集》，方祖猷等编校整理，第150页。

③ 参见罗汝芳：《腾越州乡约训话》，《近溪罗先生乡约全书》，《罗汝芳集》，方祖猷等编校整理，第762—763页。

张居正奏言：督学试郡县入学太滥，宜拔其尤一人。报可。谈迁评曰："江陵综核名实，力矫夙玩。千虑一失，在汰郡县诸生。彼万室之邑，弦诵相闻，仅录其一，青青子衿，遂贾怨于天下。……宰相能树人，亦何惜一芹为此曹子资诟耶？"① 张居正请增阁臣，张四维② 被命为礼部尚书兼东阁大学士，随元辅入直。礼部尚书万士和因忤居正而病归致仕。

南京户科给事中余懋学③ 疏陈五事，语侵张居正而被斥为民；御史傅应祯④ 继陈三事，斥张居正为王安石，并谓居正以"三不足"之说误上害民，张票拟旨意，下狱穷治，应祯终被谪戍定海。

王龙溪应宋仪望之邀，到应天府句曲县讲学于华阳明伦堂，诸生百余十人听其讲学。龙溪寻举讲会于新安斗山书院。

高拱《问辨录》十卷著成。

李材辞官归里，与士友举兴石龙会。

耿定向升太仆寺少卿，寻又升都察院右佥都御史，协理院事。

鹿善继⑤ 出生。程文德去世。

---

① 谈迁：《国榷》卷六十九，张宗祥校点，第 4268 页。

② 张四维（1526—1585），字子维，号凤磐，山西平阳府蒲州（今山西运城市）人，嘉靖三十二年成进士，隆庆年间因熟悉边务而为高拱器重，万历十年（1582）张居正去世后代为内阁首辅。

③ 余懋学（1543—1599），字行之，号中宇，江西婺源人。隆庆二年（1568）进士，历官抚州推官、南京户部科给事中，万历初上书弹劾，斥为民，居正死复官，累官南京尚宝卿、户部侍郎。

④ 傅应祯（？—1587），字公善，号慎所，江西安福人，成进士后历任零陵、溧水知县，万历三年（1575）擢御史，上疏忤张居正，谪戍定海，居正死后复官，迁南京大理寺丞，以病归，卒于家。

⑤ 鹿善继（1575—1636）字伯顺，号乾岳，晚年自号江村渔隐，谥号"忠节"，北直定兴人（今河北定兴）。万历二十三年（1595）读《传习录》，慨然有必为圣贤之志。四十一年（1613）成进士，观使兵部，后授户部山东司主事，职盐法，作《粤闽盐法议》。四十七年（1619）因所谓"金花银"事件而触犯了以帝王为核心的权贵阶层既得利益，遭受贬谪；泰昌元年（1620）复原官。天启元年（1621）因其突出的才干而改任兵部职方司主事。大学士孙承宗理兵部事，推心任之。及阅视关门，以善继从，出督师，复表为赞画。布衣羸马，出入亭障间，延见将卒相劳苦，拓地四百里，收复城堡数十，承宗倚之若左右手。在关四年，累进员外郎、郎中。承宗谢事，善继亦告归。崇祯九年（1636）七月，清兵攻定兴。县令病，邑绅请善继入城谋划守御。鹿善继慷慨道："年来中原士大夫非望风而走，则髡发以降，某实耻之！"遂别鹿太公，未及与家人语，与诸绅赴难，与敌相持六日，城破，死之，终年 62 岁。

万历四年丙子（1576），六十二岁

罗汝芳仲弟汝顺在这一年去世了，他作文铭其墓曰：

弟生而孱弱，再岁乃呼父母，三岁始步。方就口食，群儿或侮之，辄作色呵叱，毅然有丈夫气。祖考两岗公见而语家人曰："是非凡儿，可善饲之。"

及长，外傅授以句读，不屑屑循行，第质议相难。……其质性多欲现之行事，故年甫弱冠，于吴、楚、闽、粤登涉几半。凡所交游，多一时名士。余同年淮涯倪公尹南城，闻弟才名，欲请而收之邑庠，弟竟以力穑辞免，士论高之。

……先妣晚年欲罄所积以新大德桥梁，工力甚不易举，弟殚思竭才，寝食俱废，不一年而成，众亦咸羡坚美，为盱南最。盖弟才长于任事，洁于居己，而尤笃于孝义，故所举人靡不服，而告成，亦自易易类若此也。

弟娶宁氏，为绍兴司训玉泉公女，与今水部斗旸张君安人兄弟也。公晚苦清贫，弟侍奉殡葬殆同考妣。至诸子姓，迄今存恤不怠。南丰葛氏子幼孤，弟怜而字之，为课业娶妇，以至成立，因以立名，而感恸终丧，视亲出无异焉。其他遇病则与乐饵，遇殁则与棺衾，遇伶仃则与资助，不能一一枚举，其慈施似得之天性。至于处道义之友，匡讲学之会，勤惓笃切，尤难尽状。故弟未五十，而须发苍白几六十，而身体尫羸，竟以劳瘁终焉。呜呼，伤哉！[①]

痛失仲弟的汝芳，本欲归省告归，但“抚按坚留，又以学道符印送掌”[②]。于是，他只得继续在云南尽心尽力地做着他职内的各项事务。春天修筑了腾越州的侍郎坝，见时事平和，遂缴还兵巡符印，回昆明专意于提学事。离别时，腾越士民父老无不惜惜，“人情恋恋，遮道不能行”[③]。今日腾冲以和顺之乡而著称于世，或与汝芳当年在兹的文治武功，尤其是透入百姓日用的社会教化不无关联。由此而思，所谓真儒之用，期月有成，乃见之于当世，而由此形成优良传统，绵延承绪，则势将造福于千秋万世者也！

曹胤儒《罗近溪师行实》说汝芳回返昆明时，“贡选期迫”，且“贡例方严，各省多希江陵意，大有颠倒。师每处照旧应以正贡。或以恐发回将累公者，师曰：‘于理宜然，奚所计累？’校士毕，入乡场。师大小事无不精办，至作程文阅卷。及取士俱核，监临叹曰：‘材全德备，可大受，又可小知，君子以上人物哉！’”[④]建制主持乡试的汝芳，撰作了《丙子云南乡试程策》《丙子云南武举程策》《云南乡试录后序（代作）》《云南武举录前序》。

作为屯田副使，农业生产及其收成自然是汝芳职责内最为关注的。这年秋季，喜获丰收，征收屯米，大有余羡，至多露贮。抚院笑问汝芳何术致此？他正色答曰：“只举斯心加诸彼而已。”抚院改容称服。[⑤]

其时，张居正“欲多决重囚”，巡按李愚所委托汝芳详审，汝芳“开决数甚少”。李问：“不致取怒耶？”汝芳说：“此处利害得失，须较轻重。古之为囚求生道者何所不至，而敢希人意多杀戮乎？”曹胤儒《罗近溪师行实》记述道：“临期捆缚，师为热汤饭、盛柴火，教以动念向善，俾一灵有归，不为世害，且得终吉。囚徒感泣，罔有怨詈。后李见师必曰：‘决囚后每夜怯于独宿，如非公确减其数，此

① 罗汝芳：《仲弟乐溪墓志铭》，《罗明德公文集》卷四，《罗汝芳集》，方祖猷等编校整理，第641—642页。

② 曹胤儒：《罗近溪师行实（节录）》，罗汝芳：《罗汝芳集》，方祖猷等编校整理，第846页。

③ 曹胤儒：《罗近溪师行实（节录）》，罗汝芳：《罗汝芳集》，方祖猷等编校整理，第846页。

④ 曹胤儒：《罗近溪师行实（节录）》，罗汝芳：《罗汝芳集》，方祖猷等编校整理，第846页。

⑤ 参见曹胤儒：《罗近溪师行实（节录）》，罗汝芳：《罗汝芳集》，方祖猷等编校整理，第847页。

心何以安也？’师曰：‘独宿虽无所惧，不安自是本心。’比江陵见人数少，各坐罚俸。师语共事诸公曰：‘罚俸自是不佞分内，独以累诸公，心不安耳。’诸公咸曰：‘吾辈甚安。’师曰：‘诸公安，不佞安矣。’”①

政暇，汝芳巡行云南各地，行乡约举讲会奖节孝，譬如：

> 武定诸生讲《天命之谓性》一章、《舜其大知也与》一章、《天下国家可均也》一章既毕。罗子乃进而谓之曰：“圣贤置此经书，不是徒资吾辈词章，而国家立学养士，亦非徒以词章望于吾辈，须是悉心体认，俾穷则可善其身，达则可善天下也。”有问曰：“如何体认？”罗子曰：“此书须要先认‘中庸’二字。盖‘中庸’二字，即是平常二字也。故其首章语道即曰‘率性’，率性者，自然而然，不别加意思是也；又曰‘不可须臾离’，不离须臾者，自朝至暮，无时而非率此性也；又曰‘喜怒哀乐’，喜怒哀乐者，随感而见，无事而非率此性也。故此个道理，充满于日用，发舒于性情，圣人与愚人一般，今人与古人一般。故善求道者，不求诸古，只求诸今；不求诸圣，只求诸愚。
>
> …………
>
> 吾辈有志，在家要做好人，只是循着良知良能，以孝亲敬长而须臾不离，便做得好人；在外要做好官，只是循着良知良能，以率民孝亲敬长而须臾不离，便做得好官。若人人如此，便中庸可能矣。奈何管、商之徒，惟以法制把持天下，且个个争效法之，是做好官的不以中庸做好官矣。长沮、桀溺，以高洁而辞爵禄，荆轲、聂政，以意气而蹈白刃，且个个争效法之，是做好人的，不以中庸做好人矣。此夫子所以重叹中庸之不可能，乃是就以前数等之人说他不能，非谓中庸之果难能也。”②

又如：

> 临安诸生讲《颜渊问仁》一章、《子路问政》一章、《仲弓

---

① 参见曹胤儒：《罗近溪师行实（节录）》，罗汝芳：《罗汝芳集》，方祖猷等编校整理，第847页。

② 罗汝芳：《近溪子集》，《罗汝芳集》，方祖猷等编校整理，第148—150页。

问仁》一章、《子适卫》一章、《子路人告之以有过则喜》一章。……予因进讲者问曰：“子初开讲谓：‘孟轲氏见得天下只有一个善，圣学只是一个为善。此个善，敛之一心而不见有余，放之六合而不见不足。’极是说得好听，但不知也曾理会此个善是甚么善？”

生无以对。

予曰：“此善是个‘性善’！孟子言善，只道性善，其言为善只称尧舜，故曰：‘夫道，一而已矣。’又曰：‘尧舜与人同耳。’且观此时堂上堂下，人数将近千百，谁不曾做过孩提赤子来？谁人出世之时，不会恋着母亲吃乳，争着父亲怀抱？又谁的父亲母亲，不喜欢抱养孩儿？谁的哥哥姐姐，不喜欢看护小弟小妹？人这个生性，性这样良善，官人与舆人一般，汉人与夷人一般，云南人与天下人一般，大明朝人与唐虞朝人也是一般。但尧舜生来，见得这个是我的天性，亦是人的同性，既以之自尽，自以之尽人，但人有一句善言入耳，便欢然觉如己的善言，人有一件善行入目，便欢然觉如己的善行，不用去取而无善不取，不用去乐而无取不乐。所以能底豫克谐，而致天下之善士皆归。一年成聚，二年成邑，三年成都，无人无我而浑然天下，皆定皆化，会归于大同也。仲尼祖述尧舜，却指出个‘仁’来立教，其自注解曰：‘仁者人也，亲亲为大。’当时弟子除颜、曾外，更无一个肯信，后来却得一个孟子走将出来，便一口道尽，说：‘仁之实，事亲是也。’故今细看两人精神，但有问答言词，每每贴在各人身上，才说各人自己，便关连着天下人身上，总是他见透了，那尧舜善与人同的根源下落。所以才教颜子‘克己复礼’，便曰：‘一日而天下归仁’；才教仲弓‘所恶勿施’，便曰：‘在邦在家无怨’。教子路以‘为政’者，即是躬行孝弟于上；教冉有以‘富而教之’者，即是‘老者衣帛食肉，黎民不饥不寒’。‘谨庠序之教，申之以孝弟之义’也。即如《君子三乐》一章，亦是要以首章为主，盖父母俱存，是乐于尽孝；兄弟无故，是乐于尽弟。能以孝弟为乐，方仰无愧于好生之德，所谓在家邦为孝子，在天地为仁人也；方俯不怍于人，而孩提无不爱亲、无不敬长，不失赤子之心，而名为大人也；方是老吾老以及人之老，长吾长以及人之长，幼吾幼以及人之幼。家邦自此而无怨，天下自此而归仁；家邦天下咸归乎仁，则可尽得一世明睿之贤才，觌德观风，踊跃兴起，以与人为善，而归于大同也！不曰：‘人人皆可以为尧舜’，而何哉？”

于是合堂贵贱，凡千百之众，皆同声感叹谓：“果然，我等人人皆可做得。”予复申而告曰：“此时诸人各各信得，极是古今希有之事。当时孟子一生之言，未曾得一个相信……至我太祖高皇帝挺生圣神，始把‘孝顺父母’六言，以木铎一世聋瞶，遂致真儒辈出，如白沙、阳明诸公，奋然乃敢直指人心固有良知，以为作圣规矩，英雄豪杰，海内一时兴振者，不啻十百千万，诚为旷古盛事！今日诸君欲见如何为颜、冉邦家天下之人，只此堂便是；如何为鲁、卫先劳教养之政，只此堂便是；如何为君子三乐，只此堂便是；如何为唐尧虞舜与人为善翕然大同，亦只此堂便是。①

再如：

大理诸生讲《颜渊问仁》一章、《司马牛问仁》一章、《樊迟问仁》一章、《子路问政》一章、《子贡问师与商也孰贤》一章既毕，郡守莫君请为诸生启迪。

予进令登堂环聚，顾诸生语曰：“适讲说许多书，俱是敷陈世间道理。今大众聚于一堂，如此坐立，如此相问，却是面前实事。诸生各以方才口中谈的道理，与今身子上的行事打个对同，果浑然相合耶？抑尚不免有所间隔也？”诸生默无以应。

予作而叹曰：“适才许多书，却与汝辈身上一些对同不来，则推之平时窗下读诵，与他日场中之文词，皆只是一段虚见，一场闲话，而一套空理矣，与汝竟何益耶？故今讲孔子的书，便须体察孔子当时提醒门下诸贤的一段精神。盖当时诸贤，亦有如汝辈欲理会道理来问者，孔子则句句字字，只打扫各人身上去，求个实落受用，如答颜渊、仲弓，以至于子路、子贡，莫不同是此段精神。就是后来记者将此议论作成经书，汉宋诸儒将此经书演

① 罗汝芳：《近溪子集》，《罗汝芳集》，方祖猷等编校整理，第152—154页。

成注疏，我国家制令又将经书注疏立成科试，与有司岁时进讲，亦皆是接续孔子当时一段精神，使天下万世，人人得个实落受用也。”

时一堂上下将千百余众，咸肃然静听，更无一息躁动。予亦暝坐少顷，因谓郡守莫君曰：“试观此际诸生意思何如？”莫君忻然曰：“此时一堂意思，却与孔门当时问答精神，大约相似矣。”

予曰：“岂惟精神可与对同？即初讲诸书，亦可以一一对同也。盖此一堂，下如舆从，次如乡约父老，次而吏典，次而生儒，又上如郡县僚属，其人品等级，诚难一概。若论此时静肃敬对，一段意气光景，则贱固不殊乎贵，上亦无异乎下。地方远近，不能为之分；形骸长短，不能为之限。譬之苍洱海水，其来或有从瀑而下者，亦有从穴而涌者，今则澄汇一泓，镜平百里，更无高下可以分别。既无高下可以分别，则又孰可以为太过？孰可以为不及也哉？既浑然一样，而无过不及，则予与府县以是意而先之劳之，诸生诸民亦以是意而顺之从之，相通相爱。在上者真是鼓舞而弗倦，在下者亦皆平直而无枉，欲求一不仁之事、不仁之人，于此一堂之前后左右也，宁不远去而莫可复得也耶！吾人能以此段平明之体而养之于中，便可以语司马牛之心存不放；能以此段平明之心而推之于众，便可以语仲弓之所恶勿施。又扩而充之，便可以语颜子之克己复礼而天下归仁矣。故孔子宗旨，只是教人求仁，而吾人工夫，只是先须识仁。此时此会，合堂上下，百千其心而共一忻忻爱好之情，百千其目而共一明明觌面之视，百千其耳而共一灵灵倾向之听，百千其口而共一肃肃无哗之止，百千其手足而共一济济不动之立站。故圣人指点仁体，每曰‘仁者人也’，又曰：君子之道‘本诸身，征诸庶民’。正说此堂，我是个人，大众亦是个人；我是这般意思，大众亦是这般意思。若识得此一段意思，便识得当时所谓天下归仁者，是说天下之人，都浑在天地造化，一团虚明活泼之中也。此一团虚明活泼之仁，从孩提少长便良知良能，所谓：人之生也直，而无或枉也。即愚夫愚妇，皆与知与能，所谓用中于民也。孔门惟颜渊、仲弓，此段意思能自承当，所以于己便复得礼，于人便行得恕，故一可为邦、一可南面，直是此个体段承当得来，便自无我无人，无远无近，而浑融合一。若子张、子路诸贤，不肯输心向这里不当，却谓圣贤之学，必有个异乎人处，所以或见我不如人，或见人不如我，或见古不如今、今不如古，或见凡不如圣、圣不如凡，较短论长，是内非外，或失则太过，或失则不及，或失则躁动，或失则怠倦。至如司马牛、樊迟，则圣人虽把目前事指点与他，他却必要生疑，盖他定说：圣人为学，决有别一种道理，而不应如此易易也。"

于时满堂闻者，翕然称快，至依依恋恋不忍别去。因命之歌，则歌《南山》五章；命再歌，则歌《胜日寻芳》一首。[①]

如此等等，俱载于《近溪子集》。耿定向在给汝芳的一封信中说："惟兄造士作用，当如雨泽浸润之者，弟职则如风鼓之而已。唯彼此精神默相照应，其作用虽不同，固同一化工机轴也。"[②] 这是对他所做育人工作的高度评价。

汝芳又对新举孝廉说："卫武公九十有五，犹作抑诗以自警，君子当有此修养。韩魏公说小人忘恩处如道寻常事，君子当有此德量。李文正公两入中书，未尝伤人害物，君子当有此阴功。司马温公居洛中，绝口不言官府事，君子当有此操持。"[③] 更对地方官员说："政为民而立，则政之所云，必民间之事。政既是民间之事，则'为政以德'之'德'、道之以'德'之'德'，便须晓得，圣人说的，亦就是民间日用常行之德也。"[④]"此方人民，其胥而为夷者，不知其几千年矣？今观老幼之忻忻向善，其良心感发，比之他郡更为加切，是虽饥渴之人，易为饮食，而良心同然，则固不容以地之中外而有毫发之间也。然则鼓舞振作，以全其兴起之美者，固汝郡守之责，而善推所为，使合滇省之华夷而共归于大同之化者，尤吾台司之功而不容自诿也已！"[⑤]

---

① 罗汝芳：《近溪子集》，《罗汝芳集》，方祖猷等编校整理，第161—163页。

② 耿定向：《与罗近溪》，《耿定向集》卷三，傅秋涛点校，第96页。

③ 罗汝芳：《勖滇南丙子新孝廉四条》，《罗明德公文集》卷五，《罗汝芳集》，方祖猷等编校整理，第718页。

④ 罗汝芳：《近溪子集》，《罗汝芳集》，方祖猷等编校整理，第151页。

⑤ 罗汝芳：《近溪子集》，《罗汝芳集》，方祖猷等编校整理，第150页。

本年，巡按辽东御史刘台[①]疏劾张居正，致下镇抚司，廷杖削籍。居正复诬以他事，远戍广西。至浔州暴卒。

张居正九年考满，进左柱国太傅，仍加伯爵，荫子尚宝司丞。

高拱著成其平生最后一部学术著作《本语》。

赵贞吉卒。

礼部右侍郎署国子祭酒孙应鳌[②]请禁社生黜生及民间庸子弟入监，从之。

何心隐两遭缉捕，均得走避；程学博致书当道声救。

耿定向宅忧在里。

许敬庵与王龙溪弟子祝介卿会于天真书院。

---

① 刘台，字子畏，湖广兴国州（今湖北黄石市）人，隆庆五年（1571）进士。

② 孙应鳌（1527—1586），字山甫，号淮海、道吾，清平卫（今凯里市炉山镇）人。郭子章《黔记》卷四十五《乡贤列位》记载，应鳌幼“就塾受业，日诵数千言。正襟危坐，求解大义。年十九，以儒士应乡试，督学徐公樾一见大奇之，许公解额。放榜，果以礼经中第一人”。莫友芝等编《黔诗纪略》卷五载他“自见知波石即传其所受阳明、心斋之学，终日抠趋与李同野、马心庵、蒋见岳同励圣轨，既又走桃冈，印证于道林，所造益深。通籍后，遍交罗念庵、胡庐山、邹颖泉、罗近溪、赵大洲、耿在伦、楚侗诸巨公，往复切劘，温故知新，浩然自得”。

万历五年丁丑（1577），六十三岁

罗汝芳“筑近省晋宁、安宁二州城。暇日辄临乡约，其父老子弟群聚听讲者动以千计，风闻远迩，争斗渐息，几于无讼。凡狱有疑，决在俄顷。至于旌表节孝，多特举焉。二月，转左参政，总理两司”①，开局铸钱，撰《大明通宝义》，今收入《罗汝芳集》下册。

时有客因汝芳“论书稍不费力，徐为叹曰：‘程子见张子《正蒙》云：片片赤心流出；朱子见周子《太极图》云：分更分漏。先生苦心，今时在堂诸生，止觉公祖之流出者，赤心片片，而未知公祖之分更分漏，原曾经无限苦心来也。’”汝芳感其言，备述他自己幼承“先君、先堂教育之劳，与从前愚顽之状，真是万苦尽尝，而犹未免于不肖之归者，情亦凄切”，在座者“皆同声和曰：‘古今人品，但获有所成立者，未有不本诸学习。古今之求学习者，未有不经乎苦楚。夫固不止我公祖一人已也。’”汝芳说：“学必以习，习必以苦，果真如诸公所云矣。但世间百样难事，皆有人百般苦习。某尝在静地旁观极险之地，如过海通番；极危之技，如走索飞枪；极微之术，如占角谶验。最艰最妙，而世上诸人、处处时时、未尝乏绝，此何故哉？亦只缘其初一念精专，便自然各各会到家矣。奈何眼前有两场事，较之以上诸般，更是平顺简易，却乃未见一人肯上心者。”众皆愕然问道：“是那两场事？”汝芳说：“为学而做圣人，为治而开太平也！夫以上诸般艰难，只因人有个念头要做，便是诸般皆会。此两场简易直截，比之诸般尤为百倍。若人果肯上心注意，则岂有帝王以后更

---

① 曹胤儒：《罗近溪师行实（节录）》，罗汝芳：《罗汝芳集》，方祖猷等编校整理，第847页。

无善治，而孔孟以后更无真儒也哉？此决知非圣人之难做，太平之难开，但只缘吾人一念之未切耳。”①

汝芳遵旨捧贺入京。途中曾访耿定向于天台，定向谓其“议论近较实落”（《耿定向集》卷四《与刘养旦》）。至京，汝芳曾与管东溟②论学，东溟问：“如大舜闻一善言、见一善行，若决江河沛然，莫之能御者，公曾见有几人否？”汝芳曰：“吾交海内贤豪多矣，未之见也。惟子一人近之。”东溟“时竦然内汗，而意天下未必果无人”（《问辨牍》亨集《答周符卿二鲁丈书》）。

庆贺事毕，汝芳具疏乞休，终日以与同志讲学为事，张居正大为不悦。曹胤儒《罗近溪师行实》记：

> 同志毕集，日为会。张江陵亦遣三子礼谒师寓，师以通家子侄待之，至有所论列，师不贬从，止各馈以纱一匹，翻刻《感应书》一册。江陵滋不悦。义河李公面师言曰：“昨见政府，谓公处滇中事甚当，即书报都院，必复借重一行，其如远劳何？”盖以尝试师，且畏人言，欲其少附己，当终用之也。师谢曰：“深荷垂念，但早已具告吏部，今不复入矣。”李即以其言复，张益怏怏。是日，师遂移寓城外寺中。诸同志闻师具告，多携席就师宿，而司寇白川刘公亦携榼赴焉。张素不悦刘，乃嗾一给谏并论之，师致仕归。③

罗怀智《罗明德公本传》说：“丁丑，转左参政，捧贺入京。礼成，请告出城，同志留会广慧寺，忌者有言，遂得致仕之命。公欣然曰：‘盱、汝之间，宁无斐然小子可裁者？’”④《万历实录》卷六十六和《国榷》卷七十并记，刑科都给事中周良寅、疏刑部尚书刘应节不考察恤刑司属，轻出城从云南参政罗汝芳谈禅，应节疏辨，斥居正遣逐谏官余懋学、傅应祯，几使言路一空，被令致仕，并罢汝芳。沈懋学复信王龙溪谈到汝芳被令致仕事时说：“罗近溪先生赍捧至

① 罗汝芳：《近溪子集》，《罗汝芳集》，方祖猷等编校整理，第182—183页。
② 管志道（1536—1608），字登之，号东溟。昆山（今属江苏苏州）人，隆庆五年（1571）进士。
③ 曹胤儒：《罗近溪师行实（节录）》，罗汝芳：《罗汝芳集》，方祖猷等编校整理，第847—848页。
④ 罗怀智：《罗明德公本传》，罗汝芳：《罗汝芳集》，方祖猷等编校整理，第831页。

京，张次君（居正次子嗣修）约不肖同曾直卿（曾朝节）访之净业，固宜提要领、示准的、励精神，使知向往，鼓舞春风，正曲成后学之术，挽回气运之机，而顾与二僧逞机锋，谑谈竟日。次君失望，大起厌心，而相公（张居正）召责之命至矣。”（《郊居遗稿》卷八《复王龙溪先生》）乍看起来，汝芳是受刘台牵累而被论罢，但实际上，他本不仅与张居正观念有异，亦曾有过思想冲突而使居正颇有怨念，屡屡被招纳却始终不附从更使居正怨怒，而坚持从事居正最难容忍的讲学更大触忌讳，故而汝芳被勒令致仕，乃是必然的，至于所谓“谈禅”云云，不过是借口而已。沈懋学在另一封致龙溪的信中，虽认为被迫令致仕，责任在汝芳自己，但其盖因出于“处士横议”，即自由讲学而招祸上身。他说：“处士横议，且伏祸机，时欲易之，着心渐重。罗近溪先生稍不知止，几犯危锋。有识者当自权矣。”（《郊居遗稿》卷六《与王龙翁》）时以“有识者”自居的沈懋学，亲身经历汝芳被罢归之事，自然不会接受龙溪建议在京城重振讲学之风了。当然，对于汝芳来说，求仁得仁、求义得义，他对此是毫无怨言的，正如谭希思《皇明理学名臣传·罗汝芳》所说，近溪“入贺，以会友讲学被劾去。或请少辍从时好，公曰：‘此学，命根也。某披沥矢心，即万死不悔避。’”①

刚成进士、观政刑部的邹元标，在京侍汝芳“左右者月余”，承汝芳“教旨”，然仍“不能有所入”（《愿学集》卷六《明大中大夫云南参政近溪罗先生墓碑》）。元标后来在汝芳去世后回忆道：

> 丁丑岁，先生入贺至都，予侍先生榻月余。夜半请益，先生曰：“子骑乎？”余曰：“然。”“登高何居？”余曰：“执辔身仰而前。”“下坂何若？”余曰：“执辔身俛而后。”先生大叫曰：“公他日无忘我。”余不省。先生行，乃草书呈先生曰：“学有宗旨、有功夫，有入门、有结果，先生卒详教我。”先生折简曰：“孔门之学，求仁为宗，求仁莫先于恕。自名乎仁也，曰‘己欲立而立人，己欲达石达人’；自名乎恕也，曰‘己所不欲，勿施于人。’老吾老以及人之老，长吾长以及人之长，幼吾幼以及人之幼，天下可运之掌。以言其体，则不虑而知、不学而

① 谭希思：《皇明理学名臣传·罗汝芳》，罗汝芳：《罗汝芳集》，方祖猷等编校整理，第854页。

能。体此于己，学而不厌；推此于人，教而弗倦。本体即功夫，功夫即本体；入门处即结果，结果处即入门。功夫、宗旨可一言而尽也。”余领之。迟回至今，始知先生所以醒余者甚笃且切，惜当时资愚质钝，未能直领无疑。方欲请质先生，而先生已为古人。今从简册中识先生亦晚矣。①

正读书中秘的杨起元十分高兴地与汝芳相识，并不顾张居正不悦的政治高压而称弟子。起元亲领汝芳之教曰：

人生于父母，不可不知所以为子。而父母所生者人也，不可不知所以为人。以其所以为子者为人，是谓事天如事亲，而可以言仁矣；以其所以为人者为子，是谓事亲如事天，而可以言孝矣。此孔子之教也，孟子以一言尽之，曰：“大人者不失其赤子之心。”夫人而曰“大”，则与天地合德，不亦仁乎？赤子之心知有父母而已，不亦孝乎？赤子之心不失，即可以为大人，是孝固所以成其仁也。惟至于大人，然后虽不失赤子之心，是仁又所以成其孝也。然则仁与孝，一而已矣，必兼举而言之，其义始备。得于孝而不得于仁者，盖有之矣；未有得于仁而不得于孝者也。得于孝者，天资之近可能；得于仁者，非知学莫之与也。古之欲明明德于天下者，必先格物以致其知。夫惟物格而知至，然后能不过乎物，能不过乎物，然后为孝子、为仁人，而无忝所生矣。②

他后来说：“某不敏，自壮岁读中秘书时，会近溪罗先生入都，因得请为弟子，盖闻先生之教如此。先生既殁而遗言在。某抱而读之，其言仁、言孝，灿乎若日月之明也！”③起元自此终生敬重汝芳，黄宗羲《明儒学案》卷三十四《侍郎杨复所先生起元》说他师事近溪，“出入必以其像供养，有事必告而后行。顾泾阳曰：‘罗近溪以颜山农为圣人，杨复所以罗近溪为圣人。’其感应之妙，锱铢不爽

① 邹元标：《识仁编序》，罗汝芳：《罗汝芳集》，方祖猷等编校整理，第987—988页。
② 杨起元：《附：仁孝训序》，罗汝芳：《罗汝芳集》，方祖猷等编校整理，第986—987页。
③ 杨起元：《附：仁孝训序》，罗汝芳：《罗汝芳集》，方祖猷等编校整理，第987页。

如此”。

汝芳在捧贺入京前曾与刚就任姚安太守的李贽见过一面，赠其诗曰：“天柱峰头净晓霞，仙人携我踏云芽。招来海鹤纷千队，欲共乘风访玉华。”①

成进士而授知宣城的詹事讲，陪侍汝芳出都门，相与并舟而南，事讲后来忆道：“于时寝兴食息，形迹浑忘，俯察仰观，吃紧活泼，偶尔若有所悟，不觉大呼起曰：‘塞乎天地之间，非所谓宝耶？斯之实也，非所谓一耶？心理神灵，虚含昭旷，物我天地，妙合员融，乃知圣人为言，初无二理，吾人自得，斯可逢源也。’先生亦跃然喜曰：‘异哉！吾不意子乃亦悟及此，此之谓知天地化育也。从兹而立本，以经纶天下，特易易尔。’久之，窃敢以学脉请诸先生。先生曰：‘此道自孟子后，实难其人，盖直养无害，由于性善之信而不疑；性善不疑，由于天人之一而不二。后儒以气质谈性，则天且疑之矣，况于人耶？疑则性根且斩矣，又安能以无害而养之以直耶？我明幸生阳明先师，其见足以悟，其气足以充，孔孟性命之脉，诚自一线而引之，普天无复支离间隔之病，其有功吾道，真可称罔极者！……顾阳明之后，谁与得其宗者？’”②

本年，万思谦③因致信张居正吁请“开言路”而被令致仕。

张居正父丧，李幼滋等倡“夺情”。观政刑部的邹元标上疏批评张居正，居正大怒，廷杖八十，谪戍都匀卫；卫在万山中，夷僚与居，元标处之夷然。益究心理学，学以大进。

王龙溪先举桐川会，再大会于复初书院，参与太平九会，又赴水西会等。

宋仪望由南京大理寺卿改北。

① 罗汝芳：《赠李卓吾太守》，《罗先生诗集》卷下，《罗汝芳集》，方祖猷等编校整理，第 824 页。

② 詹事讲：《叙罗近师集后》，罗汝芳：《罗汝芳集》，方祖猷等编校整理，第 941 页。

③ 万思谦，生卒年不详，字益父，南昌人。“性简静恬畅，内直外和”（《南昌郡乘》卷三十七），师从阳明于正德十五年（1520），欧阳德赞“圣门心法，必属斯人”。嘉靖二十六年（1547）进士，知嘉定县，筑修上海城墙。政持大体，颇著声效。历刑部主事、光禄寺丞、四川参政、福建左布政使、南京太常卿等职，所至皆以民生为怀、家国为事。万历五年（1577），他给同年进士出身而时柄国政的张居正致信说：“维世以礼，容人以量。愿开言路，自引咎。”遂致仕归。“思谦学以知本为宗，简直真切，惟止诸身。著《大学衍古》《中庸述微》。比易箦，犹自力起，题曰：‘尧舜，性之也；性之，是尧舜之学。学主知，而孟氏末篇自尧舜至孔子，皆只认得一个知字。知之学，岂易言哉？欲指破一语，难矣！’投笔而逝。”

万历六年戊寅（1578），六十四岁

罗汝芳终于结束了宦游生涯，致仕归居林下了。他作诗一首抒怀道：

> 乾坤到处有行窝，解组飘然发浩歌。传世幸遗清白吏，居官已入孝廉科。隐心秋水眠凫鸭，诗兴春风长薜萝。俯仰自知无愧怍，渔樵伴里听那何。①

其时，朝廷严禁讲学，汝芳却公然开堂讲学于从姑山房。有弟子问："吾侪今开讲堂，请问课程却将如何？"他答道："古人立教造士，必以诗、书、礼、乐。大约《诗》《书》之教，多是属知，而礼、乐之教，多是属行。故一年则分属于春秋，一日则分属于昼夜。鄙意若讲堂既立，朋友既聚，则以朝晨半日，各各攻习经史；晚下半日，则大众皆会堂中，以互相观切。所知者，即可见之行，而所行者，亦可通于知。入圣途径，将或不至大差也。"② 于是，远近就学者日众，汤显祖亦曾来问学读书，汝芳赠其诗曰："君寄洞天里，飘飘意欲仙。吟成三百首，吸尽玉泠泉。"③

《盱坛直诠》卷下记："师归，卧从姑山房。远近就学者众。或曰：'师以讲学罢官，盍少辍以从时好。'师曰：'我父师止以此件

---

① 罗汝芳：《致仕偶兴》，《罗先生诗集》卷上，《罗汝芳集》，方祖猷等编校整理，第 796 页。
② 罗汝芳：《近溪罗先生庭训记言行遗录》，《罗汝芳集》，方祖猷等编校整理，第 404 页。
③ 罗汝芳：《汤义仍读书从姑赋赠》，《罗先生诗集》卷下，《罗汝芳集》，方祖猷等编校整理，第 807 页。

家当付我，我此生亦惟此件事干。舍此不讲，将无事焉。况今去官，正好讲学。’时严禁讲学。或曰：‘师宜辄讲，庶免党祸。’师曰：‘人患无实心讲学耳。人肯实心讲学，必无祸也。党人者，好名之士也，非实心讲学者也。’”①《近溪罗先生一贯编》记，“有言：‘讲学起谤，如宋事纷纷，可悲。’罗子曰：‘此关系世道，非小小也。吾侪幸逢圣明敬一之训，化日昭揭中天。孔子曰：学之不讲，是吾忧也。今日涵泳治化，虽童稚小子，皆能言学，况大人君子，孰不知从事于此哉？但须更以所学者，众共商计，弃短取长，归于大中至正，方为超绝古今，以解孔子之忧，一大快事也。其视前代教化未行，道德未一，而徒以言说求同异、意气相排挤者不同矣。然则前代之忧，在讲而不学，今日之忧，在学而不讲。’”②汝芳不仅在从姑山房“开诲来学”，而且“遍涉抚、吉、洪、饶、楚、粤、闽、浙、留都、徽、宁诸郡，大会同志，东南之学丕振”。③

专意于讲学的汝芳，自然十分重视自己的弟子。如据曹胤儒记：

> 万历戊寅，师自燕归，道吴门，过儒庐时，淮安粱君兆明随侍，谈顷。师问儒曰：“子于吾言，俱能彀手否？”对曰：“蒙师指示，于日用间不见彀手，亦不见不彀手，第一念耿耿在。”师曰：“云何耿耿？”对曰：“人己感通之间颇难。昔人云：学然后知不足，教然后知困。果非虚语。用是耿耿。”师抚掌笑曰：“吾子原师耿楚侗，耿耿固宜。”已而正色曰：“祗此耿耿，乾坤之所以不毁者在是。尧舜之兢业、孔子之忧愤而不知老，无非此意。吾子勉之。”对曰：“不敢不勉。”师曰：“可以行矣。”儒强夕焉。次早师命驾，儒追送吴江之南，师止儒，因夜坐语至宵分，凡平日之所引而未发者，多为儒发之。及曙乃别，师曰：“此学不易，吾子好为之，毋忘昨一宵之言。”④

这一年，王时槐曾专访汝芳于从姑山房，其《近溪罗先生传》记：

① 罗汝芳：《盱坛直诠》卷下，《中国子学名著集成》（第44册），第346—347页。
② 罗汝芳：《近溪罗先生一贯编》，《罗汝芳集》，方祖猷等编校整理，第373页。
③ 王时槐：《近溪罗先生传》，罗汝芳：《罗汝芳集》，方祖猷等编校整理，第856页。
④ 罗汝芳：《盱坛直诠》，《罗汝芳集》，方祖猷等编校整理，第403页。

> 万历戊寅，予归田既久，先生亦谢事还，予买舟访先生于从姑山房请益。先生曰："学必有定向，庶可决成。"予请示，先生直以一语酬答，予爽然有省。予留从姑逾旬，见先生天真粹朗，彼己尽忘，八荒洞然，了无畛域；语笑动静，食息寝处，神机自运，不涉人力。朝夕盂蔬，与客共食，客至盈座，亦无增味，熙怡竟日。诸生不问，则默无繁言。盖先生以精神感人，有出于言诠之外者矣。予见先生博大浑涵，普爱同人，略无拣择，境随静闹，不生取舍，乃自愧予之浅衷局量，耽僻厌烦，誓当顿舍宿障，庶可通于大方也。时有士人以专持佛号求往生为学者，予问曰："若此者何如？"先生曰："得无全靠彼乎？"予曰："学者摄心方便之门不一，亦均之为有靠矣。"先生曰："此当有辩。"临别，先生送予舟行，以勿复致疑为嘱。①

其时，"塘南曰：'学以悟性为宗，顾性不易悟也。'先生曰：'吾向者自以为悟性，然独见解耳。今老矣，始识性。'曰：'识性如何？'曰：'吾少时多方求好色奉目，今目渐暗；多方求好声奉耳，今耳渐聋；多方求好味奉齿，今齿渐落。我尚未死，诸根皆不顾我而去，独此君行住坐卧长随不舍，然后觌面相识，非复向日镜中观化矣。'"② 王时槐又在《自考录》论述其事道："是春，买舟往建昌，访罗近溪丈于从姑山房，留旬日而别。近溪简易坦荡，与人相对，形骸俱忘，每日蔬饭共食，不设酒殽，方外缁流皆得入席共饭，口不数数谈学，而神态超然，迥出尘表。某侍坐自愧器局狭小，不及也，其受益有得于言语之外者。"（《王塘南先生自考录·明理学南太常寺卿王塘南先生恭忆先训自考录》）

潘士藻③特往从姑山房，受学于汝芳。汝芳曾对他说："天地之大德曰生。生德之充溢两间，融彻万世，不以一物遗，不以俄顷息，则等我身于天地，又奚容以高卑远近而殊观哉？"④ 后来士藻卒业将别去，汝芳特书语以赠道：

---

① 王时槐：《近溪罗先生传》，罗汝芳：《罗汝芳集》，方祖猷等编校整理，第857页。
② 黄宗羲：《参政罗近溪先生汝芳》，《明儒学案》卷三十四，沈芝盈点校，第805页。
③ 潘士藻，生卒不详，字去华，号雪松，婺源人，万历十一年（1583）进士，授温州推官，擢御史。
④ 罗汝芳：《近溪罗先生庭训记言行遗录》，《罗汝芳集》，方祖猷等编校整理，第408页。

万历戊寅，新安潘子去华问学从姑。与语，欣然有得。余喜其笃信澄心，敏而好学；发挥酬答，不无启余，故于其归，书所商订语勖之，且以识久要云。

仁、礼，一体而互用者也。礼非仁弗达，仁非礼弗明。仁以联物归身，礼以正己格物，天下一人者也。去华潘子学为天下第一人，莫先乎以仁、礼存心。①

据史载，这位潘士藻成进士后，以御史巡视北城，惩治近侍，得罪太监张鲸；上疏言修省，鲸激帝怒，贬广东布政司照磨。后数迁为尚宝卿，卒于官，遗有著作《暗然堂类纂》《洗心斋读易述》。他无愧汝芳教诲，堪称君子。

同治《建昌府志》卷九《艺文志》收录汝芳文《重修曾南丰查溪祠堂记》，不知何故，此文未被《罗明德公文集》收录，今版《罗汝芳集》中亦未见此文，故而全录于兹。文曰："文所以阐名理、摅性灵者也，惟一以六经孔孟为宗。后世之学，角逐声利，剽窃奇诡，索之神理，荡然无存，奚以明道而翼圣统也。南丰先生起宋隆盛时，克缵箕裘，振五代文风之敝，与欧阳文忠公相倡和。其言白，明圣人之心于百世之上，明圣人之心于百世之下，其学厥有宗旨矣。以故心源意绪，独契六经；摛文掞藻，一轨于正。令当世学者咸知尊经，前以续孟学于不传，后以开程学于未显。洵如吴临川所称合乎程、接乎孟而达乎孔者也。历六州而茂著鸿勋，登史馆而纂修实录；虽其直道忤时，大业未就，而起敝维风，羽翼经学，如日中天，其功良伟哉！予居同先生之郡，窃慕六经之学，惟缮性明德为兢兢，庶几无愧孔孟心法者。先生裔敏道，就业明德堂，请先生祠堂记于予。夫先生道脉在心不在迹，而后人率祖非祠无以展孝思也。先生查溪祠始于宋乾道八年，忠曾孙卜墓址而创之。淳祐中，九世孙文忠就规制而廓之。岁久圮塌，故址具存。嘉靖戊申，诸裔孙慨祖祠之倾颓，重构前堂，然门屋犹卑隘也。万历戊寅，复增门厦，结砌阶涂，历秋冬告成。涓吉奉先生神主祝于中堂，而以先生之子绾公、综公、纲公配。予故推先生学术之与建祠始末，为之记。"

① 罗汝芳：《勖雪松潘孝廉士藻》，《罗明德公文集》卷五，《罗汝芳集》，方祖猷等编校整理，第719页。

本年，万历帝大婚。

进吕调阳[①]建极殿大学士，张四维兼武英殿大学士，吏部尚书申时行[②]兼东阁大学士。

高拱病故于家。

沈懋学因反对张居正“夺情”而引疾归里。

耿定向以原职起复，提督军务，巡抚福建地方。

刑部贵州司主事上疏言七事，主张“辟进言”之路，上是之。

许敬庵、张阳和、赵瀔阳等会于杭州西湖，论心谈道。

刘宗周[③]出生。

---

① 吕调阳（1516—1580），广西桂林人，祖籍大冶县茅潭港吕家村（今属陈贵镇），字和卿，号豫所，历仕嘉靖、隆庆、万历三朝，以廉正闻于朝野，殁后谥“文简”。

② 申时行（1535—1614），字汝默，号瑶泉，晚号休休居士，南直隶苏州府（今江苏苏州市）人，嘉靖四十一年（1562）殿试第一，以状元成进士，张居正去世后官至内阁首辅。万历十九年（1591）致仕回籍，万历四十二年（1614）殁于家，神宗诏赠太子太师，谥号“文定”。

③ 刘宗周（1578—1645），字起东，别号念台，因讲学于山阴蕺山，学者称蕺山先生。他一生多半讲学育人，弟子遍天下，而以黄宗羲、陈确、祝渊、张履祥等最为著名。学术上，刘宗周于《五经》、诸子百家无不精究，皆有所论述，堪称为宋明理学史上里程碑式的人物和有明三百年学术之殿军。

万历七年己卯（1579），六十五岁

甫入新年，张居正即拟旨，诏毁天下书院，更加严厉地禁止自由讲学。《明通鉴》卷六十七《七年》记：“时士大夫竞讲学，张居正特恶之，尽改各省书院为公廨。凡先后毁应天等府书院六十四处。”

正是在这背景下，主张“圣圣相传，以圣统也”“圣圣相统，以圣传也。传以讲而统以学也”（《何心隐集》卷一《原学原讲》），并始终坚持不懈地进行自由讲学的何心隐，在祁门被缉捕了。谈迁《国榷》卷七十记：“巡按湖广御史郭思敬奏：‘布衣何心隐私立求仁书院，命捕治之。’”汝芳闻讯，立即展开营救。他“鬻田，得百金，赠之，且致书解于当道。或问其故。罗子曰：‘彼为学得罪。予为学而救，何必论其学之是不是哉？’”[①]罗汝芳这次虽然也做了不少努力，但最终没有能够像营救山农那样把何心隐营救出来。九月初二日，心隐被杖杀死了，王世贞《弇州史料》卷三十五《嘉隆江湖大侠》记心隐“见抚臣王之垣，坐不肯跪，曰：‘君安敢杀我，亦安能杀我？杀我者，张某也！’”《明儒学案》卷三十二《泰州学案一》亦说：“心隐曰：‘公安敢杀我，亦安能杀我？杀我者，张居正也！’”择健卒，痛笞之百余，干哭而已。抵狱，门人涕泣而进酒食，亦一笑而已。途赠金者前后数十人，皆不受，独受一乡贡士十金，曰：“而有夙缘，可受也。”遂死。（《五光剑气集》卷三十一《惩诫》）汝芳的同门友心隐，就这样在张居正主持的明廷专制下，为讲学而献身了。李贽《何心隐论》说：“其时武昌上下，人几数万，无

① 罗汝芳：《近溪罗先生一贯编》，《罗汝芳集》，方祖猷等编校整理，第384页。

一人识公者，无不知公之为冤也。方其揭榜通衢，列公罪状，聚而观者咸指其诬，至有嘘呼叱咤不欲观焉者，则当日之人心可知矣。由祁门而江西，又由江西而南安而湖广，沿途三千余里，其不识公之面而知公之心者，三千余里皆然也。非惟得罪于张相者有所憾于张相而云然，虽其深相信以为大有功于社稷者，亦犹然以此举为非是，而咸谓杀公以媚张相者之为非人也。”（《焚书》卷三《何心隐论》）

心隐的惨死，并没有使汝芳有所畏惧，他仍毅然专意于讲学传道。入秋，他从时任两广总制的同年刘尧晦①之请，偕二子轩、辂等一行数人往粤访道讲学②，但不意行至肇庆，轩、辂不幸相继染上时疫而亡。长子轩临终前执着他的手说：“轩也罪通于天，今死矣。然大人有八孙，一二长者弁矣，可无念轩也。”“有终穷者年也；无终穷者学也。轩也，愿返而更进，亦愿大人之学与年而俱进也。”仲子辂临终前对他说：“死生存亡，命也。夫大人幸自宽，若儿辈之于来去，翛然也。”③汝芳稍后作《二子小传》，备述轩、辂生平，其中谈到他们父子之间的关系以及此次往粤之行，轩、辂虽幼显文才，但长大成家后渐悟“大丈夫安能縻兹斗粟耶”④，遂弃儒修道，“从是得各适其适，遍历诸方，访寻胜侣。或闭关数月，不接一人；或孤踪千里，不携只仆。汲汲皇皇，惟恐大道之不闻，至人之不遇也”⑤。而他“自志学，即专意接引同侪，而接引则多就其习熟之见”⑥，虽二

---

① 刘尧晦（1522—1585），名或作尧诲，字君纳，号凝斋，临武人，与汝芳同为嘉靖三十二年（1553）进士，历任福建巡抚、南京兵部尚书等职，时任两广总制。

② 汝芳为什么要偕二子轩、辂等一行数人往粤？吴震著《明代知识界讲学活动系年：1522—1602》第349—350页注谓：“日本学者佐野公治注意到了《昭代纪略》中的一段有趣的资料，据该段资料的记述，罗近溪数人此行的目的是为了帮助胡中洲逃脱南城知县范涞所下的逮捕令。佐野氏认为，这也许是他们此行的真正目的。关于范涞，佐野氏指出，他是张居正所推行的一系列政策（当然也包括万历七年推行的禁毁书院令）的忠实执行者。”佐野氏这说法确否？待查待考。精于《易》学且曾被汝芳礼敬为师的楚中高人胡东洲，是否就是他们此行中的胡中洲？胡中洲抑或胡东洲是否真的被南城知县范涞追捕？若果遭追捕，汝芳《二子小传》中明谓，胡中洲抑或胡东洲“虽二子敬事为师，然余则少处于心，犹惑其怪诞”，他会帮助其逃逸吗？且东洲若即真为中洲，汝芳会“少处于心”而“惑其怪诞”吗？史缺有简，或许这些都将永为一个没有确切说法的谜案。所以，著者在此提出汝芳应刘尧晦之请而偕二子轩、辂等一行数人往粤访道讲学，完全应该可以聊备一说。

③ 曹胤儒：《罗近溪师行实（节录）》，罗汝芳：《罗汝芳集》，方祖猷等编校整理，第848页。

④ 罗汝芳：《二子小传》，《罗明德公文集》卷四，《罗汝芳集》，方祖猷等编校整理，第614页。

⑤ 罗汝芳：《二子小传》，《罗明德公文集》卷四，《罗汝芳集》，方祖猷等编校整理，第614—615页。

⑥ 罗汝芳：《二子小传》，《罗明德公文集》卷四，《罗汝芳集》，方祖猷等编校整理，第615页。

子对“祖、父、尊人，顺事惟谨，弟、妹、妻子，爱厚均隆”，“于余夫妇每惓惓慰劳”，然“古语‘斯文亲于骨肉’，今视骨肉，顾可不亲于斯文哉？其惟务心乎，弗顾形迹，类如此，真所谓爱以德而不以姑息也”。[①] 这次父子同作粤行，自然极为难得：

余父子三人虽皆事道，而趋向殊不相类，常日居官、居京，每多喧杂，不遂倾倒。惟入广一行，虽意出二子，而余与胡中洲具在。辂喜曰：“相期数十载，始得父子师徒同处，学问不愁不归一也。”轩独不然曰：“此志各各求真，真则汝东我西，此上彼下，总在六合之中，何远迩内外之是拘哉？”余甚然之。[②]

他们一路谈学赏景，本是一次极愉快的旅行，汝芳一路上也写了不少诗纪行，却因时疫而使二子均殁途中，这自然是大出汝芳意外。曹胤儒《罗近溪师行实》引杨少宰《冬日记》云：“子适粤，二子轩、辂卒于端州。视其含殓，周其棺具，遣之归。门人曰：‘子不为嬴博之礼乎？’师曰：‘安知吴季子非力不能，而不得已也。我则赖诸大夫之力也。’遂东适闽，数月而后返。”

忍痛含悲的汝芳独自往闽、粤，作长达数月之行[③]，“门人多疑之，谓其不笃于父子之爱也。黎允儒曰：‘子惟笃于爱，是以不偕返也。古者，父母之丧，六十不毁，七十衰麻在身而已，教民无以伤生死。而夫子年几七十矣，偕返，则哀伤以为不达于道，不可训也。且子夏与季札孰贤？’于是疑者顿释”[④]。然则汝芳闽行究竟何为？《近溪罗先生一贯编》的下列载录，给我们透露了个中信息：

罗子适闽。有嘱之者曰：“今时讲多本儒先，我师若任意排斥，恐致纷争。”罗子感而泣曰：“某思生平虽不肖，然于人无一敢慢，于德无一敢忘，况诸儒先恩向大造，乃敢无所忌惮而妄肆异同也哉？但谓世家子姓，若善继述，则先业不妨整补，苟坐

---

① 罗汝芳：《二子小传》，《罗汝芳集》，方祖猷等编校整理，第615页。
② 罗汝芳：《二子小传》，《罗明德公文集》卷四，《罗汝芳集》，方祖猷等编校整理，第616页。
③ 据耿定向《观生记》，汝芳在福建造昌与他曾有一晤。
④ 曹胤儒：《罗近溪师行实（节录）》，罗汝芳：《罗汝芳集》，方祖猷等编校整理，第848页。

视倾颓，束手待敝，是尚得为善克家者哉？今时纷纷讲说，多以浅劣，妄谈经旨，诚为拙匠之斫栋材、庸工之雕壁，非徒无益，实反害之。故不惜尽言，将使学人知此等俗说，非先儒至意，舍而他求，求而深造，则微言妙义之精，自有左右逢原之日。此其冀望惓惓之忱，乃语病多端，失不自知，承教警醒，当加简点。"①

罗子适闽。或问曰："此土虽文公故乡，但儒先旧学忘失已多，须先生讲究，乃可望心知开明也。"罗子曰："据所云，儒先旧学，与诸士心知，言下不无两端，而两端各有着落。故儒先之学，可以旧言，旧则未必其长新也；诸士心知，则可以新言，新则时时俱在，难将以旧目之也。今且试看，我与公互相驳论，其驳论皆莫非心知也；诸士环坐而应听，听而且思，思听皆莫非心知也。自兹时而反求之天早，又自天早而推之昨日前日，其言论思听，亦皆莫非此心知，而未尝异也。自兹时而顺求之下午，又自下午而推之明日后日，其言论思听，亦皆莫非此心知，而未尝或变也。"中有悟者曰："道果在迩非远，事果在易非难。"罗子曰："岂惟道与事之为然哉？即兹对答听思，莫非亲亲长长，而亦莫非天下太平也。"中又有悟者曰："吾侪果是行不著，习不察也。"罗子曰："即此著察，叫做是学。吾侪岂独终身由道，而不知其为道？亦终身由学，而不知其为学也？今诸君果能学术，心知合而一之，庶于儒先不相负矣。"或乃歌"个个人心有仲尼"一绝。诸士踊跃。②

时有学者问："朱陆论学不合，何也？"汝芳答："二先生气禀不同，以己律人，各有持也。如晦翁原是浑厚之质，便要天下人，皆从闻见钻研而入；象山原是英敏之资，便要天下人，皆从德性超悟而入。岂知人各所禀不一，有不可尽以己律之者？"问："然则何如合一也？"汝芳说："学于古训，晦庵所以开万世群蒙；先立乎大，象山所以善读《孟子》也。且与孔子'博学于文，约之以礼'相合。"③

① 罗汝芳：《近溪罗先生一贯编》，《罗汝芳集》，方祖猷等编校整理，第 385 页。
② 罗汝芳：《近溪罗先生一贯编》，《罗汝芳集》，方祖猷等编校整理，第 372 页。
③ 罗汝芳：《近溪罗先生一贯编》，《罗汝芳集》，方祖猷等编校整理，第 373 页。

由此可见，汝芳入闽绝非借旅游以释悲情。他所至各地，必大会同志讲学，且能充分显露出对朱学的尊重理解和包容，如谓："子朱子之有功圣门也，学固得其大方矣。孟子曰'大匠诲人必以规矩'，又曰'大匠不能使人巧'。夫匠立成器，士志圣神，其精至于无迹，妙入于难穷，取诸智巧焉，则均也。然器非规矩，巧将安施？道非六经，智将奚措？朱子之于学，余固未能悉其善巧何如，至所为言必先之读书，读书必先之六经，则真吾圣门之大匠也，其功顾不宏且远耶？故规矩诚立，而巧之不精，学之咎也。胥求以巧，而规矩弗先，教之讹也。"①

闽中自南宋时朱熹讲学于此而多士竞入其门，形成理学传统，朱氏理学亦被称为"闽学"。虽至明代中叶，从白沙至甘泉，尤其阳明崛起，倡心学而移学风士习，思潮为之改变，但朱氏理学在闽中仍有很大影响力，以至阳明弟子蔡宗衮（字希渊，号我斋，山阴人）教授莆田而不为当道所喜；张岳（字维乔，号净峰，福建惠安人）"曾谒阳明于绍兴，与语多不契。阳明谓'公只为旧说缠绕，非全放下，终难凑泊'。先生终执先入之言，往往攻击良知"（《明儒学案》卷五十二《襄惠张净峰先生岳》）；王阳明《赠林以吉归省序》更说："林以吉将求圣人之事，过予而论学。予曰：'子盍论子之志乎？志定矣，而后学可得而论。子闽也，将闽是求，而予言子以越之道路，弗之听也。予越也，将越是求；而子言予以闽之道路，弗之听也。"（《王阳明全集》卷七《赠林以吉归省序》）然而另一方面，早在弘治年间，福建名宦林俊已与白沙时时讲论心学于京师，后更亲遣其子拜阳明为师而获承心学之传。阳明一生两次亲履闽中，尤其是正德年间巡抚南赣，经略赣闽湘粤诸地，不仅留下诗文，且亦讲学于军旅，在闽地播下其心学思想的火种。他很重视其心学思想在闽的传扬，真挚恳切地利用一切机会与闽人讲论其学，如其所作《南冈说》（见《王阳明全集》卷二十四）即为一显例。而且，闽中士子自然也不可能脱离"原夫明初诸儒，皆朱子门人之支流余裔，师承有自，矩矱秩然。……学术之分，则自陈献章、王守仁始。……嘉、隆而后，笃信程、朱，不迁异说者，无复几人矣"（《明史》卷

① 罗汝芳：《近溪罗先生一贯编》，《罗汝芳集》，方祖猷等编校整理，第 375 页。

二百八十二《儒林一》）。在这样一种社会思潮和时代背景生存，故“至明衡独受业于王守仁。闽中有王氏学，自明衡始”（《明史》卷二百〇七《马明衡传》）。另有陈杰、林学道、邱养浩、林达、郑善夫、林万潮等为阳明亲传弟子，林富、郑岳则与阳明关系甚笃。王慎中与王门诸公交游论学，吴钰从学于邹守益，邱原高拜学于罗洪先，陈九叔、林讷师事王畿……在此背景下，汝芳入闽讲学，传扬阳明心学，对王学在闽中形成风气，并推动发展闽中王门，无疑有积极意义。唯其如此，汝芳对入闽讲学看得很重：

> 此行为我一生大事，不比寻常，故十分不能自已。诸孙不必疑虑，但想汝祖已老，尚自发奋求前，汝曹此时更不着力，后来怎生是好也？①

又不仅如此，他之所以要把此行看成“不比寻常”的“一生大事”，实因尽管老年丧子，但两位爱子的精神生命寄寓于他，他是肩负着他们父子三人的使命在讲学弘道的！他在刚刚痛失二子，就将自己的全副精神、全副力量、全副生命投入到其最为注重的讲学之中而作此闽行的。悲矣，壮矣，汝芳入闽讲学之行也。千古以来，能如此者有几人？若非仁心笃厚，志毅心坚，能如此乎？

本年，神宗始视朝。

大学士申时行三年考满，进礼部尚书兼文渊阁大学士，荫子入国子监。

工部尚书李幼滋因疾久致仕。沈懋学引疾归里。

八十岁的王龙溪讲学于当湖，提出“即心是学，即学是政，即政是心，即政是学”。其《祭胡东洲文》，或即作于本年。

刘邦采卒。

王时槐参与茶陵的地方讲会，又把其家乡的金牛禅院改为“惜阴会馆”，“愿得吾党之薄声利、研理性、卓然以圣贤自期者，日萃于斯，共从事于正心诚意之学”（《友庆堂存稿》卷四《惜阴会馆记》）。

---

① 罗汝芳：《家报十纸》，《罗明德公文集》卷五，《罗汝芳集》，方祖猷等编校整理，第681页。

杨起元被任为翰林院编修。

耿定向在闽，公余辑《小学经传》并《衍义》《闺训》《礼纂》等。致信龙溪，以为“学术失宗，病症居然显现，而犹不反身自省，欲以虚见空谈相角是非，去学益远矣”（《耿定向集》卷四《与王龙溪先生》）。

尽管甚有政绩且官誉极佳，但李贽在云南姚安知府任上已极厌簿书生活，故而毅然入鸡足山阅《龙藏》，以示去官决心。

万历八年庚辰（1580），六十六岁

对于罗汝芳二子并殁于途，不随子柩返家而是独往闽中讲学，门人本有所疑，而有关二子猝死以及这前后种种奇异现象，包括汝芳本人《二子小传》中的描述①，其时多有流传。朋友们对年逾耳顺、行将古稀的汝芳突遭长子之痛深表同情外，也有种种不理解的议论。但是，汝芳丝毫不为物议所动，居家依本仁心专注于修本郡之太平桥之事。他作《南城太平桥记》，曰：

> 余建昌为江藩名郡，郡外有长川自虔州走三百里而来，是为盱姥。盱姥绕郭北行，其东出太平门者，直达闽、广，尤为孔道。昔人当门为长桥，下礅以石，计十有三，上间以屋，计七十有三，横亘两涯，颇称壮丽。年久不修，其礅石屋宇，中多圮

① 罗汝芳在《二子小传》中写道：（汝芳被令致仕归家后）“盘桓久之，二子复怅然曰：‘人生兹世间，初则每恨修行之难成，成则又恐住世之不久。譬今新科举子，纵恋妻儿，可能留家度岁也耶？老父之官爵可辞，儿辈之帝命恐难辞也。’余偕宜人虽听之悚然，意其未必遽尔。……凝斋刘公……总宪两广……遣官邀余暨二子。二子拜别宜人，辄谓‘儿将远入紫云洞，毋无多念。’至辞妻孥，亦俱如是。江行越月，舟次南安，闻广中病气甚烈，余欲暂止。二子进曰：‘爹何厌游耶？况大限有数，即不岭表，能遽逃耶？’比逾岭登舟，轩果病，而未甚。再五日，至肇庆，自占难起，惟嘱余力进此道。余曰：‘儿何直信其不起耶？’乃呵呵仰叹……辂子默然良久曰：‘吾将再乞一二年以共毕大事。’是夕，焚香掌心，而众莫及知。天早，则闻轩语辂曰：‘吾大数已定，弟晚来，何乃自苦耶？’晨兴，沐浴、衣冠，执镜照且移时。仆以食进，端坐却去。及午，目瞑而逝。凝斋相闻，奔奠而哭，殡诸僧寺，居余众于民间书屋。……未几日，辂以掌火攻心，病复大作，医诊亦谓难起。……是夜，月色当庭，书屋原无门户，余抱辂而坐，病者在怀，殁者卧地……辂呼余语曰：‘爹居此际，亦觉难为情否乎？’余应以能自排遣。辂曰：‘不然，际此极是进步。……儿今与爹虽共居一处，而迥隔两天……’……久之……倏尔瞑目而逝。时凝斋屡出亲问，及三司诸公，莫不详闻……”（罗汝芳：《二子小传》，《罗明德公文集》卷四，《罗汝芳集》，方祖猷等编校整理，第617—619页）

敝。会庚辰腊月，桥北民舍灾延礅屋，虽所伤无几，而护救蹂践滋甚。时云岳朱公一松秉宪分巡，檄有司整葺。事闻益藩潢南殿下，捐金首倡。越明年辛巳，适敬庵许公孚远代介石王公之屏来守兹郡，商之二守梧阳郭公鹏、郡判养纯薛公瀚、节推震南傅公国珍、南城尹少拙王公以通，谓："工费浩大，宜访人以司其事。"乃得居民朱某、游某，佥谓可任总理，又得禅僧某某，佥谓可当募缘。于是匠石竞劝，料用省节，不三月而工成。上如屋宇，下如礅石，坚致牢实。观美既壮，驰驱亦便，其规制大倍于前时。诸公谓余颇相协赞，宜为记之。余惟天下之事功，欲其成而惧其隳；事功之建立，乐其速而疾其迟。兹固斯世之恒情，人心之自然也。然有机焉，属乎上之人加之意；有要焉，期乎下之人胜其任。必胜其任而后可谓之得人，必得其人而后足称上意。藐尔桥工，非二禅僧之力于募缘，非二居民之专于督率；即有诸人，而非遇宪司、守令之贤且明以委任而责成焉，亦安望其功之必成，成之必速也如是哉！夫一桥且然，推而治天下可知矣。[①]

获知耿定向父亲去世，汝芳为文祭之，曰：

死生之事为大也。死生事大，故其说不可以不知也。夫均是人也，人均是心神、形骸也，然或等蜉蝣，同草木，朝而赫赫以生，夕而泯泯以死者；又或出入造化，生而不恃之以生，死而不随之以死者。此无他，其说之或知或不知，斯其事所以为有为无也。昔夫子告季路以生死矣，第曰：知生。告季路以人鬼矣，第曰：知人。盖谓死无非生，而鬼莫非人也。夫知死无非生，则古即今，今即古，而万世斯一矣。知鬼莫非人，则明亦幽，幽亦明，而三才斯统矣！人能以吾最贵之灵，生生之德，而统夫三才，一夫万世，则盈天地间固皆我之心神，亦皆我之形骸也已。而他又复何说，又复何求也耶？[②]

① 罗汝芳：《南城太平桥记》，《罗明德公文集》卷三，《罗汝芳集》，方祖猷等编校整理，第560—561页。

② 罗汝芳：《祭麻城耿封君》，《罗明德公文集》卷四，《罗汝芳集》，方祖猷等编校整理，第659页。

本年，申时行以礼部尚书、文渊阁大学士署詹事府事。

神宗既已视朝总握朝纲，则张居正自然辞政，却仍在朝中握有重柄，并为神宗信用。

居正子敬修、懋修俱成进士。

王龙溪在松江、嘉兴赴会讲学。

顾宪成[①]进士及第。

耿定向父忧归里。

---

① 顾宪成（1550—1612），字叔时，号泾阳，因创办东林书院而被人尊称"东林先生"，是晚明著名的东林党（东林学派）的领袖，著作有《小心斋札记》《泾皋藏稿》《顾端文遗书》等行世。

万历九年辛巳（1581），六十七岁

罗汝芳全力忙于上年冬腊月开始的修太平桥工程，这事得到了刚上任的郡守许敬庵的大力支持。

曹胤儒《罗近溪师行实》记："邹给谏元标举荐理学名臣，其荐师语云：'惟道是学，而得失不入于心；逢人必诲，而贤愚不分其类。'郡守敬庵许公笑曰：'邹黄门可谓善形容近溪者矣。'"①

史惺堂②、孟我疆③或于这一年来访。惺堂问："本体如何便得精明？"汝芳说："我耳自聪，我目自明。此聪此明，圣愚无间。"惺堂曰："必学而后精明。"汝芳云："终是精明而后知学，学则常精明矣。"惺堂仍"不敢信"，汝芳遂说："久当自信。"④汝芳又谓我疆曰："讲学在于通人。其机有二，曰生，曰杀。其法有二：曰实，曰权。主盟者须生杀互用，权实双行，机不错投，法不虚设，当不失人，亦不失言，则人未有不感通者。"⑤

罗怀智《近溪罗先生庭训记言行遗录》记："外父张司空心吾（讳檟）公访子从姑，别久欢饮，醉，遂共榻。寤言曰：'某髫年相侍，即已从事良知之教，及登科入仕，历任中外，其一切施措，一切建白，俱以此知应用，而头头了了，似无可疑，但恐终属照用，而未透心体。今年将衰，且幸戚末，在某固当极意求教，在翁亦宜尽心教之。'两

① 曹胤儒：《罗近溪师行实（节录）》，罗汝芳：《罗汝芳集》，方祖猷等编校整理，第849页。
② 史惺堂，生卒不详，名桂芳，字景实，号惺堂，是陈献章的再传弟子。
③ 孟秋（1525—1589），字子成，号我疆，山东茌平人。隆庆五年（1571）成进士，知昌黎县，历大理评事、职方郎中，致仕，复起为刑部主事、尚宝寺丞、少卿而卒，所著有《孟我疆先生集》。
④ 罗汝芳：《近溪罗先生庭训记言行遗录》，《罗汝芳集》，方祖猷等编校整理，第409—410页。
⑤ 罗汝芳：《近溪罗先生庭训记言行遗录》，《罗汝芳集》，方祖猷等编校整理，第410页。

相绸缪，更深不舍。子时不应，惟把臂示之曰：'君能信此浑身自头至足，即一毛一发，无不是此灵体贯彻否？'外父曰：'佛家固有芥子纳须弥之说，但某质鲁，终看他不见。今翁既云一毛一发，浑是灵体贯彻，当下何以使我便能见得？'子时即于外父脑背力抽一发，外父连声叫痛，手足共相战动。子问：'君之心果觉痛否？'外父曰：'既痛，为何不觉？'子曰：'君之心神微渺，如何一发便能通得？手足疏散，如何一发便能收得？声音寂静，如何一发便能发得？细细看来，不止一身，即床榻亦因震撼，苍头俱为怖惊，推之风云互入，霄壤相闻，而即外窥中，可见头不间足，心不间身，我不间物，天不间人，满腔一片精灵，精灵百般神妙，从前在心而为君之知，在身而为君之事，在生而为君之少而壮、壮而老，莫非此个灵体。乃一向闪瞒，莫恻底衷。譬如寄养儿童，于亲生父母偶遇人言说破，则识认欢欣，其情不可想耶！'外父跃然有省。"①

本年，礼科给事中帅兰上学政八事，文体宜正、试规宜详云云。

王龙溪与徐阶面晤，讨论致良知问题，龙溪坚持其"天泉证道"时提出的"四无"说，认为"良知不学不虑。终日学，只是复他不学之体；终日虑，只是复他不虑之体。无工夫中真工夫"，"工夫只求日减，不求日增"。而徐阶则认为如果不用"致知"功夫，一味悬淡无知本体，恐终无益。这是他们平生最后一面，《王畿集》卷六《与存斋徐子问答》记之颇详。

李贽辞官到黄安，与耿定理等论学。

---

① 罗汝芳：《近溪罗先生庭训记言行遗录》，《罗汝芳集》，方祖猷等编校整理，411—412页。

万历十年壬午（1582），六十八岁

许敬庵和魏时亮[①]、万思默一道到从姑山房访罗汝芳，敬庵对汝芳说：“近读《论语》，于‘克己’二字颇觉有悟；此‘己’字须从下‘为己’‘己’字看。”汝芳“起拜相贺，归作一启，千言奉呈”。[②]其致敬庵信曰：

> 前蒙我公祖见谕，往时“克己”之教不以为定，必欲改从旧解，鄙心闻之，殊为伤切，尤重珍惜。譬诸楚璞剖判，方耀精纯，竟置荆榛，莫登廊庙，虽在途人，恐亦不能不增永叹也！此岂我公祖聊试鄙意之摇机耶，亦将敛藏以俟时发耶？不然，不宜睿识之易动若此也。盖孔氏求仁，其直指名仁，惟曰“仁者人也”。夫己非所谓人耶？刘狮泉说颜子博约，重二我字，而深荷首肯，夫我又独非己耶？况最可凭者，仍是本文“为仁由己”之“己”字，岂上才去此己，而下安得己即去而即来耶？伏愿公祖为孔氏平生求仁，怜其苦心，又为孔氏平生训仁不作他语，而悯其专志，仍以肤言所刻重复绎思，大更显发。斯不谓复见天地之心也哉？又不谓功在吾道为独得，而福造天下万世为无疆也哉？
>
> 前面我公祖数次，俱曾举孔门宗旨，然承谕以学问不必尽同而贵着力坚切，某时亦知尊严责备荒怠之意，罪咎莫容，但狂夫有言，圣人必择固，未有其宗不定而其力可专者也。况此说又是

---

① 魏时亮（1529—1591），字工甫，又字敬吾，南昌人，嘉靖三十四年（1555）举人，嘉靖三十八年（1559）进士，历官中书舍人、兵科给事中、南京大理丞、刑部尚书。

② 罗汝芳：《近溪罗先生庭训记言行遗录》，《罗汝芳集》，方祖猷等编校整理，第410—411页。

素所名言者耶！伏望留神，颙俟札示。[①]

不久，汝芳与邓元锡在郡城晤叙，“与语相契”。左宗郢在场全程参与了他们的交谈，《歇庵集》卷三《邓文洁佚稿序》说：

> 万历壬午，文洁先生以册使至盱，谒明德罗先生于里中。时宗郢以小生与讲下。明德之诲人，如裴旻舞剑，遇空便斫，欻忽晃朗，令人意失。而文洁敛颜终日，问答俱丧，若养叔之善息，韬弓服矢，而巧力跃如。

次日，汝芳特邀敬庵作月下之谈，他执着敬庵的手说：“几误乃公事也！”敬庵惊问其故，汝芳说：“昨得潜谷来，方知前举‘克己’之为谬论，愿公亦速改之。”他日，汝芳“质诸潜谷曰：“‘己’字从恶看，《论语》似亦未有。”元锡以“孟子则分明说破也”作答，汝芳再三诘之，元锡说：“‘舍己从人’是矣。”汝芳笑云：“若‘舍己’之‘己’，原是好己，止好得分数差少耳”，难说此‘己’即是恶也。”[②]

尽管汝芳据于其心学立场析释“克己”之“己”，与许敬庵对“己”的理解有所不同，但“总的说来，近溪对于敬庵以‘复卦之复’来解释‘克复之复’表示了赞赏，并加以推演，将‘仁’字贯穿其中，突显出近溪自己的观点立场”[③]。许敬庵《敬和堂集》卷四《简罗近溪先生》第一书说：

> 不谓来守盱江，得遂亲炙，自谓此生至幸。……三年之内，感德良深。翁器度广博而智识圆融，儒耶？释耶？玄耶？吾尝进退求之而不能窥其际，盖自是先生之学也。抑尝观之三教，所由各有其至，释家主于出世，道家主于长生，然而彼此似不能以相易。若吾儒之学主于经世，为天地立心，为生民立命，此与二氏

---

① 罗汝芳：《柬许敬庵郡守》，《罗明德公文集》卷五，《罗汝芳集》，方祖猷等编校整理，第666—667页。
② 罗汝芳：《近溪罗先生庭训记言行遗录》，《罗汝芳集》，方祖猷等编校整理，第411页。
③ 吴震：《罗汝芳评传》，第158页。

作用分明不同。……后世学术不明，三教混乱，而高明之士好大喜功，辄遂弛求无厌。嗟呼！以孔子、释迦、老聃之所不能相兼者而思兼之，盖亦过矣。

虽然翁本儒者也，立身于三纲五常之内，素讲于正心、修身、齐家、治国、平天下之学，如家业宗盟在吾孔氏，岂忍舍弃而之他？既不能舍弃而之他，则亦谢彼外道，歇我驰求，专明乎儒者之学而已矣。……岂容出此入彼，朝释暮玄，而求以明吾儒之道耶？又况非释非玄，出于旁门外道，怪诞而不经者耶！我翁在盱，实为后生标准，今二三轻浮之徒，恣为荒唐无忌惮之说，以惑乱人听闻，而令守正好修之士摇首闭目，拒此学而不之信。翁可不思其故耶？翁诚绝去淫邪，幡然一归于正，则学翁之学者，又将翕然从风，其有补于世道人心，非浅浅也。①

此信的重点并不在《论语》有关训解问题的讨论，而着力于表示对汝芳学兼三教的不满，并指责汝芳有逸出儒家正统的危险了，当然，这不满和指责中又饱含着一位老友的规劝之情。对于已经解舟放缆并以“狂夫”自称的汝芳来说，虽然不在意这种不满和指责了，但难免叹曰：“吾与云南夷人论学，皆欣欣相向，更无扞格，及与同志缙绅言，反多纷纷同异。盖学问最怕在意见的人，彼只患闻见不多，然闻见益多，覆蔽益重，反不如不曾读书人，天性自然。”②

郭子章《先师胡庐山先生行状》记：“壬午，江陵败，两台交荐先生，上意方向旧臣。……同年邹颖泉公善、罗近溪公汝芳交书，至责先生以曾子仁为己任、元公仕不苟止之义，先生始勉就道……至建昌，主罗公家。”（《胡直集》附录《先师胡庐山先生行状》）

得知许敬庵将赴京入觐，汝芳作文赠之，曰：

《汉书》云：天子置吏，分列中外甚众，然所可宣达上德与百姓相亲者，惟二千石。盖谓今畿辅及藩省郡太守诸公云。然太守职偕方面，简命而出，多台省部署，为天子近臣。自昔名公，虽以亲民为快，而瞻阙兴怀，形诸歌咏者，亦往往皆然。余前两

① 转引自吴震：《罗汝芳评传》，第158—160页。

② 罗汝芳：《近溪罗先生一贯编》，《罗汝芳集》，方祖猷等编校整理，第376页。

守宁国、东昌，情境则稔味之，其委悉深衷，殆有关切时艰而非专系身图者。夫大丈夫躬膺世寄，一体群生，其欲海宇率土，尽抵熙怡，而蔀屋幽居，不濒无告，自离经辨志以至膴仕命官，时固未之或忘。……比亲莅郡，则疮痍瘰疾举在目前，政事要机洞当心恻，乃君门万里，叩阍无自，情孰能不郁郁也耶？故余谓：太守诸公，出之外也，足以备悉民艰；入之内也，足以敷陈天听，其惟三载朝覲矣乎？

来岁癸未，春王正月，适值其期，时守我盱者为敬庵许公。公如制将行，余奉教有年，窃知公之心在郡在朝，无不念念于吾民者，因识兹覲之不徒行尔也。且余尝有所征矣，今天下最称困毙者，莫大于马政，而马政最当亟去者，莫先于种马。余前守宁国，亦为属邑南陵极力处此而甚难之。闻公丞南太仆时，目击种马为民困毙，乃搜剔微悉，靡不详尽，比入本兵，遂商之大司马、质之大元辅。疏上大廷，竟获允可，两畿内外，岁蠲浮费近数十万，百年困毙，一夕尽苏。故即南太仆之马政以例公之视郡，即北本兵之陈疏以卜公之覲行，则环盱千里，闾阎疾苦，不惟无一而不深切乎贤太守之渊衷，亦且无一而不上彻乎圣天子之昭鉴。其春融合境，泽沃无疆，又岂寻常故事之可同日而语也耶？时盱列邑惟五，而泸溪独为新造。其邑庠博士及弟子员闻余是言，叩庭请曰："君知太守公之加意于盱之境土，而未知其于远僻者为尤殷；君知太守公之尽诚于盱之政教，而未知其于绥柔者为益笃。山薮稚髦，方惶惶汲汲，恐太守公去我如赤子离慈恃也，岂知太守公此行，将大赉远迩而共纳士民于熙皞之中也耶！请序斯言，为我太守公答，且为我太守公祈且恳也。"余爰如所请，备述以闻于左右云。①

汝芳门人杜应奎②汇辑乃师所著而成一集，胡僖为之作序云："往岁，以督楚漕艘赴淮、徐，邂逅近溪罗先生于真州。时舟次语间，见

① 罗汝芳：《送许敬庵入覲序》，《罗明德公文集》卷二，《罗汝芳集》，方祖猷等编校整理，第498—499页。

② 杜应奎，生卒不详，号西华，临川人，嘉靖四十五年（1566）从汝芳游，卒业后以布衣讲学于白鹿、白鹭之间，邹元标、汤显祖皆礼敬之。

先生之襟次洒落，心体平易，而举中和之说为余告，尚在耳也。别后参商，无从缉晤。万历己卯，予叨役滇之金、沧，则先生已还盱江。然先生之去滇才二季，其宦绩昭昭人耳目。矧予摄金、腾兵务日，尤稔闻先生政事之大，盖实能行其所学，而非徒腾口说尔也。当其时，缅势猖獗，诸土司为腾藩蔽者被其迫胁，兼翼以木邦之骜黠，焰逼金、齿。先生以总屯握该道符节，驻腾冲，策应其急，议主出兵为角莽者声援，以遥制之。事虽中阻，迄今士大夫壮其气，其勇于有为如此，则岂徒空谈者哉！今先生还盱江矣，迤西及东，公署多先生手泽，而一字句皆吃紧为人盛心。予于先生投分虽浅，神交则深，即所发义理之勇，认真持定，不夺于利害，不怵于毁誉，不摇于荣辱，固子舆氏所谓浩然气也。使得竟其施为于边方，裨益岂浅鲜哉！顷予从金、沧迁洱海，甫及期，而先生之门下士杜君应奎者，以先生平日存稿若干篇来乞予言，重以滇中长者麓池郭方伯公命。方伯公，予公祖，杜君又不远万里而至，则焉能辞？予惟言者心之声也，行者言之实也，学者心有所见，则宣诸言而成章为文，措诸行而成章为业。子舆氏曰：诵其诗，读其书，论其世，是尚友也。则学者固有行不逮言，味空虚而鲜实用者矣。要之，不尽然也，论先生之世之概，可印证矣，空谈云乎哉？”[①] 按据郭斗[②]《刻近溪罗先生会语叙》[③]，杜应奎汇刻的这部集子，乃将《五华会语》《双玉会语》合而成辑，又加入汝芳在滇巡历六诏时的讲话及与李中溪、严寅所等的论学语，类而编为三卷，题曰《近溪先生会语》。

本年，先是张居正以疾乞休，不允，遂叙辽左功进其太师，荫锦衣卫指挥同知，然居正终卒。

张四维进太子太师，寻又进少师，其子甲征中山西乡试；申时行进少保，其长子用懋中顺天乡试，次子用嘉中浙江乡试。

刘台在浔州戍所被戍长用药酒毒死。

权阉冯保谪奉御，安置南京，并籍没其家产金银珠宝百余万计。

复万历五年（1577）建言诸臣职。

张居正去世后，阳明后学讲学活动渐有重兴之势。绍兴在改名为

① 胡僖：《叙近溪罗先生集》，《罗汝芳集》，方祖猷等编校整理，第 937—938 页。
② 郭斗，生卒不详，字应秀，云南府（今昆明）人，嘉靖三十二年（1553）进士，历浙江左辖。
③ 郭斗：《刻近溪罗先生会语叙》，《罗汝芳集》，方祖猷等编校整理，第 939 页。

"朱子文公祠"的掩护下重新在稽山书院开展讲学活动。王时槐赴兰溪会张阳和、访孟我疆，示以王龙溪所撰《证道说》（即《天泉证道记》）。

吕坤[①]与杨东明[②]相识于京师。

① 吕坤（1536—1618），初字顺叔，后改字叔简，自号新吾，晚号独抱居士、了醒亭居士，河南宁陵人。汪永瑞《吕沙随先生祠记》称："吕先生之学，以自得为宗，不切切训诂，而于古六艺之旨，博综贯串，驰骋上下，皆有以穷其旨趣而通其大意。至于天地鬼神阴阳之变，山川风土之宜，兵谋权术，浮屠老子之所记载，靡不抉择而取衷焉。盖合内外之道也。"

② 杨东明（1548—1624），字启昧，号晋庵，河南虞城人。万历八年（1580）进士及第，授中书舍人，历任中书舍人、给事中、太常寺少卿、光禄寺卿、南京通政使、刑部右侍郎等职。

万历十一年癸未（1583），六十九岁

罗汝芳又出门会友讲学了，他“适临川、会崇仁、会乐安，门人黄子廷实、徐子允修、陈子枢、曾子如海、吴子道南、黄子宸、詹子事讲、陈子致和等各留会旬日”[①]。

颜钧八十寿辰，汝芳特往永新庆贺，其作祝寿诗曰：

斯文张主更何人？八十年来志独真。
欲为乾坤延命脉，愿祈夫子寿长春。[②]

又撰山农像赞云：

维师自谓，义禾山农。心田嘉谷，秋获崇墉。乾坤一粒，满饫饥穷。大明万世，中天日红。[③]

颜钧作《答谢门人罗近溪庆八十寿》曰：

斯文谁张主？海宇独羡公。名扬南北境，教接邹鲁风。安国如安堵，事师胜事翁。扶难玉石辨，贯死今古同。兰言吐英□，玄风薰九重。齐眉欣举案，来福格厚躬。仁寿弥天则，耆颐当始

① 杨起元：《明云南布政司左参政明德夫子罗近溪先生墓志铭》，罗汝芳：《罗汝芳集》，方祖猷等编校整理，第 923 页。
② 罗汝芳：《庆八十寿》，《罗先生诗集》卷下，《罗汝芳集》，方祖猷等编校整理，第 826 页。
③ 罗汝芳：《庆八十寿》，《罗先生诗集》卷下，《罗汝芳集》，方祖猷等编校整理，第 826 页。

终。绕席群觞祝，愧我玩舞逢。[①]

又作《答谢门人近溪》云：

八十年来万欲休，精神活泼久忘忧。随缘度日真滋味，睟盎形躬胜辂裘。立己达人宗孔业，沿生造命遂心筹。此为乐在神渊底，不是宣尼敢妄俦。

夜枕神藏线月穿，穿心微显隐几研。孔昭万象无知识，谮伏一阳有□□。聪察幽明莫测致，睿凝性乐孰传宣。此为昼夜通知道，独擅御天造命权。[②]

因“来游者日众”，汝芳“大修从姑山房，以居四方从游之士”[③]。同时，他又接受了许敬庵的建议，将盱之西南郊的麻姑山整修一过，并撰作《重修麻姑山记》，此文见之于《罗明德公文集》卷三。

上一年杜应奎所辑《近溪子集》刻行了，参与其事者有“杜应奎、聂继皋与公孙怀义、怀智”[④]。应奎撰跋，说：“先生自弱冠时闻道，即以兴起斯文为己任。厥后，服官中外，迄于还山，日夜孜孜以此自励，以此诲人。以故会中多问答语，而应酬诗文亦时时走笔为之。顾稿多散轶，海内来学者愿刻以传，而卒不可得。奎自丙寅获侍以来，十九年所矣。凡会中肯綮语皆谨录之。曩与先生之伯子轩、仲子辂汇缉成卷，无何，复轶去。今即录中之一二藏于家者，与聂友继皋书刻，以惠同志。刻成，奎得缀数语卷末。至其学术接孔门正脉，则览者当自得之，所谓因文可以见道也，非奎之愚所能赞也。子戆曰：‘臣誉仲尼，犹两手捧土，置之泰山之颠，其无益于泰山之高明矣。’奎于先生亦云。”[⑤]

许敬庵入觐后，有督学陕西之命，汝芳作文送行曰：

夫别有赠，赠则以言，古也。赠以言，言必有物，亦古也。

---

① 颜钧：《答谢门人罗近溪庆八十寿》，《颜钧集》卷七，黄宣民点校，第 58—59 页。
② 颜钧：《答谢门人近溪》，《颜钧集》卷八，黄宣民点校，第 69 页。
③ 曹胤儒：《罗近溪师行实（节录）》，罗汝芳：《罗汝芳集》，方祖猷等编校整理，第 849 页。
④ 罗怀智：《罗明德公本传》，罗汝芳：《罗汝芳集》，方祖猷等编校整理，第 831 页。
⑤ 杜应奎：《近溪罗先生集跋》，罗汝芳：《罗汝芳集》，方祖猷等编校整理，第 941—942 页。

古之言物，于学而言；学于大者，曰“物有本末”。夫概天下而举之，大物也；举天下之物而身之，大本也。身本天下之物，而先之《大学》也。故知所先后，则近道矣。而欲致其知者，在格物也。是以学必知物，不知夫物，非知学也；物必知格，不知夫格，非知物也；格必知本末，本末必知先后，不知夫本末先后，非知物也。斯格也，物之则也，亦古之制也。尧则启之，舜、禹、汤、文则承之，孔子则以《大学》训之者也。故曰：“克明峻德，以亲睦九族，平章百姓，协和万邦。”是明明德于天下，而善斯至焉者也。夫善不至，不能以作则，夫不能则古圣称先王，斯亦不能以诚、正、修、齐、治、平，而使先后有伦，本末兼举，不过乎物，而止乎至善矣。故《大学》其初，则次第本末之先后而曰：“此谓知本，此谓知之至也。”以见能知乎物之格者，乃为能知乎明德、亲民之善之至者也。其继则详著诚、正、修、齐、治、平之相因而举、相济而成也，亦不过曰：“此谓知本。”而能格乎物，以善始乎明德、亲民之事，此谓知至。而物能合格，以善终乎明德、亲民之事者也。

我郡公祖敬庵许公迁督陕学，将行，而别驾养纯薛公问言以赠。余敬举兹以应命。盖望我许公大所学以教俾陕之士，悉学其学而亦底于大也。薛公闻之曰：“大哉言乎！其学大，则其赠亦大。然本末者，大学之物，而始终者，大学之事。物者，事之所由起；而事者，物之所由成。君之言物，亦近详矣。事其可弗备耶？”余敬应曰：“公观许公之所以为政乎？夫固莫非学也。公观许公之所以为教乎？夫固莫非大学也。是故慈也者，吾身之所自出。因所自出而孝生，亦因所同出而弟生，是所谓与生而俱生者也。夫语天下国家，万万其人也。人则万，而人必生于其身，则一也。身之生一，则孝、弟、慈一，孝、弟、慈一，则与生俱生亦一也。此所以可兼吾之身与人之身而为一物也。此所以可即吾身以统人之身，而为物之本，即人身以归吾之身，而为物之末也。我许公本诸身，征诸庶民，而为学且教也。余则尝验之诸缙绅矣，诸缙绅曰：‘公祖惓惓教我以孝、弟、慈也。’又尝验之诸父老、诸子弟矣，诸父老诸子弟亦曰：‘公祖惓惓教我以孝、弟、慈也。’夫孝、弟、慈，是天德之明也，天以相感，明以相通，而教诸人人以孝、弟、慈，是德以亲乎民也。以是而守盱郡，盱之民则有兴焉。以是而督陕学，陕之士则有兴焉。又进而跻卿贰，又进而登台辅，亦以是而入告，以是而用人，以是而行政，则近而中朝，远而海隅，莫不皆有兴焉。岂非所谓明明德于天下也乎？又岂非所谓以舜之所以事君者事君，以尧之所以治民者治民，而为学之大善之至古之极也乎？”薛公命余书之以赠，且并以请正于许公云。①

他又撰《敬庵训语序》，说：

岁癸未良月末浣之五日，我太守敬庵许公勤政余暇，进诸生庭训之，且手授《克己复礼讲语》一章。诸生奉令唯谨，命锲人垂不朽，以嘉惠海内，谓不敏辱公相契，宜有言。因忆公暨敬吾魏公、思默万公登从姑山时，公谓不敏曰：“颜子克复之‘复’，即复卦之‘复’也。视、听、言、动之皆礼，即‘复以自知’也。其知也，即‘乾知大始’矣乎？”不敏拜手称谢，憬然有契鄙心。兹请述公之意为诸生申之。夫《易》以乾为体，乾以复为用。盖乾“纯粹以精”，而天地人之性之至善者也。乾之善，神妙不可见，而几见于复。《大易》爻凡三百八十有奇，虽兼闰以成岁，而始诸冬至之一日。冬至元阳一复，乾始能以美利利天下，四时行，百物生，斯其称“纯粹以精”为性善善之至也。且夫子五十而学《易》，继乾坤资始、资生而昌言“大德曰生”“生生之谓易”。夫夫子以《易》为学，以学为教，易则生生，生生则日新，日新则学不厌，学不厌则教不倦，教不倦则其德曰“仁”。夫唯仁，斯其人曰圣乎？故夫子示天下万世求仁之旨，必曰：“仁者人也，亲亲为大”。夫亲亲为仁之大，其仁大，则其人亦大其学，斯名“大人之学”也已。是故老吾老以及人之老，则老老而民兴孝；长吾长以及人之长，则长长而民兴弟；幼吾幼以及人之幼，则恤孤而民不悖。此之谓仁于家而齐，仁于国而治，仁于天下而平，若运掌而无难者。要之，孩提知爱，少长知敬，未学而嫁知养子，是人人能仁者也。人人能仁，是乾乎乾

① 罗汝芳：《送许敬庵督学陕西序》，《罗明德公文集》卷二，《罗汝芳集》，方祖猷等编校整理，第493—495页。

而机自不息；性乎性而生恶可已。所谓万物皆备，我可人，人可天，不越一己而天、地、人、物一以贯之。故己能克焉，是谓“中行独复”。“中行独复”，唯颜氏之子庶几，夫子所以语之曰“克己复礼为仁”，又曰“一日克己复礼，天下归仁”。信哉！复其见天地之心矣乎！盖一阳元气从地中复，所谓由乎己，黄中通理，正位居体也。由是视、听、言、动一于礼，其为父子兄弟足法，而家国天下视诸掌，则美在其中，畅四肢，发事业，是美之至善之极。颜氏之子，真圣于复，复而圣者乎？下是，唯轲氏“可欲之善”信有诸己。夫惟信而后能克，未有克而不始于信者。一信乎己，即而美而大而圣神，斯可言克之全功也已。甚矣哉！孟子似颜氏也。甚矣哉！轲之善学夫子也。不敏敢以是足公“克己复礼”大训云。①

汝芳还作《送唐纯宇藩参贵州序》，其中说道：

今夫民在天地间，万万其众也，孰生之哉？乾坤以生之也。物在天地间，亦万万其众也，又孰生之哉？乾坤以生之也。《易》于有乾则曰“大生”，于坤则曰“广生”。夫乾阳而坤阴也，阳主和而舒，阴主肃而敛，似不相为用者。今大生、广生，了无差别，善观造化者，于此可以烛其微矣。②

杨文举为汝芳向朝廷请云南军功，称其“独立担当，可谓有任事之忠”，“粹养素誉于乡评，雅望流芳于宦辙”云云③。

汤显祖以三甲第六十五名进士及第，观政北京礼部，寻任南京太常寺博士。或进士后即致信汝芳道：“受吾师道教，至今未有所报，良深缺然。道学久禁，弟子乘时首奏开之，意谓吾乡吏者当荐召吾师，竟尔寥寥。知我者希，玄涤所贵。云南进士张宗载时道吾师毕节时化

① 罗汝芳：《敬庵训语序》，《罗明德公文集》卷一，《罗汝芳集》，方祖猷等编校整理，第450—452页。

② 罗汝芳：《送唐纯宇藩参贵州序》，《罗明德公文集》卷二，《罗汝芳集》，方祖猷等编校整理，第490页。

③ 杨文举：《云南军功疏略》，罗汝芳：《罗汝芳集》，方祖猷等编校整理，第1001页。

戢莽部，干羽泮宫之颂不诬矣。京师拥卧无致，小疏一篇附往。”[①]

本年，先是神宗责令将张居子懋修等革去科试功名，寻清算阿附居正、冯保之臣，如将兵部尚书吴兑革职并交付有司查究等等，终则尽反居正所行之政，且将已去世的居正削籍。

刘台获平反，陷刘台之臣如前大理寺丞贺一桂被削籍、故巡抚江西陈世宝追夺告身。

进申时行少傅兼太子太傅、吏部尚书、建极殿大学士，进余有丁少保兼太子太保、户部尚书、武英殿大学士。

吏科给事中邹元标上书极言培君德、亲臣工、肃宪纪、崇儒术、饬抚臣，章下所司。元标又疏请复天下书院。

徐阶卒。

阳明亲传弟子中最为高寿的王龙溪卒于家。龙溪的去世“象征着一个时代的结束：亦即作为一场思想运动出现的王门讲会活动的高潮从此一去而不复返”[②]。

张阳和在岳麓书院讲学。

---

① 汤显祖：《奉罗近溪先生》，《诗文集》卷四十四，《汤显祖集》，徐朔方笺校，中华书局1962年版，第1244页。

② 吴震：《明代知识界讲学活动系年：1522—1602》，第363页。

万历十二年甲申（1584），七十岁

罗汝芳“从乐安如吉，登舟圆溪之浒。太学生国柱、庠生镇等数十辈济济相迎，问之皆寄傲翁后昆也”[①]，遂应他们之请而作《乐安黄寄傲墓志铭》。

在吉安，汝芳特往白鹭书院看望老友王时槐，时槐后来忆道：

> 甲申，先生过螺川，访予白鹭院中，予试问玄门之学，先生曰：“岂尝有所闻乎？盍言之。”予漫述艮背之说，先生曰：“内典谓吾人自咽喉以下名为鬼窟。”因极口赞“中庸”二字曰“平常”，是道何事旁求。盖自是别后五年，而先生弃人间矣。[②]

又曾探望老友胡直，这是他们平生的最后一次晤叙。罗、胡二位此次相见的交谈内容已不得而知，但清新俊逸的近溪，此时不失谨严。而素以补过、日录等谨严功夫为主的庐山，此时则归于存神过化，可见他们这时的学风很相契合了。

这一年是汝芳七十寿辰，“远近学者毕来称贺，多有挈家就学者”，他“建洞天楼房居之。大会月余”。[③]

> 范孝廉维贤请教言。子曰：“汝不思希贤希圣则已，若有此

---

① 罗汝芳：《乐安黄寄傲墓志铭》，《罗明德公文集》卷四，《罗汝芳集》，方祖猷等编校整理，第652页。

② 王时槐：《近溪罗先生传》，罗汝芳：《罗汝芳集》，方祖猷等编校整理，第857—858页。

③ 曹胤儒：《罗近溪师行实（节录）》，罗汝芳：《罗汝芳集》，方祖猷等编校整理，第849页。

真志，当以孔子之‘仁者人也’、孟子之‘形色天性’，反而求之，我此人也，如何即是仁哉？我此形色也，如何即是天性哉？次则以孔子‘率性之谓道’‘道不可须臾离’，孟子之不虑而自知，不学而自能，又细体认之。道原不曾离我，我今又何曾离道？良知良能，原不待思虑学习，我今纵不善思虑，而知岂即非良知；纵不善学习，而能岂即非良能哉！久久反躬寻讨，事事随处观察，冷灰星爆，火现光晶，赤子天性，恍然具在目前，而非意想遥度。由是从前闻夫古圣之言论，见夫古圣之行履，备载于五经、四书者，或相为感通，而其机愈显；或互为对证，而其益无方。如觉己所知能轻易，而失之太过，则以古圣之成法而裁抑之；如觉己所知能卑弱，而失之不及，则以古圣之成法而引伸之，务使五伦之纲常，百行之酬应，皆归纯粹之中，而无偏驳之累，斯可以语贤圣矣。”史佥宪旌贤曰：“‘仁者人也’，孔子言仁，何其简而尽也？”子曰：“汝谓仁者人也，果如俗语是个人即是个仁耶？此是禅家所谓自了汉也。试观孔子说克己复礼，只己字未了，便云天下归仁；说己所不欲，亦己字未了，便云勿施于人，真是溥天溥地，浑是一个仁理生生，便浑天浑地合成一个大人，而更无彼此也。且如目前在坐亦数十辈人，人共听着辩论，却是数十辈而共一耳也；人人共看着辩论，却是数十辈而共一目也；又人人记忆吟哦着许多辩论，却是数十辈而共一心、共一口也。天体贯彻而不容二，天机涌跃而恶可已。‘仁者人也’，岂不真简而尽哉！”佥宪曰：“然则奚以求之？”子曰：“仁既是人，便从人去求仁矣。故孔子说‘仁者人也’，下即继以‘亲亲为大’。谓之曰‘为大’，盖云不独亲其亲，直至天下国家皆亲其亲，而齐、治、均、平也。此所谓人上求仁，又所谓中心安仁，尽天下为一人者也。”①

汝芳的幼弟汝初病故了，他为文哭祭道：“呜呼！余于贤弟之生且殁也，夫固知其非与世人同矣。则余今日之泣且奠也，又安可自同于世人之情而不少殊异也哉！然而终不能不于贤弟之奠而泣告之者，

---

① 罗汝芳：《近溪罗先生庭训记言行遗录》，《罗汝芳集》，方祖猷等编校整理，第415—416页。

盖余年已七十，衰龄暮景，将借我骨肉之亲以相因依，乃不数年，而次第先逝。未几而二男继之，又未几而妹夫继之。如吾贤弟，则德性温柔，起居慎节，早虽孱弱，而近岁日益壮茂。至于学问之念愈笃，天地之敬愈谨，日夕坐谈，孳孳勉相协助，惟恐若兄之或隳厥志，而顷刻不能舍离然者。呜呼！以顷刻不能舍离之骨肉，而遽永诀长往焉，即贤弟亦有所大不忍者，而况余之衰年独立者哉！”①

姑不论汝芳早年于内典玄宗无不探讨，且其家其乡又有极浓厚的释老二氏文化氛围，仅以其晚岁迭遭痛失两位弟弟、两位爱子，因讲学而被罢归，欲与亲人相依而亲人们竟一一弃之而去，深陷此境而在“衰龄暮景”与士友论学交流时多有因果之谈，乃至为祈与已过世的二子再得一“会”而有携孙怀智等又作闽行（所谓七十问心于武夷先生），如此等等被视为他的晚年“遗行”而遭到一些学者的严厉批评，如管志道即谓：“罗先生可谓闻孔子之大道，发孔子之大愿矣，而于大节大防，荡然莫检，故不得为命世之学。”（《惕若斋集》卷二《答焦状头漪园丈书》）以致耿定向为汝芳稍作辨言，即因“为护近溪，受□□姗詈者屡矣”（《耿天台先生文集》卷三《与周柳塘》）。呜呼，今不言对汝芳这方面的言行应作何价值评判，至少应有同情性理解和尊重吧？此实因为人情之常，而无庸于辨。盖如近溪祭定向父文所云“生死事大”，难究其极而人皆必历之，要在各自体味，切不可以一己之识见拒他人之证悟于千里之外。

同年同乡又同朝为官的好友李一吾去世了，汝芳撰文祭之，曰：

余辈甲辰附公同升，匆匆将四十年，而中外驱驰，互相南北者，不知其几。及挂冠来归，则余五人者或先而倦，或疾而瞿，或衰而逝，而我公邃养清修，雅宜遐寿，亦遂报长往焉。何人生壮茂之殊，而凋谢之速，会晤之疏，而暌违之易耶！诚不能为情矣。曩公由大行入谏垣，当世宗英武，人莫敢言，而公独指左右所亲信，欲借剑上方，此其视生死去留聊无冀念，而又何有于今日也哉！闻公易箦前日，尤亲为文章。迨将终，沐浴衣冠，端坐凝然，俨有生气。是天地完理，河岳钟灵，善寿全归，浩浩乎遐

① 罗汝芳：《祭幼弟惟慎》，《罗明德公文集》卷四，《罗汝芳集》，方祖猷等编校整理，第661—662页。

升矣。[①]

本年，云南府地震，京师风霾并大雨雹，地震有声。

榜示张居正罪行，其子敬修被逼自缢，其弟居易及子嗣修发配戍边。

邹元标疏陈六事触帝怒，被贬南京刑部照磨，南下途经山东时访孟我疆。

王阳明、陈白沙、胡敬斋从祀孔庙。

王时槐构三益轩，时时与同志集会讲学。

耿定向丁忧服满，赴京师任职。定理卒于家，李贽与定向之间的矛盾冲突自此开始爆发。

大学士余有丁卒。

---

① 罗汝芳：《祭南丰李一吾宪副》，《罗明德公文集》卷四，《罗汝芳集》，方祖猷等编校整理，第 660 页。

万历十三年乙酉（1585），七十一岁

罗汝芳发出《柬合省同志》，曰：

> 江右名区，赖诸先达讲学立会，在诸郡邑兴起，已非一日矣。所少者，通省合并一会。不肖昨吊周巡抚公于省中，获接宗师岩泉徐公，惓惓此意。其时在会诸缙绅，共议会于南昌塔寺，归途以告吉安诸缙绅，咸谓省中事体未便，惟永丰地僻路均，且聂泉崖兄力任供应。兹幸议定，敬报贵邑诸道宗，更相告约：凡缙绅士夫及高尚隐逸……悉赴永丰，共成合省大会，诚我明宗社之福，而吾道大明之庆也。[1]

黄廷实卒业从姑，临别请教言，汝芳说：

> 孔门宗旨，在于求仁，仁者人也，天地万物为一体者也。人以天地万物为一体，则大矣。《大学》一书，联属家国天下以成其身，所以学其大者也，然自明明德始焉。明德者，人之所不虑而知，其良知也；孩提之童，无不知爱其亲，无不知敬其兄者也。老吾老以及人之老，长吾长以及人之长，幼吾幼以及人之幼，而家国天下运之掌矣，故曰："大人者，不失其赤子之心"者也。[2]

---

① 罗汝芳：《柬合省同志》，《罗明德公文集》卷五，《罗汝芳集》，方祖猷等编校整理，第678页。
② 罗汝芳：《近溪罗先生庭训记言行遗录》，《罗汝芳集》，方祖猷等编校整理，第410页。

胡直去世。汝芳稍后为老友最重要的代表作《衡齐》[①]撰序云：

庐山胡子，与余为同年友，交也最久，知也最深。近别三载，思也方切。乃乐安尹王君，其门人也，为刻所著《衡齐》。授余读之，敬作而叹曰："辩哉！言乎博而醇，密而远，虽求之古先，亦未能几也。是宁不足以传也哉？"王君欲余言为序，余又何言耶？

余惟《衡齐》云者，谓定吾衡之平，以齐夫天下之多寡轻重，犹精吾心之理，以齐夫天下之是非美恶云者也。此一恒人足以辨之，乃理问上下，致勤千百，言而不置者何哉？则以儒先之说之未详焉尔。儒先云：理在于物，必即物以求之。夫物与我，类也，理在于物，而独不在于我耶？物之理与我之理亦类也，理在物，则知所以求之；理在我，独不思所以求之也耶？

兹就其说详之。夫吾侪之学，学孔氏也。孔氏之门，赐称颖悟，乃多识致问，应遽如响，一贯谆示，听若藐然，他则更奚尤哉？夫理一而已矣，夫一亦理而已矣。是故亘匝霄壤，孰从而一之？则理以一之也。亦孰从而理之？则一以理之也。盎然充盛而湛然流通，一也，而莫非理也；森然具布，而浑然生化，理也，而莫非一也。是则天地人之所以为心也，是则天地人之心之所以为神且灵也。夫神则无方矣，灵则无昡矣。无昡、无方，而谓其心之有弗理，理之有弗一也哉？故以吾而等诸天地万物，则谓天地万物之心，悉统乎吾之理无不可也；以天地万物而等诸吾，则谓吾心之中，悉统乎天地万物之理亦无不可也。何者？天、地、物、我，形有不一，而心之所以神、所以灵，无不一也。夫即吾心之神灵，而天地万物可以统而一之，则即吾心之神灵，而天地万物自足以贯而通之。是不惟善求夫吾心，而所以善求夫天地万物之心也。不惟善尽夫吾心，即所以善尽夫天地万物之心也。否

① 由张位《胡子衡齐序》来看，胡直著此书意在调和程朱理学与陆王心学："夫大道甚夷，至理无二。圣人怀之，斯欲忘言。众人辨之以相示，卒莫能定。彼局见拘方者，人置一喙，妄生分别，秦汉以来，何其哓哓也。今天下之论滋矣，胡先生安能以己之说为天下司平，而斩然齐一之乎？盖胡先生不能以其说均齐天下，凡天下谭名理指归，卒不能外先生之言为言，是则所谓'衡齐'云尔。……以余观于《衡齐》，悬众说而归宿于道，二子空有喙三尺矣，斯其可传也奚疑？"（《胡直集》附录《胡子衡齐序》）这与汝芳入闽讲学表述的观念大体相似。

则，不以我体乎物，而为物所体；不以我用乎物，而为物所用，将何以尊崇德性，柄运经纶，而立本知化也哉？《易》谓易简，而天下之理得；天下之理得，而成位乎其中矣。吾夫子为后学之意，不益深切而著明也耶？敬以是而足《衡齐》之说云。[①]

耿定向在读杜应奎等辑刻的《近溪子集》时曾作批点，郡守季膺在不时到从姑山向汝芳问政的同时，又刻此批点本于府库。定向为之作序，称“《近溪子集》中发明孔孟学脉甚的，指示孔孟路径甚明”，“近溪子之功德吾侪者弘且远矣”[②]！定向又撰《读近溪罗子集》，说自己“得《近溪子全集》，把玩累日，不能释手，俯而诵，仰而叹曰：‘嗟夫！近溪子之学，其日新乃如此耶？’”并谓：

盖余自嘉靖戊午获交近溪子于京邸，其时近溪子谈道直指当下性真，令人反身默识，绝不效世儒詹詹然训解文义，譬则韩、白用兵，直捣中坚，搴旗斩将，不为野战者。甲子以后，近溪子博综富蓄，所学益弘以肆，其时谈道两都间，为寓言以提激朋侪，而浅肤者或讶其惝恍，譬则武王克商，借兵庸、卢、彭、濮，盖有不得已焉耳。余家兄弟虽其不敏，顾能引触于言诠外也。虽然，伊川之祭，用夷礼耳，辛有豫知其为戎。杜鹃，禽族也，一鸣洛阳，尧夫恻心，盖谓地气自南而北也。近日高明贤隽，往往左袒西方之教，而弁髦孔、孟，以为不足与僎，则失近溪子借兵意矣，余切痛之，且重惧焉。今观《近溪子集》中，发明孔孟学脉甚的；指示孔孟路径甚明，粹然一轨于正，更无只字片言剿袭仙、释家语柄，而仙、释之奥窔精髓，故亦已包括其中矣。[③]

杨起元序师书曰：

夫学患无所闻而有所执，又患乎有所闻而有所执。无所闻而

---

① 罗汝芳：《胡子衡齐序》，《罗明德公文集》卷一，《罗汝芳集》，方祖猷等编校整理，第452—453页。

② 耿定向：《近溪子集序》，《耿定向集》卷十一，傅秋涛点校，第433—434页。

③ 耿定向：《读近溪罗子集》，罗汝芳：《罗汝芳集》，方祖猷等编校整理，第934—935页。

有所执，谓之罔；有所闻而有所执，谓之病。病而莫吾瘳也，大命亦随之耳，可无畏乎！学者，学其大者也；学其大者，为大人者也；大人者，不失其赤子之心者也。故大人者与天地合其德，与日月合其明，与四时合其序，与鬼神合其吉凶。是以大人之心，建诸天地必无所悖，考诸三王必无所谬，质诸鬼神必无所疑，百世以俟圣人必无所惑，非意之也。惟见赤子之心者，为能一以贯之，若目睹白黑而耳接声音，舌尝甘苦而鼻纳香气，皎然其昭察甚著也。嗟夫！学患不见赤子之心而已。而学者稍悟良知之说，辄起执情，障我空体。天地何安？日月何行？四时何运？鬼神何灵？盖错认主人而迷失赤子者也。是以君子悯焉，非欲悯也，盖不得而不悯也。吾师乎，吾师乎！竭唇吻而不倦，老将至而不知，手识所说，以成是编。兢兢然畏学脉之稍差，以误天下万世。而其言一宗孔子，归之于天命，证之于赤子，而无他说焉，可谓醇乎其醇，粹乎其粹者也。信可以建天地、质鬼神、考三王而俟后圣，学大人之学者，此其的乎？[①]

本年，起海瑞南京右佥都御史，后卒于任。

孟我疆起复西曹，与邹元标会于京师，元标谓："三载之学，洗心藏密而已。"

李贽因与耿定向矛盾全面爆发而由黄安移居麻城，寻应周思敬之邀移居龙潭。李贽致信焦竑，全面阐述他对泰州学派的看法。

汤显祖除南太常博士，将征为吏部郎，上书辞免。

李春芳卒。

① 杨起元：《近溪子集序》，罗汝芳：《罗汝芳集》，方祖猷等编校整理，第 936—937 页。

万历十四年丙戌（1586），七十二岁

曹胤儒《罗近溪师行实》记：

> 是夏，师同楚中柳塘周公，自建昌溯江省，从鄱湖至玉山，入浙河，下钱塘，过嘉兴，过姑苏，过无锡。所至与同志及名流无不倾倒。时不佞儒偶薄游三衢，荷师以所刻《会语》六册封赐，且手书惓惓，以道之至者相勗也。季春，师诣留都，约如真李君、澹园焦君辈谈学于永庆寺。随举会于兴善寺，又大会于鸡鸣山之凭虚阁。留都之会届一月，殆无虚日。黎允儒集有《会语续录》，大司成瀫阳赵公刻之，贮于国学中。师自留都大会、芜湖大会、泾县大会，宁国缙绅士民一时云集，又从祁门过饶州，晤史惺堂诸公。[①]

兹从《近溪子续集》中选录一则，以略见罗汝芳此行讲学风采和思想要旨，并可体现出身处衰世、又遭种种通常人难以承受的人生困顿之汝芳，在晚年仍具有的高度文化的自觉与生命的自信：

> 问："古今学术，种种不同，而先生主张独以孝弟慈为化民成俗之要，虽似浑厚和平，但人情世习，叔季已多顽劣，即今刑政日严，犹风俗日偷，更为此说，将不益近迂疏乎？恐化未可成，而奸且窃发矣。请自慎之，无为众诮也！"罗子曰："主张学

① 曹胤儒：《罗近溪师行实（节录）》，罗汝芳：《罗汝芳集》，方祖猷等编校整理，第850页。

术，圣贤大事。芳何人，斯敢妄与此？惟是《学》《庸》《语》《孟》，童而习之，壮而行之，迄兹齿渐衰残，悉心体会，其文辞章旨、理路归宿，统之果若有宗，达之亦若有据。乃述生平鄙见，期以裁正高明，大都俚语敷布，不敢不详尽矣。至于人情世习，则又有说焉。夫人情之凶恶，孰甚于战国春秋？世习之强悖，孰甚于战国春秋？今考四书所载之行事言辞，非君臣问对于朝廷，则师友叮咛于授受。夫岂于人情略不照燎，世习总未筹画也哉？乃其意气之发扬，心神之谆切，惟在于天经地义，所以感通而不容已者，则其言为之独至；物理人伦，所以联属而不可解者，则其论为之尤详。此不惟孔、孟之精微，可以窃窥，而造化之消息，亦足以概探矣。夫天命之有阴阳，人事之有善恶，总之曰：'道二，仁与不仁而已矣。'然天以阳为主，而阴其所化也；心以善为主，而恶其所变也。故仁之胜不仁，犹水之胜火，盖主者其所常存，而变之与化，则固其所暂出也。今以一杯之水，救车薪之火而不胜，则曰：水不胜火，岂不与于不仁之甚者哉？此即轲氏之时言之，若今兹则尤异然者矣。是故仁亲、性善之旨，孔孟躬亲倡之，当时已鲜听从，其后不愈远而愈迷哉？刑法把持之效，申、韩躬亲致之，当时已尽趋慕，其后不愈久而愈炽哉！故在轲氏，水止一杯，兹将涓滴难寻矣；火止车薪，兹将燎原满野矣。于是较胜负于仁不仁之间，夫非大不知量者哉！所幸火虽燎原，而究竟无根，暂而不能久也；水虽涓滴，而原泉混混，不舍昼夜也，故曰：人无所不至，惟天不容伪。无所不至者，终只是人，不容伪者，到底是天！此所以仁亲、性善之旨，自孔、孟已将涓滴，至我高皇，一旦而洋溢四海，二百年来，日新月盛，而岁异不同。今若自上逮下，由寡及众，合力扬波，而沛然达而充之，则尽洗炎蒸之苦，而共登清凉之界，不过举手举足之间，而其乐将熙熙于万宇矣。"

曰："吾侪乍闻先生之论，果足为斯道斯世庆矣。但机权则有所属，而贯通不无所待，不知转移之际，亦曾一加念耶？"罗子曰："天下之事，责之己者近而易，望之人者远而难，其势使之然也。故今为世道计者，请自吾辈之学问先之，吾辈为学问谋者，请自身心之本源先之。今天下之士，叨君相作养，自国子以及乡塾，不将亿兆计哉？然孔孟之四书，群然读之，而四书之意义，则纷然背之，曾有一人而肯信人性之皆善哉？岂惟于人？反之己身，有一人而肯信自性之为善哉？于泛泛从事举业者，犹诿以原未体认，至其中一二有志之士，自谓愿学乎孔孟者，宜于孔孟之是从矣。然亦未见有一人而肯信己性之为善与人性之皆善也。夫性善者，作圣之张本，能知性善而圣贤，乃始谓人人可以为之也。圣贤者，人品之最贵，知其可为圣贤，而于人人乃始不以卑贱而下视之也。上人者，庶人之所瞻趋，知上视己以贵重，而人人又安忍共甘卑贱而不思振拔也哉？呜呼！言至于此，孰谓世道而遂无转移之机也。芳自始入仕途，今计年岁将近五十，窃观五十年来，议律例者，则日密一日；制刑具者，则日严一日，任稽察、施栲讯者，则日猛一日。每当堂阶之下、牢狱之间，睹其血肉之淋漓、骸骨之狼藉，未尝不鼻酸额蹙，为之叹曰：'此非尽人之子与？非曩昔依依于父母之怀，恋恋于兄妹之傍者乎？夫岂其皆善于初，而不皆善于今哉？及睹其当疾痛而声必呼乎父母，觅相依而势必先乎兄弟，则又信其善于初者，而未必皆不善于今也已。故今谛思吾侪能先明孔孟之说，则必将信人性之善，信其善而性灵斯贵矣，贵其灵而躯命斯重矣。兹诚转移之机，当汲汲也！"

曰："先生语意详切，但天下势重，恐难遽反。"罗子曰："子不见隆冬冰雪乎？一线阳回，消即俄顷，况庸德真阳，平常充满，一觉具在，又非待消而回可同日语者。诸君第目前日用，惟见善良，欢欣爱养，则民之顽劣，必思掩藏；上之严峻，亦必少轻省。谓人情世习，终不可移者，恐亦无是理矣。何如何如？"①

汝芳撰《会语续录引》，曰：

万历丙戌夏仲，余同年友柳塘周君来自楚黄，访余从姑，且欲偕游白下。浃旬，觉兴致勃然，初从豫章，泛鄱湖，逾常山，入浙江，历姑苏，比至白下，则朱明矣。共周君约孝廉焦君从吾

① 罗汝芳：《近溪子续集》，《罗汝芳集》，方祖猷等编校整理，第 237—240 页。

辈三五知己，聚首静僻，为结夏计，得谢墩禅室名永庆者，修篁如栉，暑气全清，同志盖甚宜之。未几，声闻大老绎络往来，周君以小恙言归，余未得去。时诸大老于兴善方丈鸡鸣凭虚，久亦联有讲会，同拉余偕往，且论辨间多及之。中稍一二当心，即欲录出以补前刻《会语》之所未备。久乃裒成兹帙，题曰《会语续录》。然犹愧驳杂，未敢遽传。既归，而大司成谷阳赵公贻音促付梓氏，且云：兴善会中诸大老，意固均此。至六馆师生，想望尤为切且殷也。余不敢隐，爰述所由，以引其端。①

陈省②后来为此书重刻本撰序说：

往者，一会先生于从姑，再会于都下，闻其言，思之心，犹有疑也，欲再见叩之而不可得。迩游书坊，适先生来会客所，自午后谈及夜分，诘旦又谈，恍然渡河得岸，披雾见天，跃如也。又如临大方铜镜，写我形体，皮发毛孔毕照无爽，凛如也。因得先生《集》读之，又得《续集》读之，其书如乎其言，其言如乎其心，盖真见圣贤所以为天下万世立命者，直欲以身当之，视天下万世为一人也。余不佞，亦在陶铸中乎？先生之书，总之二言：仁也、孝弟也，赤子之心也，而归之性善，归之中庸。不佞少无他师，惟先君之侍。先君性严，日教诸子惟以不欺；出一言先后微不相应，则挞而怒。余习不欺之教惟谨，然未能纯如赤子也。年三十，登荐书，扬历中外，皆执法持宪，无钱谷之染，虽不能博济近仁，然自信无害人之心。早背先淑人五昆弟百惟先君之命，将顺友爱，虽不敢自附孝友之列，亦不至族党乡邻有所指议。深自检括，加以切磋，庶几无背戾先哲之训。顾动遭坎坷，行辄龃龉，事与意违者不能免焉。嗟、嗟！何以序先生之书哉？先生日新富有，守贵行利，修之身，验之家庭，交之民物，其笔之书者，皆履之身者也。忧深言切，虑远说详，而从游之屦日众

① 罗汝芳：《会语续录引》，《罗明德公文集》卷二，《罗汝芳集》，方祖猷等编校整理，第532页。

② 陈省（1529—1612），字孔震，一字幼溪，古槐人（今福建长乐），嘉靖三十七年（1558）中举，翌年成进士，生平好读书，善书法，著有《小史就正录》《日惕稿》《四书诗经口义》《心经》《阴符经注解》《名山纪述》《武夷志咏》等。

也。谦益贬损，不施施以加人，年弥高誉弥隆也。余侍先生之侧，读先生之书，惴然不能以自宁，嚣嚣乎其有言而未能沃人之衷也。终抑畏视人胜予，即无诸己，亦不敢以非诸人也。修身理家以交民物，自求无愧，皇皇然见罪过之日增也。知性之善而不善未尝不知也；知道中庸而偏倚未能免也，是德之不修也。方将借先生讲学以明之，迁善以成之，改过以新之，如梦者寤、醉者醒，如病者之得方而将服其药也，如药之中瘖而幸瘳其疾也。千古圣贤所以为天下万世之命者，先生当之，而余赖先生之陶铸也。其不揣为《续集》序者，亦欲同志之士读先生之书者，如余检括其心以倡明先生之学，必欲为仁人、为孝子，以不失赤子之心，然后为无负先生之教也。①

早年亲闻王龙溪称誉汝芳为颜氏子复出，后来又为汝芳孙怀智和怀义老师的赵志皋亦序此书曰：

《会语续录》录盱江罗近溪先生与南中各部寺诸大夫，及都人士所会讲语也。先生来游白下，馆于城西永庆禅寺。都人士多从之游，户屦常满。部寺诸大夫尝以暇日会先生，谈性命之理，先生多依期赴兴善之会。余因集六馆师生延先生开讲于鸡鸣之凭虚阁，一集数百人，闻先生之言，欣欣有感动意。先生之言，大都指点人以心体至大，真机见前，通天通地，亘古亘今。不为卑琐之论，而一念为己、为人之意，真有不厌不倦者耳。其言而不察，则或迂之、远之，余则以为坦平大道，人人可由，家常茶饭，人人可食，所谓学之得其大者也。而隐微自得处，亦可以默识之矣。②

焦竑不仅聆听了罗汝芳在南京的公开讲学，而且还与姚凤麓一道前去专门拜谒，汝芳与他们讲论明明德之学。《澹园集》卷二十七《中宪大夫直隶大名府知府凤麓姚公墓表》记其事云："往丙戌罗近溪先生至金陵，余与公诣之，先生论'明明德'之学，公曰：'德犹鉴

① 陈省：《重刻近溪子续集序》，罗汝芳：《罗汝芳集》，方祖猷等编校整理，第 943—944 页。
② 赵志皋：《刻会语续录序》，罗汝芳：《罗汝芳集》，方祖猷等编校整理，第 942 页。

也，匪翳弗昏，匪磨弗明。’先生笑曰：‘明德无体，非喻所及。且公一人耳，为鉴为翳，复为磨者，可乎？’”焦竑对罗汝芳的学问、思想及其讲学活动均有极高评价，汝芳对焦竑亦甚期许，在给焦竑的一封回信中写道：

> 比奉手教，于不肖尤深爱护，其眷注责成美意，溢于言外。窃窥我从吾之用爱，岂惟不肖已耶？盖爱斯道、爱斯世而不能不于不肖加念也。古云：投我以桃，报之以李。从吾之爱我若此，不肖独不思所以报从吾哉！
>
> 晦庵先生谓夫子志学，志于大学。《大学》之止至善，只是学古之大人欲明明德于天下耳。欲明明德于天下，即是立己立人、达己达人而为仁也。求仁之方，则又只是不怨不尤，反之于己而设身处地焉已矣。盖人之所以为大者，非大以身也，大以道、大以学也。学大则道大，道大则身大，身大则通天下万世之命脉以为肝肠，体天下万世之休戚以为爪发，疾痛疴痒，更无人相、我相而浑然为一，斯之谓大人而已矣。岂惟孔子，即伊尹身任先觉，亦曰：视民之溺，犹己溺之。今世道之根本在此学，此学之根本在友朋，友朋不能相信，不免诽议，岂尽其本心哉？亦以得失之故，闻见之偏，蔽陷其心之良。所谓斯民之溺，大人视之，正思被发缨冠，奔走救援，方是不怨不尤之恕，而欲立欲达之仁。不此之图，而惟适己之便焉，此在沮、溺之徒则可，拟之夫子望我之心，我与从吾自待之志，其可与否？恐不待辨而自明也。
>
> 至不肖旧年之行，鄙意专在从吾，从吾之志，天下万世之志，其力则天下万世之力。相见即承倾倒，久至三月竟无一息参商。窃喜天下万世终将赖之，不肖自兹长往，亦可瞑目。何期火力稍远，呈色遽难取足，担当大人，犹似不能不却步也。不肖于此情甚莫堪，惟望我从吾很加愤发，于一体分上愿动慈悲，于躯壳念头痛加拼舍，奚止留都一时异议雾霰雰消？即天下万世公评天开日朗。福德则为何如？庆幸则为何如？[①]

---

① 罗汝芳：《报焦漪园太史》，《罗明德公文集》卷五，《罗汝芳集》，方祖猷等编校整理，第669—670页。

焦竑未负汝芳所望，不仅热衷讲学，如万历三十一年（1603）以六十余岁之龄赴新安讲学十余日，新安人闻焦竑至，自“荐绅先生”至“儿童牧竖”，四方聚集者二千余众。焦竑“随机指示，言简意尽，一时闻者咸悚震踊跃”，而听讲之众人“如旅而归，如寐而觉，如调饥而享太牢。以此知性之相近，而尧、舜之可为也”。这次讲学的记录，谢与栋后来辑成《古城问答》一书。而且，焦竑对近溪之学更多有阐发，如有友问：“学以‘明明德’为宗，然尧之‘克明峻德’与文王之‘克明德’，还有优劣否？”焦竑说：“‘克明峻德’即是‘克明德’，有何优劣？”随又曰：“此明德且莫推在尧文身上，吾人当下原自具足。尧文不增，吾人不减。只今大家当商量明德却如何明，这便是功夫。”友问：“何以明之？”焦竑说：“明德本明，自家莫作障碍。”问：“吾人本与尧舜文王一般，却不肯直下承当，何也？”先生说：“总是未开眼，故颜渊陋巷窭人子耳，却敢与古帝王作对，曰：‘舜何人也，予何人也？有为者亦若是。’此非勉强之言，缘他一眼看破，便能毅然承当。今学道者，须如颜子具眼始得。”（《澹园集》卷四十九《明德堂答问》）如此等等。

关于焦竑对汝芳思想的继承与阐发，杨起元的弟子余永庆说：

> 万历丁酉，予受学于复所杨师，师谓予曰：“先师子罗子之特至金陵也，稔知焦子弱侯具大力，异日必弘斯道也。”予于是景仰焦先生若山斗然。迺先生官翰苑，侍讲东宫，请见无繇。岁戊戌，先生翩然南归，予获闻绪论，如饮甘露，比载《法海纪闻》中。癸卯秋，予郡以岁会敦请先生，先生不鄙而辱临之，因得侍侧者浃旬日。先生发挥朗畅，诸友各厌所闻以去，且为纪录以传矣。丙午，诸友复会金陵，就子罗子之祠，举所见而就正焉。先生精神焕发，视畴昔更倍，闻者欢喜踊跃，得未曾有，若惟恐其言之尽也。予追忆杨师所云“弘道”语，可谓不虚，而子罗子临之在上，又不知其乐当何如矣！①

汝芳在南京期间曾与汤显祖面晤，显祖后来忆述道：

① 焦竑：《明德堂答问》，《澹园集》卷四十九，李剑雄点校，第739页。

中途复见明德先生，叹而问曰："子与天下士日泮涣悲歌，意为何者，究竟于性命何如，何时可了？"夜思此言，不能安枕。久之有省。知生之为性是也，非食色性也之生；豪杰之士是也，非迂视圣贤之豪。如世所豪，其豪不才；如世所才，其才不秀。①

可见此次也是他们师弟间生平的最后一面，汝芳的教言对他影响至为深切。十余年后，显祖为汝芳诗集撰序，说：

明德夫子之巧力于时也，非所得好而私之。其于先觉觉天下也，可谓任之矣。而冲焉若后觉者。其所与人，盖己由由斯，而又非有尔我不相为浼之意。殆时尔耶。吾游夫子之世矣。所至若元和之条昶，流风穆羽，若乐之出于虚而满于自然也，已而瑟然明以清。夫子归而弟子不得闻于斯音也，若上世然矣。夫子在而世若忻生，夫子亡而世若焦没。吾观今天下之善士，不知吾师，其为古之人远矣。②

他一生以汝芳为师而以达观上人为友，对汝芳始终怀有崇拜之情，故而汝芳殁后多次作诗缅怀，而汝芳对他亦确有多方面的深刻影响，如不仅在《明复记》中继承了汝芳"生生之仁"的思想，而且更将其所承受的汝芳思想在戏曲创作实践中充分展现了出来。

本年，袁宗道③举会试第一。耿定向由刑部左侍郎转任南京右都御史。李贽撰作并发出与耿定向论争中最重要的信件《答耿司寇》。

顾宪成与孟我疆会于京师。

高攀龙④始从学于顾宪成。

---

① 汤显祖：《秀才说》，《诗文集》卷三十七，《汤显祖集》，徐朔方笺校，第1166页。

② 汤显祖：《明德罗先生诗集序》，《诗文集》卷三十二，《汤显祖集》，徐朔方笺校，第1084页。

③ 袁宗道（1560—1600），字伯修，号玉蟠、又号石浦，湖北公安人，成进士后选庶吉士，授编修，官至太子右庶子。

④ 高攀龙（1562—1626），字存之，又字云从，别号景逸，无锡人，东林学派的创建者和主要代表人物。

万历十五年丁亥（1587），七十三岁

杨起元有感于“吾师年老，今若不尽其传，终身之恨也”，遂亲往江西南城，从学罗汝芳于从始山房，汝芳则将其从颜钧处得来的“具足现成，生生不息大家当”“一手付与”起元，希望他“笃信弗疑，安享受用”。汝芳说：

> 我从千辛万苦，走遍天下，参求师友，得此具足现成、生生不息大家当。往往说与诸人，奈诸人未经辛苦，不即承当。今一手付与吾子，吾子笃信弗疑，安享受用，即是讨便宜了。虽然创业者固艰，守成者不易，若不兢兢业业，物我共成，虽得之必失之。古之守成业者，致盛治端，有望于吾子矣。①

他又尝谓门人曰：“予自壮及老，尝梦经筵进讲，后得杨贞复而梦不复矣。”②

汝芳为起元所著书作序云：

> 维我明科试取士，率先经义，而经义率宗程式。故一时士习之所趋，文风之所动，实自馆阁倡之。近嘉、隆来，宗主斯文诸名公，加意追复古体，海内浮靡颓波，翕然底定，盖至于今，而神情贯洽，即时艺而汉、魏往往庶几焉，亦云盛矣。第曰‘经义’，义固其所主本也。义弗之精，而维古今之辞较，奚啻汉、

① 罗汝芳：《旴坛直诠》，《罗汝芳集》，方祖猷等编校整理，第 391 页。
② 罗汝芳：《旴坛直诠》，《罗汝芳集》，方祖猷等编校整理，第 391 页。

魏，虽先秦列国，亦艺也，亦浮且靡焉类也。余山居，每叹为文莫难于经义，正以其义融通乎经，而经昌言乎圣。经不容以易言，义不容以强通。余方困顿津涯，年已耋矣，比睹兹作，似于辞说不费，而圣经大义，昭然若发余蒙，殆忻忻不能已于诵而传也。黄生承宣等，知余乐观之意，因付之梓，题曰《复所杨太史经义》。[①]

承受了汝芳"一手付与"全部学说思想的杨起元，对近溪之学体悟既深且切，认为："以学而论，吾师终始大成之学也；以德而论，吾师乾坤相合之德也。自孔子而来，倒翻载籍，岂有两哉！"[②]他对汝芳十分钦敬。邹元标《嘉议大夫吏部左侍郎兼翰林院侍读学士贞复杨公传》记："公尝语予曰：'吾坐师春风，师未语，予未尝问，惟睹会堂上长幼毕集，融融鱼鱼，此即唐虞太和景象，予终身不能忘。'会有善肖像者，肖先生像于室，出入必奉，以偕晨夕，有事必禀命而行。"（《愿学集》卷六下《嘉议大夫吏部左侍郎兼翰林院侍读学士贞复杨公传》）后来在汝芳殁后说：

近溪罗先生，天性孝友，自少锐志希圣。弱冠以后，至于强仕。中间二十年，皆其从师求友，参学问道之日，而犹不自以为足也。四十以后，扬历仕途……所至皆学也；随其善言善行，所接皆师也。耆年致政，弟子来学者众，先生随所启问，而指示之，其大致不出于性善孝弟之旨。顾听之者，目加明，耳加听，欣欣皆有生意。夫性善、孝弟，具在四书，而先儒之传注，近时之讲义，发挥详矣。学者诵而习之，竟无所得，而乃得之先生，以先生身有之，故言之亲切而有味也。起元赋性极钝，虽尝师事先生，而踪迹疏阔，览先生《会语》，初不甚解。因丙戌（1586年）奉使还，取道盱上，登先生之堂，见其家子姓雍雍如也；童仆訢訢如也；先生之弟子，未尝离于侧，訚訚如也。既而会其同门之士，进退揖让，蔼蔼如也。序坐之友，动辄百余，其间有

---

① 罗汝芳:《杨复所经义序》,《罗明德公文集》卷一,《罗汝芳集》，方祖猷等编校整理，第454页。
② 转引自程玉瑛：《晚明被遗忘的思想家罗汝芳诗文事迹编年》，（台湾）广文书局1995年版，第214—215页。

> 六七老人焉，听而不辩；有十数童子焉，听而不问，彬彬如也。少焉酒行，少者酌长者；少焉歌发，长者和少者，秩秩如也，洋洋如也。起元乃默而悟，曰："三代礼乐，其在兹乎！孔子谓：'人而不仁，其如礼乐何？'先生仁者，礼乐其有本乎！"自此以后，再读先生《会语》，辄若迎刃解矣。自此以后，无月不诵之一过，塞诵之则通，忿诵之则平，鄙吝诵之则融，傲狠诵之则恭。诵其言，想其事，行则其气象，思其容声，直欲步步而趋趋，而不知绝尘之难及也。[①]

《盱坛直诠》卷下记："丁亥，复所杨太史就学姑山，遂同盱之名彦为师建讲堂于凤凰山之麓，扁曰'明德堂'。"吴震《明代知识界讲学活动系年：1522—1602》对此案曰："'明德'之谥号，乃是近溪去世后，由其门人私谥。据杨复所《近溪先生讲堂记》所载，当时称之为'近溪先生讲堂'，'明德堂'似是后来改称。主建者还有黎文塘，督其事者则是黄浚池。黄氏捐金六十，其他诸费则由同门诸友'称力为之'，其用的则是罗近溪'旧所买于民间者'（《太史杨复所先生证学编》卷三，第363—364页）。"[②] 按，杨起元《近溪先生讲堂记》称："吾师近溪先生生乎白沙、阳明二先生之后，毅然以斯文为己任，虚心逊志，好问好学，信古而不敢自信，是人而不敢自是，德无常师，善无常主，辛苦拮据，老而不倦。"（《证学编》卷三《近溪先生讲堂记》）

秋天，汝芳应邀至建阳，途过泰宁，士友毕集。曹胤儒《罗近溪师行实》记：

> 会中言有一年高士夫疾垂危而咸为感伤者。师曰："诸君不必过伤，死生昼夜常事耳。"在坐改容问曰："死生昼夜，古实有此语，然夜可以复昼，而死则岂能复生？"师曰："诸君知天之昼夜果孰为之哉？盖以天有太阳，周匝不已而成之者也。心在人身，亦号太阳，其昭朗活泼，亦何能以自已耶？所以死死生生，亦如环如轮，往来不息也。"有一年高者抚掌笑曰："不佞

① 杨起元：《梓罗子四书答问集叙》，罗汝芳：《罗汝芳集》，方祖猷等编校整理，第954—955页。
② 吴震：《明代知识界讲学活动系年：1522—1602》，第380—381页。

平生常以此系念，从今闻此，稍稍放心矣。”①

建阳守道袁见我为汝芳建行馆以居，大会数日，有《建阳会语》。这是他平生最后一次外出讲学。在建阳，汝芳与邓元锡会叙，赠之以《会语集》和《会语续集》。元锡称：“锡自垂髫从师游，盖亦有年，学问宗旨未免无疑。及读《会语全集》，方知明兴论道，无如师之精实而明莹者矣。”（《盱坛直诠》卷下）按：年轻时的邓元锡对汝芳极为推崇，称“子罗子之为人，博大而无涯，浩浩乎莫测其端倪，充充乎其无穷”（《潜学编》卷七《封刑部前翁罗老先生荣寿序》），中年后，元锡与汝芳多有论学交往，他由不解汝芳致仕归乡后专重于讲学并每以大会为快之意，渐渐对汝芳学问宗旨有所置疑，虽仍许近溪之言“真出近儒之上”，却对批点本《近溪子集》六卷上的眉批提出严厉批评，斥为“粪污佛头”“狗续貂尾”“诙涎满纸，刺谬盈目”并欲“得暇自当别摹大语为粹语，稍缀鄙批评另行也”（《潜学编》卷十一《奉罗近溪先生书·四》）。及至这次建阳相会，他再“读《会语全集》，方知明兴论道，无如师之精实而明莹者矣”，此正如汝芳给许敬庵信中所说，“潜谷今已少转”，即对汝芳之学的思想认识已有了一定转变。而汝芳既殁，元锡走哭一奠，撰祭文说：

自东越之学兴，指独知为良，即良知为圣，使人一洗其支离眩骛之习，内求诸心，可谓尤切。固者为之惑心，在内以人见之知为知，以耿耿之小明为明，而不通于本，盖二三传而失者益远。至先生实始悟人为仁，悟同人为为仁；以良知为觉，以三界一心为大觉。指恕之端，即舒雁、舒凫同群乐生，皆归于仁体。指人之天，即旅行群宿，诉诉依依，并畅其本心。论赤子之心，即胎脱乍分，初与母离，即哇哇一啼，真明其不忍；论未发之中，则喜怒哀乐，未有交接，即平怀一种深信其泯然。于是标孝弟慈之真心，贯通乎家国天下谓仁。渊浩为在我，和光于日用人伦，此先生之学所以为独见其大，不离于宗者也。彼及门之徒，即心自信，信心自足，或乃流于猖狂自恣；甘于随俗习污者，固为滞其

① 曹胤儒：《罗近溪师行实（节录）》，罗汝芳：《罗汝芳集》，方祖猷等编校整理，第850页。

言筌而离迷于本。……又岂足与于先生之真哉！[①]

刘宗周评道：

> 王门惟心斋氏盛传其说，从不学不虑之旨，转而标之曰“自然”，曰“学乐”，末流衍蔓，浸为小人之无忌惮。罗先生后起，有忧之，特拈“收摄保聚”四字，为“致良知”符诀，故其学专求之未发一机，以主静无欲为宗旨，可为卫道苦心矣。……邓先生当土苴《六经》之后，独发好古精心，考先圣人之遗经，稍稍补缀之，端委缅然，挽学者师心诬古之弊，其功可谓大矣。乃其学实本之东廓，独闻戒惧慎独之旨，则虽谓先生为王门嫡传可也。余尝闻江西诸名宿，言先生学本修，罗先生本悟，两人龂龂争可否。及晚年，先生竟大服罗先生，不觉席之前也。考其《祭罗先生文》，略见一斑。则罗先生之所养，盖亦有大过人者。[②]

上一年，汝芳曾收到许敬庵的一封来信，信中自辩有关汝芳的“谤议”[③]与己无关，称“孚远平生不能毁人，况毁翁乎”云云外，对汝芳晚年的有些思想和行为，尤其是“接人太泛”和以释至混同圣学等提出批评，如说“翁在高年，接人太泛，往来憧憧，似少收拾了竟”等等，此信见之于《敬和堂集》卷五。汝芳在已有复信的基础上，又于当年写了一封长信，这是他平生同敬庵的最后一次交流。其信曰：

> 不肖今年七十有三，改岁则孔子逍遥曳杖之日矣。回头四顾，满眼一空，虽甚痴呆，亦何长短之较，胜负之争耶！第汲汲者，以不肖之心未白，而一得之愚未通焉耳。天下亦大矣，天下之人万万其众矣，能必其尽白且通哉？盖不肖受知公祖久而且深，私心窃计，谓此生决无不相亮者，乃卒之生平所学、愚人之一得而出于千虑者，亦竟谆谆藐藐，付诸罔闻，此则其所甚不能甘耳。

---

① 邓元锡：《祭罗近溪先生文》，罗汝芳：《罗汝芳集》，方祖猷等编校整理，第993页。

② 黄宗羲：《师说》，《明儒学案》，沈芝盈点校，第12页。

③ 所谓“谤议”，乃因汝芳家族中“灵魂不死”的信仰传统，以及二子故去后，汝芳携孙怀智入闽，借“疫鬼”（“招魂”）术而使弱孙与乃父相见等引发，甚至奏闻于朝廷，试图全面否定罗汝芳其人其学。

故前札之投，先则辨之，盖深为两人平生惜；继则亟以一得之愚陈之，盖亦深为两人收之桑榆望也。

展诵来谕，乃谓不肖祗为辨谤来者，此则又其所甚不能甘矣。孔子曰：不知言无以知人，不知人无以为君子。故神圣如孔且犹难之，不肖非知人者，而妄许其能自知，盖不肖之为人也，嗜好不他着，精神不他费，惟是此学以系命根大，辛苦心不负，早遇至人，将《语》《孟》《学》《庸》以及《易经》悉涤尘埃，晶光天日。三十年来穿衣吃饭，终日虽住人寰，注意安身，顷刻不离圣域。是以披沥矢心，号呼世梦中，或触怒生憎，万死将不悔避。此等去处，公祖亦信其不为妄语。但臆度尊见之高明，雅度之纯粹，见不满心、闻不当意，辄笑以为何必乃尔为也！况众人之不知又百倍公祖，则不足之说又将何所不至哉！尚赖二人相处，原非起自世情，故全交至于今日，否则闲邪去诐，又何所不至哉！而又何必讶且怪也哉！且不肖固非能知人者，然生平于我公祖，则不敢诿以不能知也。盖我公祖具博大之体，生平必欲为圣贤；抱淡雅之怀，生平不欲随尘俗。故人品超出群伦，操持特立当世。不肖自受知以来，即倾心愿学，而愧犹未能至。中宵静念，不免隐隐伤疼，悄悄忧患，于恍惚疑信之间者，则以命根世界尚难解胶脱漆而洒然自决也。此在公祖博大淡雅之中，不过千钧之一发而双目之纤埃已尔。信能惟博大之是克，淡雅之是极，其超群伦、立当世，称之贤圣，亦无不可，第难保无明眼者觑乎其后，况区区芹曝有学问一着，愿恭献于左右者，于前言亦互相长也。

昨见公祖所著《大学》，甚是精详，但最初眼目独欠开张，譬之奕局，主将不专，炮马徒纷驰矣。明德也者，奕局之主将也，非孩提良知，而德可谓之天明也哉？知出思虑，而知可谓之天良也哉？《中庸》《大学》原自《礼记》接出，《礼经》书目现存，先《中庸》后《大学》，盖《大学》规格多重设施，《中庸》平常乃其基本。故明德率性，日用平常，乃是二书张本。今天下万民万物俱平常过日，独讲学者便难语此，其病皆以最初用功，不闻心体广大，只去执持念头；不闻知体本明，只去讲求物理。今欲反归平常，千万无一二肯转。不思平常不转，则千百无一二可成。盖是以稊稗为种，而欲五谷之收：以荆棘为根，而欲桃李之结也。

公祖与不肖共话三年，只是克己“己”字。两人稍合，后竟为邓潜谷所决裂。殊不知“己”字一裂，则遍地荆榛，令人何处安身而立命也？所幸潜谷今已少转，独公祖不得一会，故中心甚是悬切。噫！不肖衰老已甚，岂惟一会之难，即此书能更几通哉？万望不以不肖之志行旷荡为嫌，而以不肖为道专切为悯。放怀降志，诚为不肖一致沉思焉。但一念转移，顷刻河山立换，千古大快，决不敢虚公祖从前厚爱。如或肆诳尊前，天必厌之。中心愤激无罪，耄妄重恳至幸。[1]

吴震针对罗、许二位这最后的信函往来说道：“我们相信有关‘谤议’非出自敬庵，但另一方面，敬庵的辩白适以表明，当时针对近溪的非议或‘谤毁’已经播腾于南北两京。其云‘留都荐绅有作会念佛者’，令人联想起1586年，近溪的留都之行，大会月余，在永庆寺举行讲会等种种行迹。由此看来，近溪晚年不辍讲学，并以此为一生使命，然在有些人的眼里，这类行径未免给人造成一种印象：‘接人太泛，往来憧憧，似少收拾了竟’。诚然，即便种种‘谤毁’非出自敬庵，但至少可以说，敬庵与这些‘谤毁’者在立场上是基本一致的。从中反映出在当时学界针对近溪晚年的思想言行，开始弥漫着一种不满的情绪，甚至有相当严厉的批评。”[2]在这种背景下，“近溪与敬庵的思想裂痕已经到了难以弥补的地步”[3]，以致到了严重影响相互间的交往和感情的程度，这自然使得汝芳“中心愤激”。敬庵接汝芳此信后，匆匆回一简函，云：“孚远诚愧于未能，若以知解伶俐、谈说高玄为透性，则孚远方耻之而不敢，翁更何以教之？”（《敬和堂集》卷五《简罗近溪先生·三》）在目前所见《罗明德公文集》，没有发现汝芳再有回复，大约他病况渐重，除仍专意于讲学以接引后进外，已不再握管走笔了。而上引信开篇所说“不肖今年七十有三，改岁则孔子逍遥曳杖之日矣”，不意竟一语成谶了。

---

① 罗汝芳：《报许敬庵京兆》，《罗明德公文集》卷五，《罗汝芳集》，方祖猷等编校整理，第667—669页。

② 吴震：《罗汝芳评传》，第162页。

③ 吴震：《罗汝芳评传》，第164页。

本年，年初即有“禁左道妖教”[①]之旨。甲辰申时行等上重修《大明会典》。礼部奏言：“举子文好用佛经道藏，今朱卷犯者参处。从之。”

顾宪成以非科道而言事之过被谪贬桂阳州判官。

京师有灵济宫讲会复举，耿定向、张阳和曾参与；江右庐陵有体仁堂之设，王时槐等所创，每岁集同志士友讲学于其中。

泾县复建水西书院，祀阳明而以王艮、邹守益、欧阳德、钱德洪、王畿配。

---

① 谈迁：《国榷》卷七十四，张宗祥校点，第 4548 页。

万历十六年戊子（1588），七十四岁

罗汝芳这一年没出门，年老体衰，也无力出门了。他静养从姑山，命诸孙勿与科试，留下了一系列令人永难忘怀的话语，如：

我于尘事不著一毫，此心廓然矣。①

人生天地间，须要有顶天立地志气，不可一毫落寞。②

此学玄妙入微，不是说了就罢，须要发一个不惜身命，心无一毫为世事念，时日不放，后来方有成就。③

汝辈与诸友，著紧此学，便是延我命于无穷。不尔，纵年历数百，奚益哉！④

人不善学，则难孝弟，而终归于乡士之次；人能善学，则即孝弟，而终至于圣神之大。⑤

仁者人也，人浑然只是一个仁，便是修身为本。⑥

孔氏之学，学仁也。仁则焉学哉？夫仁者人也，能仁夫人，斯人而仁矣。是故我与物皆人也，皆人，则皆仁也，皆仁，则我可以为物，物可以为我，是通天下万世而为一人者也。通天下万世而为一人，是人而仁矣。⑦

---

① 罗汝芳：《明德夫子临行别言》，《罗汝芳集》，方祖猷等编校整理，第 296 页。
② 罗汝芳：《明德夫子临行别言》，《罗汝芳集》，方祖猷等编校整理，第 297 页。
③ 罗汝芳：《明德夫子临行别言》，《罗汝芳集》，方祖猷等编校整理，第 297 页。
④ 罗汝芳：《明德夫子临行别言》，《罗汝芳集》，方祖猷等编校整理，第 296 页。
⑤ 罗汝芳：《明德夫子临行别言》，《罗汝芳集》，方祖猷等编校整理，第 297 页。
⑥ 罗汝芳：《明德夫子临行别言》，《罗汝芳集》，方祖猷等编校整理，第 298 页。
⑦ 罗汝芳：《明德夫子临行别言》，《罗汝芳集》，方祖猷等编校整理，第 305 页。

道也者，不可须臾离也。人于是处彻却，则此身在天地间，从作孩提直至皓首，与造化消息，浑成大片，道家者流，所谓呼接天根，吸通月窟，更无可着拣择，可容回避之地之时也。故诗云："昊天曰明，及尔出往；昊天曰旦，及尔游衍。"所以君子必戒慎、必恐惧，正以天命之性，即上帝临之，无敢或贰其心焉耳。不知从事乎此，而误于事为应迹，比拟思量，纵偶有合处，亦是远人为道，难语纯天之造也已。①

或许天知哲人将萎矣，这年的六月，"从姑山崩一角，风拔大木百余株"②。静养于此的汝芳，微疾，遂"命门弟子来宿，日夕谈学不倦，且贻同志书曰：'不肖谢世，万罪、万罪！《会语》幸毋忘生平也。性命一理，更无疑矣。惟诸君珍重、珍重！'"③

他对诸孙说："予自四十年来，此道吃紧关心，夜分方合眼，旋复惺惺，耳听鸡喔，未知何日得安枕席。"又曰："予初学道时，每清昼长夜，只挥泪自苦。此等境界，予固难与人言，人亦莫之能知也。"④"汝等各务晓事，莫只管想那富贵一边，不老实求些受用。须要晓得富贵多，便造业多，富贵有时消散，罪业永远相随。人在世间，只是有衣穿，有饭吃，即过得日子，便好干办自己前程，各人早得些受用，就是各人本事。慎勿恃着少年，须知转眼便是三十、四十来了。"⑤"汝等将来不愁不发达，只愁汝等功名心急，把学问不上心，便即科第做官，亦成俗子，汝父汝祖，地下终不喜欢，务须急急醒眼！"⑥

据《明德夫子临行别言》记，"万历戊子八月既望，子疾笃，训智旬日，皆非昔闻"：

天地大道，本之化生，出之自然。若言说可以指陈，意见可以方度，俱为滞泥，堪作何用？故未至今日，汝我不得而速之；

① 罗汝芳：《明德夫子临行别言》，《罗汝芳集》，方祖猷等编校整理，第 305 页。
② 曹胤儒：《罗近溪师行实（节录）》，罗汝芳：《罗汝芳集》，方祖猷等编校整理，第 850 页。
③ 曹胤儒：《罗近溪师行实（节录）》，罗汝芳：《罗汝芳集》，方祖猷等编校整理，第 851 页。
④ 罗汝芳：《明德夫子临行别言》，《罗汝芳集》，方祖猷等编校整理，第 297 页。
⑤ 罗汝芳：《明德夫子临行别言》，《罗汝芳集》，方祖猷等编校整理，第 303—304 页。
⑥ 罗汝芳：《明德夫子临行别言》，《罗汝芳集》，方祖猷等编校整理，第 304 页。

既至今日，汝我不得而迟之。[1]

此学惟患性命之脉络不真，性命脉络不真，则天人之机缄不达，天人之机缄不达，则精神之积累不恒，精神积累不恒，则生化之妙用又岂容袭取而强致之哉？予每对学人直以是告，而信者绝无一二也。[2]

汝当悉心向善，将自己去来大事，明白轻快，觉得遇亲遇怨、遇赞遇谤，平平淡淡，不起一些波澜，不被一些挂碍，眼前透得十二分，到临时方得一二分。若眼前少存挂碍，今在心中虽止毫芒，将来临时便是铜墙铁壁，千万重矣。我去后，汝宜勉力，好了又加好，细了又加细。[3]

学问须过信关，未过此关，大信则大进，小信则小进；既过此关，大疑则大进，小疑则小进。[4]

学道不悟，如适燕京，不知途径，东走西奔，终无至日；悟而不用功，又如说梦中物，口可得而言之，终不可得而有也。[5]

（缺）悟却有不同：有从有而入于无者，则渐向虚玄，其妙用愈深，则去人事日远，甚至终身不肯回头，自谓受用无穷也；有从无而入于有者，则渐次浑融，其操持愈久，则其天机愈显，所谓经纶天下之大经，立天下之大本、知天地之化育也。此个关头，圣狂由分，汝当早鉴而择之。[6]

智问吾儒、二氏同异。子曰："吾心原自虚寂，原自感应。二氏知虚寂而废感应，世人逐感应而忽虚寂。惟吾儒自虚寂中感应，故不逐物；在感应里虚寂，故不落空。"子谓智曰："斯道至虚而至实者。故语虚，则三千三百，非专虚也；语实，则无声无臭，非专实也：其虚而实，实而虚者乎？若释氏，诚虚矣，而实则未也。"[7]

学是学为孔子，则汝凡事皆当以孔子为法。孔子十五而志于

① 罗汝芳：《明德夫子临行别言》，《罗汝芳集》，方祖猷等编校整理，第 300 页。
② 罗汝芳：《明德夫子临行别言》，《罗汝芳集》，方祖猷等编校整理，第 300 页。
③ 罗汝芳：《明德夫子临行别言》，《罗汝芳集》，方祖猷等编校整理，第 300 页。
④ 罗汝芳：《明德夫子临行别言》，《罗汝芳集》，方祖猷等编校整理，第 300—301 页。
⑤ 罗汝芳：《明德夫子临行别言》，《罗汝芳集》，方祖猷等编校整理，第 302 页。
⑥ 罗汝芳：《明德夫子临行别言》，《罗汝芳集》，方祖猷等编校整理，第 302 页。
⑦ 罗汝芳：《明德夫子临行别言》，《罗汝芳集》，方祖猷等编校整理，第 302—303 页。

学，今日便当向半夜五更，默默静静考问自己心肠，果如孔子之一心一意去做圣贤耶？或只如世俗之见，将将就就，以图混过此生也？将就混过，正是乡愿的本事，孟子骂他做德之贼。贼字解作害字，盖此个念头，即是鸠毒、刀兵，害此一生，故必以孔子做个的确规模。十五决要志学，三十决要自立，四十决要不惑，五十、六十，决要知命、耳顺，方谓之学有成法！①

八月二十二日，汝芳对门人黎允儒说，杨起元正在主持粤闽的乡试，试着传递讯息吧，我想见他，想与他做最后的诀别。起元闻讯，自然立即奔驰南城，然而，等他赶到，却已天人永隔，只能痛哭于他始终敬之为圣人的老师灵前了：

维万历某年岁次戊子冬月某朔，越某日，某门生翰林院修撰杨某，谨以刚鬣柔毛庶馐之仪，致奠于先师罗夫子之灵。呜呼！天乎胡不为吾徒少留耶？夫子逝矣，何其可适从耶？某自闽中九月初一日，得师手语，遂兼程而来，孰意启缄之日，即师陟遐之期，某何弗福耶？呜呼，恸哉！②

二十八、二十九日，弟子和朋友们纷纷前来问疾，汝芳遣人逊谢，并命具纸笔，手书曰：

此道炳然宇宙，原不隔乎分尘。故人己相通，形神相入，不待言说，古今自直达也。后来见之不到，往往执诸言诠。善求者，一切放下、放下，胸目中更有何物可有耶？愿同志共无惑无惑焉！③

曹胤儒《罗近溪师行实》记：

时海虞袁都督世忠为建昌总，目击其事。万出，遇袁，语

① 罗汝芳：《明德夫子临行别言》，《罗汝芳集》，方祖猷等编校整理，第 303 页。
② 杨起元：《奠罗先师文》，罗汝芳：《罗汝芳集》，方祖猷等编校整理，第 994 页。
③ 罗汝芳：《明德夫子临行别言》，《罗汝芳集》，方祖猷等编校整理，第 299 页。

云："先生当弥留之际，志意坚定，言动不失故常，字势遒劲，行列端整，且计日反真如归故宅，一切放下宗旨，进于忘言也已。"①

时年九月初一日，师自梳洗，端坐堂中，命诸孙次第进酒，各各微饮，仍对众称谢，随拱手别诸门人曰："我行矣。珍重，珍重。"诸门人哭留，师愉色许曰："为诸君且再盘桓一日。'初二午刻，整冠更衣而逝。"一代宗师，就这样告别兹世。"殓之日，门人云集，相向而哭，闻者不问远迩，即愚夫愚妇莫不设位举哀，盱城内外为之罢市。七日之内，悲号叹息所不忍闻"云云。

汝芳既殁，"门人杨起元、董裕、詹事讲、萧彦、邓炼辈数百人私谥之，曰'明德先生'。就凤凰山之麓明德堂中，立师祠，春秋祭享"，"祠中月联师友为会，每会诵《近溪子全集》数条，共相劝勉"。② 到明德堂瞻拜汝芳的弟子、后学留下了很多文字，称颂、缅怀汝芳，如上元门人李登写道：

形亦众形，身亦众身。於惟先生，践形成身。赋同此性，宰同此神。於惟先生，复性完神。均是庶物，均是人伦，於惟先生，明物察伦。长以及长，亲以及亲。道迩事易，直基治平。不虑而知，不学而能，维是孝弟，达义与仁。寰宇广矣，谁非我人，先生一腔，收天下春。万古长矣，性无古今，先生一念，洞万古心。近自文成，溯及孔门，先生阐之，厥有大勋。仰瞻遗像，缅怀温仁。勉旃此学，用答循循。

盱江门人张贵写道：

俨然若有所思，实则何思何虑也。退然如不胜衣，实则当仁不让也。煦然若无不可与，实则和而靡同也。向道而行，忘身之老，庶其似之，善貌先生而肖者，其尚图之此哉！

---

① 曹胤儒：《罗近溪师行实（节录）》，罗汝芳：《罗汝芳集》，方祖猷等编校整理，第 851 页。
② 曹胤儒：《罗近溪师行实（节录）》，罗汝芳：《罗汝芳集》，方祖猷等编校整理，第 851 页。

临川门人徐允修写道：

欲观夫子之心，大德曰生。欲观夫子之身，形色天性。学从不学，知以常明。三纲五常，无为浑成。不离乎愚夫愚妇，吻合乎至圣至神。

白鹿洞门人熊傧赞写道：

学本羲皇，何思何虑。老安少怀，入孝出弟。肫肫其仁，德配天地。孔孟以后，斯文在是。

宣城门人王环写道：

发明德之旧旨，中天皎日。证孝慈之用，大地阳春。掀翻秘藏，唤醒颛蒙。日用平常，原非外假。出王游衍，直任本真。中和位育，千圣一心。学为大学，人为大人。

盱江门人左宗郢写道：

揖先生容，如坐春风。聆先生言，如饮太玄。由今想先生像，盖动静语默，悉登彼岸。学先生学，统天地万物，同归大觉。易知简能，直臻圣神。一息千古，元气流行。无得而称，称曰“明德先生”。

赵田门人袁黄写道：

儒者曰：汝学似禅。释者曰：我法无是。超然直透本心，以俟圣人百世。此昔人赞象山先生之言，予赞先生无异。①

杨起元撰《明云南布政政使司左参政明德夫子罗近溪先生墓志

① 门人、后学所撰汝芳《像赞》俱见明刻本《罗近溪先生全集》，今见《罗汝芳集》，第990—992页。

铭》谓：

夫子十有五而定志于洵水，二十有六而正学于山农，三十有四而悟《易》于胡生，四十有六而证道于泰山丈人，七十而问心于武夷先生，其他顺风下拜者不计其数，而接引友朋，随机开发者，亦不计其数。身所止处，辄弟子满座，而未尝以师席自居。及门者数千人，直下承当者亦众。……逾月，门人皆至，凡数百人，掖柩出，殡于凤凰山，里人皆罢市尽哀。既而，诸弟子相与言曰："古人之尊师也，咸有私谥，以志不忘，若隋文中、宋明道是也。今安可缺乎？"又相与议曰："吾师之学至矣，盖孔子求仁之旨的在《大学》，《大学》一书，是性体与矩式兼至者也，秦汉而来，悠悠千载，其间豪杰之士、聪明超悟者见性体矣，而未必尽合其矩式；高迈勇往者拟矩式矣，而未必尽透其性体。惟吾师之学，发志最早，自髫龀之年，以及壮强衰老，孜孜务学，未尝少倦，参求于四方高贤宿德，惟恐不及。德无常师，善无常主，但闻一言之益即四拜顿首谢之。会众智以稽古训，契《中庸》以归《大学》，灵透洞彻，生德盎然，而其躬行密实，殆笃恭不显矣。故其随人启发，直指性体，至所真修，刻刻入神，非言所及也。每称高皇道并羲、轩，而六谕乃天言、帝训，居官居乡，极力敷演，盖畏天命、畏大人，学不厌、教不倦，平常而通性命，易简而该神化，自孔子而来，未有吾师者也。今夫谥者名言之迹耳，恶足以称其德哉！天之高明也，万物覆焉，其赞曰'大哉乾元'，地之博厚也，万物载焉，其赞曰'至哉坤元'。今夫子之德，合高明博厚而一之，故语之以地则遗天，语之以天则遗地，殆无得而名焉矣。"于是又有言于列者曰："然则欲求吾师之学者，无如《大学》矣乎。《大学》首言明明德，则盍以明德谥诸？"众乃交赞曰："其可哉，其可哉！"遂筮日而告谥曰："明德夫子。"①

詹事讲《近溪罗夫子墓碣》忆其"每见师，居常无日不亲师友，

① 杨起元：《明云南布政使司左参政明德夫子罗近溪先生墓志铭》，罗汝芳：《罗汝芳集》，方祖猷等编校整理，第924—925页。

无念不通人心，自志学之初，以至令终之日，孳孳矻矻，惟成就后学是急。盖师之心，仁心也；师之心体，仁体也。仁者以天地万物为一体，师其有之。虽其或时谈玄类禅，不知有出世之心，乃可经世；或时笑号类放，不知其手舞足蹈，皆为自得。或应接吾人，不无分别，而简文温理之道，原自不混。嗟，嗟！吾师之心，岂寻常世俗之见所能测哉？”[①]。

赵志皋《近溪罗先生墓表》称：

先生之学，大都指点人心，以日用现前为真机，以孝、弟、慈为实用，以敬畏天命为实功，一念不厌不倦为朝夕。家常茶饭，人人可食；何智何愚，破觚为员。言言中的，彻天彻地。高之不得，率履不越庸常；卑之不得，易简通乎天载。浑玄、浑释，忘俗、忘儒。心涵天地之虚，量沛江河之决，学之得其大者也。尼父笺笺一脉，千百年来阏而不通者，直至先生而衍其派矣。世儒以玄疑之者，是得先生清净玄明，而不得先生冲夷恬澹；以释疑之者，是得先生畛域不设，而不得先生广博无垠，此其游其藩而不登其奥窔，摸其貌而不探其神情者也。且名之不得，窥之无似，又安容置喙其间哉？第今之讲学名家，分门各户，竞相标榜，稍相牴牾，而气不相下，一窥影响而执之为有得者，举在先生下尘矣。予何敢私一先生哉，海内自有具只眼者在。[②]

邹元标《近溪罗先生墓碑》说：

先生凡几仕矣，其仕也以学为仕，其学也以仕为学。期会簿书虽未尝废，而真诚恻怛，盎然春育。兴利也不计一世，而计久远；彰训也不事强聒，因其固有。以故生而怀者，若婴儿之恋慈母；去而思殁，而祀者若孝子之丧考妣，非可强致也。

元标反覆窥先生于微，真令人心折神悚，非后世剽谈者可以比拟云。……或疑先生学大而无统，博而未纯者，先生云：大出于天，机原自统；博本乎地，命亦自纯。予读斯语，恍然如见先

① 詹事讲：《近溪罗夫子墓碣》，罗汝芳：《罗汝芳集》，方祖猷等编校整理，第 927—928 页。
② 赵志皋：《近溪罗先生墓表》，罗汝芳：《罗汝芳集》，方祖猷等编校整理，第 928—929 页。

生。夫不本其自统自纯者为学，而以意念把捉为统为纯，嗟乎！此学之所以难言也。或又疑先生学无结果，不知太虚之中，孰先孰后，孰始孰终，彼所谓结果云者，是生灭根也，我且无生，而又何灭？我无造端，而又何结果之有？茫茫长夜，谁其觉之？予不能无思矣。

盖尝论先生有目与人同，不见人过则与人异；口与人同，乐道人善，则与人异。心与人同，以众人心为心；身与人同，以众人身为身。有官也，而以百姓之肥瘠为荣，勿恤于家矣；有学也，而以众人之立达为学，勿执于见矣。其尚友也，时释时玄，不废参究，一轨于大道；其论著也，圣训帝典，极其阐扬，一根于真性。谓先生有见乎？则与愚夫愚妇同体，未尝有见也。上焉者，得先生眉睫间；下焉者，亦欣欣化育中。以养以造，先生非吾党之元气耶？……忆滥竽掖垣，曾疏先生云："惟道是慕，功名富贵不入其心；逢人必诲，贵贱贤愚不知其类。"识者以为知言。[1]

获闻汝芳辞世，李贽、耿定向及其弟定力、周采、张岿、许婉、朱延益、谭清等纷纷撰文哭祭。卓吾痛忆平生见过一次王龙溪，与汝芳则有过两面之缘，自认"虽不曾亲受业于先生之门"，却"实知先生深也"，"能言先生者实莫如予"（《李温陵集》卷十一《罗近溪先生告文》）。张岿称：

先生其学在孔孟，其任在纲常，其取善之量在万古，其治教之泽在四方，其仁慈下及于昆虫草木，其忠信无间于蛮貊家邦。[2]

朱延益谓：

先生以悟为本，以乐为验。其体纯乎爱亲敬长，而天下贤愚颛蒙皆保合乎其衷；其用主乎济世利物，而一切蹊径崖岸无计较于其外。故当时见且闻者爱而慕之，而今悼其亡者哀而思之不已

① 邹元标：《近溪罗先生墓碑》，罗汝芳：《罗汝芳集》，方祖猷等编校整理，第930—932页。
② 张岿：《祭罗近溪先生文》，罗汝芳：《罗汝芳集》，方祖猷等编校整理，第996—997页。

也。[①]

谭清说：

> 先生有希圣之志，而示天下以无为；先生有作圣之才，而处天下以无事；先生有继圣之学，而混天下以无能。所行若此，得非曾氏所谓：有若无，实若虚者乎？[②]

呜呼！近溪子汝芳真儒、醇儒，泰州学派所倡平民儒学思想集大成者也。本学谱既依时序述于上，期期以盼读者诸君全面、深入体认其思想，抉发其价值，而谋百姓日用之学重光于今日。

① 朱延益：《祭罗近溪先生文》，罗汝芳：《罗汝芳集》，方祖猷等编校整理，第997—998页。
② 谭清：《祭罗近溪先生文》，罗汝芳：《罗汝芳集》，方祖猷等编校整理，第998页。

附录一 罗明德公本传（《罗汝芳集》）

明德公姓罗氏，讳汝芳，字惟德。家世南城泗石溪下，因号近溪。父前峰公。母宁安人梦日而生公，时正德乙亥五月二日也。

丁丑，念母而啼，父抱即止，随思曰："心一耳，何苦乐倏变也？"

己卯，从母授《孝经》，家人故乱其诵，怒不止，告母曰："何怒之难转也？"

辛巳，入乡学。

壬午，饶行斋与父谭阳明功业学脉，公敬听不倦。饶试云："小子须勤经学。"公应声："大人能格君心。"识者豫知为不凡儿矣。

丁亥，梦右军授以文房四事，遂专志字学。

己丑，年十五，从张洵水学，毅然以兴起斯文为己任。

辛卯，归吴恭人于新丰。

壬辰，诵薛文清"起灭乱心"之语，遂闭关静室，置水镜几上，对坐澄心，久成重病，读《传习录》而病瘥。

丙申，徐存斋取入县庠。

庚子，见颜山农，述生死不动状，颜曰："是制欲，非体仁也。知扩四端，如火燃泉达，何制欲为？"公悟，师事之。

癸卯，举于乡。

甲辰，捷南宫，曰："吾学未信，不可以仕。"不就廷试，而寻师问友，周流四方者十年。

乙巳，建从姑山房，接引来学。

戊申，学《易》于胡宗正，息心三月，始悟未尽前矣。

己酉，请证格物于父，父不为然。三年后忽悟，直趋父榻前陈之，父跃然起曰："得之矣。"

庚戌，大会留都、吉安。

辛亥，归立义仓，建义馆，创宗祠，置醮田，讲里仁会于临田寺。

癸丑，廷试不就，中秘选授太湖令，志亲民也。先是邑多盗，公修渤海之政，以道化之，盗悉平。其诸政务，一本于兴教化、明礼乐，不为俗吏所为。

丙辰，入觐，严分宜以台省要公，弗往，擢刑部主事。大司寇郑澹泉亟称太湖之政，部事悉与正之，刑号明允。

己未，恩封父母如其官。

庚申，出审大同、宣府狱，严氏冤害沈炼，沈虽死，而株连甚众，临行嘱尽杀之，公悉从轻减。

壬戌，出守宁国，教化大行，以崇学术、育人才为功课，宛陵六邑一时有三代风。

乙丑，入觐，徐华亭询以时务，对曰："人才为急。欲成人才，其必由讲学乎？"徐是之。联会灵济宫，本朝称盛举云。时张江陵为裕邸讲官，公诘曰："兄进讲时，有必欲尧舜其君意否？"张沉吟。公叹曰："兄所居何等责任！乃无一段真精神以感格君上，何耶？"返郡，以外艰归。士民攀辕悲号，不忍释去，有步随至盱江者。

公家居四方，来学者日益众。丙寅，合抚建同志大会疏山寺。

丁卯，建大德桥。

戊辰，闻山农南刑拟死监禁，公往救之，获戍邵武。

己巳，丁内艰。

壬申，当道引哀诏促起复。

癸酉，入京，见张江陵，曰："闾阎疾苦，不能上达。"张曰："尧舜不病博济耶？"对曰："此自人言尧舜耳，若尧舜之心，时时刻刻必求博济也。"张默然。遂补东昌。赵麟阳忿然曰："奈何促贤者出，仅以郡劳之？"

公治东昌如宁国。

洽三月，升云南屯田副使。甲戌，具疏乞休，当道强止勿上，乃治装行。

乙亥，筑昆明池，开金汁银汁二沟，遍历楚雄、大理、征江、石屏、永昌等处，冲决者平治之，壅塞者浚深之，隔岸无水者，设桥渡之。至腾越州，莽人犯三宣，逼州境，公以虚声先之，莽不敢近。两院留署兵巡事。莽掠迤西，使人告急，公授以方略，大困之。复驰谕诸土司，但能灭莽者，即许居其地，莽恐乞降。申闻抚院，竟格不行，至遗后祸。时警报虽急，公合缙绅士民会讲不辍，捷至，同声庆曰："吾腾今日文事武备一时济美，诚万世无疆之休。"

丙子，筑侍郎坝归，署提学事。时选贡方严，悉以正贡应署司事。时欲多决重囚，竟多出少入。筑安、宁二州城。暇请乡约，父老子弟群聚观听者，动以千计，风闻远迩，争讼渐息，几无讼矣。

丁丑，转左参政，捧贺入京。礼成，请告出城，同志留会广慧寺，忌者有言，遂得致仕之命。公欣然曰："盱、汝之间，宁无斐然小子可裁者？"复与诸门人联辙走安成，下剑江，趋两浙、金陵，往来闽、广，益张皇此学。

庚辰，修葺太平桥。

辛巳，给谏邹公元标以理学儒臣荐。

癸未，杜应奎、聂继皋与公孙怀义、怀智，刻《近溪子集》。给谏杨公文举以云南军功请。

甲申，公年七十，同志云集大会月余。按院韩公国祯以地方人才荐。

乙酉，郡守季雁山重刻耿天台批点《近溪子集》于府库。

丙戌，周柳塘来访，同舟出两浙，至留都，大会。赵谷阳刻《会语续录》于国学。

丁亥，门人为建讲所于北关，扁曰"明德堂"。

戊子春，命诸孙勿往都门应试。五月，从姑山崩一角，风拔大木百余株。八月，微疾，与门弟子日夕谭学不倦。二十九日，冠服，礼天地、祖考毕，端坐中堂，弟子环侍请教言。曰："徒言也不是道。满前洋溢，俱是发育万物，峻极于天。"又曰："此学玄妙入微，不是说了就罢，须发一个不惜身命心，无一毫为世事念，后日方有成就。"又谓诸孙曰："《圣谕》六言，直接尧舜之统，发明孔孟之蕴，汝辈能合之《论》《孟》以奉行于时时，则是熙然同游尧舜世矣。于作圣何有？"万长史言策问疾，手楷书曰："斯道炳然宇宙，原不隔乎分尘，故人己相通，形神相入，不待言说，古今自直达也。后来见之不到，往往执诸言诠。善求者，一切放下、放下，胸目中更何物可有耶？愿同志共无惑焉。"自兹绝笔。是日，从姑玉泠泉干竭无余滴。九月朔，白风缋堕邑圣庙。公盥栉出堂端坐，命诸孙次第进酒，各微饮，随拱手别诸生曰："我行矣，珍重、珍重。"诸生哭留，许再盘桓一日。初二日午刻，整衣冠端坐而逝。时从姑步天桥坊崩裂下坠。公享年七十有四。门弟子百余人，皆相向而哭，里人皆罢市尽哀。穷乡僻谷，莫不走吊悲号，七日不忍见闻。海内同志奔奠，三年不绝，其不能至者，各设位举哀焉。

盖公十有五而定志于洵水，二十有六而证学于山农，三十有四而悟《易》于胡生，四十有六而授道于泰山丈人，七十而问心于武夷先生，其他顺风下拜者不计其数，接引友朋，随机开发者亦不知其数。身所止处，弟子满座，未尝以师席自居。及门者数千人，直下承当者亦众，吁，亦盛矣哉!

公既殁，两学诸生请祀郡邑乡贤祠，合省诸生请祀正学书院，太湖、宁国、东昌、滇南，俱请祀名宦祠。宗伯杨公起元、司徒董公裕、清卿周公汝登、给谏祝公世禄，合同志建公祠于留都旗手卫。后按院张公汝懋、兵宪杨公觐光、司理吴公麟徵、邑侯王公维夔、吴公之屏、广信郡侯萧公思似，各捐俸重建公祠于府学前青云街，二祠俱申请批允额编春秋两祀，本县亲诣祭焉。学宪朱公廷益、查公允元、陈公懋德，俱给衣巾，令公孙及曾孙以奉祠祀。门人黄司理承试撰田租谷五担，郡侯张公恒断赎江贵买罗兴田租谷六十六担八斗，邬公鸣雷断还廖巢买从姑山田租谷二十四担五斗，邹公人昌捐俸买姚来琦田租谷六担，又买余阿陈田租米一十五石，乡岁收赡祠讲学茶饼。公孙怀智买田租谷三担赡祠香灯，兵宪王公俨、郡侯孟公绍庆祀公从姑山，扁曰"正学书院"。其他海内请公附祀先贤祠者，殆难指数。给谏彭公惟成、黄公吉士、侍御左公宗郢、顾公造，先后疏请易名。侍御方公大镇疏请祀于瞽宗。中丞王公佐请加江省科额，疏公为陆九渊之俦。今上庚午山西乡试程策，称公为今之邵尧夫，亟宜易名。辛未会试程策，载司成请广祀名贤十六人于圣庙，而公名与焉。学宪陈公懋德奉恩诏阐扬潜德，遂议公从祀易名，已详按台，惟候具题。噫!亦可征人心矣。

附录二 罗汝芳（《皇明理学名臣传》）

公讳汝芳，字惟德，别号近溪，建昌南城县人。幼颖异，有大志。差长，罹火病，遇禾川颜君，教之习静，病日减，遂事如师，因一意性命学。居恒泛观鱼鸟兽禽，爱其群队恋，如悲鸣相应，恻然思曰：“何独人而异之？”偶途行，逢客谈笑，竟日忘倦，又恻然思曰：“何独亲戚肉骨而异之？”从此痛自刻责，力祛己私。善归人，过归己；益归人，损归己。初学时，每清昼长夜，挥泪自苦。久之，己日有克，甚至不爱发肤，念念以利济为急。

嘉靖癸丑，第进士，寓京师。与姜凤阿宝、胡庐山直、邹颖泉善、耿楚侗定向、刘养旦应峰诸先生，联同志会，辰夕切劘，各有所得。维时分宜柄政，网罗名望。公宁触忤，靡少染，出守宁国。衍圣谕六言，日令讲生发明，父老子弟依恋环听者万计。公即境即言，发其浑沦活泼之机，启以并生同生之天。有苦思虑起灭者，则以心体未透觉之；有以中常炯炯为得力者，则以赤子原来带来正之；有以持心不放为工夫者，则以意念端倪闻见想象之错认者提醒之。随问随答，惟是性灵朗耀洞彻、空澄而迥无隔碍；自然、圆妙、迅疾，一粒而九有尽含，一息而万年莫竟。总括之以“觉”字。觉，灵知也，言人心之灵动于感应，其是非得失纤微罔不自知，循其知而致焉，是圣贤之关钥也。于时闻者多有省。宁之人信如蓍龟，亲如父兄。

入觐，同徐岩泉圹谒政府徐文贞阶于西苑。曰：“宗社以人心为本。今来朝官多誉俊，所患学脉不端，请合并一番示向往。”文贞跃然，大会于灵济宫，盖本朝称盛举焉。嗣是，所至宦辙，群人而学，如宁国然。万历癸酉起复，谒首揆张太岳居正，多感伤。张问故，公曰：“闾阎疾苦难上达。”张曰：“尧舜独不病博济耶？”公曰：

“由某论之，唐虞君臣，刻刻时时，必求博济。”张默然。未几入贺，以会友讲学被劾去。或请少辍从时好，公曰：“此学命根也！某披沥矢心，即万死不悔避。”或曰：“不惧党祻乎？”公曰：“人患无实心，实心讲学，必无祻。党人者，好名士也，非实心讲学者也。”

自是游名山，求友生，涵泳理会，日益精进。其言曰：“良知心体，神明不测，原与天通，非思虑所能及。吾人一时觉悟，非不恍然有见，然知之所及，犹自肤浅，此后须周旋师友，优游岁月，收敛精神，凝结心思。思者，圣功之本也，故思曰‘睿’。睿者，通微之谓也。通乎昼夜之道而知，方可言通；动而未形，有无之间，方可言微。至此则首尾贯彻，意象浑融，觉悟之功，与良知之体，如金光火色，煅炼一团，此方是功夫妙处。”又曰：“生者，天地之德，人则天地之心。心之生德，精莹灵明，妙应圆通，浑浑沦沦，初无名色，天壤充塞，似虚而非虚；神明宥密，似窍而无窍。故孟子直揭知体，名之曰‘良’。‘良’字训作易，直言其感而遂通，元不出于思量？发而即至，元难与以人力。世人不省，缘此起个念头，就念生个识见，因识露个光景，便谓吾心实有如是朗照澄湛，不知此段光景，原从妄起，必从妄灭，及至应接，还用着天生灵妙浑沦的心。心尽在，为他张主，他只去想念光景，盖认意为心之误也。”又曰：“独之灵体通彻于帝天；独之妙用昭察于率土。《中庸》指其为见显，则慎之所自起；《大学》严之于好恶，则慎之所由施。”又曰：“学问原有两路。以用功为先者，意念有个存主，言动有个执持，不惟己可自考，亦且众共见闻；若性地为先，则言动即是现在，且须更加平淡，意念亦尚安闲，尤忌有所做作，岂独人难测其浅深，即己亦无从增长。”

公之学，惟从性地入手，故从虚上用功，坦然荡然，忘垢忘净，更无戚戚之怀，也无憧憧之扰，安排无事，贤愚兼收，直欲心体与天地为徒，意况共鸢鱼活泼。又曰：“吾人日用独处，其念头之慈祥恩爱者为仁，严刻峻厉者为不仁。吾人以生为心，其善善宜长，恶恶宜短。试观恶多于好，则恼怒填胸，不免为忍人；如好多于恶，则生意满腔，方叫做得好人。”是又教人切近处。

年七十四，万左史问疾，公命具纸笔，手书曰：“此道炳然宇宙，原不隔乎分尘，故人己相通，形神相入，不待言说，古今自直达也。后来见之不到，往往执诸言诠，善求者一切放下放下，胸目中更有何物可有耶？愿同志毋惑。”诸孙问考终有何语？公曰：“诸事俱宜就实，盂圆则水圆，盂方则水方。”又曰：“圣谕六言，直接尧舜之统，发明孔孟之蕴，汝能合之《论》《孟》，以奉行于时时，则是熙然同游于尧舜世矣，于作圣何有？”言讫端坐而逝，门人私谥之，曰“明德先生”。

附录三 近溪罗先生传（《王时槐集》）

万历戊子秋九月，近溪罗先生卒。后九年丙申冬，其孙国学生怀智伯愚甫谒予于螺川。予延之三益山房，相与静对。腊尽春回，两越月而后别。予因得先生《会语》《庭训》《荣哀》遗编卒业焉。予初以伯愚习闻先生绪谈，意其或袭口吻，而无暇受新益也，乃与默坐，不漫出一语。既逾旬，试叩焉，伯愚则若一无所闻者，虚中密究，务期自得。予乃大快，以为先生真有后可以续衍先生道脉于方来也。伯愚以先生传属予。顾予浅陋，曷足以模写测量于万一哉？

先生讳汝芳，字惟德，世为建昌南城人。始年十七，因有感于薛文清公“万起万灭”“乱心”之说，即闭关置水镜于几上，对坐澄心，久之成疾。及读王文成公《传习录》，大喜，疾遂瘥。已而为郡庠诸生，入省城，见颜山农公，闻“体仁”之说，有悟，师事之。年二十有九，举于乡。明年，会试中式，不赴廷试，归，学益励。一夕，忽悟《大学》“格物”之说。年三十有九，始赴廷试，成进士，授太湖令，以教化代刑辟。期月，讼息民和，政声籍甚。擢刑部主事，历郎中。出守宁国，政如太湖。丁外艰归。后七年，奉穆皇遗诏始起复补东昌，升云南按察副使。年六十有二，升参政。得请致仕，还从姑，开诲来学。遍涉抚、吉、洪、饶、楚、粤、闽、浙、留都、徽、宁诸郡，大会同志，东南之学丕振。盖归休凡十有二年，享年七十有四。门人私谥曰“明德先生”云。

先生平生，学以孔孟为宗，以赤子良心、不学不虑为的，以天地万物同体、撤形骸忘物我、明明德于天下为大。自少至壮而老，无一息不在学；自家居以及四方，妻孥童仆、族间、村市以及通都大邑、缙绅大夫，千百徒众之相接聚，无一人不勉以学。自令长历郎署，领郡符，佐藩臬，所至无一地不以学为政也。其作人化民，风动遐迩，详具太史复所杨公《志》、侍御养贞詹公《碣》、大学士瀫阳赵公《表》、郡司理凤岑万君《状》中，予故不具论。

忆嘉靖乙卯，予以南主客郎出佥闽臬，道经太湖。先生时为令，留止信宿，邀至演武场观兵壮射。先生语予曰："吾兹校射，中一矢以上者赏，有差不中者罚，盖不中者不得受募金，即以增给中者，是移罚为赏也。官不费，而兵壮自劝矣。"又曰："吾此心每日在百姓身上周回，不暂释也。"予闻其言，悚然，谨识之。及入闽，祗服未敢忘，复仿其校射赏罚之法，行于漳南。久之，以靖山海寇警，幸获成效。壬戌，予以内艰服阕入京。先生时为刑郎。邀予夜对，亹亹剧谈。已而语人曰："吾与王子剧谈，诚祝天愿其有契于吾言也。"其切偲恳至如此！

乙丑，予为符卿。先生以宁国守入觐。既见政府存斋徐公，出语予曰："吾适见公，首言：'公当劝主上以务学为急，然必于其左右亵御焉先之，公诚能使诸大阉知向学，即启沃上心一大机栝也。公奈何仅循内阁故事以塞其职耶？'公大以吾言为然，因叹曰：'诸君讲学，只三五巷谈，不足风世。得君相同心学道，寰宇受其福矣。'"一夕，先生招予过其邸舍，联榻而寝。比四鼓，先生问予曰："近日何如？"予曰："吾惟直透本心耳。"先生诘问本心，予请示。先生曰："难言也。譬如蒸饭，必去盖乃知甑中有饭，去甑乃知斧中有水，去斧乃知灶中有火。信未易言哉？"予曰："岂无方便可指似处？"先生曰："莫如乐，第从乐而入，可也。"

万历戊寅，予归田既久，先生亦谢事还。予买舟访先生于从姑山房请益。先生曰："学必有定向，庶可决成。"予请示，先生直以一语酬答，予爽然有省。予留从姑逾旬。见先生天真粹朗，彼已尽忘，八荒洞然，了无畛域；语笑动静，食息寝处，神机自运，不涉人力。朝夕盂蔬，与客共食。客至盈座，亦无增味，熙怡竟日。诸生不问，则默无繁言。盖先生以精神感人，有出于言诠之外者矣。予见先生博大浑涵，普爱同人，略无拣择，境随静闹，不生取舍，乃自愧予之浅衷局量，耽僻厌烦，誓当顿舍宿障，庶可通于大方也。时有士人以专持佛号求往生为学者。予问曰："若此者何如？"先生曰："得无全靠彼乎？"予曰："学者摄心，方便之门不一，亦均之为有靠矣。"先生曰："此当有辨。"临别，先生送予舟行，以勿复致疑为嘱。

甲申，先生过螺川，访予白鹭院中。予试问玄门之学。先生曰：“岂尝有所闻乎？盍言之？”予漫述艮背之说。先生曰：“内典谓吾人自咽喉以下，名为鬼窟。”因极口赞“中庸”二字，曰：“平常是道，何事旁求？”盖自是别后，五年而先生弃人间矣。先生既殁，海内咸望风追仰，然予窃谓后学真知先生者盖寡，彼徒见先生之标末，而未窥先生之底里，故或妄意以为慕先生之学，而未免失其矩步，以蹈于纵荡之归也。先生脱略蹊径，浑无朕迹，人所共知，而不知其中贞白无瑕，一切外物嗜好都绝，芥视千金，皭然不浼，举以与人，若拂轻尘，实出性成，非由强作。当太湖离任，邑吏以公费余七金请受为路资，竟斥置官库而行。其介如此。至鬻产贷金以急师友之难，倾囊倒困以应饥乏之求，即人以礼馈，随手散施，澹然其忘情也。先生之薄利，殆罕其俦。而昧者以有欲之心，借口于先生之脱略蹊径，遂荡然溃防，败节以僭附于狂简者，不亦远哉？

先生蚤岁于释典、玄宗无不探讨，缁流羽客，延纳弗拒，人所共知。而不知其取长弃短，迄有定裁。今《会语》出晚年者，一本诸《大学》孝、弟、慈之旨，绝口不及二氏。伯愚尝私阅《中峰语录》，先生一见辄持去，曰：“汝曹慎勿观此，禅家之说最能令人躲闪。一入其中，如落陷阱，更能转头出来，复归圣学者，百无一二。戒之哉！惟潜心《大学》孝、弟、慈之旨足矣。”先生之立教，一出于正。而昧者以浮诡之心，借口于先生之探讨延纳，遂冥然蔑伦叛圣，以沉溺于诐淫者，不亦远哉？抑予读先生《会语》，尝引“何思何虑”，而曰：“此心非无思虑也，惟一致以统之，则返殊而为同，化感而为寂。”又曰：“感通其用，虽千变万化而莫穷。然不动其体，则亘古亘今而无变迁也。”又曰：“吾自朝至暮，敬畏天命，如执玉捧盈，工夫岂不紧密！但视世儒之把捉修饰者不同耳。”嗟夫！先生之学，可谓大而有本，中凝一而外融畅者矣。彼徒见其标末，而未窥其底里，辄号于人曰“吾为近溪先生之学”，而竟以恣情为率性，堕于无忌惮以反中庸者，予故谓后学真知先生者寡也。夫不知先生，于先生何病？予特惧夫万古学术，毫厘千里，所关系者至大，敬著其说，以俟知言者择焉。

附录四 罗汝芳(《周汝登集》)

罗汝芳，字惟德，别号近溪，江西南城人。正德乙亥生。甫三岁，偶念母而啼，父抱之即止，随思曰："心一耳，何苦乐倏变也？"展转追寻，未明其故。五岁，从母授《孝经》《小学》诸书，家人故乱其诵，怒不止，告母曰："何怒之难转也？人言五脏能横，其信然。"十五从新城张洵水学。洵水每谓人须力追古先，于是一意以道学自任。一日诵薛氏《语录》云："万起万灭之私，乱吾心久矣，今当一切决去，以全吾澄然湛然之体。"遂焚香叩首，矢心力行数月，而澄湛之体未复。壬辰，闭关临田寺，几上置盂水及镜，对之坐，令心与水镜无二，久之遂成重病。父忧之，授以《传习录》一编，手而读之，其病顿愈。

丙申，年二十二，入郡学。庚子，入省，赴大会，见颜山农。因自述遘危病而生死得失能不动心。山农俱不取。曰："是制欲，非体仁也。"近溪曰："克去己私，复还天理，非制欲安能体仁哉？"山农曰："子不观孟子之论四端乎？'知皆扩而充之，若火之始燃，泉之始达'，如此体仁，何等直截？故子患当下日用而不知，勿妄疑天性生生之或息也！"近溪时如大梦得醒，乃知古今道有真脉，学有真传，遂于稠人中稽首师事焉。

癸卯，举于乡。甲辰，举会试。曰："吾学未信，不可以仕。"不就廷试，归而寻师问友，周流四方者十年，建从姑山房以待四方讲学之士。

楚人胡宗正，旧以文学受业，至是闻其《易》有传也，迎致之，反执弟子礼。宗正喜，使息心而深思之，谓曰："若知伏羲当日平空白地着一画耶？"近溪略为解说，宗正默不应，徐曰："障缘愈添，本真益味。”如是三月，然后见许。

尝苦“格物”莫晓，乃错综前闻，互相参订，说殆千百不同，每有所见，则以请正其父，父不为释然。然三年之后，一夕忽悟，心甚痛快，直趋父卧榻前陈之。其父亦跃然起舞，曰：“得之矣！得之矣！”因自遐想往年从师论道，饼样虽画完全，饥饱了无干涉，徒尔劳苦身心，几至丧亡莫救，窃幸宿世何缘，得脱此等苦趣。

癸丑，北上，过临清，忽遘重病。一日倚榻而坐，恍若一翁来言曰：“君身病稍康矣，心病则复何如？”近溪默不应。翁曰：“君自有生以来，遇触而气每不动，当倦而目辄不瞑，扰攘而气自不分，梦寐而境悉不忘；此皆君心痼疾，乃仍昔也，可不亟图瘳耶？”近溪愕然，曰：“是则予之心得，曷言病？”翁曰：“人之身心，体出天常，随物感通，原无定执。君以宿生操持，强力太甚。一念耿光，遂成结习。日中固无纷扰，梦里亦自昭然。君今谩喜无病，不悟天体渐失，岂惟心病，而身亦不能久延矣。”近溪惊起叩谢，伏地，汗下如雨，从是执念渐消，血脉循轨。

随入京，赴廷试。初仕为令，入为部郎，出知宁国府。治宁国不事刑朴，惟以化育人才为功课。宛陵六邑，一时有三代风。

岁大计，以守入觐，见华亭相国徐存斋。存斋喜曰：“我初不欲烦子以郡事，今观之，似更有实用也。”近溪起谢，且请曰：“先生加意于某，不过为世道计。如推此意以及同志，天下斯文不尤大幸耶？”存斋默然良久，曰：“古今事亦有不由已者，即如狄梁公反周之志固坚，而所托则张柬之。柬之时已向老，倘没在武后之先，志且奈何？”近溪毅然曰：“先生此言，知柬之而不知梁公。”存斋曰：“我何以不知梁公？”近溪曰：“梁公以人事君，则所举柬之，亦必以人事君者也。武后先没，其成事固在柬之；即不然，柬之虽去，而柬之所举，亦自有在，梁公夫复何忧哉？”存斋首肯。近溪复曰：“先生以宗社为心，宗社以人心为本。今来朝两司、郡县，多极一时之选，所患学脉不端，则心事难一。先生趁此合并一番，令其向往不差，则终身德业，岂不光明而俊伟也哉？”存斋跃然喜。翌日，大会灵济宫。他日复见，语之曰：“先生当劝主上以务学为急，奈何仅循内阁故事，以塞其职耶？”存斋大然之。出而叹曰：“诸君讲学只三五巷谈，不足风世。得君相同心学道，寰宇受其福矣。”

返郡。未几，丁父艰，奔归。士民悲号，不忍释去，有步随至盱江者。

近溪家居，四方来学者日众。闻山农获罪系留都，乃称贷二百金往救，竟得释。寻丁内艰。

癸酉，起复。入京，见江陵相国，问山中功课。对曰："读《论语》《大学》，视昔差有味耳。"江陵默然。谒补得东昌。治东昌如宁国。未几，迁云南副使，为开水利，堑城濠，省徭役。政暇，召同志讲学，信从益众。转藩参，赍捧入京。礼成，请告出城。同志留集广慧寺论学，江陵恶之，嗾言官疏劾。致仕归，复与诸门人联辙各郡，走安成，下剑江，趋两浙、金陵，往来闽、广，益张皇此学。

布衣梁汝元非罪囚楚，为鬻田往援之。有讽之者曰："梁某害道，宜置于法。"曰："彼以讲学罹文罔，予嘉其志，遑论其他乎？"

戊子八月，偶示微疾，与门弟子讲学不倦。一日，夙具冠服，礼天地、祖考毕，端坐中堂。弟子环侍请教，曰："徒言也，不是道。俱满前洋溢，俱是发育峻极。"左史万宾兰问疾，命具纸笔，手书曰："此道炳然宇宙，不隔分尘，故人己相通，形神相入，不待言说，古今自直达也。后来见之不到，往往执诸言诠。善求者，一切放下、放下，胸目中更有何物可有耶？愿无惑焉。"自是绝笔。明日为九月朔，盥栉出堂端坐，命诸孙次第进酒，各各微饮，随拱手别诸生曰："我行矣！"诸生恳留盘桓一日，许之。初二日，命诸孙掖出中堂，整衣冠，端坐而逝。年七十有四。门人私谥曰"明德"。

近溪学以孔孟为宗，以赤子良心、不学不虑为的，以孝、弟、慈为实，以天地万物同体、撤形骸忘物我、明明德于天下为大。自少至壮而老，无一息不在学；自家居以及四方，妻奴童仆，俗闾村市以及通都大邑、缙绅士夫，千百徒众之相接聚，无一人不勉以学；自令长历郎署，领郡符，佐藩臬，所至无一地不以学为政也。尝曰："吾自朝至暮，敬畏天命，如执玉、如捧盈，工夫岂不紧密？但视世儒之把捉修饰者不同耳。"又语诸孙曰："予初学道时，每清昼长夜，只挥泪自苦，此等境界，予固难与人言，人亦莫能知也。"尝语知友曰："不肖之为人也，嗜好不他着，精神不他费，惟是此学以系命根，悉涤尘埃，晶光天日。三十年来，穿衣吃饭，终日虽住人寰，注意安身，顷刻不离圣域。是以披沥矢心，号呼世梦中，或触怒生憎，万死终不悔避。"

吉水邹氏曰："先生有目与人同，不见人过则与人异；口与人同，乐道人善则与人异。心与人同，以众人心为心；身与人同，以众人身为身。有官也，而以百姓之肥瘠为荣，勿恤于家矣；有学也，而以众人之立达为学，勿执于见矣。其尚友也，时释时玄，不废参究，一轨于大道。其论著也，圣训帝典，极其阐扬，一根于真性。上焉者，得先生眉睫间；下焉者，亦欣欣化育中。以养以造，先生非吾党之元气耶？夫元气周流布护天壤间，不可得而见，惟观造化。生者生，化者化，飞者飞，潜者潜，动植者动植，始知元气之功大。吾党自成者成，自道者道；得言者忘言，得意者忘意，得象者忘象，不事雕凿，浑然天成，始知先生之功大矣。”

附录五 参政罗公（《续藏书》）

公名汝芳，字惟德，别号近溪，江西南城人。正德乙亥生。甫三岁，偶念母而啼，父抱之即止，随思曰：“心一耳，何苦乐倏变乃尔？”为展转追寻不置。五岁，从母授《孝经》《小学》诸书。十五从新城张洵水学。洵水每谓人须力追古人，于是一意以圣学自任。

一日诵薛氏《语录》，云：“万起万灭之私，乱吾心久矣，当一切决去，以全吾澄然湛然之体。”遂焚香叩首，矢心力行，数月而体未复。壬辰，闭关临田寺，几上置镜与盂水，对之，令心与水镜无二，久之成疾。父忧之，授以《传习录》一编，循其言求之，病渐愈。庚子，入省赴大会，见颜山农。自述遘危病，生死得失能不动心。山农不许，曰：“是制欲，非体仁也。”公曰：“非制欲，安能体仁？”山农曰：“子不观孟子之论四端乎？‘知皆扩而充之，如火之始然，泉之始达’，如此体仁，何等直截？子患当下日用而不知，勿妄疑天性之息也！”公时如大梦得醒，遂于稠人中稽首师事焉。

癸卯，举于乡。甲辰，举会试。曰：“吾学未信，未可以仕。”不就廷试，归而寻师问友，周流四方者十年。建从姑山房，以待四方讲学之士。

楚人胡宗正，旧以文学受业，至是闻其《易》有传也，迎致之，执弟子礼。宗正喜，使息心而深思之，谓曰：“若知伏羲当日从平地着此一画耶？”公略为解说，宗正不应，徐曰：“障缘益增，本真益昧。”如是三月，然后以《易》授焉。

尝苦“格物”义难晓，乃错综前闻，互相参订，每有所见，则以请正其父，父不为释然。三年之后，一夕忽悟。心甚痛快，直趋父榻前陈之。父亦跃然起舞，曰：“得之矣！得之矣！”因回忆往年从师论道，徒成画饼，饥饱了无干涉。

癸丑，北上过临清，忽遘重病。倚榻而坐，梦一翁来言曰："君身病康矣，心病则未也。"公不应。翁曰："君自有生以来，遇触而气不动，当倦而目不瞑，扰攘而气不分，梦寐而境不昏，此君心痼也。"公愕然，曰："随物感通，原无定执。君以宿生操持太甚，遂成结习。君今漫喜无病，不悟天体渐失，岂惟心病，而身亦随之矣。"公大惊，伏地叩谢，汗下如雨，从是执念渐消。

随入京，赴廷试。初仕为令，入为部郎，出知宁国府。所至不事刑朴，惟以化育人才为功课。一时彬彬，有弦歌风。

岁大计，以守入觐，见华亭相徐。徐喜曰："我初不欲烦子以郡事，由今观之，更有实用也。"公起谢，且请曰："先生加意于某，不过为世道计。如推此意以及同志，天下斯文尤幸。"徐默然良久曰："古今事亦有不由己者，即如狄梁公反周之志固坚，而所托则张柬之。柬之时已向老，倘没在武后之先，志且奈何？"公毅然曰："先生此言知柬之，不知梁公。"徐曰："我何以不知梁公？"公曰："梁公以人事君，则所举柬之，亦必以人事君者也。武后先没，成事固在柬之；即不然，柬之虽去，而柬之所举，亦自有在，夫复何忧？"徐首肯。公复曰："宗社以人心为本。今来朝两司郡县，多极一时之选，所患学脉不端，则心事难一。先生趁此合并一番，令其向往不差，则终身德业，岂不益光明俊伟也哉？"徐跃然喜。翌日，大会灵济宫。公娓娓发明，音吐洪畅，兴起者不可胜数。

返郡。未几，丁父艰，奔归。士民悲号不忍释，有步随至盱江者。

家居，四方来学者日众。

癸酉，起复入京，见江陵相，问山中功课。对曰："读《论语》《大学》，视昔差有味耳。"江陵默然。补东昌守，治东昌如宁国。未几，迁云南副使，为开水利，堑城濠，省徭役。政暇，召同志讲学，信从益众。转藩参。

赍捧入京。礼成，遂请告出城，同志留集广慧寺论学。江陵恶之，嗾言官疏劾致仕。归复与诸门人走安成，下剑江，趋两浙金陵，往来闽广，益张皇此学。

戊子八月，偶示微疾，与门弟子讲学不倦。一日夙具冠服，礼天地祖考，端坐中堂。弟子环侍请教，曰："徒言也不是道。满前洋溢，俱是发育峻极。"左史万宾兰问疾，命具纸笔，手书曰："此道炳然宇宙，不隔分毫，故人己相通，形神相入，不待言说，古今自直达也。后来见之不到，往往执滞言诠。善求者一切放下。放下时更有何物？”自是绝笔。明日为九月朔，盥栉出，端坐，命诸孙次第进酒，各微饮，随拱手别诸生曰：“行矣！”诸生恳留盘桓一日，许之。次日命诸孙掖至正寝，整衣冠端坐而逝。年七十有四。门人私谥曰“明德”。

附录六
参政罗近溪先生汝芳（《明儒学案》）

罗汝芳，字惟德，号近溪，江西南城人。嘉靖三十二年进士。知太湖县，擢刑部主事。出守宁国府，以讲会乡约为治。丁忧起复，江陵问山中功课，先生曰："读《论语》《大学》，视昔差有味耳。"江陵默然。补守东昌。迁云南副使，悉修境内水利。莽人掠迤西，迤西告急。先生下教六宣慰使灭莽，分其地。莽人恐，乞降。转参政。万历五年，进表，讲学于广慧寺，朝士多从之者。江陵恶焉。给事中周良寅劾其事毕不行，潜往京师。遂勒令致仕。归与门下走安成，下剑江，趋两浙、金陵，往来闽、广，益张皇此学。所至弟子满座，而未尝以师席自居。十六年，从姑山崩，大风拔木，刻期以九月朔观化。诸生请留一日，明日午刻乃卒，年七十四。

少时读薛文清语，谓："万起万灭之私，乱吾心久矣，今当一切决去，以全吾澄然湛然之体。"决志行之。闭关临田寺，置水镜几上，对之默坐，使心与水镜无二。久之而病心火。

偶过僧寺，见有榜急救心火者，以为名医，访之，则聚而讲学者也。先生从众中听良久，喜曰："此真能救我心火。"问之，为颜山农。山农者，名钧，吉安人也。得泰州心斋之传。先生自述其不动心于生死得失之故，山农曰："是制欲，非体仁也。"先生曰："克去己私，复还天理，非制欲，安能体仁？"山农曰："子不观孟子之论四端乎？知皆扩而充之，若火之始燃，泉之始达，如此体仁，何等直截！故子患当下日用而不知，勿妄疑天性生生之或息也。"先生时如大梦得醒。明日五鼓，即往纳拜称弟子，尽受其学。山农谓先生曰："此后子病当自愈，举业当自工，科第当自致，不然者，非吾弟子也。"已而先生病果愈。其后山农以事系留京狱，先生尽鬻田产脱之。侍养于狱六年，不赴廷试。先生归田后，身已老，山农至，先生不离左右，一茗一果，必亲进之。诸孙以为劳，先生曰："吾师非汝辈所能事也。"

楚人胡宗正，故先生举业弟子，已闻其有得于《易》，反北面之。宗正曰："伏羲平地着此一画，何也？"先生累呈注脚，宗正不契，三月而后得其传。

尝苦"格物"之论不一，错综者久之，一日而释然，谓："《大学》之道，必在先知，能先知之，则尽《大学》一书，无非是此物事。尽《大学》一书物事，无非是此本末始终。尽《大学》一书之本末始终，无非是古圣《六经》之嘉言善行。'格'之为义，是即所谓法程，而吾侪学为大人之妙术也。"夜趋其父锦卧榻陈之，父曰："然则经传不分乎？"曰："《大学》在《礼记》中，本是一篇文字，初则概而举之，继则详而实之，总是慎选至善之格言，明定至大之学术耳。"父深然之。

又尝过临清，剧病恍惚，见老人语之曰："君自有生以来，触而气每不动，倦而目辄不瞑，扰攘而意自不分，梦寐而境悉不忘，此皆心之痼疾也。"先生愕然曰："是则予之心得，岂病乎？"老人曰："人之心体出自天常，随物感通，原无定执。君以夙生操持强力太甚，一念耿光，遂成结习。不悟天体渐失，岂惟心病，而身亦随之矣。"先生惊起叩首，流汗如雨，从此执念渐消，血脉循轨。

先生十有五而定志于张洵水，二十六而正学于山农，三十四而悟《易》于胡生，四十六而证道于泰山丈人，七十而问心于武夷先生。

先生之学，以赤子良心、不学不虑为的，以天地万物同体、彻形骸、忘物我为大。此理生生不息，不须把持，不须接续，当下浑沦顺适。工夫难得凑泊，即以不屑凑泊为工夫，胸次茫无畔岸，便以不依畔岸为胸次。解缆放船，顺风张棹，无之非是。学人不省，妄以澄然湛然为心之本体，沉滞胸膈，留恋景光，是为鬼窟活计，非天明也。

论者谓"龙溪笔胜舌，近溪舌胜笔"。顾盼呿欠，微谈剧论，所触若春行雷动，虽素不识学之人，俄顷之间，能令其心地开明，道在现前。一洗理学肤浅套括之气，当下便有受用，顾未有如先生者也。然所谓浑沦顺适者，正是佛法一切现成，所谓鬼窟活计者，亦是寂子速道，莫入阴界之呵，不落义理，不落想象，先生真得祖师禅之精者。盖生生之机，洋溢天地间，是其流行之体也。自流行而至画一，有川流便有敦化，故儒者于流行见其画一，方谓之知性。若徒见气机之鼓荡，而玩弄不已，犹在阴阳边事，先生未免有一间之未达也。夫儒释之辨，真在毫厘。今言其偏于内，而不可以治天下国家，又言其只自私自利，又言只消在迹上断，终是判断不下。以羲论之，此流行之体，儒者悟得，释氏亦悟得，然悟此之后，复大有事，始究竟得流行。今观流行之中，何以不散漫无纪？何以万殊而一本？主宰历然。释氏更不深造，则其流行者亦归之野马尘埃之聚散而已，故吾谓释氏是学焉而未至者也。其所见固未尝有差，盖离流行亦无所为主宰耳。若以先生近禅，并弃其说，则是俗儒之见，去圣亦远矣。许敬庵言先生"大而无统，博而未纯"，已深中其病也。王塘南言先生"早岁于释典玄宗、无不探讨，缁流羽客，延纳弗拒，人所共知。而不知其取长弃短，迄有定裁。《会语》出晚年者，一本诸《大学》孝弟慈之旨，绝口不及二氏。其孙怀智尝阅《中峰广录》，先生辄命屏去，曰：'禅家之说，最令人躲闪。一入其中，如落陷阱，更能转头出来，复归圣学者，百无一二。'"可谓知先生之长矣。杨止庵《上士习疏》云："罗汝芳师事颜钧，谈理学；师事胡清虚，谈烧炼，采取飞升；师僧玄觉，谈因果，单传直指。其守宁国，集诸生，会文讲学，令讼者跏趺公庭，敛目观心，用库藏充馈遗，归者如市。其在东昌、云南，置印公堂，胥吏杂用，归来请托烦数，取厌有司。每见士大夫，辄言三十三天，凭指箕仙，称吕纯阳自终南寄书。其子从丹师，死于广，乃言日在左右。其诞妄如此。"此则宾客杂沓，流传错误，毁誉失真，不足以掩先生之好学也。

附录七 罗汝芳传（《明史稿》）

罗汝芳，字惟德，南城人。嘉靖三十二年进士。知太湖县，务以德化民。设讲堂，召诸生论文，公事多决于讲座。吏民有过，谆谆诲谕，刑设不用，讼庭常虚。课□稍□。迁刑部主事，进员外郎。出为宁国知府，治如太湖。民有兄弟争产者，汝芳引咎自责，对之泣下。其兄弟悔悟，亦相对泣，叩头息讼而去。创开元会，集士民诲以孝弟忠信，罪囚亦令听讲，一郡翕然。

入觐，值徐阶柄国，劝阶聚四方计吏，阐明正学。阶遂大会于灵济宫，听者数千人。京师讲会之盛，前此未有也。

还任，丁父艰，士民泣送载道。起补东昌，移云南屯田副使，进参政。分守永昌，释《圣谕》六条，日与吏民及士官子弟讲解，词旨恳恻，音吐洪畅。蛮人素不知教，亦感悟泣下，多改行者，一时风教大行。

万历五年入贺，朝士有从之问学者，为张居正所恶，令言官劾罢之。

先是，莽酋之役，汝芳及巡按御史陈文遂、兵备副使胡心得并有功，后皆被废。至十三年，给事中杨文举上疏讼曰："文燧按滇，值莽瑞体凭陵思个，抚臣王凝养寇讳兵，文燧独列上十事，预策于五年之前，其后悉验。此曲突徙薪之功，不可没也。汝芳理学名儒，其代署金腾兵备，严哨守、练土著、精间谍，军声大振。抚臣忌之，旗牌一日五遣，而汝芳之兵撤。其在永昌、腾越、昆阳，又大著水利之功，故汝芳得叙。心得单骑入腾，连有盏西、腊底之捷，又计擒张大本父子，斩刀落参，余凤遂失势。其妄报莽贡，则罕拔误之，功亦足赎，故心得当并叙。"章下吏部，独请召还文燧，而谓汝芳年衰，不当复□吏事。帝为诘责前之论汝芳者，亦不果用。

汝芳初读薛瑄《语录》，以默坐澄心为事，久之无所得。邂逅永新颜钧，讲学有契，遂师事之。既举会试，以所学未成，十年不就廷对。钧坐法，击南京狱，当死，汝芳侍养狱中，鬻产救之，得减死遣戍。汝芳既罢官，钧亦从戍所放归。汝芳侍之不离侧，食饮又亲进，人以为难。

始泰州王艮，传王守仁之学，以授贵溪徐樾，樾以授钧。钧诡怪猖狂，其学归于释氏，故汝芳之学亦近释。时山阴王畿良知教东南，汝芳与相颉颃，两家门徒最盛。而汝芳善谈说，每一词，四座尽倾，谓畿笔胜舌，汝芳舌胜笔。

其宦辙所至，率以学为政，而禅客羽流延接不倦。又性好济物，亲故有求辄应，往往身被污名而不辞，故一时论者，褒讥相半焉。

年七十四，预剋死期，子姓请再留一日，许之。次日端坐而逝。门人私谥曰“明德先生”。

附录八 罗汝芳传（《明史》）

汝芳，字维德，南城人。嘉靖三十二年进士。除太湖知县。召诸生论学，公事多决于讲座。迁刑部主事，历宁国知府。民兄弟争产，汝芳对之泣，民亦泣，讼乃已。创开元会，罪囚亦令听讲。入觐，劝徐阶聚四方计吏讲学。阶遂大会于灵济宫，听数千人。父艰，服阕，起补东昌，移云南屯田副使，进参政，分守永昌，坐事为言官论罢。

初，汝芳从永新颜钧讲学，后钧系南京狱当死，汝芳供养狱中，鬻产救之，得减戍。汝芳既罢官，钧亦赦归。汝芳事之，饮食必躬进，人以为难。钧诡怪猖狂，其学归释氏，故汝芳之学亦近释。

附录九　罗汝芳传（同治《建昌府志》）

罗汝芳，字惟德，南城人。五岁，从母授《孝经》。比长，一意以圣贤自任。嘉靖甲辰成进士，不就廷，对曰：“吾学未信，不可以仕。”归而访师友，周流四方者十年。建“从姑山房”以待学者。

癸丑，赴殿试，除太湖知县。时蕲黄、英山多盗，江防使遣兵戍之，民益苦。汝芳撤戍兵，领壮士突入其巢，擒渠魁七人，盗遂平。召诸生论学，公事多决于讲座，务以德化民，刑设而不用。

迁刑部主事，出知宁国府。民兄弟争产，汝芳对之泣，民亦泣，讼乃已。创开元会，罪囚亦令听讲。

岁大计，入觐，大学士徐阶曰：“吾初不欲烦子以郡事，不意乃更有实用也。”汝芳起谢。阶曰：“古今事亦有不得已者，如狄梁公以反周托张柬之，倘柬之先殁，且奈何？”汝芳曰：“公此言知柬之，不知梁公。”阶问故，曰：“梁公以人事君，则柬之亦必以人事君也。”阶首肯。汝芳因谓两司郡县多极一时之选，今来朝，可讲学，以端趋向。阶遂大会于灵济宫。汝芳娓娓发明，听者数千人。

返郡，丁父艰归，士民悲号不忍释，有步随至盱江者。

家居，学者日众。

服阕，赴都。张居正问山中功课，对曰：“读《论语》《大学》，视昔差有味耳。”居正默然。

补东昌，移云南屯田副使，开水利，灌田四千余亩。缅莽瑞体掠，迤西思个告急。汝芳暮间侦其虚实，下教六宣慰使绝缅粮道，断归路。缅大困，乞降。会忌者嗾巡抚王凝檄汝芳勿妄动，缅因得遁去，后遂猖獗。进参政，分守永昌。

捧贺入京，礼成，请告。集广济寺论学，居正恶之，遂为周良寅劾罢。

汝芳之学，以赤子良心不学不虑为的；以天地万物同体，彻形骸、忘物我，为大六微谈剧论，所触若风行雷动，虽素不识学之人，俄倾之间，能令其心地开明，道在目前，一洗理学迂谨之气。与王龙溪并主讲席，论者谓龙溪笔胜舌，近溪舌胜笔。

王塘南言：汝芳早岁于释典元宗无不探讨，缁流羽客延纳弗拒，取长弃短，迄有定裁。晚年会语，一本《大学》孝、弟、慈三旨，绝口不及二氏。其孙怀智阅《中峰广录》，命弃去，曰："禅家之说最令人躲闪，入其中如落陷阱。能复归圣学，百无一二。"疾革，犹与门弟子讲学不倦。

卒年七十四。门人私谥曰"明德"，称近溪先生。所著书数百卷，目数十种，不具录。

弟汝顺，字惟道，有任事才，尤笃于孝义。（《明史》《明书》《明儒学案》）

参考文献

王守仁：《王阳明全集》，吴光、钱明、董平等编校，上海古籍出版社2011年版。

束景南：《王阳明年谱长编》，上海古籍出版社2017年版。

王艮：《王心斋全集》，陈祝生等校点，江苏教育出版社2001年版。

颜钧：《颜钧集》，黄宣民点校，中国社会科学出版社1996年版。

何心隐：《何心隐集》，容肇祖整理，中华书局1960年版。

罗汝芳：《罗汝芳集》，方祖猷、梁一群、李庆龙等编校整理，凤凰出版社2007年版。

耿定向：《耿定向集》，傅秋涛点校，华东师范大学出版社2015年版。

张廷玉等：《明史》，中华书局1974年版。

谈迁：《国榷》，张宗祥校点，中华书局1958年版。

容肇祖：《明代思想史》，齐鲁书社1992年版。

吴震：《明代知识界讲学活动系年：1522—1602》，学林出版社2003年版。

嵇文甫：《左派王学》，开明书店1934年版。

嵇文甫：《晚明思想史论》，东方出版社1996年版。

侯外庐主编：《中国思想通史》（第4卷下），人民出版社1960年版。

王汎森：《晚明清初思想十论》，复旦大学出版社2004年版。

黄宣民、陈寒鸣主编：《中国儒学发展史》，中国文史出版社2009年版。

陈寒鸣：《中国文化史纲》，江苏人民出版社1993年版。

陈寒鸣：《李贽学谱（附焦竑学谱）》，孔学堂书局2020版。

吴震：《罗汝芳评传》，南京大学出版社2005年版。

罗伽禄：《一代思想大师罗汝芳》，江西高校出版社2009年版。

程玉瑛：《晚明被遗忘的思想家——罗汝芳（近溪）诗文事迹编

年》，（台湾）广文书局 1995 年版。

黄宗羲：《明儒学案》，沈芝盈点校，中华书局 2008 年版。

沈德符：《万历野获编》，中华书局 1959 年版。

李贽：《藏书》，中华书局 1959 年版。

李贽：《续藏书》，张光澍点校，中华书局 1959 年版。

焦竑：《澹园集》，李剑雄点校，中华书局 1999 年版。

汤显祖：《汤显祖集·诗文集》，徐朔方笺校，中华书局 1962 年版。

跋

终于完成了这部30余万字的《罗汝芳学谱》。这是继完成《李贽学谱附焦竑学谱》（孔学堂书局于2020年出版）后，完成的又一部关于泰州学派人物的学谱。而这次的谱主罗汝芳，则堪称泰州学派的殿军，在晚明王学史乃至整个中国思想文化史上都有着极重要的地位。

值此稿成之际，我特别怀念和感恩先师黄公宣民先生。宣民先生生于1934年，殁于2001年，江西萍乡人。他曾任中国社会科学院历史研究所研究员、学术委员会委员、中国思想史室主任，中国社会科学院正高级职称评定委员会委员，中国社会科学院研究生院教授、湖南大学岳麓书院特聘教授、湘潭大学历史系客座教授，《中国哲学》主编，中国哲学史学会理事，孔子基金会理事及炎黄文化研究会理事兼学术委员会委员等。黄先生少年时代就学于萍乡中学，17岁时在江西参加财经工作，1955年考入广州中山大学历史系，师从陈寅恪、刘节、杨荣国等著名历史学家。这使他大学时代就已初步掌握了历史研究的基本方法，并有了一定锻炼，如其所撰作业——《南宋爱国学生运动领袖陈东》即受到陈、刘诸师嘉奖，并蒙推荐而能以在校学生身份公开发表。在校期间，黄先生刻苦求学，又任班学生会主席，热心于公益之事，喜爱吹笛、拉二胡等文体活动，故而在老师、同学中留有深刻影响。现任中山大学哲学系教授的李锦全先生，当时留校为助教，担任他们的辅导员，从此与黄先生结下终生深厚的师友情谊。1959年，黄先生大学毕业，进入中国社会科学院历史研究所（今属中国社会科学院）工作，跟随著名马克思主义历史学家侯外庐教授长期从事中国思想史研究，他是外老晚年的主要工作助手。外老晚年卧病在榻，言语不利，黄先生全身心地投入到外老的学术事业之中，协助外老完成了《船山学案》（岳麓书社1982年版）、《中国封建社会史论》（人民出版社1979年版）、《韧的追求》（生活·读书·新知三联书店1985年版）、《侯外庐史学论文选集》上下册（人民出版社1987、1988年版）、《中国近代启蒙思想史》（人民出版社1993年版），又为外老撰写各类文章20余篇。长期以来，黄先生积极参加集体写作，尤以主要精力参加侯外庐学派的集体研究工作，为“侯派”学术的发展做出了重要贡献。他先后参加的集体撰著之著作有《中国近代哲学史》（侯外庐主编，人民出版社 1978 年版），《中国思想史纲》上下册（侯外庐主编，中国青年出版社 1980、1981 年版），《中国史稿》第六、七册（与刘重日及何龄修、郭松义、刘永成等合著，人民出版社 1987、1995 年版），《宋明理学史》上下卷（侯外庐、邱汉生、张岂之主编，人民出版社 1984、1987 年版）等。黄先生治学十分严谨，既重理论，更重史料乃是其治学的重要特点。他勤于读书，善于收集资料，每读书必做札记。他不仅积累下难以计数的资料卡片，而且在其研读过的许多书（如“二十五史”《十三经注疏》《皇清经解》《通志堂经解》《续通志堂经解》《百子全书》《全唐文》《朱子语类》《明儒学案》《宋元学案》等等）中还留下大量颇能反映其学术思想的批语及各种圈点、标记。平日谈话，无论是对理论或史实，他均言之确凿，所论多中肯綮。至于其所撰写的《中国：社会变革与儒学的演变》《明代平民儒者颜钧的大中哲学》《蕺山心学与晚明思潮》《清初的早期启蒙思潮》《清初理学与汉学述略》《王柏、金履祥的疑经思想》《侯外庐对中国历史的探索》等论文，不仅表述了他在深入研究基础上形成的真知灼见，而且他的那些学术见解都建立在坚实的史料基础之上。这充分体现了他不作虚空之论、唯求踏实之言的学风，故而其论文一经发表，即受到学术界的普遍关注。正是在深入扎实的科学研究基础上，黄先生提出了许多富有价值的观点。如其综论中国儒学发生发展史，认为从儒学的发展历程看，先秦的孔子以上古以至三代，尤其是西周礼乐文明为渊源，继承“礼”学而又创造性地提出“仁”学，开创了儒家学派。汉代儒学的特征主要在于其提出的天人之学。到宋代，儒学发展成“圣人之学”，即理学。他认为，中国儒学思想理论的高峰是宋明理学，而学术成就的高峰则是清乾嘉汉学。再如，黄先生曾投入很大集力研究前人不甚关注的宋元时代的金华朱学。他发掘金华朱学具有不同于其他朱子学派别的思想特色，一是带有浓厚宗法色彩的道统观，宗派色彩浓厚；二是强调“分殊而理一”，注重由传以求经，循此而发展了朱学沉埋于故纸的支离烦琐的笺注学风；三是疑经精神，反映出正处于上升时期的朱学面貌。他还指出，金华朱学开启了明初理学，成为洪武儒学的主流。这些发前人所未发的概括和分析，现在已被学界普遍认同。又如，黄先生对于明代思想有较为广泛而又深刻地研究。他认为，从朱学到王学，从王学到反正宗儒学的“异端”思想，最后到明清之际的早期启蒙思潮，这是明代思想发展的主脉，王学则是明代思想学术的巅峰。他对王艮及泰州学派、对刘宗周（蕺山）与晚明社会思潮等的研究均很有特色。此外，黄先生早年既已从事于中国近代思想史的研究，对戊戌以前的王韬、郑观应等早期维新派，戊戌时期的变法维新派，辛亥革命准备时期的民主派，“五四”时期的民主与科学思潮等等都进行过深入探讨，并有自己的评价。黄先生多年来特别注重探求中国早期启蒙与近代启蒙思想的连接。他认为，早在明清之际的社会进步思想之中，已经出现民主思想与科学思想的萌芽，这是从中国传统文化土壤中生长出来的近代思想因素，如早期启蒙者的公天下观念、公仆观念、公是非主张、法律平等要求和平均地权的思想等等就都是近代民主思想的萌芽。他的这种研究和分析，对于厘清中国思想文化近代化历程并进而探析中国思想文化现代化问题极有裨益。

我 1981 年初立志自学中国思想史时，曾致函侯外庐先生求教，外老时因病住院，特嘱黄先生以思想史室名义给我复信，热情鼓励，又详列从马列经典到史学理论著作以及经、史、子、集应读的基本书目。不久，黄先生又将姜广辉先生介绍给我，要姜先生与我保持经常性联系。此后，我即受到黄、姜二先生的指导和奖掖，不仅从中感受到侯外庐先生人格的伟大及其学术思想体系的博大精深，而且学会了治学、为人及将这二者有机结合。多年来，我追随黄先生治学。他对我期望甚殷，我则受益良多。他的高尚人格和学术更直接给我以深刻影响。如其治学谨严，每着手做一课题，必阅遍所能看到的全部资料，详尽了解国内外学术界与之相关的研究状况，然后加以深入研究，努力提炼出自己独到的心得之见；每临文，精心构思，字斟句酌，反复推敲，力求使之既能经受当下乃至未来学术界的检验，又能经受既往历史的验证，不仅要尽可能使史学论文能够比较真实地再现历史，而且还要具有一定的思想性和可读性。责己严而待人宽，视学术如生命。所有这些都给我留下深刻印象，并导引着我治学做人。

正是在黄先生引领下，多年来，泰州学派成为我学术研究上关注的重点。记得1991年11月26日，先生在给我的信中写道："泰州学派尊崇孔子，发扬孔子'有教无类'传统，尤为注重在市井山林的普通百姓中传播儒学，使儒学平民化，乃至创造性地发展出平民儒学。他们讲说经书，不泥传注，多发明自得；倡扬所谓'百姓日用便是道''愚夫愚妇与知能行便是道'，强调'圣人之道无异于百姓日用。凡有异者，皆谓之异端'。这个学派无论在思想主张和学术风格上都表现出鲜明特色，在中国思想史上独树一帜。自嘉靖以后，泰州学派风行天下，'上自师保公卿，中及疆吏司道牧令，下逮士庶樵陶农吏，几无辈与之'。尤为引人注目的是，在泰州后学中出现了一批'非名教所能羁络'的进步思想家，如颜钧、何心隐、李贽等都曾因反抗专制压迫而被统治阶级目为'异端'，遭受残酷的迫害。正因如此，也使泰州学派更负盛名，为历代学者所瞩目，对其是非功过，聚讼纷纭。然泰州学派是平民学派，自其创始人王艮（心斋）开始，即只重口传心授，不重文字著述，故其传人（特别是平民出身者）很少著述，即便亦所著述，亦由各种原因而流传不广，乃至湮没不闻。新近从江西永新颜学恕先生处发现的《颜山农先生遗集》即为一份非常珍贵的思想文化遗产。而目前我国学术界虽已有不少系统研究泰州学派的论著，但还没有较为完整的文献资料汇刊，有些泰州学派学者的著作甚至还没有发现，如徐樾（波石）的文集是否存世就不清楚。您近年研究泰州学派，已发表了几篇文章，未审是否考虑协助我来搞这样一部文献资料汇刊，以期为泰州学派研究者提供一套较为完整的历史文献资料？"黄先生过早地辞世，编辑《泰州学派文献选辑》成为他无法完成的遗愿，而我这些年来承浙江省社会科学院钱明研究员的邀约勉力整理编辑出《泰州王门集》，今又继《李贽学谱附焦竑学谱》和《泰州学派活动系年》后完成了这部《罗汝芳学谱》，庶几亦算是在完成黄先生的遗命，只是不知先师在天之灵对学殖浅陋的我交出的这作业是否满意？

这部《罗汝芳学谱》之所以能够完成，我要衷心感谢贵州大学的张新民教授。他是位我极敬重的真正的君子！他不仅热情地将那本《李贽学谱附焦竑学谱》推荐给孔学堂书局并鼎力促成了出版，而且当他得知我又有编撰《罗汝芳学谱》的计划时，热情激励，不时促我奋力，还从体例上提出了极好的建议，又常与我就阳明学和泰州学派，尤其是近溪其人其学进行讨论，提出了许多对我有重要启迪的精彩观点。拙稿既成，长期翳目的新民教授在自身工作极其繁忙的情况下，认真审阅，并且经深思熟虑后赐撰宏论作为拙书之序。如此古道热肠，今世能有几许？此生得识、得交真君子，实为万幸！

浙江省社会科学院的吴光、钱明、张宏敏先生，南开大学的周德丰先生，南京大学的周群先生，山东大学的葛荃先生等学界贤达均对我的工作予以关注和支持，谨此一并致谢。

我要感谢夫人白凤英女士，在我所有的文字背后都有她默默的付出。感谢我的二位兄长秋鸣和春鸣先生，以及所有的亲人与朋友，是他们无私的关怀成为我生活和工作的内在精神动力。当然，我同样要感谢所有支持、关心我的朋友们。谨以此书稿献给所有我铭感于心的人们。

感谢孔学堂的张发贤、陈真二位先生和王紫玥女士在本书出版过程中付出的辛勤劳动。

陈寒鸣

2021 年 11 月 12 日